Ignatz Schels

Windows 8.1

Bild für Bild erklärt

Microsoft Press

Ignatz Schels: Windows 8.1 Bild für Bild erklärt
© 2014 O'Reilly Verlag GmbH & Co. KG

Kommentare und Fragen können Sie gerne an uns richten:
Microsoft Press Deutschland
Konrad-Zuse-Str. 1
85716 Unterschleißheim
E-Mail: mspressde@oreilly.de

15 14 13 12 11 10 9 8 7 6 5 4 3 2 1
16 15 14

ISBN 978-3-86645-250-3
PDF-ISBN 978-3-8483-3083-6
EPUB-ISBN 978-3-8483-0240-6
MOBI-ISBN 978-3-8483-1217-7

Korrektorat: Regina Langenau, Chemnitz
Layout und Satz: Ulrich Borstelmann, Dortmund
Umschlaggestaltung: Marco Lindenbeck, webwo GmbH, mlindenbeck@webwo.de
Druck und Bindung: Media-Print Informationstechnologie GmbH, Paderborn

Liebe Leserin, lieber Leser

ich freue mich, dass Sie mein Buch zu Windows 8.1 gewählt haben. Mit diesem Buch aus der Reihe **Bild für Bild erklärt** haben Sie Ihr Betriebssystem schnell im Griff, denn Sie sehen auf einen Blick, worauf es ankommt. Kurz und kompakt werden die Themen mit Bild und Text auf den Punkt gebracht. Auf jeder Seite finden Sie passende Hinweise und nützliche Tipps und Tricks für den optimalen Einsatz.

Lernen Sie Windows 8.1 spielend einfach kennen. Dabei spielt es keine Rolle, ob Sie einen Desktop-PC, ein Notebook oder ein Tablet mit Touchscreen verwenden.

Ich wünsche Ihnen viel Spaß mit diesem besonderen Buch zu Windows 8.1!

Ihr Autor
Ignatz Schels

Inhalt

1

Der Start **10**

Einschalten und mit Konto anmelden 12
Die Apps-Oberfläche 14
Apps-Oberfläche und Desktop 16
Mit Apps und Kacheln arbeiten 18
Apps starten und schließen 22
Apps und andere Elemente suchen 24
Apps teilen 26
Charms-Leiste: Start und Geräte 28
Charms-Leiste: Einstellungen für Apps 30
Charms-Leiste: Netzwerkeinstellungen 32
Helligkeit, Lautstärke und Tastatur 36
Windows 8.1 beenden 38

2

Die PC-Einstellungen **40**

PC-Einstellungen aktivieren 42
Sperrbildschirm einrichten 44
Bildschirm und andere Geräte konfigurieren 48
Maus, Tastatur und Touchpad 50
PC und Geräte – Weitere Einstellungen 52
Profilbild einrichten 54
Kennwort des Benutzers ändern 56
Anmelden mit Bildcode 58
Anmelden mit PIN 62
Ein Microsoft-Konto erstellen 64
Weitere Konten anlegen 68
Mit SkyDrive in der Cloud 70
Datenschutz 72
Datum, Zeit und Sprache 74
Erleichterte Bedienung 76
Update und Wiederherstellung 78

3

Mutlimedia-Apps **80**

Voraussetzung: Microsoft-Konto 82
Mail 84
Kontakte 88
Kalender 92
Skype 94
Fotos 98
Kamera 102
Video 106
Musik 110
Spiele 114

4 Info-Apps und App-Store 118

Internet Explorer 120
Nachrichten 122
Gesundheit, Fitness & Sport 124
Kochen & Genuss 126
Reisen 128
Wetter 130
Karten 132
Finanzen 136
Der App-Store 140

5 Der Desktop 146

Desktop und Startmenü 148
Symbole und Symbolleisten 150
Die Taskleiste 154
Fenster auf dem Desktop 158
Fenster schnell wechseln 162
Desktopdesign und Farben 164
Hintergrundbild und Diashow 166
Bildschirmschoner 168
Datum und Uhrzeit 170
Regionaleinstellungen 172
Sound und Lautsprecher 174
Windows Sounds 176

6 Das Computersystem 178

Die Maus 180
Die Tastatur 184
Die Bildschirmtastatur 186
Systeminformationen 188
Festplattenlaufwerke 190
CD, DVD und Blu-ray 194
CD und DVD brennen 198
Drucker, Scanner, externe Geräte 200

7

Datenverwaltung mit dem Windows-Explorer **202**

Bibliotheken und Benutzer 204
Das Explorer-Fenster 206
Arbeiten mit Ordnern 208
Dateien 210
Dateien verschieben, kopieren 212
Dateien suchen und löschen 214
ZIP-Dateien und komprimierte Ordner 216
Apps, Programme und Dateinamen 218

8

Der Internet Explorer **220**

Browser starten 222
Adressen und Registerkarten 224
Startseite und Registeroptionen 226
Symbolleisten und Favoriten 228
Sicherheit und Datenschutz 232
Cookies, Kennwörter und Datenmüll löschen 236
Downloads und Add-Ons 238

9

Netzwerk- und Internetverbindungen **240**

Ihr Computer im Netzwerk 242
Netzwerkverbindung herstellen 244
Domänen und Arbeitsgruppen 248
Eine Heimnetzgruppe erstellen 250
Öffentliche und private Netzwerke 252
Netzwerk- und Freigabecenter 254
Bibliotheken und Ordner freigeben 256
Netzwerkdrucker 258
Netzlaufwerke einrichten 260
Testwerkzeuge für Networker 262

10

Sicherheit, Datenschutz und Konten **264**

Das Wartungscenter 266
Sicherheitswarnungen 268
Datensicherung mit Dateiversionsverlauf 270
Speicherplätze 272
Windows Update 274
Die Windows-Firewall 276
Virenschutz mit Windows Defender 278
BitLocker 280
Benutzerkonten verwalten 282
Family Safety 284
Anmeldeinformationsverwaltung 286
Kennwort zurücksetzen 288

11 **Nützliches Zubehör** **292**

Zeichnen und Malen mit Paint 294
Schreiben mit dem Editor 298
Textverarbeitung mit WordPad 300
Drucken mit WordPad 304
Kurznotizen 306
Rechner 308
Windows Journal 310
Sounds aufnehmen mit dem Audiorecorder 314
Bildschirmfotos 316
Windows Media Player 318

12 **Programme und Datentransfer** **322**

Programme installieren 324
Programme warten 326
Windows-Features 328
Windows-EasyTransfer 330
Mit SkyDrive in der Cloud 334

13 **Windows 8.1 Spezial** **336**

Computerverwaltung 338
Datenträgerverwaltung 340
Virtuelle Festplatten 342
Der Geräte-Manager 344
Energieoptionen 346
Windows-Mobilitätscenter 348
Der Task-Manager 350
Ausführen und Eingabeaufforderung 352
Erleichterte Bedienung 354
Spracherkennung 356

14 **Windows 8.1 optimieren** **358**

Desktop oder Startbildschirm? 360
Anmelden ohne Kennworteingabe 362
Sperrbildschirm abschalten 364
Bildschirmschoner per Shortcut starten 366

Index **368**

Die Bedienung von Windows 8.1

Aus Gründen der Übersichtlichkeit beschränken wir uns in diesem Buch darauf, die Bedienung von Windows 8.1 bildhaft nur mit Maus und Tastatur darzustellen. Im Folgenden sehen Sie, was die verschiedenen Symbole bedeuten:

Links klicken

Zeigen Sie mit dem Mauszeiger auf das Element und klicken Sie mit der linken Maustaste.

Rechts klicken

Zeigen Sie mit dem Mauszeiger auf das Element und klicken Sie mit der rechten Maustaste.

Ziehen

Zeigen Sie mit dem Mauszeiger auf das Element. Halten Sie die linke Maustaste gedrückt und ziehen Sie die Maus in die angegebene Richtung.

Doppelklicken

Zeigen Sie auf das Element und klicken Sie doppelt auf die linke Maustaste.

2x

Text eingeben

Tippen Sie den angezeigten Text über die Tastatur bzw. die Bildschirmtastatur ein.

Auf Unterschiede in der Bedienung von Touchscreen und Maus wird im Text eingegangen. Die folgende Liste beschreibt die wichtigsten Touch-Gesten:

Tippen

Tippen Sie mit dem Finger auf das Element.

Tippen und Halten

Tippen Sie auf das Element, halten Sie den Finger auf dem Bildschirm gedrückt bis das Kontextmenü erscheint.

Zoomen

Drücken Sie zwei Finger auf den Bildschirm und ziehen diese nach außen oder nach innen, um zu zoomen.

Drehen

Drücken Sie zwei Finger auf den Bildschirm und drehen Sie die Hand.

Wischen links/rechts

Tippen und halten Sie den Finger auf dem rechten/linken Bildschirmrand und wischen Sie nach links oder rechts.

Wischen oben/unten

Tippen und halten Sie den Finger auf dem oberen/unteren Bildschirmrand und wischen Sie nach oben/unten.

Streifen

Tippen und halten Sie den Finger auf dem Element und wischen Sie kurz nach rechts, links, oben oder unten, um es für weitere Aktionen zu markieren.

Kapitel 1

Der Start

Einschalten und mit Konto anmelden   12

Die Apps-Oberfläche   14

Apps-Oberfläche und Desktop   16

Mit Apps und Kacheln arbeiten   18

Apps starten und schließen   22

Apps und andere Elemente suchen   24

Apps teilen   26

Charms-Leiste: Start und Geräte   28

Charms-Leiste: Einstellungen für Apps   30

Charms-Leiste: Netzwerkeinstellungen   32

Helligkeit, Lautstärke und Tastatur   36

Windows 8.1 beenden   38

Das lernen Sie in diesem Kapitel ...

Einschalten, anmelden und los geht's. Lernen Sie gleich die Startseite mit den Apps und den Desktop kennen, schalten Sie um auf die Ansicht mit allen Apps und ordnen Sie Apps und Kacheln sauber an.

Die Charms-Leiste mit ihren Symbolen ist das nächste Thema. Kontrollieren Sie die Einstellungen für Apps und Geräte und nutzen Sie das Suchfenster.

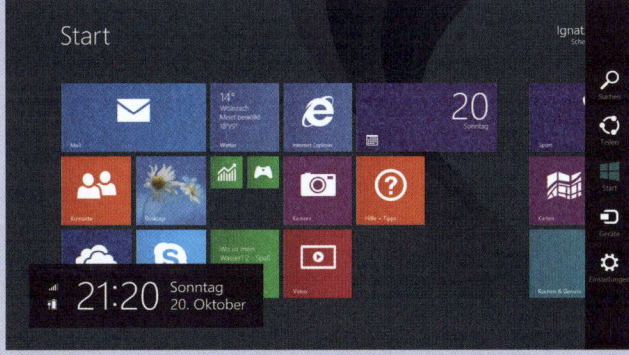

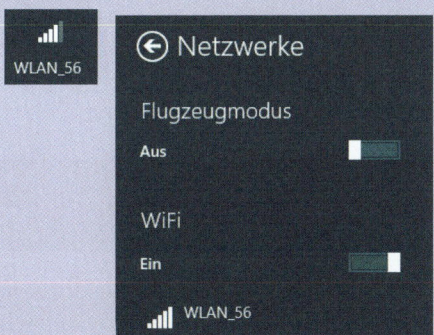

WLANs erkennt Windows automatisch. Richten Sie Ihr Netzwerk über die Charms-Leiste ein und kontrollieren Sie die Verbindung zum Router.

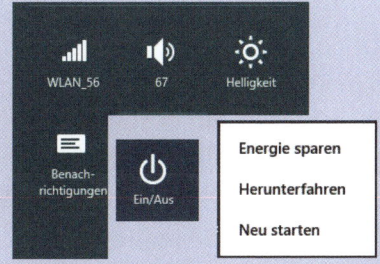

Sehen Sie sich auch die übrigen Einstellungen in der Charms-Leiste und die Abmeldeoptionen (3 Wege, um sich zu verabschieden ...) an.

Einschalten und mit Konto anmelden

Windows 8.1 präsentiert nach dem Start einen Sperrbildschirm mit Datum und Uhrzeit und einigen weiteren Infos. Melden Sie sich gleich mit Ihrem Microsoft-Konto oder dem lokalen Konto an, das Sie bei der Installation angelegt haben.

1 Schalten Sie Ihren Computer oder das Tablet ein.

2 Der Sperrbildschirm mit Uhrzeit und Datum erscheint. Klicken Sie ihn mit der Maus an, drücken Sie eine Taste oder wischen Sie von unten nach oben.

3 Geben Sie Ihr Kennwort ein. Es wird nicht angezeigt, mit dem Auge-Symbol können Sie sich die Zeichen anzeigen lassen. Mit dem Pfeilsymbol starten Sie Windows 8.1.

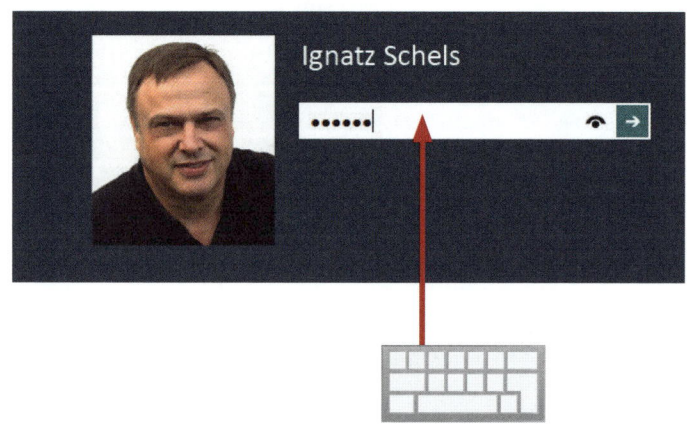

> 🗩 **Hinweis**
>
> Wenn mehrere Benutzerkonten angelegt sind, klicken oder tippen Sie das passende Konto an und geben das Kennwort ein.

4 Die Startseite wird aktiv. Um eine App zu starten, klicken oder tippen Sie auf eine Kachel (zum Beispiel auf Kalender oder Wetter).

5 Zurück zur Startseite kommen Sie mit dem Windows-Symbol. Wischen Sie von rechts, bewegen Sie den Mauszeiger in die rechte obere Ecke und klicken sie es an oder drücken Sie die ▦ -Taste auf der Tastatur.

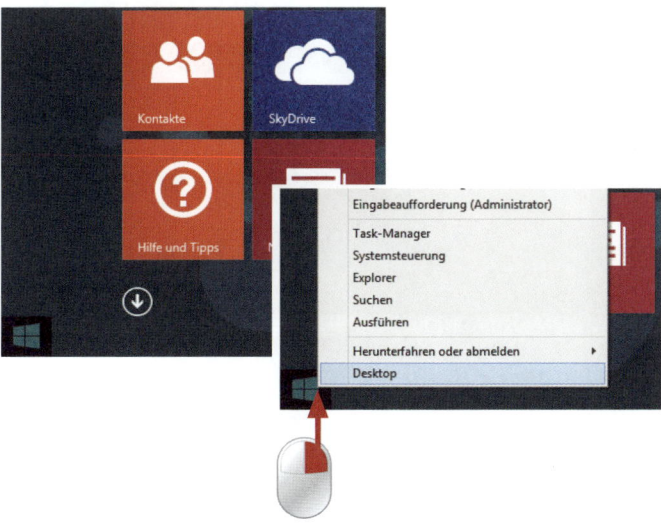

6 Das Startmenü finden Sie auch links unten. Mit der rechten Maustaste oder mit Tippen und Halten schalten Sie das Kontextmenü mit Windows-Optionen ein.

Tipp

Kennwort vergessen? Achten Sie auf den Kennworthinweis, der erscheint, wenn Sie ein falsches Kennwort eingeben.

Die Apps-Oberfläche

Lernen Sie die Oberfläche von Windows 8.1 kennen, arbeiten Sie mit dem Startbildschirm und Apps. Sie können mehrere Apps gleichzeitig starten, Apps nebeneinander anordnen und mit einem Wischer oder Klick zwischen den Apps wechseln.

1 Starten Sie weitere Apps, wischen Sie von links nach rechts, um zwischen den Apps zu wechseln.

> **Tipp**
>
> Halten Sie auf dem PC die [Alt]-Taste gedrückt, um mit [⇄] zwischen den Apps zu wechseln. [⊞] + [⇄] blendet die Leiste am linken Rand ein.

2 Alle offenen Apps sehen Sie, wenn Sie von links kurz nach innen und nach außen wischen. Auf dem PC ziehen Sie den Mauszeiger von links oben nach unten.

3 Um eine App wieder zu schließen, ziehen Sie sie mit dem Mauszeiger oder Finger vom oberen Bildschirmrand nach unten.

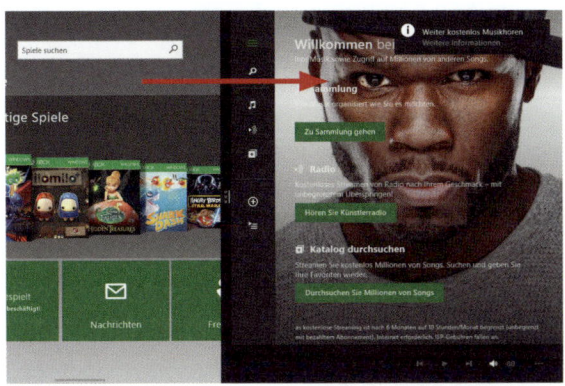
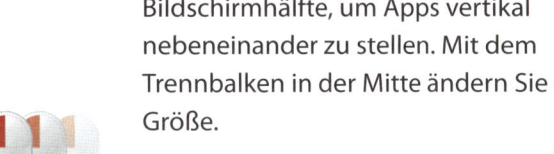

4 Ziehen Sie eine App langsam in eine Bildschirmhälfte, um Apps vertikal nebeneinander zu stellen. Mit dem Trennbalken in der Mitte ändern Sie die Größe.

5 Zwei Finger, auf der Startseite zusammen- oder auseinanderbewegt, verkleinern/vergrößern die Ansicht. Am PC drücken Sie `Strg` und drehen am Mausrad.

6 Mit dem Pfeilsymbol schalten Sie um auf die Ansicht mit allen Apps. Hier finden Sie auch neu installierte Apps, die noch nicht auf der Startseite verankert sind.

> **Tipp**
>
> Wischen Sie auf dem Tablet die Startseite nach oben, erscheint die Ansicht mit allen Apps. Ein Wisch nach unten und die Startseite ist wieder aktiv.

Apps-Oberfläche und Desktop

Der Desktop ist die klassische Windows-Ansicht. So sah Windows in den Vorgängerversionen aus, mit Fenstern, Taskleiste und Symbolen statt Apps und Kacheln. Deshalb
eignet er sich auch besser für die Datei- und Ordnerverwaltung auf PCs und Notebooks.

1 Die Kachel *Desktop* aktiviert den
Windows-Desktop. Klicken Sie sie an
oder drücken Sie die ⊞-Taste.

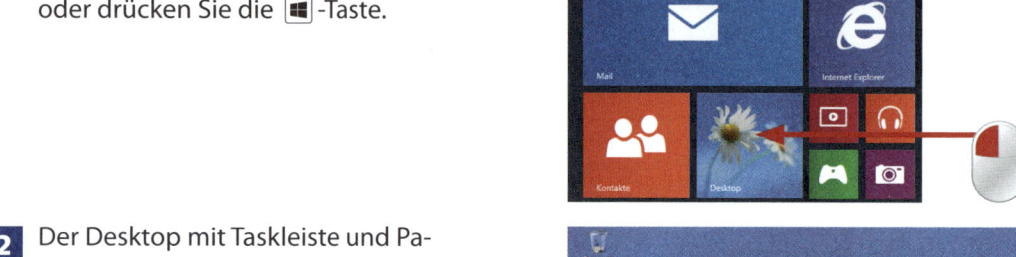

2 Der Desktop mit Taskleiste und Papierkorb erscheint. Klicken Sie auf
das Internet-Symbol, um den Internet
Explorer zu starten.

3 Starten Sie auch den Windows-Explorer.
Beide Programme werden in einem
Fenster auf dem Desktop geöffnet.

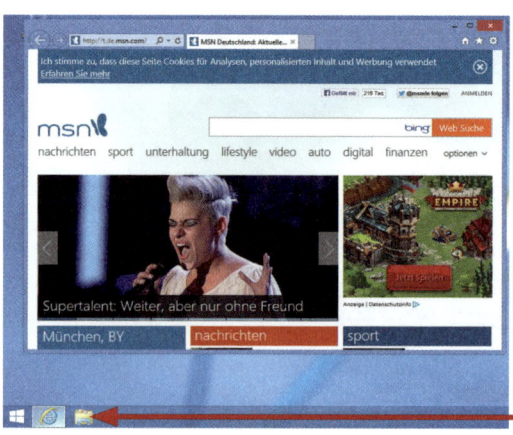

 **Tipp**

Wenn Sie die *Desktop*-App schließen,
bleiben alle Fenster und Programme
aktiv, die Sie auf dem Desktop gestartet
hatten.

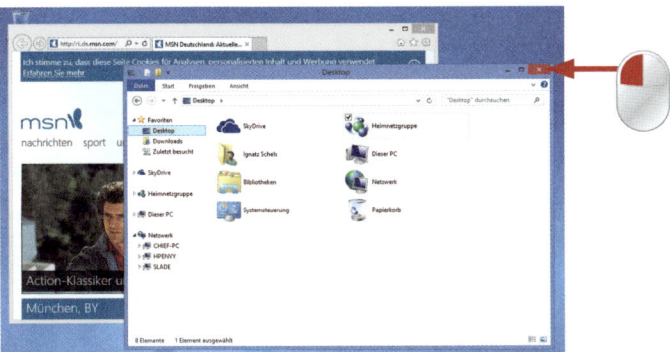

4 Um ein Fenster auf dem Desktop zu schließen, klicken oder tippen Sie auf das Symbol rechts oben.

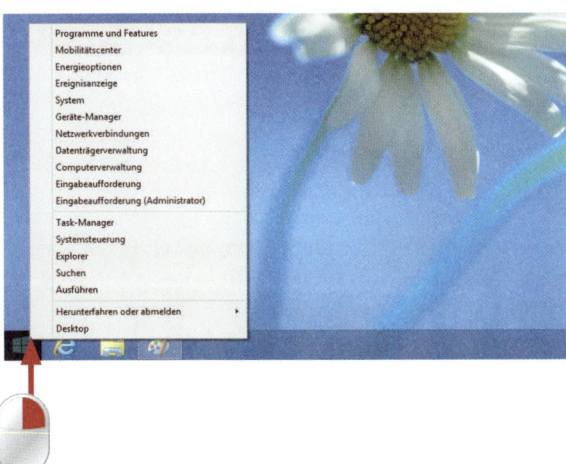

5 Tippen und halten Sie auf das Start-symbol, wird das Startmenü des Desk-tops eingeblendet. Auf dem PC drücken Sie die rechte Maustaste.

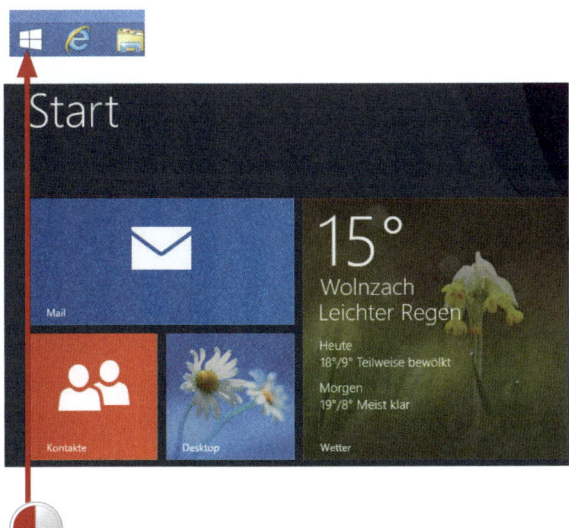

6 Mit einem Klick auf das Startsymbol schalten Sie wieder zurück zur Start-seite.

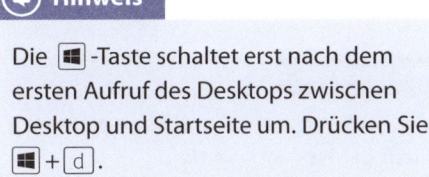

> **Hinweis**
>
> Die ⊞-Taste schaltet erst nach dem ersten Aufruf des Desktops zwischen Desktop und Startseite um. Drücken Sie ⊞ + d.

Mit Apps und Kacheln arbeiten

Auf dem Startbildschirm halten Sie Ihre wichtigsten Apps bereit, in der zweiten Ansicht sehen Sie alle verfügbaren Apps. Diese können Sie beliebig anordnen, vergrößern und verkleinern oder auch deaktivieren.

1 Schalten Sie mit dem Pfeilsymbol auf die Ansicht *Alle Apps* um oder wischen Sie auf dem Tablet von unten nach oben.

2 In dieser Ansicht sehen Sie auch die Verwaltungs- und Zubehör-Programme von Windows.

3 Tippen und halten Sie auf einer Kachel oder drücken Sie die rechte Maustaste. Jetzt können Sie die markierte Kachel an die Startseite anheften oder die App deinstallieren

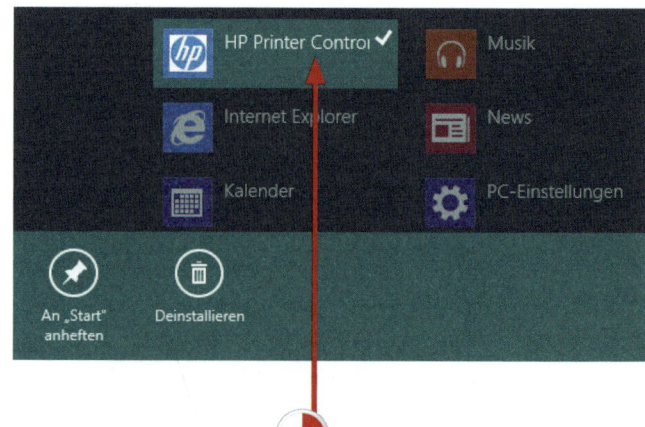

📣 Hinweis

Die Kacheln *Desktop* und *Store* können nicht deinstalliert werden.

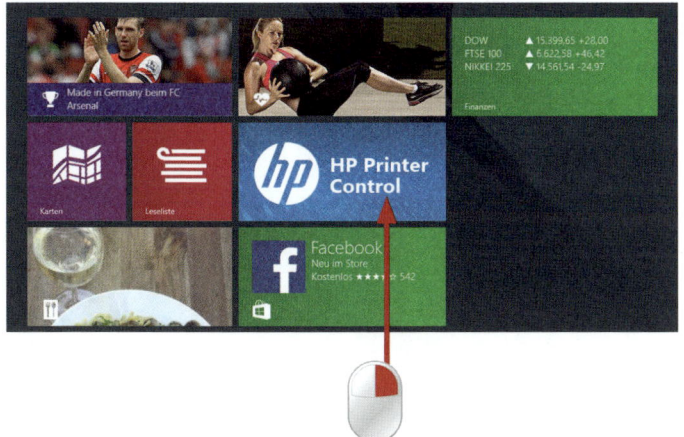

4 Verschieben Sie Apps einfach mit dem Mauszeiger oder mit dem Finger auf der Startseite. Zum Ändern der Größe halten Sie oder drücken die rechte Maustaste.

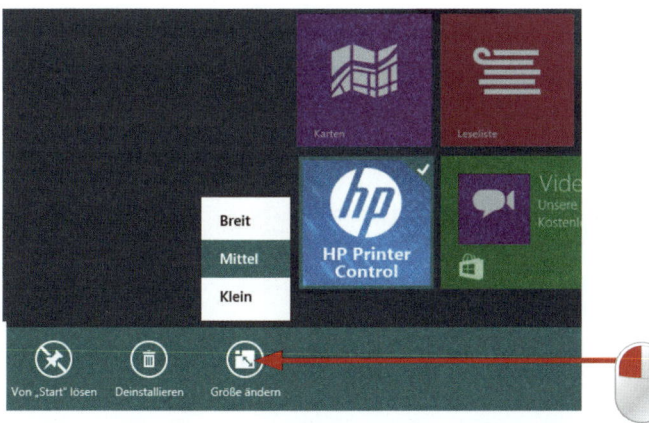

5 Ändern Sie die Größe der Kachel zwischen *Breit*, *Mittel* und *Klein* oder lösen Sie sie wieder von der Startseite.

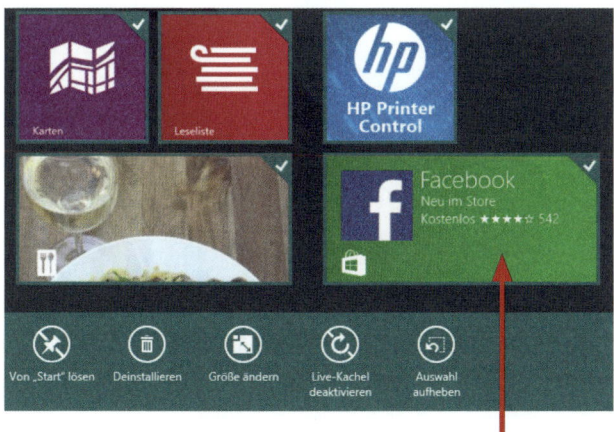

6 Klicken Sie mehrere Kacheln an, um sie zu ändern oder von der Startseite zu entfernen. Mit *Auswahl aufheben* werden alle Kacheln wieder deaktiviert.

 **Hinweis**

Neue Apps, die über den Store oder als Windows-Programme über den Desktop installiert wurden, sind in der Ansicht *Alle Apps* mit *Neu* gekennzeichnet.

Mit Apps und Kacheln arbeiten

Mit der Live-Vorschau sehen Sie gleich, was aktuell los ist in Ihrer App. Ordnen Sie Ihre Apps in Gruppen an und weisen Sie diesen Gruppennamen zu.

7 Live-Kacheln von Apps zeigen Vorschaubilder ihrer Inhalte an, schalten Sie die Funktion für jede App einzeln ein oder aus.

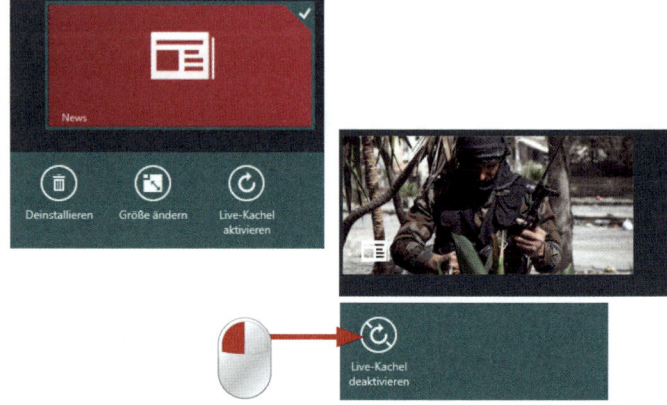

8 Um eine Kachel von der Startseite zu lösen, klicken Sie sie mit der rechten Maustaste an und wählen Sie *Von „Start" lösen*.

9 Um Gruppen zu bilden, wischen Sie von unten oder klicken Sie mit der rechten Maustaste und klicken oder tippen Sie auf *Anpassen*.

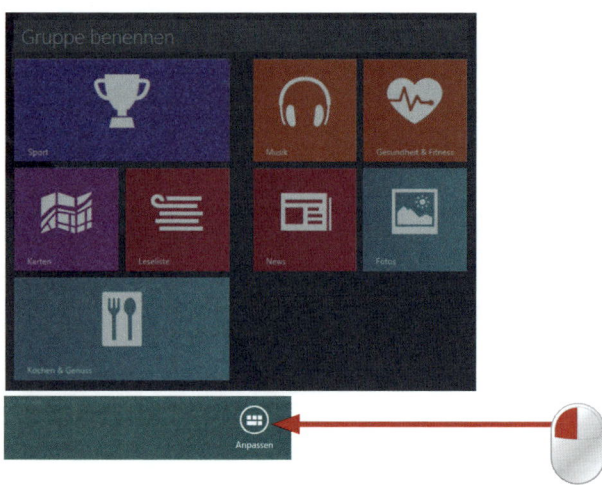

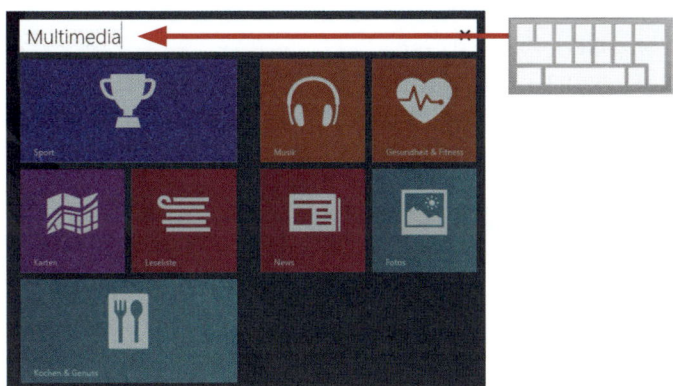

10 Tragen Sie einen Gruppennamen für eine Gruppe von Symbolen auf der Startseite ein. Verschieben Sie Apps-Kacheln in die Gruppe oder ziehen Sie sie in andere Gruppen.

11 Stellen Sie sich so Ihre persönliche Startseite mit Apps und Verwaltungstools zusammen. Um eine Gruppe zu löschen, entfernen Sie einfach den Gruppennamen.

12 In der App *Hilfe + Tipps* finden Sie eine Zusammenfassung der wichtigsten Bedienungstechniken.

> 🗨 **Hinweis**
>
> Deinstallierte Apps holen Sie über den Store wieder zurück. Windows-System-programme (Verwaltungstools) können nicht aus der Ansicht *Alle Apps* von der Startseite entfernt werden.

Apps starten und schließen

Multitasking macht´s möglich: Mit Windows 8.1 können Sie so viele Apps gleichzeitig starten und bearbeiten, wie Sie wollen. Mit der Apps-Übersicht am linken Rand verlieren Sie dabei nicht die Übersicht.

1 Um eine App auf der Startseite zu öffnen, klicken oder tippen Sie sie an. Drücken Sie die ⊞-Taste und starten Sie weitere Apps.

2 Wischen Sie kurz von rechts nach innen und außen oder ziehen Sie den Mauszeiger von links oben. Wechseln Sie zu einer anderen App oder klicken Sie auf Start.

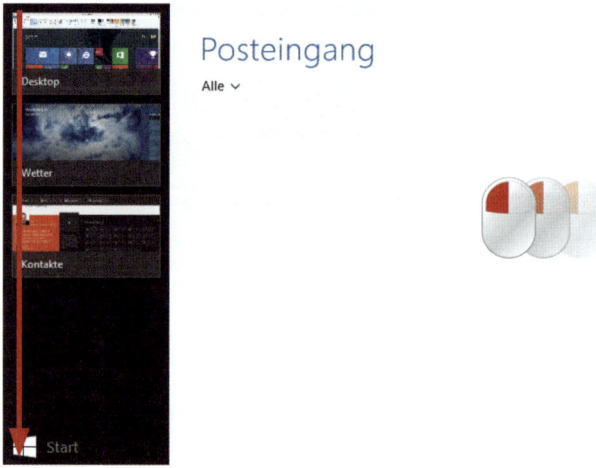

3 Auf dem PC klicken Sie eine App-Vorschau mit der rechten Maustaste an. Im Kontextmenü finden Sie Befehle, um zwischen Apps zu wechseln oder sie anzuordnen.

4 Wischen Sie nach dem Aktivieren einer App von oben oder von unten bzw. klicken mit der rechten Maustaste an den oberen oder unteren Bildschirmrand, bietet diese meist Einstellungen oder zusätzliche Optionen an.

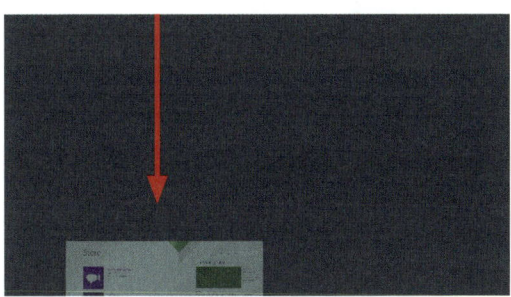  

5 Um eine aktive App zu schließen, ziehen Sie sie mit gedrückter Maustaste nach unten aus dem Bildschirm heraus.

> 💡 **Tipp**
>
> Eine schnelle Tastenkombination, um die aktive App zu schließen: Drücken Sie `Alt` + `F4`.

6 Auf dem PC oder Notebook können Sie Apps auch über die Liste am linken Bildschirmrand schließen. Klicken Sie sie mit der rechten Maustaste an und wählen Sie *Schließen*.

> 💡 **Tipp**
>
> Mit der ⊞-Taste schalten Sie zwischen der Startseite und der zuletzt benutzten App um.

Apps und andere Elemente suchen

Mit der Zeit wird´s eng werden auf der Startseite, und bald schon kommen zahlreiche gespeicherte Dateien, z. B. Fotos, Videos oder Dokumente hinzu. Mit der Suchfunktion finden Sie schnell, was Sie brauchen. Windows 8.1 sucht sogar in Webseiten.

 Zeigen Sie auf den rechten unteren Rand der Startseite oder drücken Sie ⊞ + c . Auf dem Tablet wischen Sie von rechts nach links.

> ### 💡 Tipp
>
> Das Suchfenster öffnet sich auch, wenn Sie auf der Tastatur zu tippen beginnen.

 Klicken Sie auf das oberste Symbol *Suchen*.

3 Geben Sie einen Suchbegriff in das Suchfenster ein. Fundstellen werden sofort angezeigt.

> ### 💬 Hinweis
>
> Windows 8.1 wird den Suchbegriff zuerst in Apps, Einstellungen und Dateien und dann auf Webseiten suchen. Sie können natürlich auch zuvor die Kategorie auswählen und gezielt in dieser suchen.

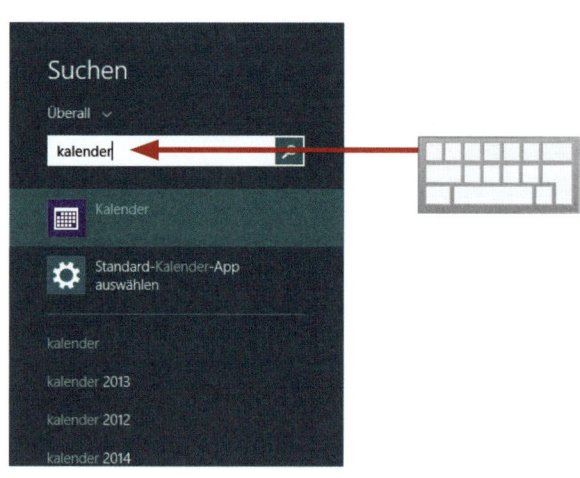

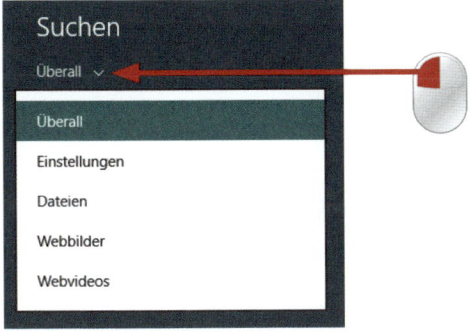

4 Klicken oder tippen Sie auf *Überall*. Hier können Sie die Suche auf bestimmte Elemente oder Dateitypen beschränken.

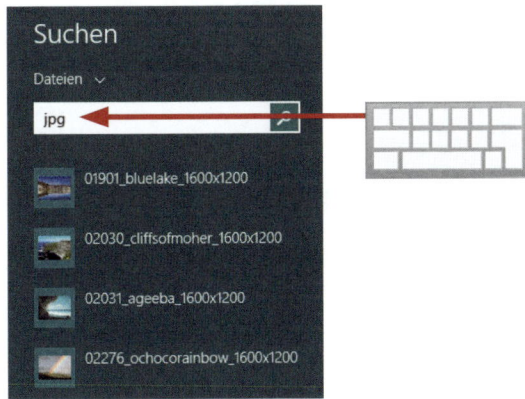

5 Suchen Sie beispielsweise nach Dateien mit der Dateiendung JPG.

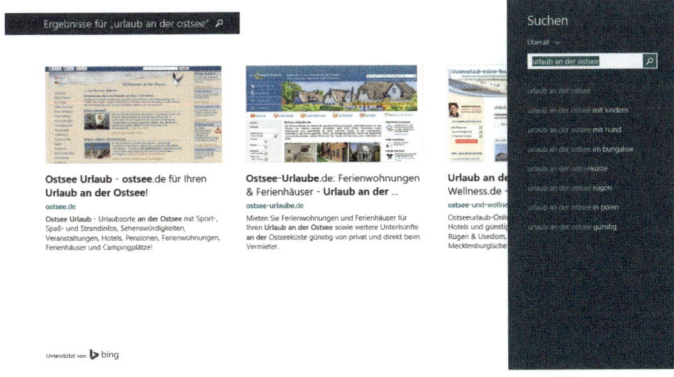

6 Erlaubt sind auch Suchmuster (Wildcards) wie * und ?, zum Beispiel *Bilder2013** oder *Brief Firma M??er.*

Apps teilen

Interessantes und Wissenswertes, Nützliches oder einfach nur schöne Sachen teilen Sie gerne mit Freunden und Bekannten. Die Charms-Leiste hält dafür ein Symbol bereit, mit dem Sie alle markierten Elemente und auch Online-Inhalte teilen können.

1 Aktivieren Sie eine App, zum Beispiel die *Fotos*-App. Markieren Sie einzelne Fotos mit der rechten Maustaste und drücken Sie ⊞ + c oder wischen Sie von rechts.

2 Klicken Sie auf *Teilen*, um die markierten Elemente zu teilen.

3 Klicken Sie auf *Mail*, wenn Sie die Fotos per Mail an Freunde oder Bekannte schicken wollen.

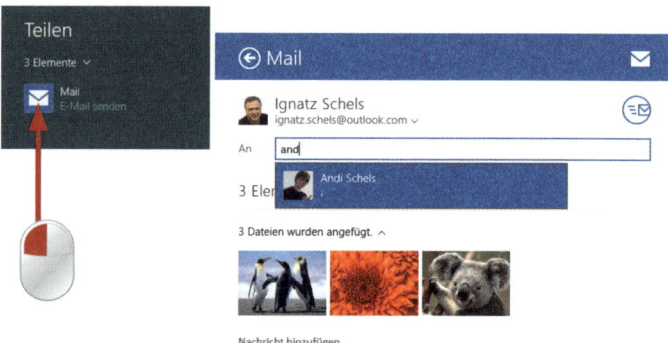

💬 **Hinweis**

Das Angebot an Apps unter *Teilen* ist abhängig vom gewählten Element.

4 Haben Sie eine interessante Webseite entdeckt, aktivieren Sie die Charms-Leiste und klicken Sie auf *Teilen*.

5 Fügen Sie den Link in Ihre Leseliste ein, …

6 … oder schicken Sie ihn über Facebook, Twitter oder Linked-In an gespeicherte Kontakte.

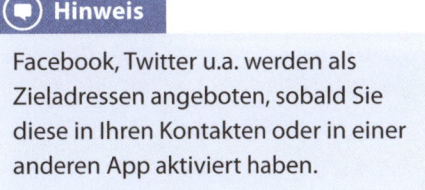

Hinweis

Facebook, Twitter u.a. werden als Zieladressen angeboten, sobald Sie diese in Ihren Kontakten oder in einer anderen App aktiviert haben.

Charms-Leiste: Start und Geräte

Die Charms-Leiste wird am rechten Rand aktiviert. *Start* schaltet auf den Startbildschirm oder die zuletzt benutzte App um, und *Geräte* aktiviert externe Geräte, zum Beispiel einen zweiten Bildschirm, einen Beamer oder ein angeschlossenes TV-Gerät.

1 Drücken Sie ⊞ + c für die Charms-Leiste oder wischen Sie von rechts. Aktivieren Sie *Start* für den Wechsel auf die Startseite.

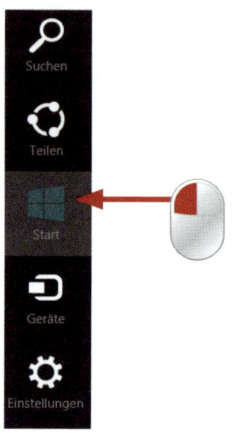

2 Die Startseite wird angezeigt, klicken Sie noch einmal auf *Start*, schalten Sie wieder um auf die zuvor aktive Task.

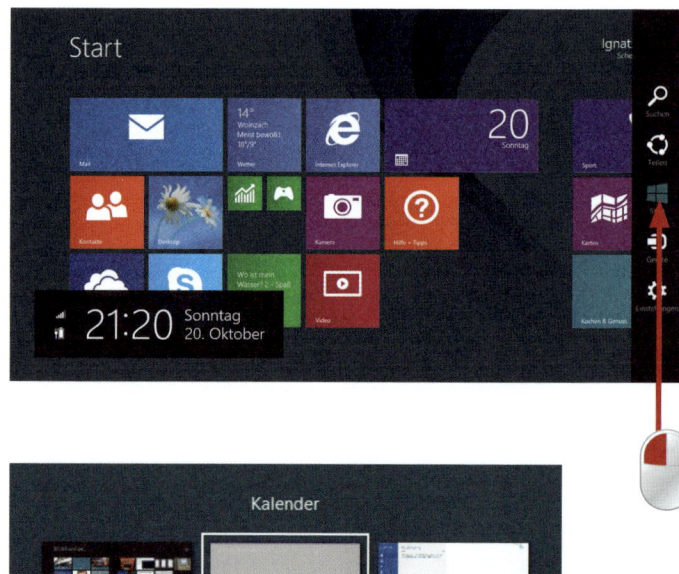

3 Im Unterschied zur Apps-Leiste links schaltet *Start* immer zwischen der Startseite und der zuletzt genutzten App um.

4 Aktivieren Sie mit  + ⌷c⌷ die Charms-Leiste und klicken Sie auf *Geräte*.

> **⑨ Tipp**
>
> Die Tastenkombination für Geräte und mehrere Bildschirme: Drücken Sie ⊞ + ⌷p⌷.

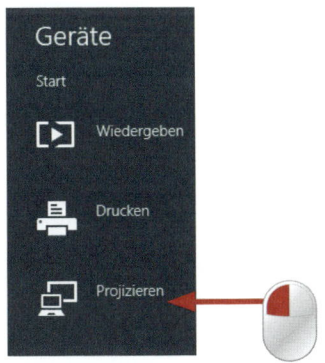

5 Die angeschlossenen Geräte werden angezeigt. Klicken Sie auf *Projizieren*, um auf einen Bildschirm oder Projektor umzuschalten..

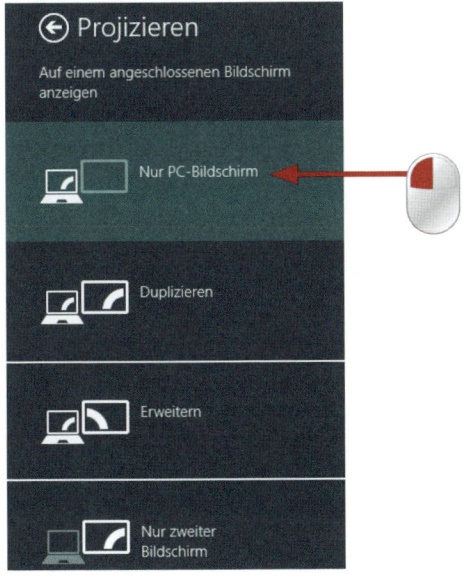

6 Wählen Sie eine Option, um die Anzeige auf zwei Bildschirme zu erweitern oder auf den zweiten Bildschirm umzulenken.

> **⑨ Hinweis**
>
> Die Optionen *Wiedergeben* und *Drucken* funktionieren nur mit Apps, die diese Geräteansteuerung unterstützen, z. B. mit dem Internet Explorer

Charms-Leiste: Einstellungen für Apps

Ob Startseite, Desktop oder App – für jede Anwendung können
Sie über die Charms-Leiste individuelle Einstellungen vornehmen.
Und wenn mal etwas nicht klappt, ist die Online-Hilfe zur Stelle.

1 Drücken Sie ⊞ + c und aktivieren Sie
Einstellungen.

2 Ist die Startseite aktiv, erhalten Sie die
Menüpunkte *Anpassen*, *Kacheln* und
Hilfe. Klicken Sie auf *Kacheln*.

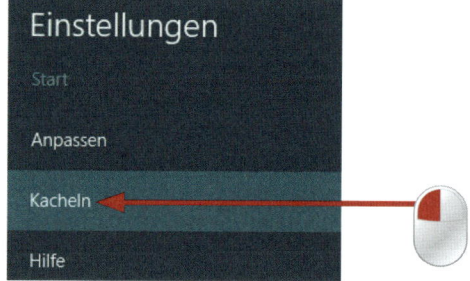

3 Hier können Sie die Verwaltungstools
permanent einschalten. Mit *Ja* werden
sie zusammen mit den Apps angezeigt.

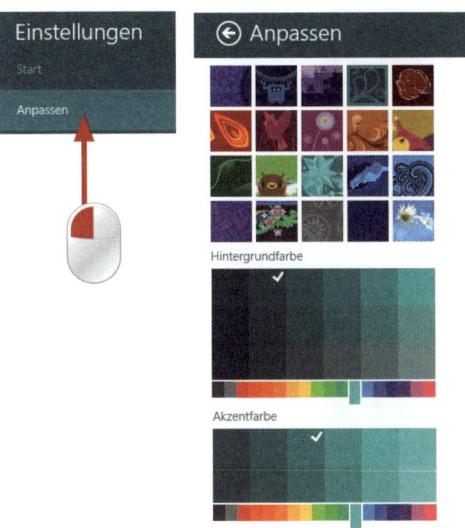

4 Mit *Hilfe* erhalten Sie eine Auswahl von Hilfetexten. Zur Anzeige wird die *Internet Explorer*-App aktiviert.

> **💡 Tipp**
>
> Hilfe ist auch auf dem Desktop und der Startseite verfügbar. Aktivieren Sie die App und drücken Sie `F1` für das Windows-Hilfefenster.

5 Unter *Anpassen* stellen Sie die Hintergrundfarbe der Startseite ein. Suchen Sie auch ein passendes Muster.

6 Ist eine App aktiv, zeigt *Einstellungen* die passenden Einstellungen für diese App an.

> **💬 Hinweis**
>
> In der App *Kontakte* fügen Sie über die Einstellungen neue Konten hinzu. Für die App *Store* stehen ebenfalls Kontoinformationen und Update-Einstellungen bereit.

Charms-Leiste: Netzwerkeinstellungen

Wichtige Einstellungen sind über die Charms-Leiste mit wenigen Klicks erreichbar. Das Netzsymbol zeigt verfügbare Netzwerke (WLANs) an und ermöglicht eine schnelle Überprüfung der Onlineverbindung.

1 Wischen Sie von links oder drücken Sie ⊞ + c und aktivieren Sie *Einstellungen*.

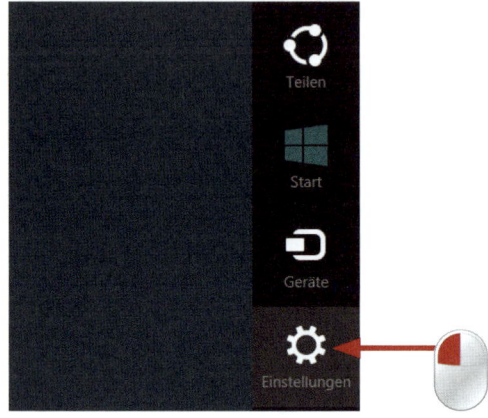

2 Im unteren Bereich finden Sie mehrere Symbole aus der Systemsteuerung, zum Beispiel Netzwerk, Lautstärke- und Helligkeitsregler.

3 Das Netzwerke-Symbol zeigt alle Netzwerke in Reichweite an. Das aktive Netz erkennen Sie am Hinweis *Verbunden*:

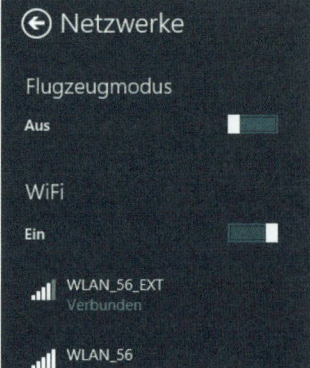

> **💡 Tipp**
>
> Das Balkensymbol zeigt die Verbindungsstärke zum WLAN an. Verbunden wird immer mit dem WLAN, mit dem Sie sich zuletzt automatisch verbunden hatten.

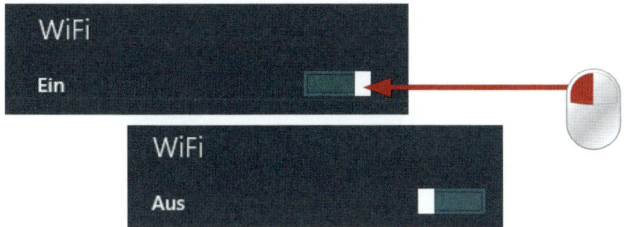

4 Klicken Sie auf den Schalter, um das aktive, verbundene Netz ein- oder aus-zuschalten.

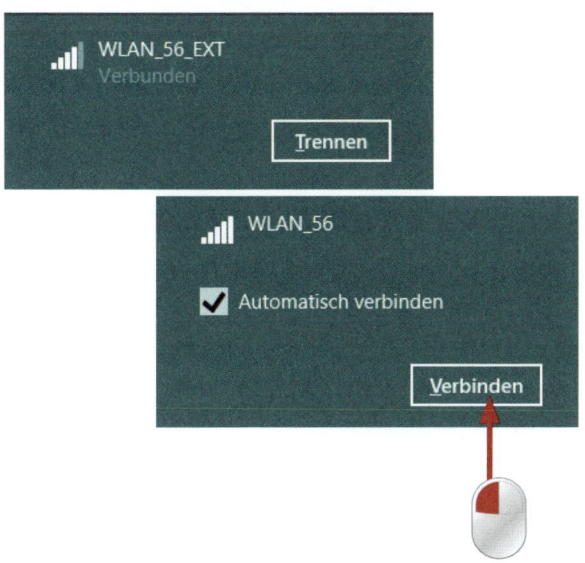

5 *Trennen* oder *Verbinden* Sie sich mit dem Netz. Ist die *Automatisch*-Option gesetzt, wird das WLAN sofort nach der Anmeldung aktiv.

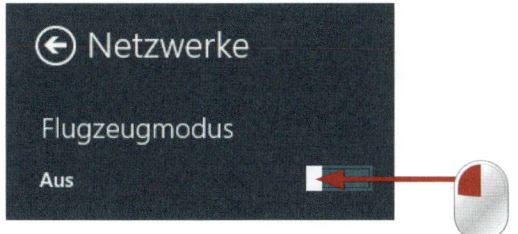

6 Der Flugzeugmodus deaktiviert das Netzwerk, ohne die Verbindung zu trennen und schaltet alle Onlineverbin-dungen ab.

 **Hinweis**

Weitere Einstellungen (Router, Verbin-dung) und Infos, beispielsweise über die Datennutzung, finden Sie unter *PC-Einstellungen/Netzwerk*.

Charms-Leiste: Netzwerkeinstellungen

Um das Netzwerk zu konfigurieren, schalten Sie auf die PC-Einstellungen um. Hier finden Sie Verbindungsoptionen wie Name und Kennwort des Routers, öffentliche Netze und Proxy-Server.

7 Wählen Sie *PC-Einstellungen ändern* und *Netzwerk*.

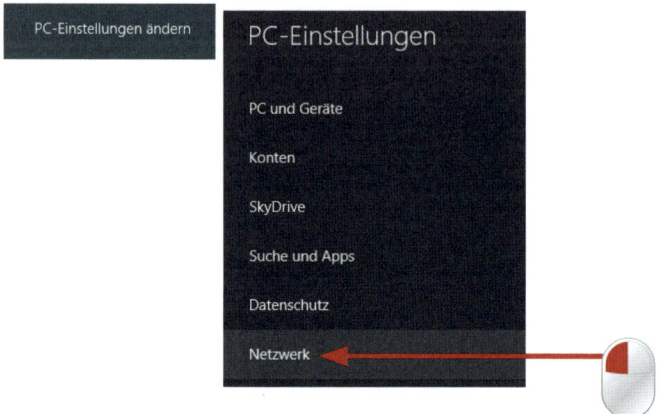

8 Markieren Sie unter *Verbindungen* das aktive Netzwerk. Jetzt können Sie die Kennung des Routers und das Routerpasswort eintragen.

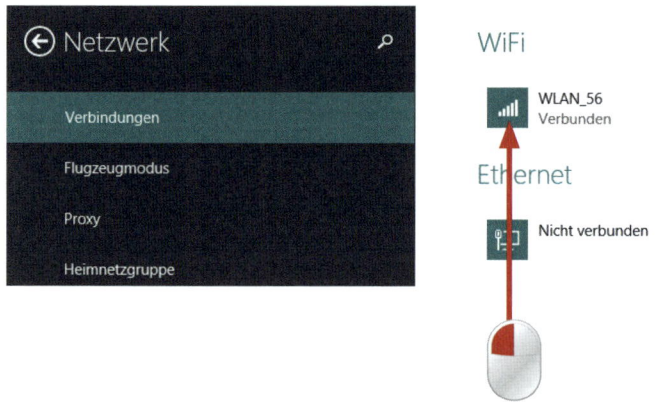

9 Wenn Sie in öffentlichen Netzwerken unterwegs sind, schalten Sie diese Option aus. Sie stellt automatisch eine Verbindung zu verfügbaren Netzwerken oder WLAN-fähigen Geräten her.

Geräte und Inhalte suchen

Nach PCs, Geräten und Inhalten in diesem Netzwerk suchen und automatisch eine Verbindung mit Geräten wie Druckern und Fernsehern herstellen. Deaktivieren Sie diese Funktion für öffentliche Netzwerke, um Ihre Daten zu schützen.

Ein

Hinweis

Eine getaktete Verbindung rechnet nach Nutzungsdauer ab. Schalten Sie sie ab, wenn Sie nicht benötigt wird.

Datennutzung

Geschätzte eigene Datennutzung in der Netzwerkliste anzeigen

Ein

Als getaktete Verbindung festlegen

Aus

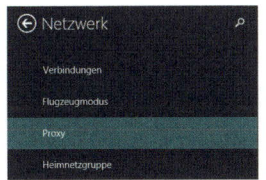

10 Dieser Schalter sorgt dafür, dass die Datennutzung, d.h. die Anzahl der über das Netz übertragenen Gigabytes angezeigt wird.

Eigenschaften

SSID:	WLAN_56
Protokoll:	802.11g
Sicherheitstyp:	WPA2-Personal
IPv6-DNS-Server:	fe80::1%3
IPv4-Adresse:	192.168.2.123
IPv4-DNS-Server:	192.168.2.1

11 Hier sehen Sie die technischen Daten der aktiven Netzwerkverbindung.

⬅ Netzwerk 🔍

Verbindungen

Flugzeugmodus

Proxy

Heimnetzgruppe

Automatische Proxyeinrichtung

Durch die automatische Einrichtung werden unter Umständen manuelle Einstellungen außer Kraft gesetzt. Deaktivieren Sie die automatischen Einstellungen, wenn Sie manuelle Einstellungen verwenden möchten.

Einstellungen automatisch erkennen
Ein

Skript für die automatische Konfiguration verwenden
Aus

12 Mit einer Proxyverbindung haben Sie Zugriff auf einen Proxy-Server (Verteiler im Unternehmensnetzwerk).

> 💡 **Tipp**
>
> In einer Heimnetzgruppe können auch Rechner mit unterschiedlichen Betriebssystemen (z. B. Windows 7) vertreten sein.

Helligkeit, Lautstärke und Tastatur

Über die Charms-Leiste passen Sie Helligkeit und Lautstärke Ihres Gerätes an die Umgebung an. Und wenn aktive Apps allzu »nervig« sind, schalten Sie vorübergehend die Benachrichtigungen ab.

1 Das Lautsprechersymbol zeigt die Lautstärke an. Klicken oder tippen Sie es an, ziehen Sie den Schieberegler mit gedrückter Maustaste.

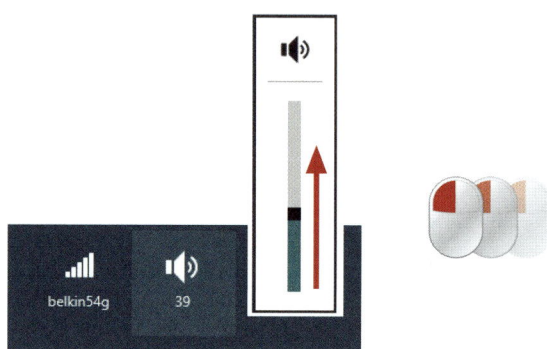

2 Ein Klick oder Tippen auf das Lautsprechersymbol oberhalb des Schiebereglers schaltet den Sound auf Ihrem Computer aus (und wieder ein).

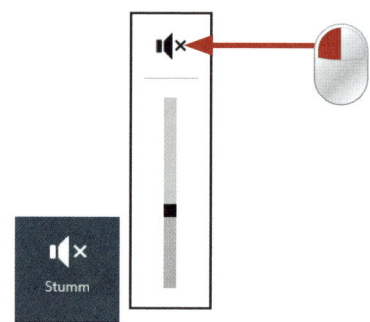

3 Auch die Helligkeit des Bildschirms wird über einen Schieberegler geregelt. Ziehen Sie ihn mit dem Finger oder mit gedrückter Maustaste.

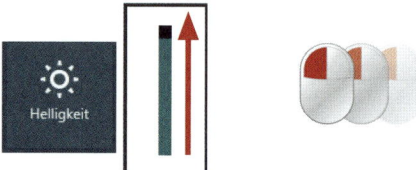

4 Automatische Benachrichtigungen von Apps können über dieses Symbol für einen bestimmten Zeitraum deaktiviert werden.

> 🗨 **Hinweis**
>
> Die Benachrichtigungen für Apps kontrollieren Sie über *PC-Einstellungen ändern*.

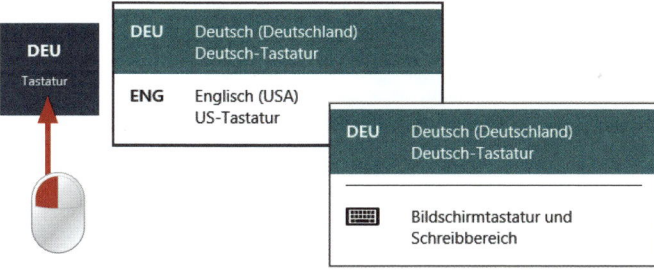

5 *Tastatur* bietet Einstellungen für die Bildschirmtastatur (auf Tablets) und verschiedensprachige Tastaturlayouts. Die Einrichtung dieser Layouts finden Sie in der Systemsteuerung.

> 🗨 **Hinweis**
>
> Das Symbol *Tastaturlayout* meldet *Nicht verfügbar*, wenn nur die bei der Installation festgelegte Sprachversion installiert ist.

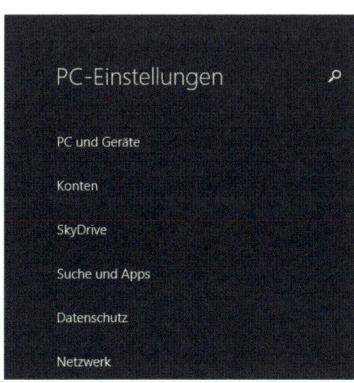

6 Unter *PC-Einstellungen ändern* finden Sie detaillierte Einstellungen für Benutzer, Netzwerk und System.

Windows 8.1 beenden

Und wenn´s noch so schön ist: Irgendwann müssen Sie Windows 8.1 auch mal abschalten. Und das geht am besten, wenn Sie das Gerät ausschalten. Windows 8.1
bietet Ihnen drei Optionen an, den Ausschalter finden Sie in der Charms-Leiste.

1 Die erste Möglichkeit, Windows 8.1 zu
beenden, bietet schon die Startseite.
Klicken Sie auf das Symbol rechts
unten.

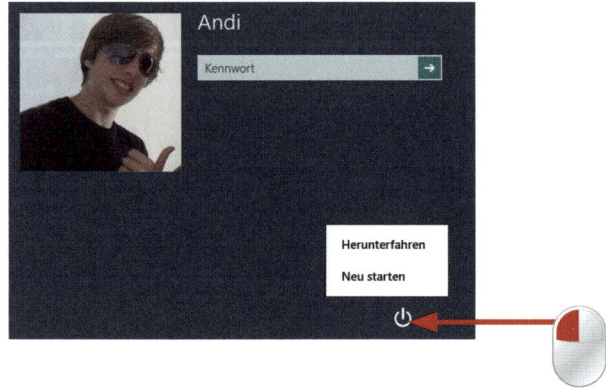

2 Wischen Sie von rechts oder ziehen Sie
die Maus aus der linken unteren Ecke
oder drücken Sie Strg + c . Wählen
Sie *Einstellungen*.

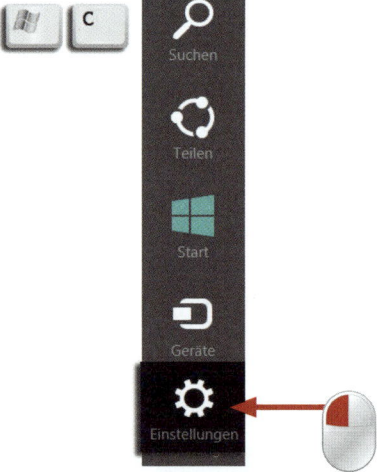

3 Klicken Sie auf das Symbol *Ein/Aus*.

> 💬 **Hinweis**
>
> Die Option *Energie sparen* wird beim
> Ausschalten nur angeboten, wenn das
> Gerät einen Energiesparmodus anbie-
> tet. Sehen Sie in der Systemsteuerung
> nach.

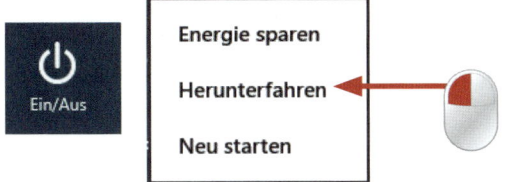

4 Wählen Sie die passende Option:
Energie sparen : Alle Apps bleiben offen
Herunterfahren: Alles wird geschlossen
Neu starten: Alles wird geschlossen,
Windows 8.1 startet neu

Energie sparen

Der PC bleibt eingeschaltet, verbraucht jedoch wenig
Strom. Apps bleiben geöffnet. Wird der PC reaktiviert,
können Sie dort weitermachen, wo Sie aufgehört haben.

Herunterfahren

Alle Apps werden geschlossen, und der PC wird
ausgeschaltet.

Neu starten

Alle Apps werden geschlossen, und der PC wird aus- und
dann wieder eingeschaltet.

5 Zeigen Sie mit dem Mauszeiger auf die
jeweilige Option, erhalten Sie einen
kleinen Hilfetext dazu.

Wird heruntergefahren

6 Klicken Sie auf eine der angebotenen
Optionen, wird Windows 8.1 heruntergefahren.

> 💡 **Tipp**
>
> Im Energiesparmodus bleiben alle Apps
> offen, auch Programme, die Sie auf
> dem Desktop gestartet hatten, werden
> nicht geschlossen. Speichern Sie aber
> sicherheitshalber immer Ihre Dateien

Kapitel 2
Die PC-Einstellungen

PC-Einstellungen aktivieren 42

Sperrbildschirm einrichten 44

Bildschirm und andere Geräte konfigurieren 48

Maus, Tastatur und Touchpad 50

PC und Geräte – Weitere Einstellungen 52

Profilbild einrichten 54

Kennwort des Benutzers ändern 56

Anmelden mit Bildcode 58

Anmelden mit PIN 62

Ein Microsoft-Konto erstellen 64

Weitere Konten anlegen 68

Mit SkyDrive in der Cloud 70

Datenschutz 72

Datum, Zeit und Sprache 74

Erleichterte Bedienung 76

Update und Wiederherstellung 78

Das lernen Sie in diesem Kapitel ...

Für die richtige Optik auf dem Sperrbildschirm und der Startseite sorgen die PC-Einstellungen. Richten Sie den Hintergrund ein und suchen Sie ein Profilbild, auf dem Sie gut aussehen.

Über USB oder Bluetooth angeschlossene Geräte erkennt Windows meist selbstständig, trotzdem sollten Sie die Geräteeinrichtung in den PC-Einstellungen kennen und überwachen.

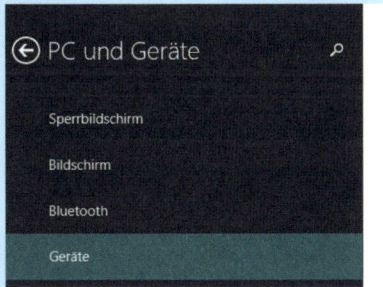 

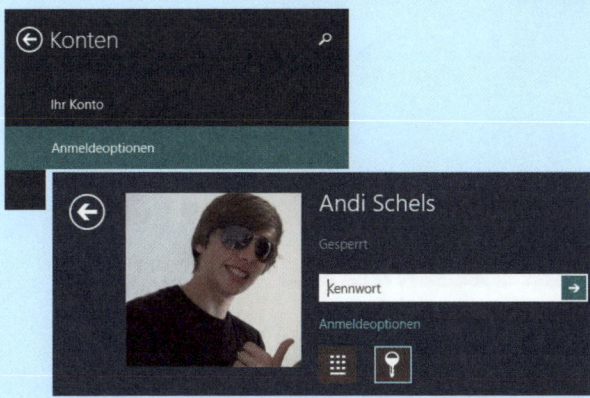

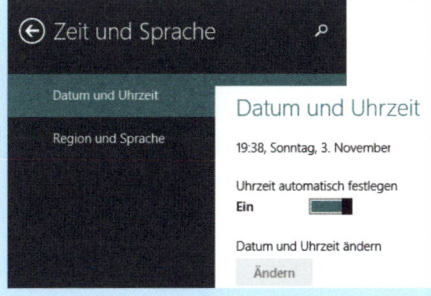

Lokales Konto oder Microsoft-Konto, was ist der Unterschied? Wie richte ich ein Cloud-Konto ein, wie kann ich mich anmelden? Alles Fragen, die in diesem Kapitel beantwortet werden. Und so mancher Tipp, wie man's besser macht, ist auch dabei.

SkyDrive einrichten, Updates, Datenschutz für Apps und Datum und Zeit – die PC-Einstellungen bieten zu jedem Thema die passenden Optionen.

PC-Einstellungen aktivieren

In den PC-Einstellungen finden Sie die wichtigsten Optionen für die Anpassung von Windows 8.1. Richten Sie Startseite und Sperr-bildschirm ein und passen Sie Ihre Benutzerkonten an.

1 Zeigen Sie mit dem Mauszeiger in die rechte untere Ecke des Bildschirms und ziehen Sie die Maus nach oben. Auf dem Tablet wischen Sie von rechts nach innen.

2 Jetzt wird die Charms-Leiste mit dem schwarzen Hintergrund sichtbar, klicken Sie auf das Symbol *Einstellungen*.

> 👁 **Fachwort**
>
> Charms-Leiste: Die Leiste am rechten Bildschirmrand mit den Symbolen *Suchen*, *Teilen*, *Start*, *Geräte* und *Einstellungen*.

3 Links unten werden Datum und Uhrzeit angezeigt. Die Symbole melden den Akku-Ladezustand und die Qualität der Netzverbindung.

4 Auf dem PC oder Notebook können Sie auch eine schnelle Tastenkombination nutzen: Drücken Sie ⊞ + c und klicken Sie auf *Einstellungen*.

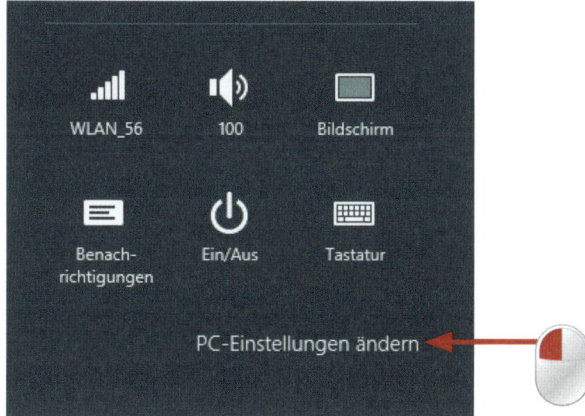

5 Klicken Sie auf *PC-Einstellungen ändern*.

6 Die App *PC-Einstellungen* wird aktiviert, die Menüeinträge können Sie antippen, anklicken, mit Cursortasten ansteuern und mit *Eingabe* aktivieren.

 **Hinweis**

Die Optionen in der oberen Hälfte der PC-Einstellungen sind auf die aktive App bezogen (z. B. Kacheln für die Startseite, Systemsteuerung für den Desktop).

Sperrbildschirm einrichten

Sperrbildschirm heißt die Anzeige, die nach dem Einschalten des PCs oder nach der Sperrung eines Benutzerkontos angezeigt wird. Passen Sie ihn an, suchen Sie ein schönes Hintergrundbild und lassen Sie sich wichtige Informationen gleich über Apps anzeigen.

1 Unter *PC und Geräte* wird das Bild angezeigt, das nach dem Starten von Windows 8.1 voreingestellt ist. Klicken oder tippen Sie es an.

2 Wenn Sie ein anderes Sperrbild sehen wollen, klicken Sie auf eines der angebotenen Bilder …

3 … oder wählen Sie *Durchsuchen*, um ein Bild aus einer Ihrer Bildbibliotheken zu bestimmen.

> 💡 **Tipp**
>
> Die Bilddateien, die für den Sperrbildschirm vorgeschlagen werden, finden Sie unter diesem Pfad:
> C:\Windows\Web\Screens

4 Die Liste zeigt alle Bibliotheken auf Ihrem Computer an, schalten Sie auf die *Bilder*-Bibliothek um.

5 Klicken Sie das gewünschte Bild mit der rechten Maustaste an und wählen Sie *Bild auswählen*.

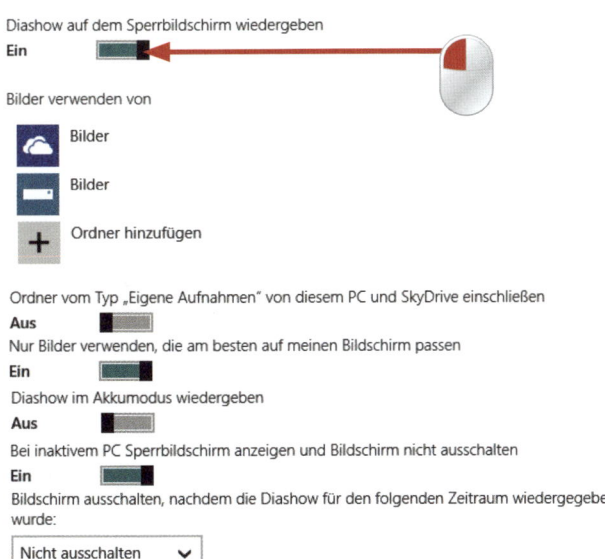

6 Mit diesem Schalter richten Sie eine Diashow für den Sperrbildschirm ein. Bestimmen Sie den oder die Bildordner und die Laufzeit (bei Akkubetrieb etc.).

💡 **Tipp**

Um einen Ordner aus der Diashow zu entfernen, klicken oder tippen Sie das Symbol an und wählen *Entfernen*. Neue Ordner fügen Sie mit dem Pluszeichen hinzu.

Sperrbildschirm einrichten

Lassen Sie sich wichtige Informationen gleich auf dem Sperrbildschirm anzeigen: Mails im Posteingang, neue Nachrichten, wichtige Termine oder einfach das aktuelle Wetter. Die Apps machen es möglich.

7 Klicken oder tippen Sie auf ein Symbol, um die Reihenfolge der Anzeige zu ändern.

8 Wählen Sie die App aus, die ihre Information an der gewählten Position abliefern soll.

9 Klicken Sie auf *Hier keine kurzen Statusinfos anzeigen*, wenn Sie an dieser Position des Symbols nichts angezeigt bekommen wollen.

> 💬 **Hinweis**
>
> Konfigurieren Sie Ihre Apps, damit diese die Informationen auf dem Sperrbildschirm anzeigen können. In der *Wetter*-App müssen Sie zum Beispiel den Standort eingeben und die Positionsbestimmung zulassen.

Wählen Sie eine App zum Anzeigen ausführlicher Statusinfos aus.

10 Wählen Sie im unteren Bereich die App aus, die ausführlichere Informationen auf dem Sperrbildschirm anzeigen soll.

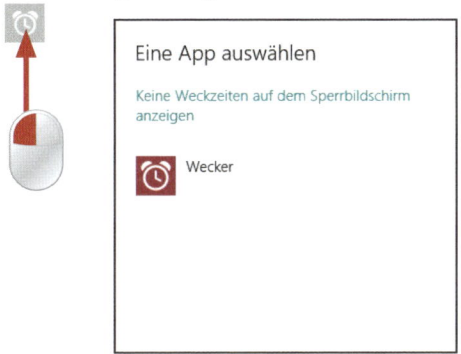

Wählen Sie eine App zum Anzeigen von Weckzeiten aus.

11 Hier können Sie die *Wecker*-App und die Kamera für den Sperrbildschirm einschalten. Aktivieren Sie den Wecker auf dem Sperrbildschirm unter der Anzeige *Alle Apps*.

Kamera

Auf dem Sperrbildschirm nach unten streifen, um die Kamera zu verwenden

Aus

12 Jetzt sehen Sie die Informationen aus den Apps auf dem Sperrbildschirm (hier das Wetter, 2 Nachrichten im Posteingang und 3 aktuelle Facebook-Postings).

🗨 **Hinweis**

Für den Sperrbildschirm stehen 7 Kurzinfos und eine Hauptinfo zur Verfügung. Kalender und Mail sind standardmäßig aktiviert, nicht belegte Infosymbole sind mit Pluszeichen gekennzeichnet.

Bildschirm und andere Geräte konfigurieren

Die passende Bildschirmauflösung finden Sie ebenso wie die Einrichtung von Bluetooth- und anderen Geräteverbindungen in den PC-Einstellungen.

1 Schalten Sie unter *PC und Geräte* auf *Bildschirm*, um den Bildschirm zu konfigurieren.

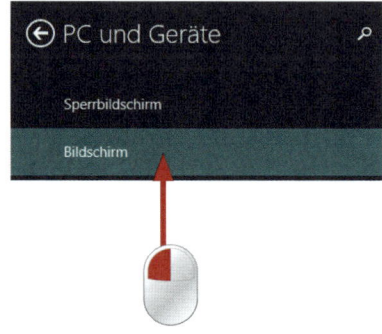

2 Die Anzeige zeigt, wie viele Monitore angeschlossen sind. Klicken oder tippen Sie auf *Identifizieren*, wird auf jedem Bildschirm eine Nummer angezeigt.

3 Mit dem Schieberegler ändern Sie die Bildschirmauflösung. Klicken oder tippen Sie auf *Anwenden* und bestätigen Sie die Änderung.

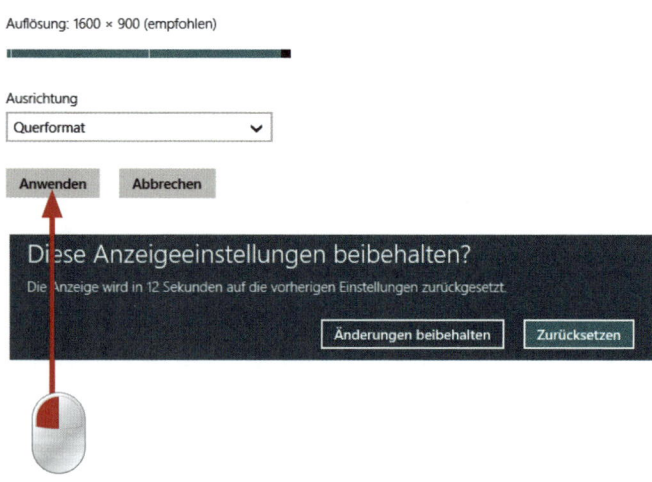

Bluetooth-Geräte verwalten

Ihr PC sucht nach Bluetooth-Geräten und ist für sie sichtbar.

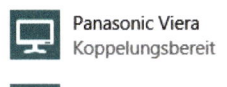

Panasonic Viera
Koppelungsbereit

SLADE
Koppelungsbereit

4 Hier können Sie Bluetooth-Geräte ankoppeln. Markieren Sie ein Gerät, das Windows 8.1. auflistet, und wählen Sie *Koppeln*.

> 💬 **Hinweis**
>
> Aktivieren Sie auf dem Bluetooth-Gerät (z. B. Smartphone) die Gerätekennung, bevor Sie es unter Windows 8.1 einrichten.

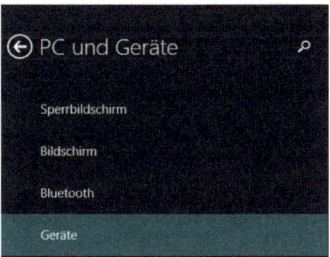

Geräte hinzufügen

➕ Gerät hinzufügen

Geräte hinzufügen

Geräte werden gesucht

HP2E59C0 (HP Officejet 650...
Drucker, Tintenstrahldrucker,...

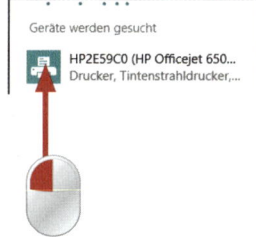

5 Um neue Geräte wie Drucker, Scanner, Projektoren, Kartenleser etc. anzuschließen, klicken oder tippen Sie auf *Gerät hinzufügen*. Markieren Sie das Gerät, sobald es erkannt ist.

> 💬 **Hinweis**
>
> Neue Geräte werden nach dem Plug & Play-Verfahren automatisch erkannt, sobald sie per Bluetooth-Funkverbindung aktiviert oder über eine USB-Schnittstelle angeschlossen werden.

Drucker

 HP Officejet 6500 E710a-f

 HP2E59C0 (HP Officejet 6500 E710a-f)

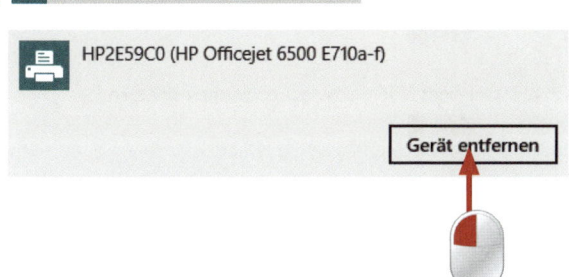

HP2E59C0 (HP Officejet 6500 E710a-f)

Gerät entfernen

6 Das Gerät (hier ein Drucker) wird installiert. Um ein Gerät aus der Geräteliste zu entfernen, markieren Sie den Eintrag und wählen *Gerät entfernen*.

Maus, Tastatur und Touchpad

Auch für die Eingabegeräte Maus, Tastatur und Touchpad finden Sie Optionen in den PC-Einstellungen. Richten Sie diese passend ein und schalten Sie die Rechtschreibprüfung hinzu, um die Tippfehlerquote zu senken.

1 Unter *Maus und Touchpad* stellen Sie die Primärtaste und das Rollen mit dem Mausrad ein. Das Touchpad sollten Sie verzögern, wenn Sie mit einer Maus arbeiten.

> **Hinweis**
>
> Die Primärtaste ist für Rechtshänder die linke und für Linkshänder die rechte Maustaste.

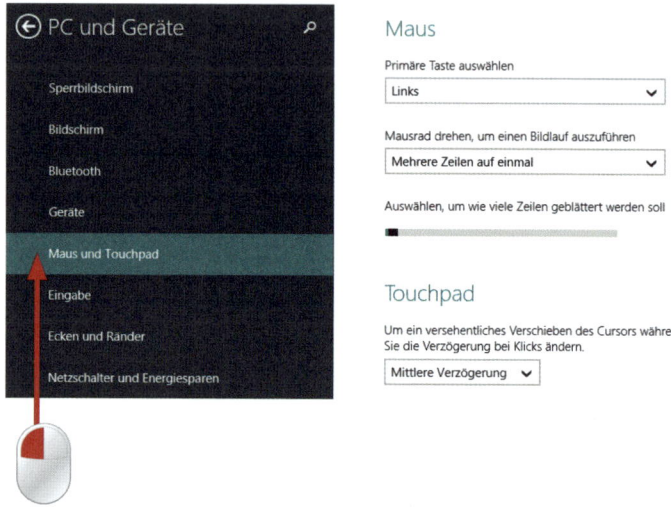

2 Schalten Sie unter *Eingabe* die Rechtschreibprüfung für Apps ein und lassen Sie sich Rechtschreibfehler anzeigen.

> **Hinweis**
>
> Ist die Hervorhebung von Rechtschreibfehlern aktiv, werden diese z. B. in der *Skype-* oder *Mail-*App rot unterstrichen.

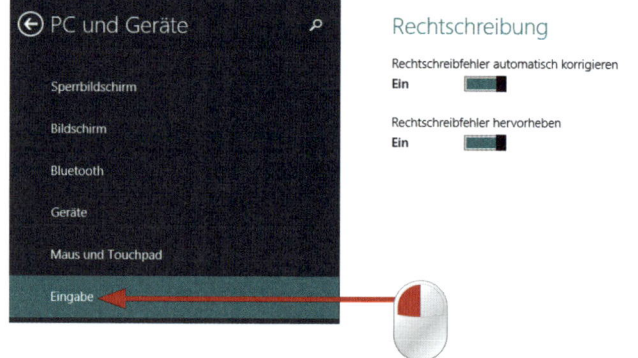

3 Für die Texteingabe bei der Anwendung von Apps stehen hier drei Optionen zur Auswahl (nur auf Tablets und Smartphones).

Eingabe

Textvorschläge bei der Eingabe anzeigen
Ein

Nach Auswahl eines Textvorschlags Leerzeichen einfügen
Ein

Nach Doppeltippen auf die Leertaste Punkt einfügen
Ein

Bildschirmtastatur

Tastentöne bei der Eingabe

Ein

Großbuchstaben am Satzanfang

Ein

Beim Doppeltippen auf die UMSCHALTTASTE Großbuchstaben verwenden

Ein

Standardtastaturlayout als Bildschirmtastaturoption hinzufügen

Aus

4 Ebenfalls nur für Tablets und Smart-phones verfügbar: Einstellungen für die Bildschirmtastatur.

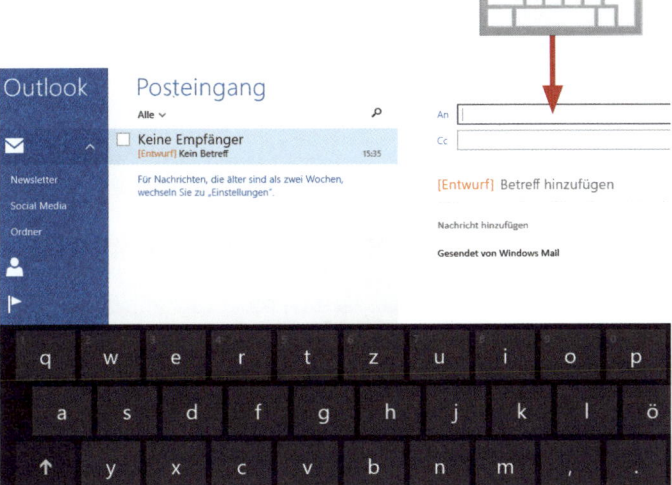

5 Die Bildschirmtastatur schaltet sich automatisch dazu, wenn Sie in einer App (hier Mail) ein Feld zur Texteingabe aktivieren.

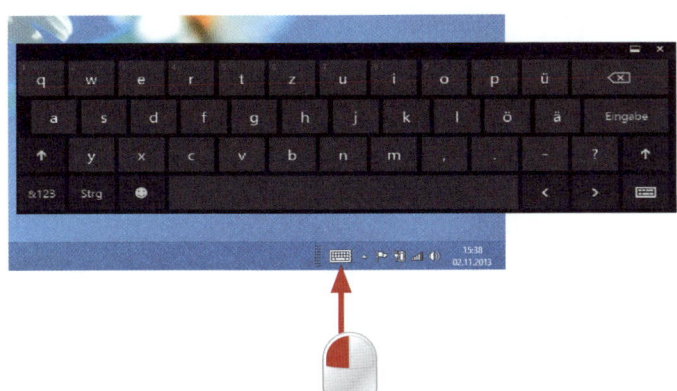

6 Auf dem Desktop können Sie die Bild-schirmtastatur über das Symbol in der Taskleiste aktivieren.

PC und Geräte – Weitere Einstellungen

Mit weiteren Optionen in der Rubrik *PC und Geräte* stellen Sie die Eckennavigation für Apps bereit, schalten Zeitintervalle zum Abschalten von Bildschirm und Akku für den Energiesparmodus ein und sorgen für die richtige Aktion beim Einlegen oder Anschließen externer Medien.

1 Schalten Sie unter *PC und Geräte* auf *Ecken und Ränder*. Hier können Sie den App-Wechsel für die zuletzt verwendeten Apps einrichten.

> **Hinweis**
>
> Die zweite Option für den App-Wechsel gilt nur für Tablets und Smartphones.

2 Die Eckennavigation stellt sicher, dass die oberen Ecken für die Charms-Leiste und den Apps-Wechsel verfügbar sind.

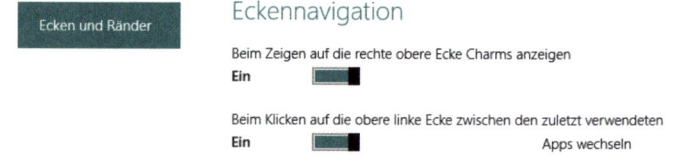

3 Unter *Netzschalter und Energiesparen* legen Sie fest, wann der Bildschirm und der PC im Akkumodus und im Netzbetrieb automatisch abschalten.

Automatische Wiedergabe

Automatische Wiedergabe für alle Medien und Geräte verwenden

Ein

Standardwerte für automatische Wiedergabe auswählen

Wechseldatenträger

Ordner öffnen, um Dateien anzuzeigen (Explorer)

Speicherkarte

Apple iPhone

Keine Aktion durchführen

4 Schalten Sie die *Automatische Wiedergabe* ein und bestimmen Sie die Aktion für die einzelnen Geräte.

> 💬 **Hinweis**
>
> Die *automatische Wiedergabe* regelt die Aktion, die nach der Aktivierung eines Mediums (USB-Stick, externe Festplatte etc.) automatisch ausgeführt wird.

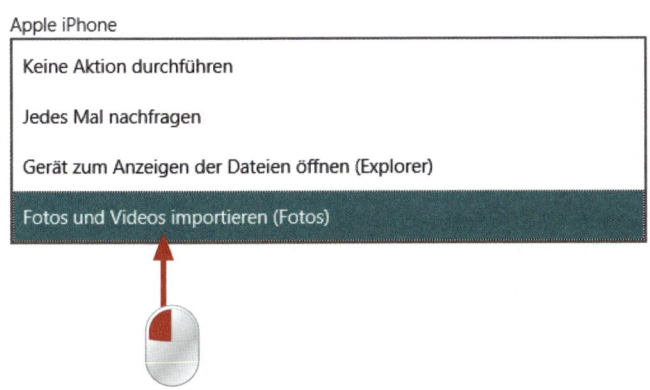

Apple iPhone

Keine Aktion durchführen

Jedes Mal nachfragen

Gerät zum Anzeigen der Dateien öffnen (Explorer)

Fotos und Videos importieren (Fotos)

5 Ist auf dem PC, Notebook oder Tablet ein Verwaltungsprogramm für Smartphones (z. B. iTunes) installiert, werden für das Gerät automatisch Wiedergabeoptionen angeboten.

PC

PC-Name	HPEnvy

Umbenennen

Produkt-ID	00260-00290-23110-AA934
Prozessor	Intel(R) Core(TM) i7 CPU Q 720 @ 1.60GHz 1.60 GHz
Installierter RAM	4,00 GB
Systemtyp	64-Bit-Betriebssystem, x64-basierter Prozessor
Stift- und Toucheingabe	Für diese Anzeige ist keine Stift- oder Toucheingabe verfügbar.

Windows

Edition	Windows 8.1 Pro
Aktivierung	Windows ist aktiviert.

Product Key ändern

6 Unter *PC-Info* finden Sie technische Informationen über den PC und das Betriebssystem. Hier können Sie auch das System aktivieren oder den Product Key ändern.

Profilbild einrichten

Tauschen Sie das anonyme Phantombild, das bei der Anmeldung und auf der Startseite neben dem Benutzernamen angezeigt wird, gegen ein schönes Foto oder ein passendes Bild.

1 Drücken Sie ⊞ + c oder wischen Sie von rechts und wählen Sie *Einstellungen/PC-Einstellungen ändern*.

2 Schalten Sie um auf *Konten* und markieren Sie Ihr Konto.

3 Das aktuelle Bild wird angezeigt, falls noch keines zugewiesen ist, sehen Sie ein Phantombild. Wählen Sie *Durchsuchen*, um das Bild zu bestimmen oder zu wechseln.

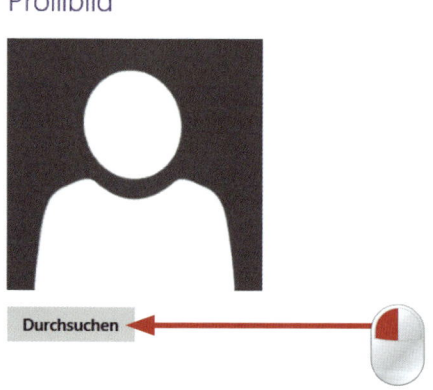

> 💬 **Hinweis**
>
> Das Profilbild muss vorher als Datei in einem Ordner abgelegt werden (am besten in der Bibliothek *Bilder*).

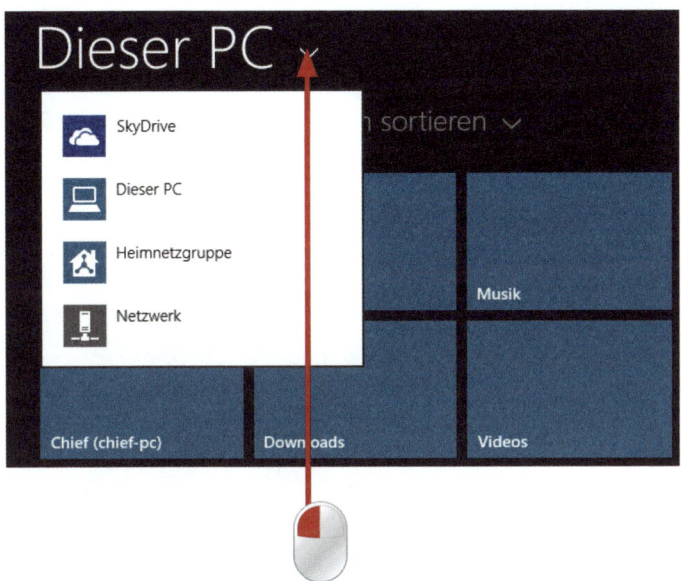

4 Sie können das Bild im Bilderordner oder im Netzwerk suchen. Die Cloud (SkyDrive) steht ebenfalls zur Auswahl, dafür brauchen Sie aber ein Microsoft-Konto.

5 Markieren Sie das gewünschte Bild und wählen Sie *Bild auswählen*.

Profilbild erstellen

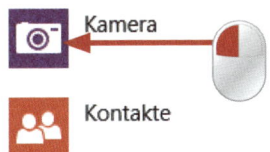

6 Das Bild können Sie auch direkt mit der Kamera aufnehmen oder aus der *Kontakte*-App übernehmen.

>  **Tipp**
>
> Wenn Sie Ihr Facebook-Profilbild übernehmen wollen, fügen Sie Facebook über *Weitere Konten* als Konto hinzu und holen das Bild über das Symbol *Kontakte*.

Kennwort des Benutzers ändern

Sicherheit ist oberstes Gebot und sie beginnt beim Windows-Kennwort. Weisen Sie Ihrem Windows ein sicheres Kennwort zu und wechseln Sie es häufig. Um ganz sicher zu gehen …

1 Drücken Sie ⊞ + c und klicken Sie auf *Einstellungen*. Wählen Sie *PC-Einstellungen ändern*. Schalten Sie um auf *Konten/Anmeldeoptionen*.

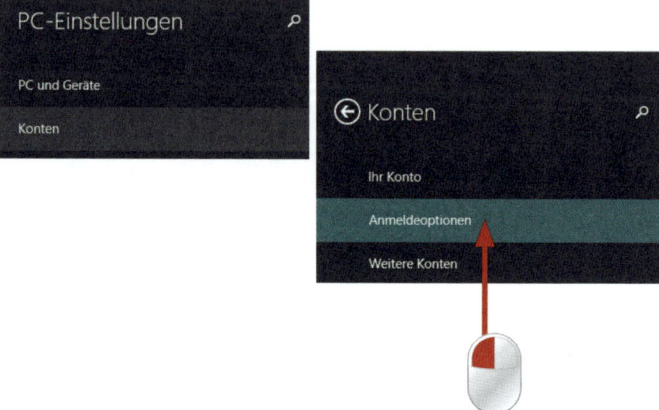

2 Hier können Sie Ihr Kennwort für Windows 8.1 ändern.

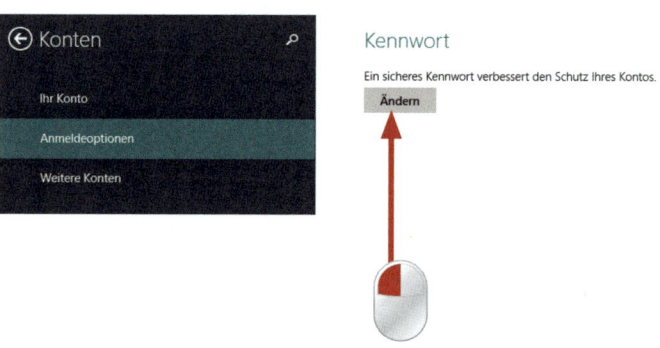

3 Geben Sie zunächst Ihr altes Kennwort ein, bestätigen Sie mit Klick auf *Weiter*.

 **Tipp**

Besonders sicher: *Microsoft-Konto* stellt eine Option bereit, mit der Sie nach 72 Tagen automatisch ein neues Kennwort anlegen müssen.

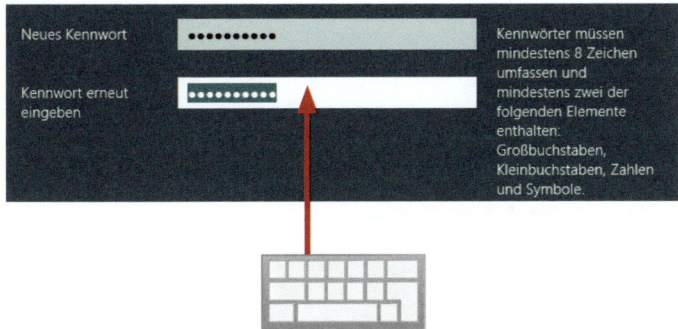

4 Tragen Sie das neue Kennwort in beide Felder ein und bestätigen Sie wieder mit *Weiter*.

5 Eine letzte Bestätigung mit *Fertig stellen*, und das neue Kennwort ist angelegt.

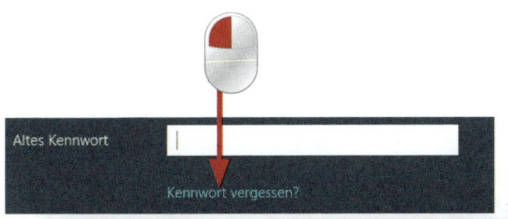

6 Wenn Sie Ihr Kennwort vergessen haben, klicken oder tippen Sie auf den Link und beantworten die Fragen. Sie müssen online gehen und Ihr Kennwort im Microsoft-Konto zurücksetzen.

 **Hinweis**

Achten Sie auf die Kennwortregeln: Mindestens 8 Zeichen, zwei davon Groß- und Kleinbuchstaben, Zahlen oder Symbole.

Anmelden mit Bildcode

Der Bildcode ist eine neue Anmeldeform, bei der Sie ein Muster aus drei Gesten in ein Bild zeichnen. Stimmt dieses mit dem gespeicherten Code überein, werden Sie angemeldet. Eigentlich für Touchscreens konzipiert, funktioniert aber auch gut mit der Maus.

1 Wählen Sie *PC-Einstellungen ändern* in der Charms-Leiste. Schalten Sie um auf *Konten/Anmeldeoptionen*.

2 Ein Klick auf *Hinzufügen* unter *Bildcode*, und Sie können die Anmeldung über einen Bildcode einstellen.

Bildcode

Melden Sie sich mit Ihrem Lieblingsfoto am PC an

Hinzufügen

3 Nach Eingabe des Kennworts können Sie das Bild für den Bildcode bestimmen. Starten Sie mit *Bild auswählen*.

> **Tipp**
>
> Suchen Sie sich am besten vor der Bildcode-Erstellung ein passendes Bild aus und speichern Sie es in Ihrer *Bilder*-Bibliothek ab.

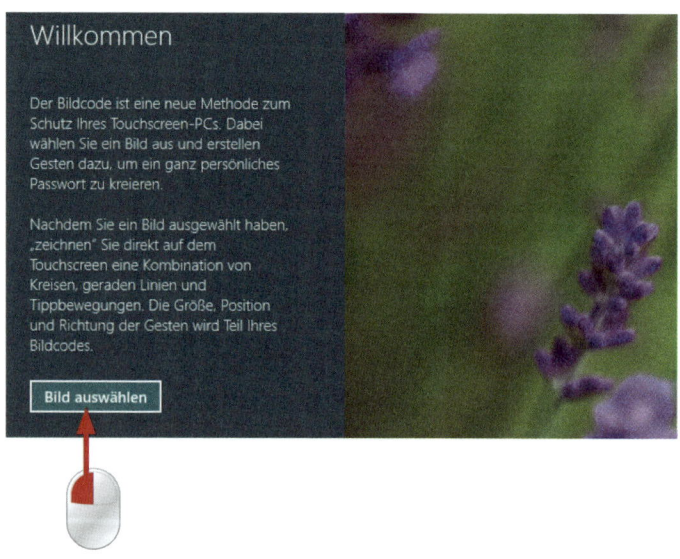

Willkommen

Der Bildcode ist eine neue Methode zum Schutz Ihres Touchscreen-PCs. Dabei wählen Sie ein Bild aus und erstellen Gesten dazu, um ein ganz persönliches Passwort zu kreieren.

Nachdem Sie ein Bild ausgewählt haben, „zeichnen" Sie direkt auf dem Touchscreen eine Kombination von Kreisen, geraden Linien und Tippbewegungen. Die Größe, Position und Richtung der Gesten wird Teil Ihres Bildcodes.

Bild auswählen

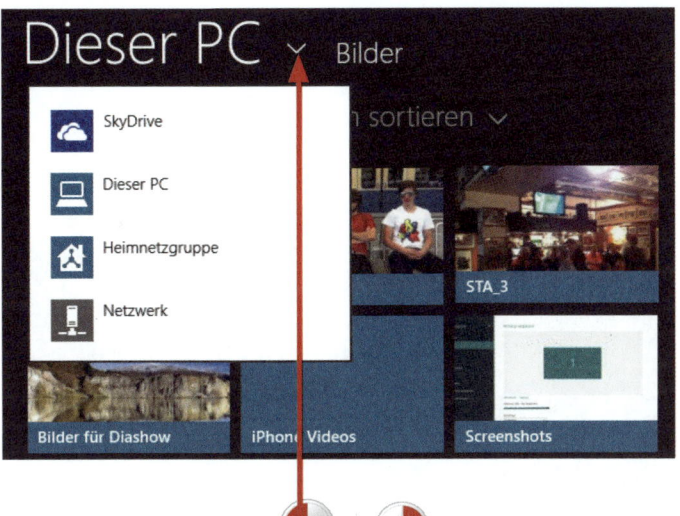

4 Das Bild können Sie aus der Cloud (SkyDrive) holen, in der Bilderbibliothek suchen oder über das Netzwerk beziehen.

5 Markieren Sie das Bild, wenn es angezeigt wird und bestätigen Sie mit *Öffnen*.

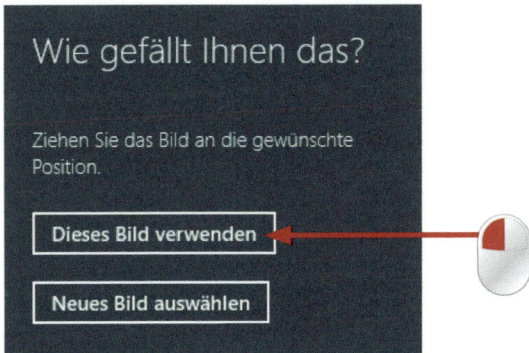

6 Positionieren Sie den Bildausschnitt passend, verschieben Sie das Bild einfach mit gedrückter Maustaste. Klicken Sie dann auf *Dieses Bild verwenden*.

Anmelden mit Bildcode

Zeichnen Sie einen Bildcode, den Sie auch wieder reproduzieren können. Aber – es kann nichts schiefgehen, zur Not können Sie sich immer auch mit Kennwort oder PIN anmelden.

 Zeichnen Sie drei Gesten in das Bild. Sie können abwechselnd Linien oder Kreise ziehen oder einfach irgendwohin klicken.

💬 Hinweis

Ein Bildcode ist ein Muster aus drei Bewegungen (Linien, Kreise, Punkte), die der Benutzer auf einem Bild festlegt und bei der Anmeldung wiederholen muss.

 Wiederholen Sie zur Sicherheit die drei Gesten. Falls es nicht klappt, klicken Sie auf *Von vorn* und starten Sie neu.

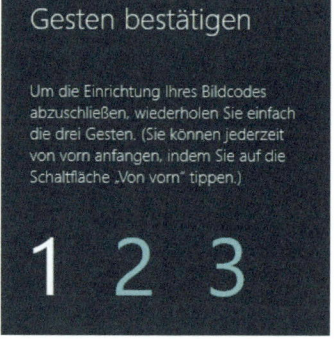

9 Sind die Gesten zweimal richtig, wird der Bildcode erstellt. Klicken Sie auf *Fertig stellen*.

💡 Tipp

Mit der Maus sollten Sie erfahrungsgemäß mit Klicks oder kleinen Kreisen arbeiten. Wenn Sie den Bildcode ändern, klicken Sie auf *Wiedergabe*.

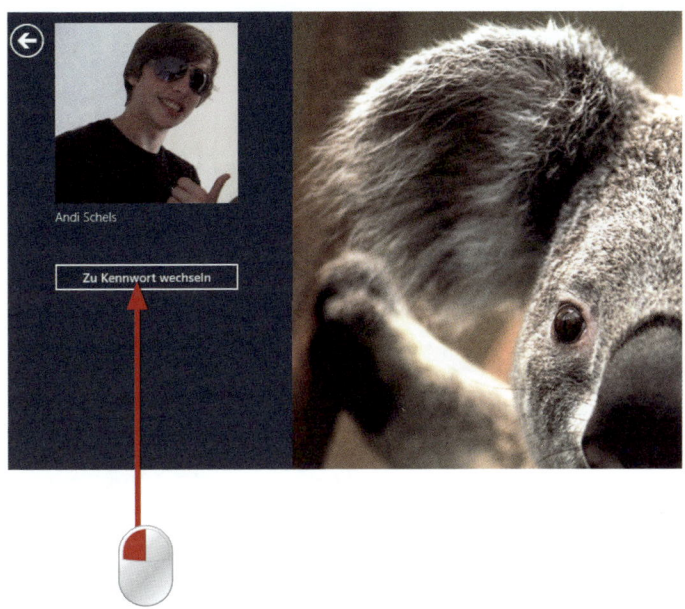

10 Bei der nächsten Anmeldung erhalten Sie jetzt Ihr Bild anstelle der Kennwort- oder PIN-Eingabe. Melden Sie sich mit den drei Bildcode-Gesten an.

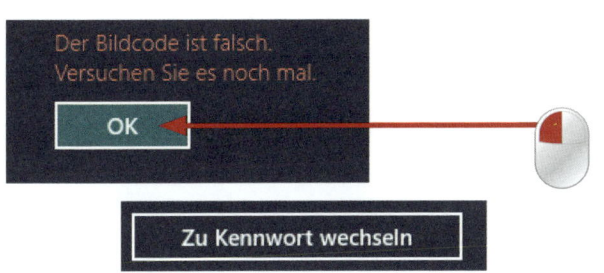

11 Stimmen die Gesten nicht mit dem gespeicherten Bildcode überein, erhalten Sie eine Fehlermeldung. Bestätigen Sie mit *OK* und versuchen Sie es erneut.

12 Wenn es gar nicht klappt mit den Gesten, wählen Sie *Zu Kennwort wechseln*. Jetzt können Sie sich wieder mit Kennwort oder PIN anmelden.

 **Hinweis**

Nach fünf Fehlversuchen im Bildcode schaltet die Anmeldung automatisch auf Kennwort- oder PIN-Eingabe um.

Anmelden mit PIN

Wenn Sie anstelle eines Kennworts lieber eine PIN benutzen wollen, schalten Sie in den PC-Einstellungen auf diese Sicherung um. Und falls Ihnen die PIN nicht mehr einfällt, können Sie immer noch Ihr Kennwort benutzen.

1 Wählen Sie *PC-Einstellungen ändern* in der Charms-Leiste.

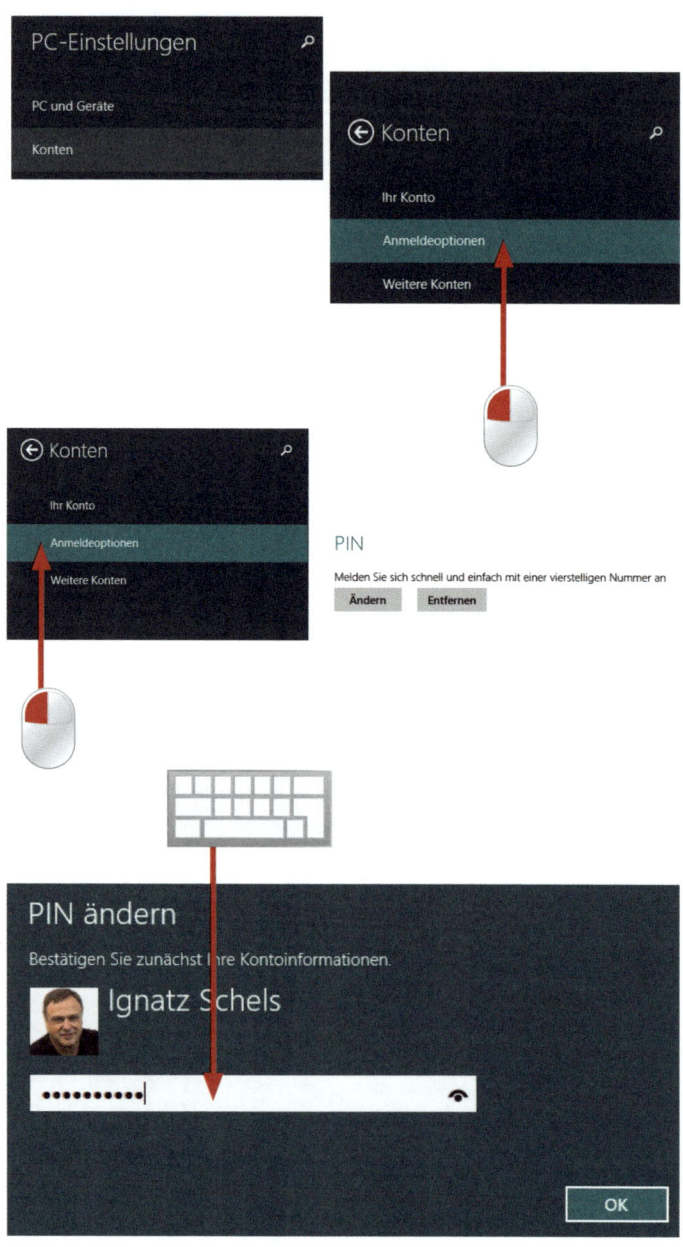

2 Schalten Sie um auf die Option *Konten* und klicken Sie unter *Anmeldeoptionen* auf *PIN erstellen*.

3 Geben Sie zunächst Ihr Kennwort ein und bestätigen Sie mit Klick auf *OK*.

> **💡 Tipp**
>
> Zur Änderung der PIN aktivieren Sie wieder die Benutzerverwaltung. Klicken Sie auf *PIN ändern*, geben Sie Ihr Kennwort (nicht die PIN) ein und tragen Sie eine neue PIN ein.

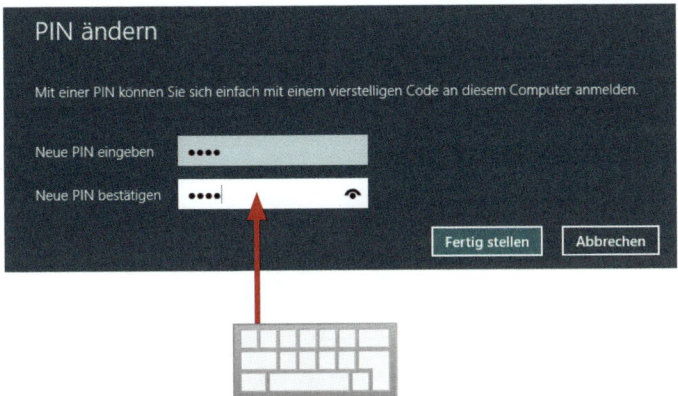

4 Tragen Sie in beide Felder die neue vierstellige PIN ein.

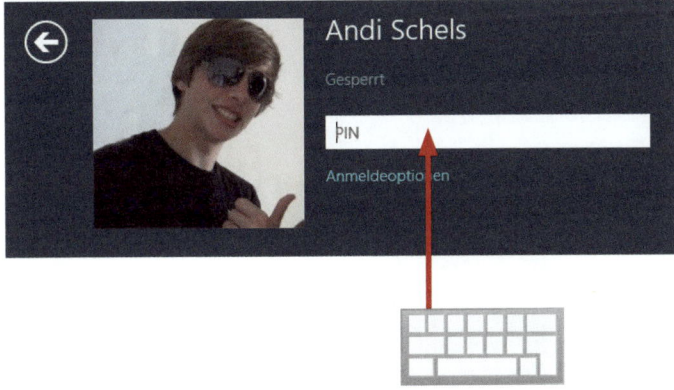

5 Bei der nächsten Anmeldung werden Sie nach dieser PIN gefragt. Geben Sie sie ein. Nach Eingabe der letzten Ziffer werden Sie automatisch angemeldet.

6 Wollen Sie Ihr Kennwort anstelle der PIN verwenden, klicken Sie auf *Anmeldeoptionen*. Klicken Sie auf das Schlüsselsymbol und tragen Sie Ihr Kennwort ein.

Ein Microsoft-Konto erstellen

Wenn Sie mit Apps arbeiten oder neue Apps aus dem Store beziehen wollen, brauchen Sie ein Microsoft-Konto. Sie können Ihre Mailadresse verwenden oder sich eine neue Mailadresse zulegen.

1 Aktivieren Sie die Charms-Leiste und wählen Sie *PC-Einstellungen ändern*. Schalten Sie um auf *Konten*.

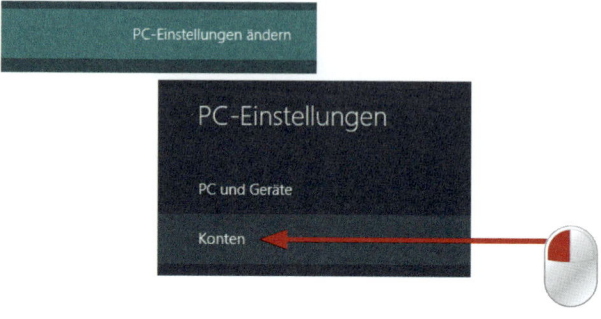

2 Wenn Sie sich mit einem lokalen Konto angemeldet hatten, können Sie sich mit einem Microsoft-Konto verbinden oder ein solches neu einrichten.

 **Hinweis**

Wenn Sie bereits ein Konto bei Windows Live, bei Xbox Live oder bei Windows Phone haben, wird dieses automatisch vorgeschlagen.

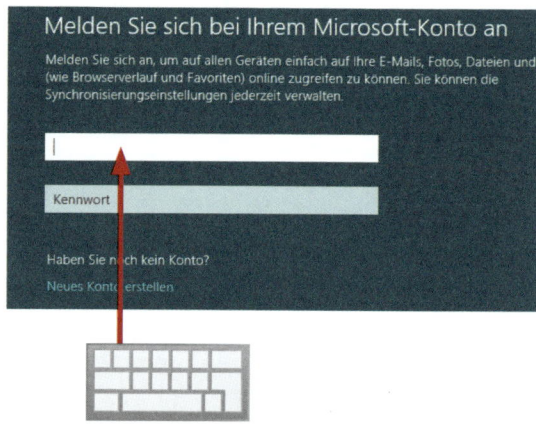

3 Geben Sie eine Mailadresse an oder erstellen Sie eine neue Mailadresse, z. B. unter Outlook.de.

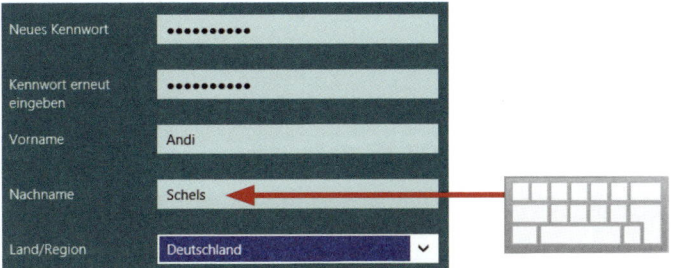

4 Tragen Sie ein Kennwort mit mindestens 8 Zeichen ein, zwei davon müssen Großbuchstaben, Ziffern oder Symbole sein. Geben Sie Ihren Namen und das Land an, in dem Sie wohnen.

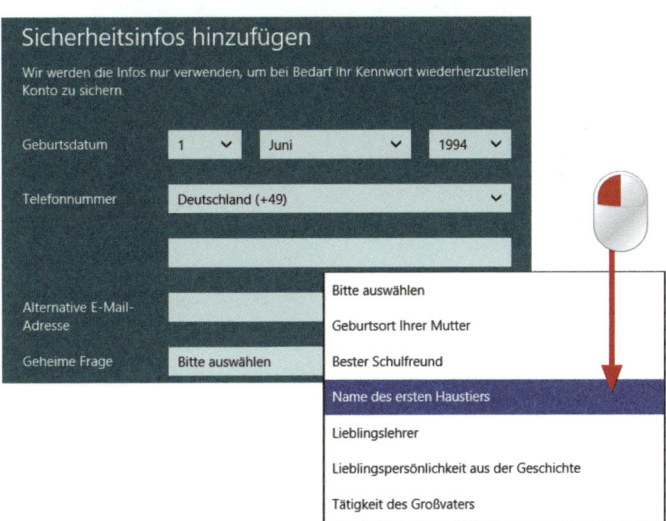

5 In den Sicherheitsinfos bestimmen Sie eine geheime Frage (mit Antwort) und eine alternative Mailadresse, falls Sie Ihr Kennwort einmal vergessen sollten.

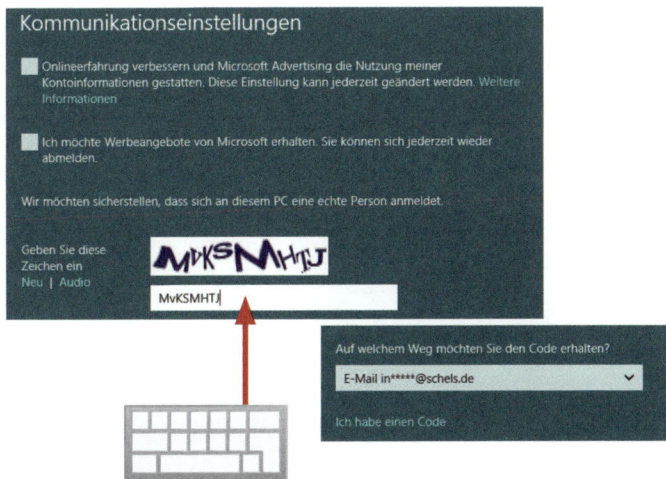

6 Bestätigen Sie die Anmeldung durch Eingabe des Captcha-Zeichens. Für die erste Anmeldung wird Ihnen ein Code an die alternative Adresse geschickt. Tragen Sie diesen ein.

 **Hinweis**

Das Microsoft-Konto ist durch Sicherheitsmaßnahmen geschützt und kann nicht zu Werbezwecken verwendet werden.

Ein Microsoft-Konto erstellen

Nachdem das Konto angelegt ist, richten Sie sich mit Sky-Drive in der Cloud ein und gehen online, um die Kontoein-stellungen im Detail anzupassen und zu überprüfen.

7 Richten Sie SkyDrive ein. Wenn Sie keine automatischen Sicherungen Ihrer Daten und Einstellungen in der Cloud haben wollen, schalten Sie diese aus.

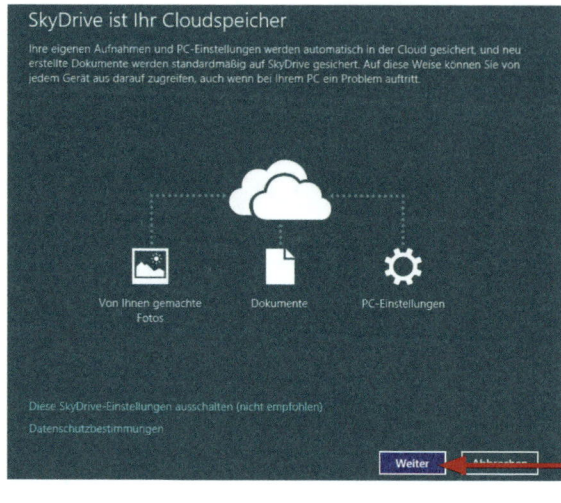

8 Jetzt können Sie vom lokalen Konto auf das Microsoft-Konto umschalten. Wählen Sie *Wechseln*.

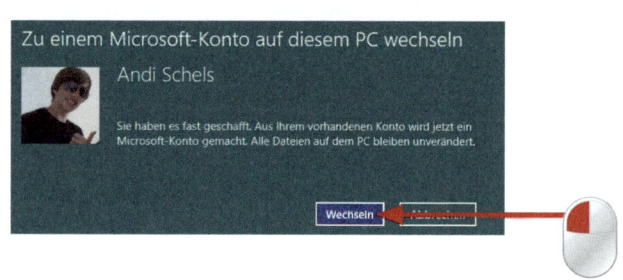

9 Die weiteren Kontoeinstellungen lassen Sie sich online in einem Browserfenster anzeigen. Hier werden alle Informationen bearbeitet, hier werden Konten auch wieder gelöscht.

 **Hinweis**

Mit Ihrem neuen Konto steht Ihnen auch ein Maildienst (Hotmail, Outlook) und SkyDrive zur Verfügung, der Cloud-Datendienst von Microsoft.

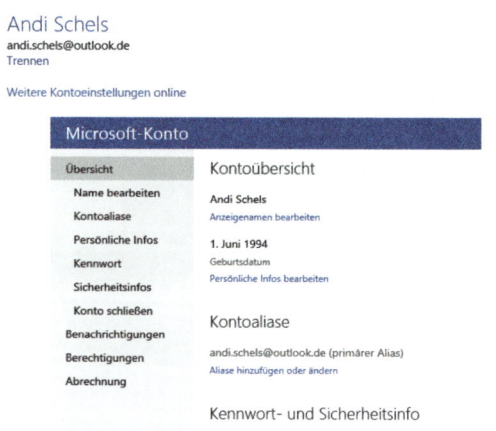

10 Wenn Sie über Ihr Microsoft-Konto Spiele oder Apps kaufen wollen, klicken Sie auf *Abrechnung* und tragen Ihre Kontoinformationen ein.

11 Die wichtigsten Einstellungen erhalten Sie auch, wenn Sie das Profilbild anklicken.

12 Um vom Microsoft-Konto zu einem lokalen Konto zu wechseln, wählen Sie in der Kontoanzeige *Trennen*. Geben Sie Ihr Kennwort ein.

> 💬 **Hinweis**
>
> Das Microsoft-Konto lässt sich auch über den Browser (Internet Explorer) konfigurieren. Aktivieren Sie SkyDrive (www.skydrive.com) oder *login.llive. com*.

Weitere Konten anlegen

Ein neuer Benutzer kann mit einem lokalen Konto ohne Mailadresse angelegt werden. Für die Apps-Nutzung ist ein Microsoft-Konto erforderlich. Legen Sie weitere Konten an, wenn mehrere Benutzer mit Ihrem PC oder Tablet arbeiten.

1 Drücken Sie ⊞ + c oder wischen Sie von rechts für die Charms-Leiste und wählen Sie *Einstellungen/PC-Einstellungen ändern*. Schalten Sie um auf *Konten*.

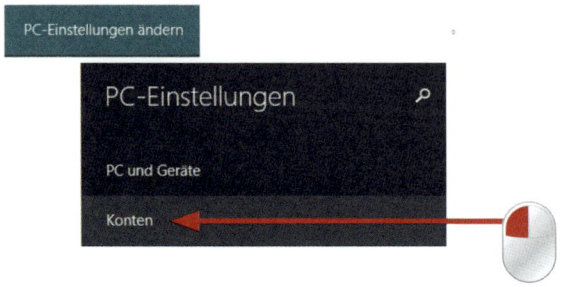

2 Die Liste der bereits angelegten Benutzerkonten wird angezeigt, unter *Weitere Konten* legen Sie ein neues Konto an.

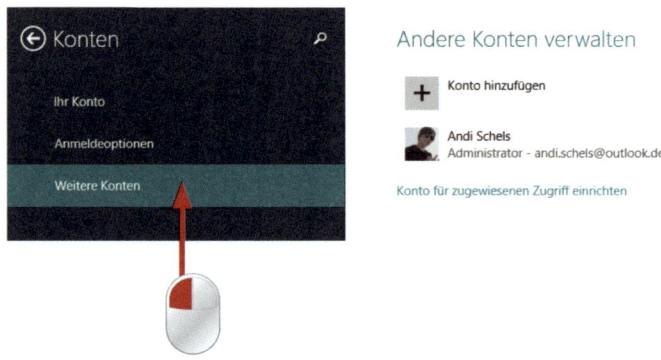

3 Sie können für den neuen Benutzer ein lokales Konto oder – mit seiner Mailadresse – ein Microsoft-Konto erstellen.

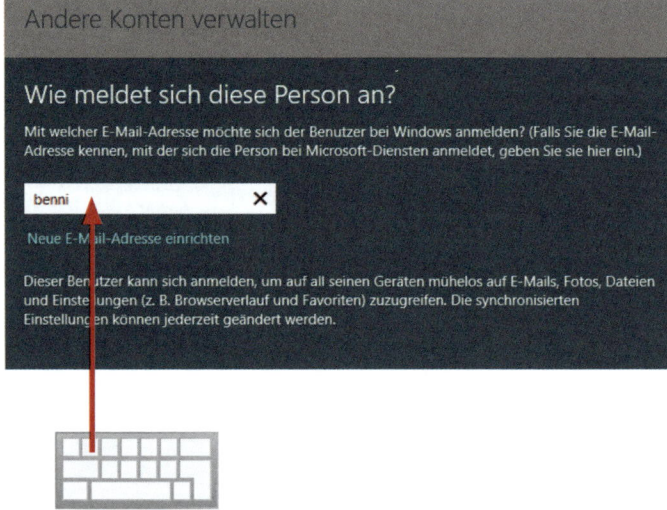

> 💬 **Hinweis**
>
> In der Online-Kontoverwaltung schalten Sie auch Facebook und Twitter zu Ihrem Konto hinzu.

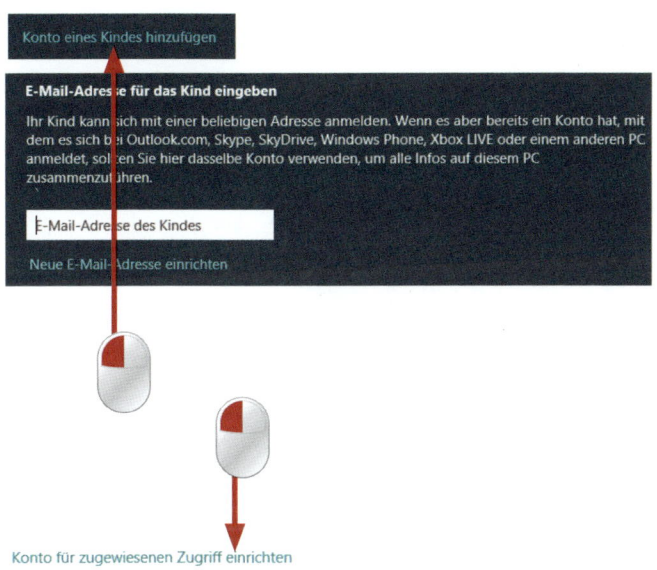

4 Wählen Sie *Konto eines Kindes hinzufügen*, werden alle Kontoinformationen eines bereits angelegten Kontos zusammengeführt.

5 Ein *Konto für zugewiesenen Zugriff* ermöglicht den Zugriff auf eine einzelne App, die für dieses Konto installiert wurde.

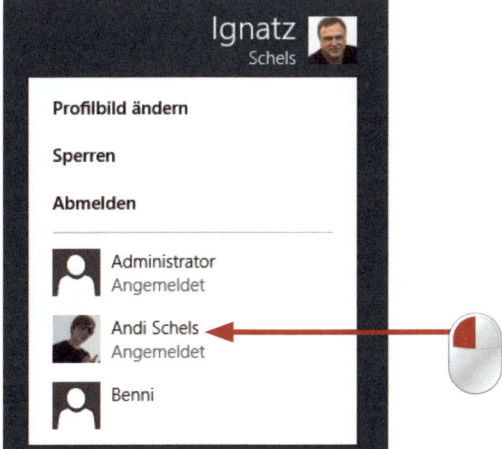 

6 Klicken oder tippen Sie auf das Profilbild auf der Startseite, erhalten Sie eine Übersicht über alle Benutzerkonten. Zum Anmelden markieren Sie einfach ein Konto.

> **Hinweis**
>
> Konten für zugewiesenen Zugriff dürfen keine Admin-Rechte besitzen. Ändern Sie dazu den Kontotyp in der Systemsteuerung.

Mit SkyDrive in der Cloud

Mit Windows 8.1 sind Sie automatisch in der Cloud – falls Sie das möchten. SkyDrive ist der Online-Datendienst von Microsoft. Richten Sie SkyDrive so ein, dass Fotos und Videos automatisch hochgeladen werden und synchronisieren Sie die Einstellungen Ihrer Geräte mit SkyDrive.

1 Drücken Sie ⊞+ⓒ oder wischen Sie von rechts für die Charms-Leiste und wählen Sie *Einstellungen/PC-Einstellungen ändern*. Schalten Sie um auf *SkyDrive*.

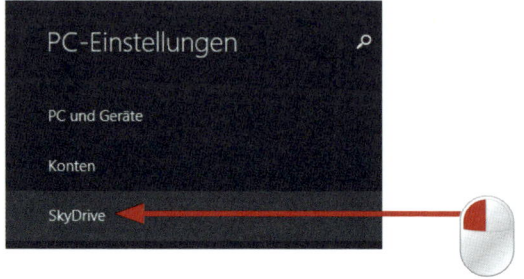

2 Unter *Dateispeicher* sehen Sie, wie viel Speicher in der Cloud verfügbar und bereits belegt ist. Mehr Speicher ist möglich, kostet aber Geld.

3 Mit *Eigene Dateien auf SkyDrive anzeigen* schalten Sie um auf den Online-Speicher. Windows 8.1 teilt dazu den Bildschirm.

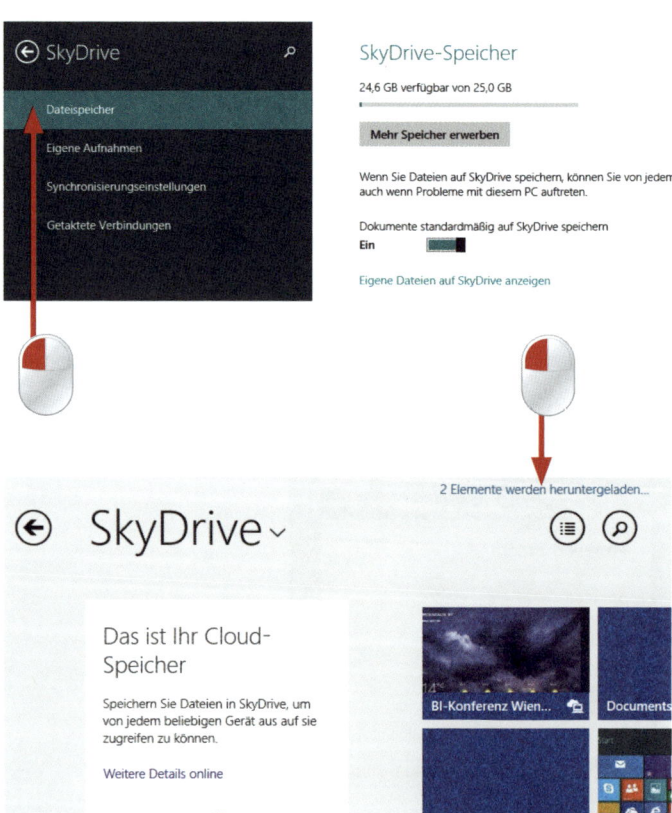

> 💬 **Hinweis**
>
> Die Option für getaktete Verbindungen sollten Sie deaktivieren, wenn Sie keine Flatrate nutzen, da in diesem Fall nach verbrauchter Zeit abgerechnet wird.

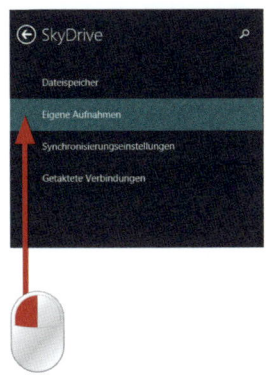

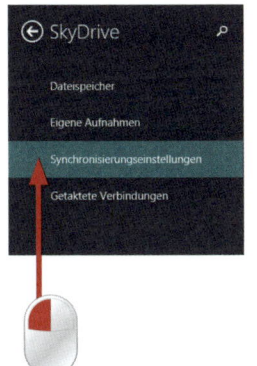

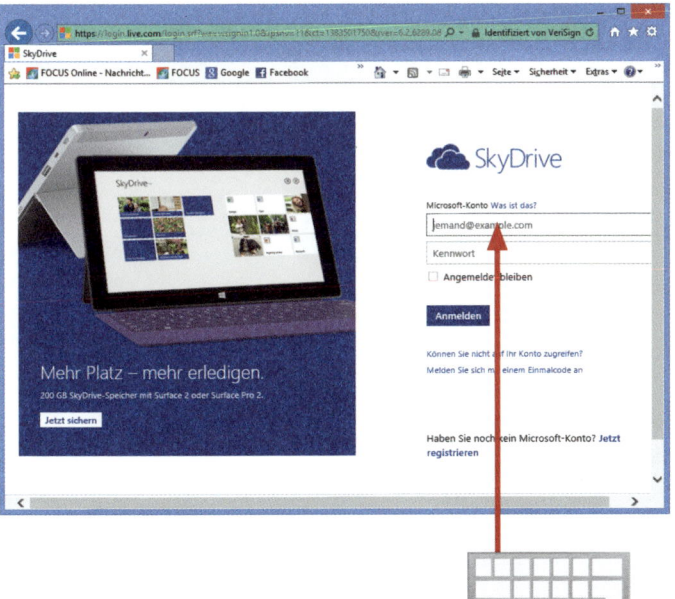

4 Unter *Eigene Aufnahmen* stellen Sie ein, ob und in welcher Qualität Sie Fotos automatisch hochladen. Videos werden bei gesetzter Option ebenfalls automatisch in die Cloud geladen.

> **💡 Tipp**
>
> Für den Foto-Upload in die Cloud genügt die Einstellung *Gute Qualität*. Gute Qualität bedeutet immer auch große Datenmengen.

5 Die *Synchronisierungseinstellungen* stellen sicher, dass Änderungen am System- oder Benutzerkonto automatisch auf alle Geräte übertragen werden und neue Apps für alle verfügbar sind.

6 SkyDrive lässt sich auch direkt im Browser aktivieren. Geben Sie die Adresse *www.skydrive.com* ein und melden Sie sich mit Ihrem Microsoft-Konto an.

Datenschutz

Mit Windows 8.1 und seinen Apps ständig online zu sein, ist nicht ohne Risiko. Hacker können Apps so präparieren, dass sie das System oder angeschlossene Geräte (Webcam, Mikrofon) missbrauchen. Schalten Sie den Online-Zugriff für alles ab, was nicht online gehen muss.

1 Drücken Sie ⊞ + c oder wischen Sie von rechts für die Charms-Leiste und wählen Sie *Einstellungen/PC-Einstellungen ändern*. Schalten Sie um auf *Datenschutz*.

2 Unter *Allgemein* finden Sie die Datenschutzoptionen für Apps und Webseiten. Schalten Sie aus, was Sie nicht brauchen.

> 💬 **Hinweis**
>
> Die Datenschutzoptionen können für jede App auch individuell über die Einstellungen festgelegt werden (⊞ + c oder Wischen von rechts).

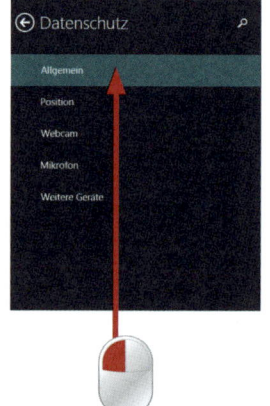
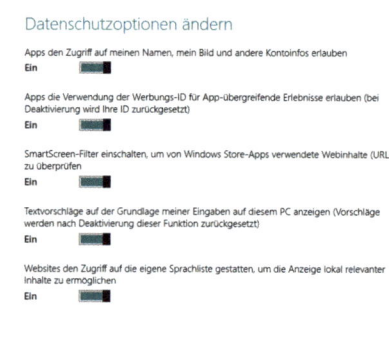

3 Bestimmen Sie unter *Position*, welche Apps automatisch per GPS Ihren Standort orten dürfen.

> 💬 **Hinweis**
>
> Für die *Wetter*-App und die App *Karten* müssen Sie die Ortung per GPS zulassen, damit die Informationen standortbezogen geliefert werden.

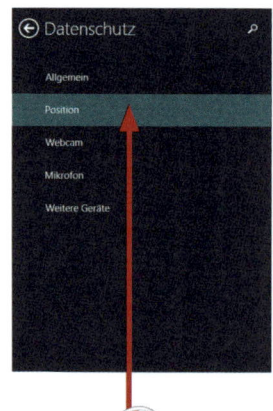

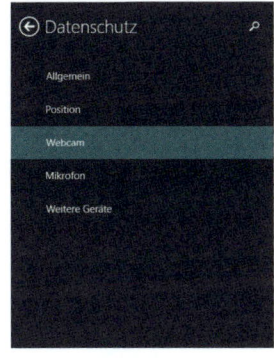

4 Die automatische Nutzung der Webcam ist für alle Apps deaktiviert, schalten Sie sie ein, wenn Sie die Webcam einsetzen wollen (z. B. für Skype).

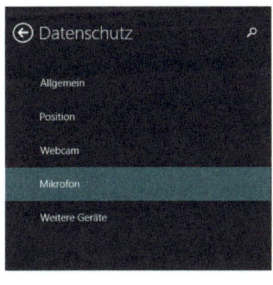

5 Audiorecorder und Skype sind Apps, für die Sie das Mikrofon einschalten müssen.

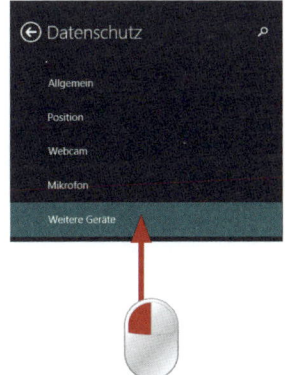

6 Wenn Sie weitere Geräte installiert haben, die den Zugriff von Apps erlauben (z. B. Spielekonsolen), finden Sie hier Schalter zum Ein- und Ausschalten.

Datum, Zeit und Sprache

Das Tagesdatum und die aktuelle Zeit verwaltet Windows 8.1 in den PC-Einstellungen. Schalten Sie die automatische Umstellung der Sommerzeit ein, richten Sie bei Bedarf zusätzliche Zeitzonen ein. Für diese können Sie neue Sprachen einrichten und das Tastaturlayout anpassen.

1 Drücken Sie ⊞ + c oder wischen Sie von rechts für die Charms-Leiste und wählen Sie *Einstellungen/PC-Einstellungen ändern*. Schalten Sie um auf *Zeit und Sprache*.

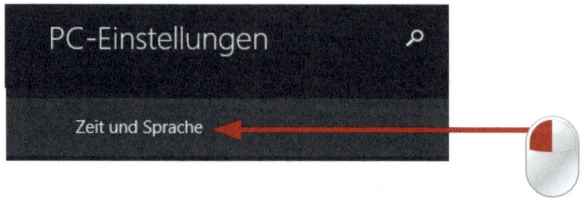

2 Datum und Uhrzeit werden aus dem BIOS des Rechners geholt, stellen Sie die automatische Sommerzeit und die passende Zeitzone ein.

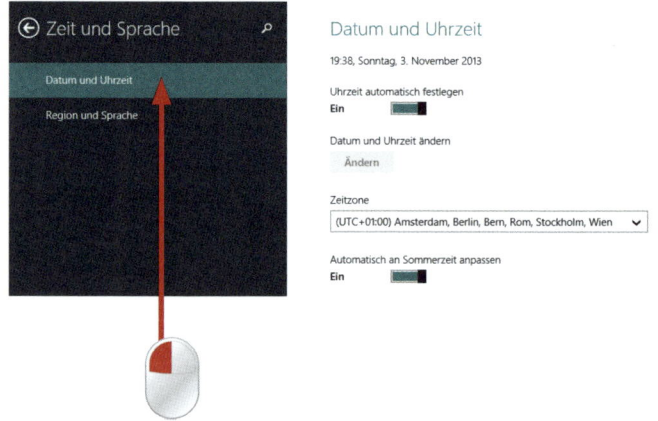

3 Die Einstellung der Datums- und Zeitformate hat Auswirkungen auf alle Apps und Programme, die mit Datum und Zeit arbeiten (z. B. Microsoft Office).

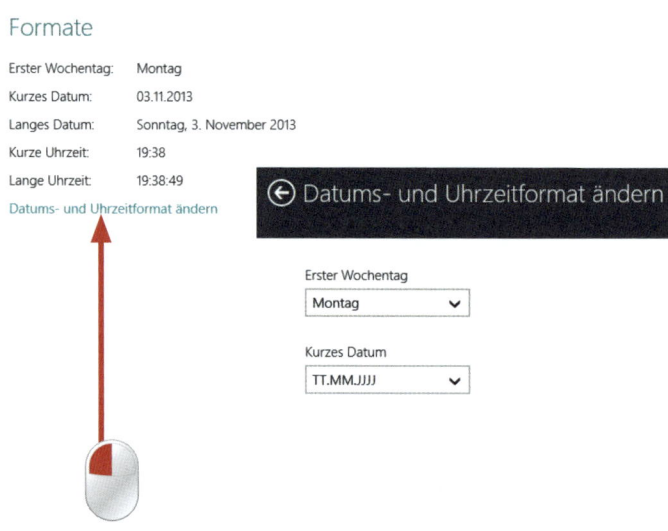

💬 Hinweis

Alle Einstellungen zu Datum und Zeit, Sprache und Tastaturlayouts können Sie auch in der Systemsteuerung des Desktops anpassen.

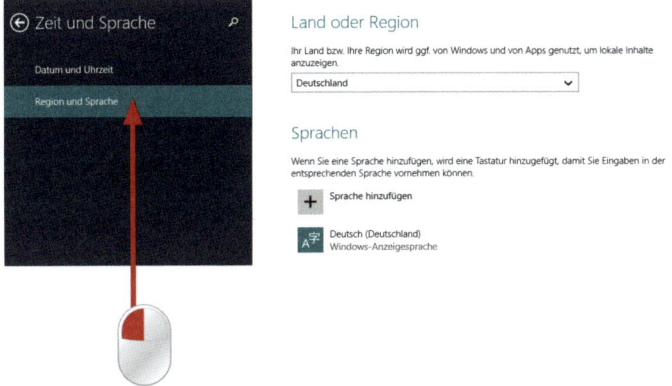

4 Unter *Region und Sprache* bestimmen Sie das Land, das von Windows 8.1 und seinen Apps genutzt wird.

5 Klicken Sie auf *Sprache hinzufügen* und holen Sie weitere Anzeigesprachen aus der Liste.

6 Wählen Sie für jede Sprache *Optionen* und fügen Sie das passende Tastaturlayout hinzu. Mit *Als primär festlegen* bestimmen Sie die Standardsprache.

 **Hinweis**

Für die Standardsprachen werden automatisch Sprachpakete installiert. Falls diese nicht verfügbar sind, sehen Sie unter Windows Update nach.

Erleichterte Bedienung

Für Menschen mit Behinderungen bietet Windows 8.1 zahlreiche Eingabe-hilfen. Optionen für Sehbehinderte wie Bildschirmlupe oder hoher Kontrast und Einstellungen für Tastatur und Maus sorgen für Barrierefreiheit.

1 Drücken Sie ⊞+©c© oder wischen Sie von rechts für die Charms-Leiste und wählen Sie *Einstellungen/PC-Einstellungen ändern*. Schalten Sie um auf *Erleichterte Bedienung*.

2 Sehbehinderte schalten auf die Sprach-ausgabe um. Hedda (deutsch) oder Zira (englisch) liest jede Option vor, die mit dem Mauszeiger oder dem Finger auf dem Tablet angesteuert wird.

3 Die Bildschirmlupe vergrößert den sichtbaren Ausschnitt um ein Vielfa-ches. Auf dem Tablet wird mit Plus- und Minussymbolen vergrößert und verkleinert.

> 💡 **Tipp**
>
> Nützliche Tastenkombinationen:
> ⊞+©u© startet das Center für erleich-terte Bedienung.
> ⊞+©↵© schaltet die Sprachausgabe ein und aus.

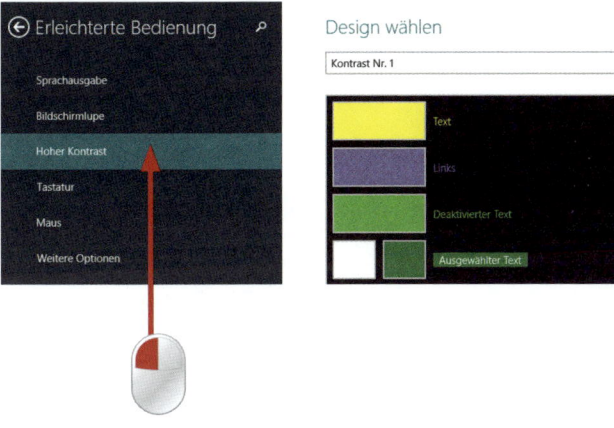

4 Schalten Sie um auf ein Design mit hohem Kontrast, wenn Sie das Standarddesign (graue Schrift, weißer Hintergrund) nicht sehen können.

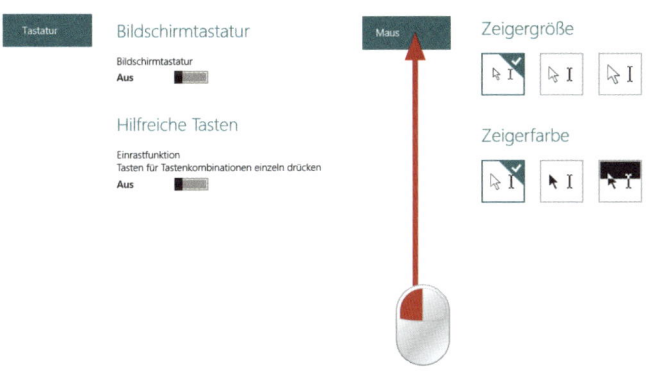

5 Wer Probleme mit den Eingabegeräten Tastatur und Maus hat, schaltet hier die Bildschirmtastatur oder die Einrastfunktion ein und stellt den Mauszeiger größer.

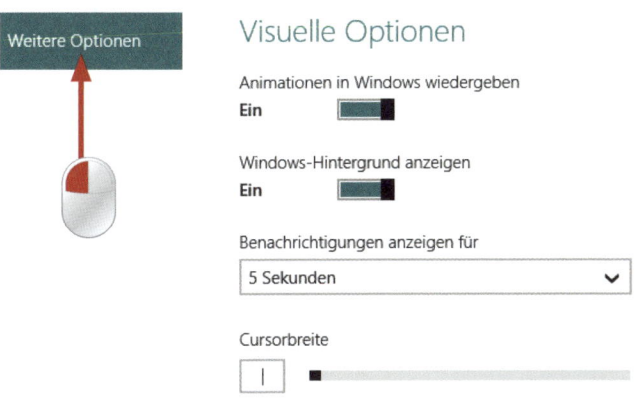

6 Animationen sind bewegte Bildschirmelemente, sie können hier ebenso wie der Hintergrund abgeschaltet werden. Stellen Sie auch die Benachrichtigungszeit und die Cursorbreite ein.

 **Hinweis**

Der Windows-Hintergrund bezieht sich auf die *Desktop*-App.

Update und Wiederherstellung

Ein automatisches Windows Update ist Pflicht, nur damit kann Windows 8.1 automatisch Fehler im System beheben oder geänderte Funktionen installieren. Mit dem Dateiversionsverlauf sichern Sie Ihre Daten, und wenn das System Probleme macht, starten Sie eine Wiederherstellung oder Neuinstallation.

1 Drücken Sie ⊞ + [c] oder wischen Sie von rechts für die Charms-Leiste und wählen Sie *Einstellungen/PC-Einstellungen ändern*. Schalten Sie um auf *Update/Wiederherstellung*.

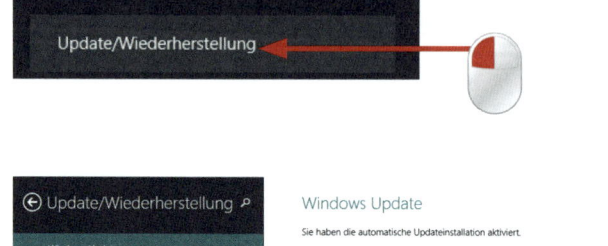

2 Unter *Windows Update* finden Sie die Einstellungen für das automatische Update. Sehen Sie sich die bei der Installation eingerichtete Methode an.

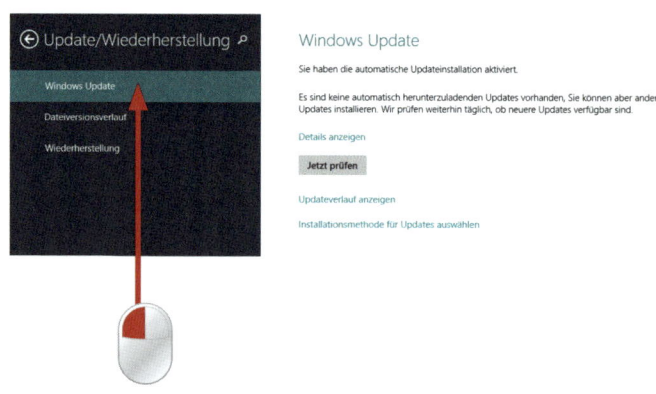

3 Schalten Sie das automatische Update ein, falls dieses nicht aktiv ist. Empfohlene Updates sind meist nicht so wichtig.

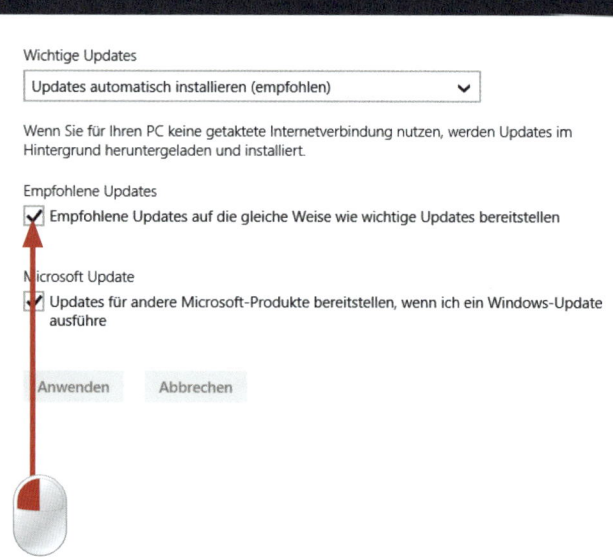

Automatisch Kopien Ihrer Dateien speichern

Sichern Sie automatisch Kopien Ihrer persönlichen Dateien auf diesem PC (unter „Dokumente", „Musik", „Videos" und auf dem Desktop) auf einem Laufwerk, um sie im Verlust- oder Beschädigungsfall wiederherstellen zu können.

Dateiversionsverlauf
Ein

Ihre persönlichen Dateien auf diesem PC werden am folgenden Ort gesichert:
Volume (M:), 15,2 GB von 291 GB frei

Anderes Laufwerk auswählen

Ihre Dateien werden gesichert...
Jetzt sichern

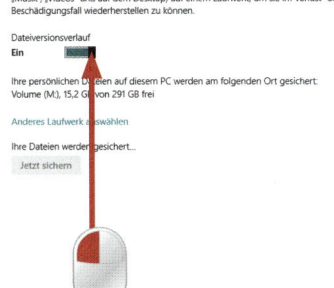

4 Mit dem Dateiversionsverlauf sichern Sie Ihre Daten aus den Bibliotheken *Dokumente*, *Musik*, *Bilder* und *Videos* sowie vom Desktop auf ein externes Laufwerk. Hier stellen Sie Sicherung und Laufwerk ein.

> **💡 Tipp**
>
> Nutzen Sie für den Dateiversionsverlauf eine externe Festplatte oder einen USB-Stick mit ausreichender Speicherkapazität.

PC ohne Auswirkungen auf die Dateien auffrischen

Wenn Ihr PC nicht reibungslos läuft, können Sie ihn ohne Verlust Ihrer Fotos, Musikdateien, Videos und anderer persönlicher Dateien auffrischen.

Los geht's

5 Starten Sie die Wiederherstellung, wenn ihr PC nicht ordnungsgemäß läuft. Windows 8.1 startet einen Reparaturlauf und installiert dabei alle Systemdateien neu. Ihre Daten werden dabei nicht gelöscht.

Alles entfernen und Windows neu installieren

Falls Sie den Computer neu aufsetzen möchten, können Sie ihn auf die Werkseinstellungen zurücksetzen.

Los geht's

Erweiterter Start

Starten Sie von einem Gerät oder Datenträger (beispielsweise von einem USB-Laufwerk oder einer DVD), ändern Sie die Starteinstellungen von Windows, oder stellen Sie Windows mithilfe eines Systemimage wieder her. Ihr PC wird neu gestartet. Alle Benutzer werden abgemeldet, nicht gespeicherte Daten gehen unter Umständen verloren.

Jetzt neu starten

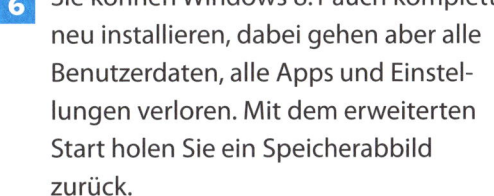

6 Sie können Windows 8.1 auch komplett neu installieren, dabei gehen aber alle Benutzerdaten, alle Apps und Einstellungen verloren. Mit dem erweiterten Start holen Sie ein Speicherabbild zurück.

> **💬 Hinweis**
>
> Speicherabbilder erstellen Sie über die Systemsteuerung in der *Desktop*-App.

Kapitel 3

Multimedia-Apps

Voraussetzung: Microsoft-Konto   82

Mail   84

Kontakte   88

Kalender   92

Skype   94

Fotos   98

Kamera   102

Video   106

Musik   110

Spiele   114

Das lernen Sie in diesem Kapitel ...

Adressen und Telefonnummern von Freunden und Geschäftspartnern speichern Sie mit der *Kontakte*-App. Lesen Sie in diesem Kapitel auch, wie diese mit Facebook, Twitter & Co. verknüpft wird. Outlook ist die *Mail*-App, damit regeln Sie Ihren elektronischen Postverkehr.

Skypen Sie schon oder telefonieren Sie noch? Nutzen Sie die *Skype*-App für kostengünstige Verbindungen mit und ohne Webcam oder einfach, um mit Freunden zu chatten.

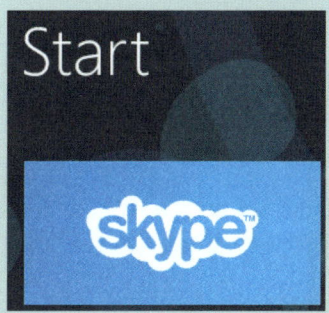

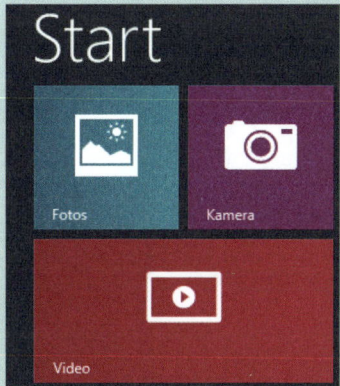

Für die Verwaltung von Fotos und Videos stellt Windows 8.1 Apps zur Verfügung. Die *Kamera*-App ist für die Webcam im Notebook und Tablet zuständig.

Musikverwaltung unter Windows – dafür ist die App *Musik* zuständig. Millionen von Titeln stehen im Musikdienst zum Download oder Streaming bereit. Wer will, kann aber einfach auch nur Internet-Radio hören …

Voraussetzung: Microsoft-Konto

Für die Apps auf der Startseite und für den Download weiterer Apps aus dem Store müssen Sie ein Microsoft-Konto besitzen. Die Anmeldung ist kostenlos, Sie können Ihre eigene Mailadresse verwenden oder eine neue Adresse anlegen.

1 Bei der Anmeldung sehen Sie, ob Sie ein lokales Konto oder ein Microsoft-Konto benutzen.

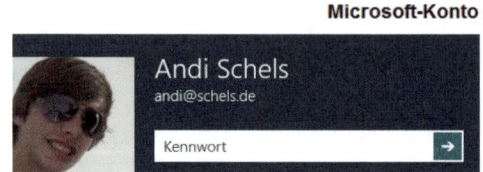

2 Wischen Sie auf dem Tablet von rechts oder aktivieren Sie mit ⊞ + c die Einstellungen und wählen Sie *Konten*.

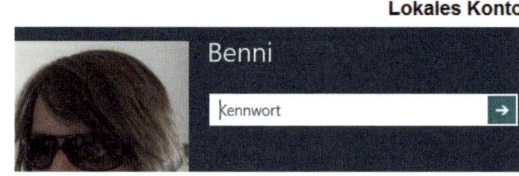

3 Sind Sie mit einem Microsoft-Konto angemeldet, wird dieses angezeigt. Sie können die Kontoeinstellungen online ändern.

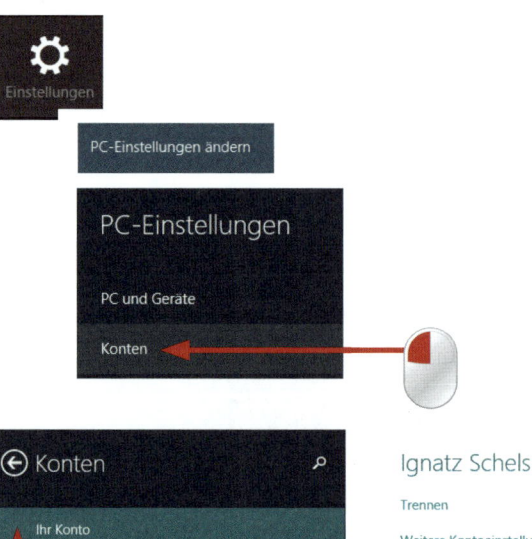

> **Hinweis**
>
> Mit einem Microsoft-Konto erhalten sie auch eine Mailadresse und kostenlosen Speicherplatz in der Cloud (SkyDrive).

Ihr Konto

BenniS
Lokales Konto

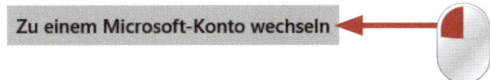

4 Wenn Sie mit einem lokalen Konto angemeldet sind, wählen Sie *Zu einem Microsoft-Konto wechseln*.

5 Geben Sie Ihre Mailadresse ein oder legen Sie eine neue Adresse an.

6 Klicken Sie anschließend auf eine App, können Sie das neue Konto verwenden. Klicken oder tippen Sie auf *Anmelden*.

💬 Hinweis

Kapitel 2 beschreibt ausführlich, wie ein Microsoft-Konto mit der eigenen oder einer neuen Mailadresse angelegt wird.

Mail

Die elektronische Post erledigen sie mit der *Mail*-App.
Schreiben Sie Mails, beantworten Sie eingehende
Mails oder speichern Sie Mails als Entwürfe ab.

1 Starten Sie die Mail-*App* auf der Startseite.

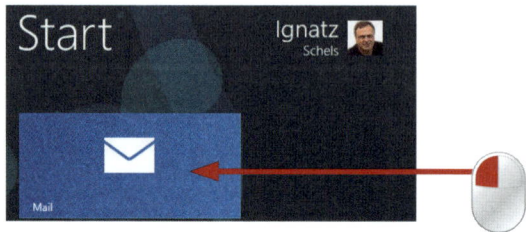

2 Das Mailkonto wird aktiviert, der
Posteingang ist aktiv. Markieren Sie
eine Nachricht für die Anzeige in der
Vorschau.

3 Klicken Sie auf das Pluszeichen für eine
neue Nachricht. Tragen Sie die Empfän-
geradresse ein.

 **Hinweis**

Neue Nachrichten bleiben so lange im
Postausgang, bis sie vom Server gesendet wurden.

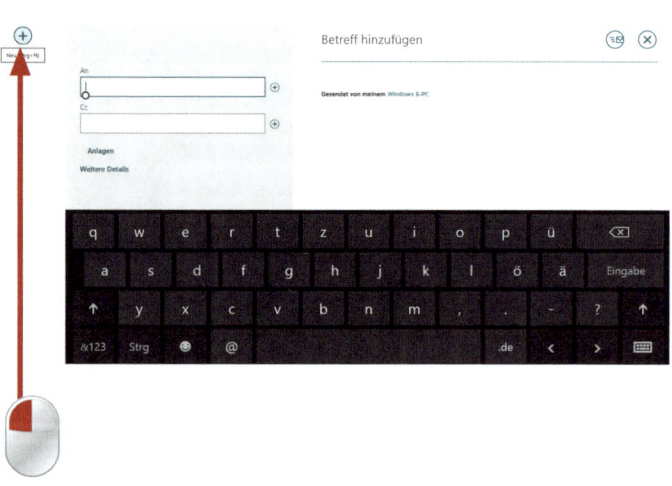

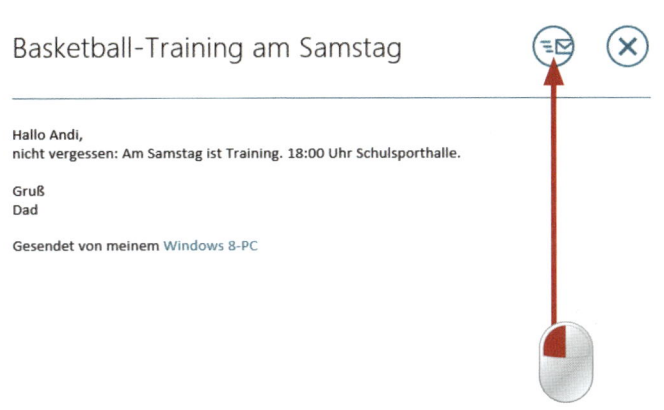

4 Schreiben Sie den Betreff, geben Sie die Nachricht ein und klicken Sie auf *Senden*.

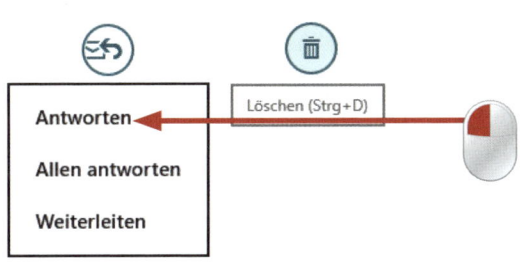

5 Klicken Sie auf *Antworten*, um eine Mail zu beantworten oder auf *Löschen*, um sie sofort zu löschen.

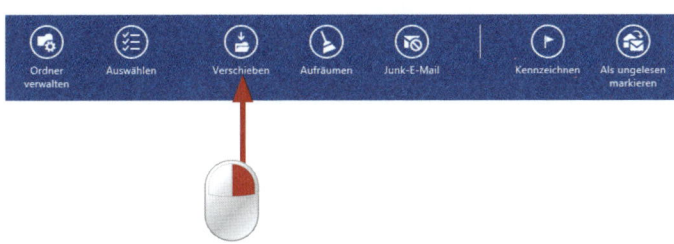

6 Klicken Sie mit der rechten Maustaste oder wischen Sie von unten. Hier finden Sie Werkzeuge zur Ordner- und Mailverwaltung.

 **Hinweis**

Cc ist die Abkürzung für carbon copy – hier können Sie weitere Empfänger der Nachricht eintragen.

Mail

Mit der *Mail*-App können Sie auch Mails aus anderen Mailkonten abholen, zum Beispiel von Google-Mail oder Exchange. Verbinden Sie einfach das externe Konto mit Ihrem Microsoft-Konto.

7 Drücken Sie in der *Mail*-App [⊞] + [c] oder wischen Sie von rechts und wählen Sie *Einstellungen/Konten*.

8 Klicken Sie auf *Konto hinzufügen* und wählen Sie einen Kontotyp (z. B. Google Mail).

9 Melden Sie sich mit Benutzername und Kennwort bei Ihrem Konto an. Bestätigen Sie den nächsten Schritt mit *Akzeptieren*.

> 💬 **Hinweis**
>
> Die Anzeige der Mails auf dem Sperr-bildschirm regeln Sie in den PC-Einstel-lungen unter *Anpassen*.

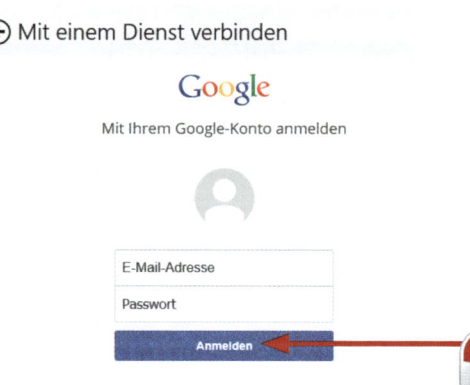

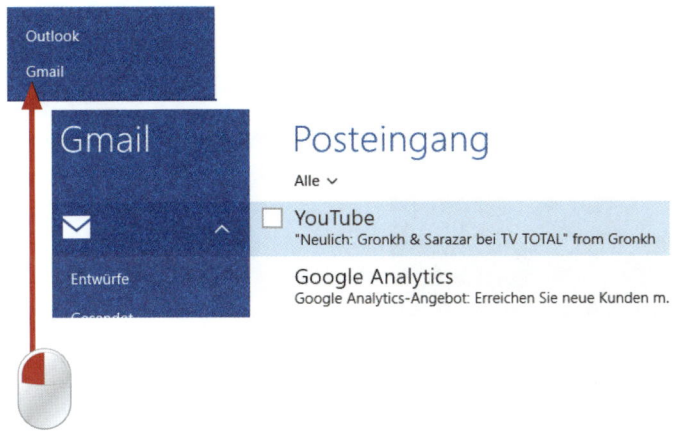

10 Damit ist das neue Konto integriert, die Mails werden sofort abgeholt und angezeigt. Schalten Sie in der Liste unten links zwischen den Konten um.

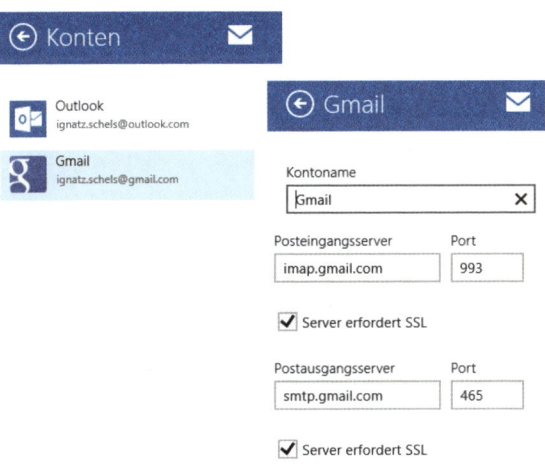

11 In den Einstellungen finden Sie neben den Kontoinformationen auch die Adressen des Posteingangs- und Postausgangsservers.

12 Drücken Sie ⊞ + C oder wischen Sie von rechts. Mit *Einstellungen/Berechtigungen* legen Sie Optionen für Datenschutz und Benachrichtigungen fest.

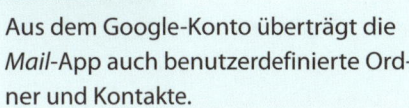

Aus dem Google-Konto überträgt die *Mail*-App auch benutzerdefinierte Ordner und Kontakte.

Kontakte

Die App *Kontakte* speichert Ihre persönlichen Kontakte. Sie können
neue Kontakte anlegen, Kontakte verwalten und Kontakte aufrufen, um
diesen Mails zu schreiben oder Einladungen zu Terminen zu senden.

1 Klicken Sie auf der Startseite auf die
App *Kontakte*.

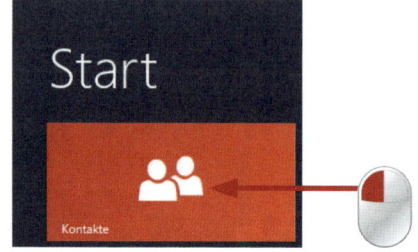

2 Ihre Kontakte werden angezeigt,
klicken Sie mit der rechten Maustaste
oder wischen Sie von unten und wählen Sie *Neuer Kontakt*.

> **💬 Hinweis**
>
> Die App *Kontakte* zeigt automatisch alle
> Kontakte aus Konten, die Sie mit der
> *Mail*-App hinzugefügt hatten. Bearbei-
> ten Sie die Kontakte in diesen Konten
> (z. B. Google-Mail).

3 Tragen Sie die Kontaktdaten ein, klicken
Sie auf das Speichersymbol und speichern Sie den neuen Kontakt.

4 Der neue Kontakt wird angezeigt, schreiben Sie ihm eine Mail oder verfassen Sie eine Nachricht.

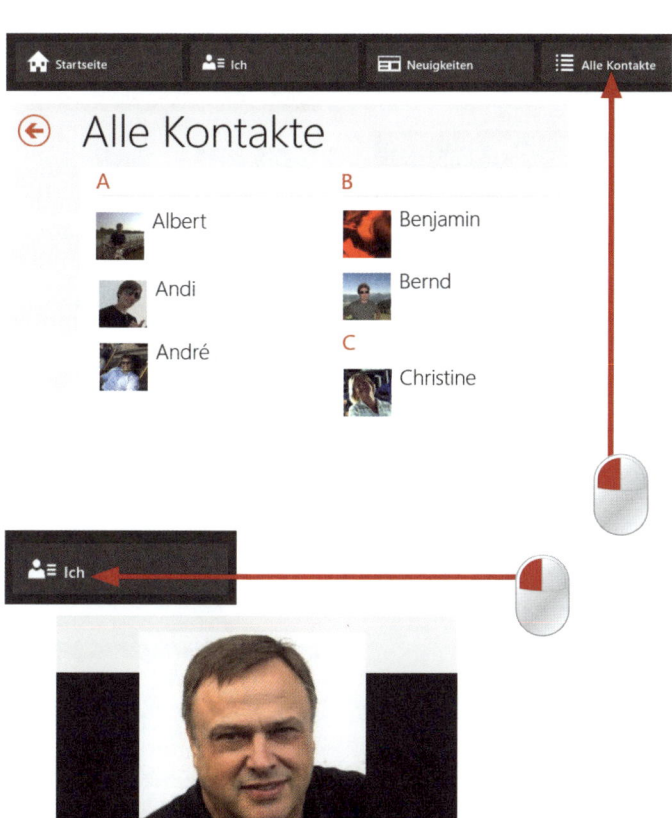

5 Klicken Sie mit der rechten Maustaste oder wischen Sie von unten und zeigen Sie alle Kontakte an.

6 Unter der Option *Ich* finden Sie die Einstellungen zum eigenen Profil.

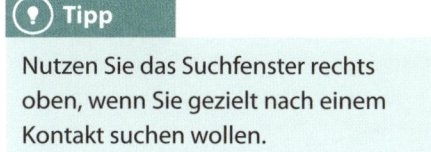

Tipp

Nutzen Sie das Suchfenster rechts oben, wenn Sie gezielt nach einem Kontakt suchen wollen.

Kontakte

Die *Kontakte*-App ist Ihre Nachrichtenzentrale für alle Kontakte aus Online-Konten und sozialen Netzwerken. Mit wenigen Klicks sind Sie mit Facebook, Twitter, LinkedIn u.a. verbunden und sehen die Aktivitäten Ihrer Freunde direkt in der *Kontakte*-App.

7 Klicken Sie in der Startseite der App *Kontakte* auf *Neuigkeiten*.

8 Drücken Sie ⊞+ⓒ oder wischen Sie von rechts und wählen Sie *Einstellungen/Konten*. Klicken Sie auf *Facebook*.

9 Klicken Sie auf *Verbinden* und bestätigen Sie, dass Microsoft-Konto auf Ihre Facebook-Daten zugreifen darf.

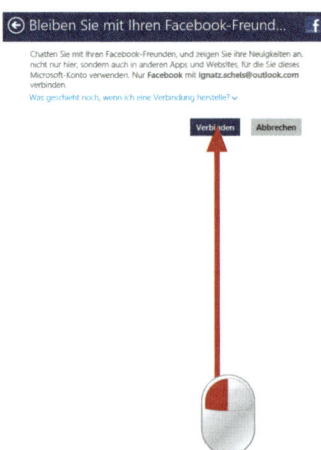

> 💡 **Tipp**
>
> Mit *Aktualisieren* holen Sie die neuesten Meldungen von Facebook, Twitter & Co ab (rechte Maustaste oder von unten wischen).

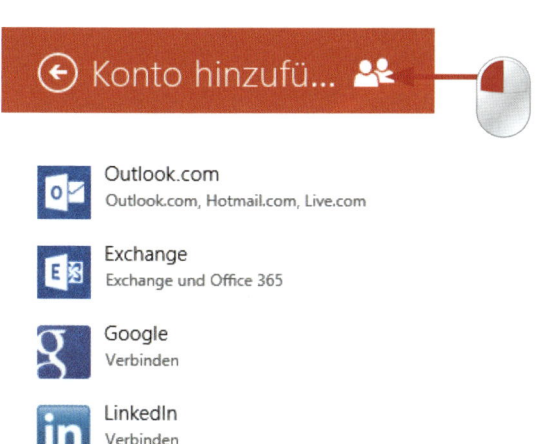

10 Fügen Sie ein weiteres Konto hinzu, zum Beispiel für den Kurznachrichtendienst Twitter.

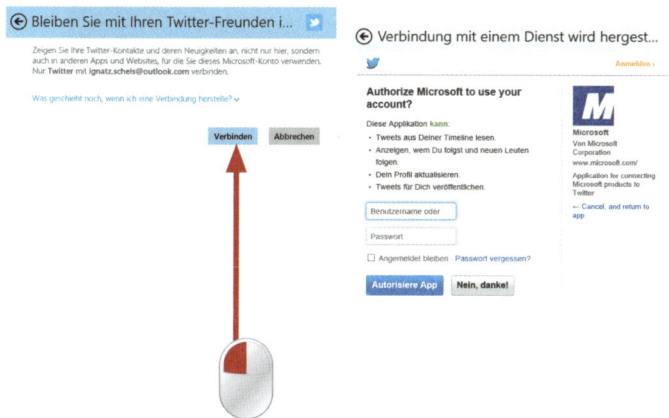

11 Mit Klick auf *Verbinden/Autorisiere App* verbinden Sie Ihre Twitter-Tweets mit der *Kontakte*-App.

12 Mit dem Pfeilsymbol unter *Neuigkeiten* filtern Sie die Nachrichten aus Facebook und die Twitter-Tweets in Ihrer *Kontakte*-App.

> **Hinweis**
>
> Wenn Sie sich in der *Kontakte*-App mit einem sozialen Dienst verbinden, müssen Sie diesem den Zugriff auf Ihre Daten erlauben.

Kalender

Ein Terminkalender darf nicht fehlen im Apps-Angebot. Der Windows 8.1-
Kalender speichert Termine, verschickt Einladungen und Erinnerungen
und lässt sich bequem mit Online-Kalendern verknüpfen.

1 Klicken Sie auf der Startseite auf die
App *Kalender*.

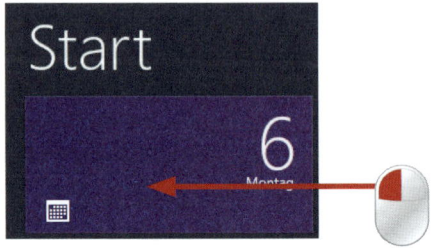

2 Der Kalender zeigt die nächsten anste-
henden Ereignisse an. Klicken Sie mit
rechts oder wischen Sie von unten und
stellen Sie die Ansicht um.

3 In der Monatsansicht wählen Sie einen
Kalendertag und tragen einen neuen
Termin mit Betreff, Startzeit, Dauer, Ort
und Teilnehmern ein.

> **💡 Tipp**
>
> Wenn Sie in der Wochenansicht einen
> Termin eintragen, können Sie diesen
> durch Ziehen der weißen Punkte tage-
> weise erweitern.

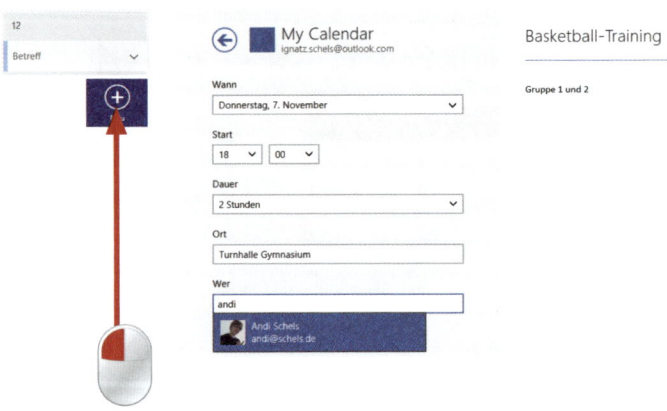

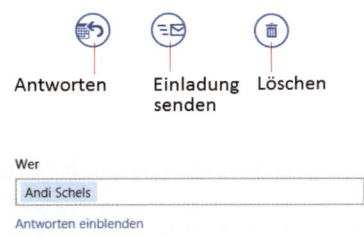

Antworten   Einladung   Löschen
             senden

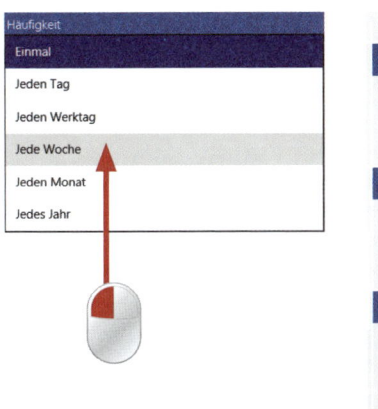

4 Über die Symbole rechts oben versenden und beantworten Sie Einladungen oder löschen diese wieder. *Antworten einblenden* zeigt alle Antworten an.

5 Geben Sie unter *Häufigkeit* ein Intervall an, um einen Serientermin zu speichern.

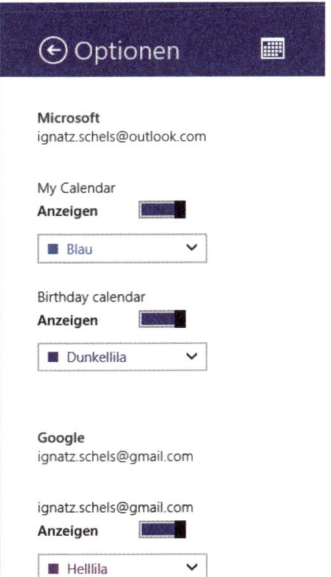

6 Aktivieren Sie mit ⊞ + [c] und *Einstellungen* oder mit Wischen von rechts die Optionen, um einzelne Online-Kalender zu aktivieren.

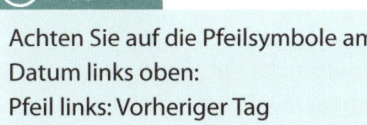

💡 **Tipp**

Achten Sie auf die Pfeilsymbole am Datum links oben:
Pfeil links: Vorheriger Tag
Pfeil nach unten: Kalenderanzeige

Skype

Telefonieren, Chatten, Videobotschaften schicken – die *Skype*-App ist Ihre Nachrichtenzentrale für Verbindungen in die ganze Welt. Registrieren Sie sich über das Microsoft-Konto und holen Sie gleich Ihre Kontakte in die Skype-App.

1 Klicken Sie auf der Startseite auf *Skype*.

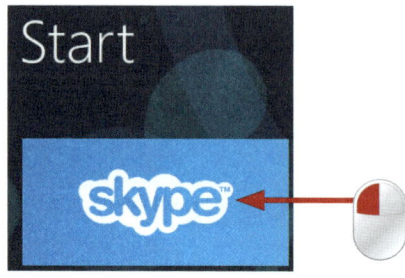

2 Wenn Sie bereits ein Skype-Konto haben, benutzen Sie dieses, ansonsten melden Sie sich neu an und registrieren sich.

3 Im Skype-Startbildschirm sehen Sie die letzten Anrufe. Starten Sie neue Anrufe, speichern Sie Favoriten und verwalten Sie Ihre Kontakte.

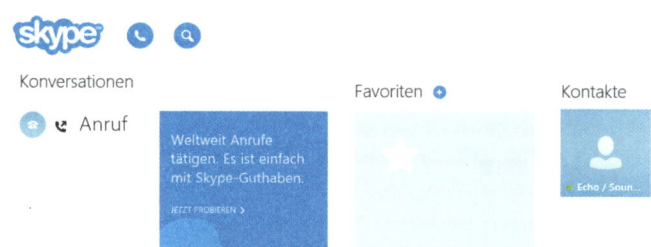

> 💬 **Hinweis**
>
> Skype ist der Nachfolger der App *Nachrichten*, die in der Vorgängerversion noch mit dem Microsoft Messenger-Dienst gearbeitet hatte.

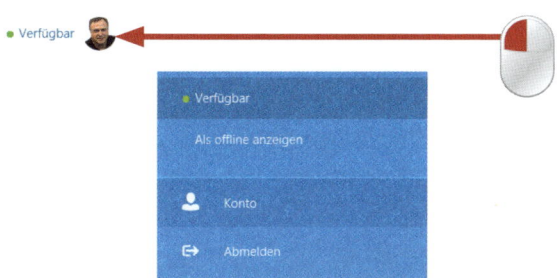

4 Das Profil wird rechts oben angezeigt, holen Sie ein Profilbild und richten Sie das Skype-Konto ein.

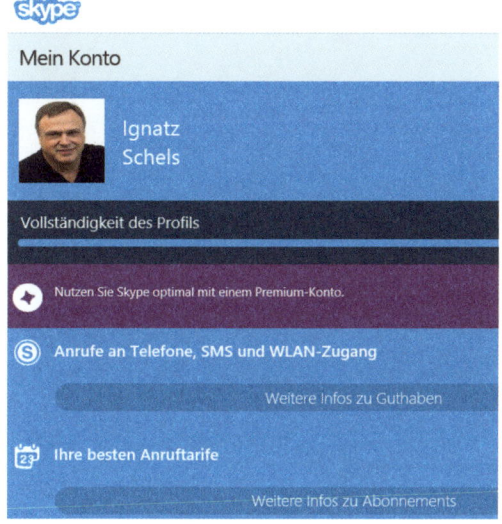

5 Hier können Sie Ihr Skype-Guthaben aufladen, Abonnements bestellen und das Nutzungsprotokoll einsehen. Premium-Dienste sind nicht kostenlos.

6 Wählen Sie *Kontoeinstellungen*. Überprüfen Sie Ihren Skype-Namen und die Verknüpfung zu Facebook und ändern Sie Ihre Kennwörter regelmäßig.

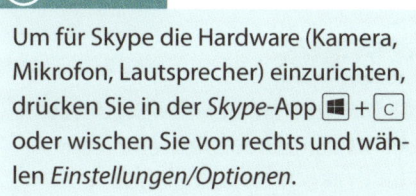

Tipp

Um für Skype die Hardware (Kamera, Mikrofon, Lautsprecher) einzurichten, drücken Sie in der *Skype*-App ⊞ + C oder wischen Sie von rechts und wählen *Einstellungen/Optionen*.

Skype

Wenn Sie über Facebook chatten wollen, fügen Sie einfach Facebook als Konto hinzu, und schon sind alle Ihre Freunde erreichbar. Windows Live bietet mit dem Messenger ebenfalls einen Chat-Dienst an.

7 Mit dem Hörersymbol starten Sie einen Anruf per Telefon, die Lupe brauchen Sie, wenn Sie per Skype-Adresse Verbindung aufnehmen.

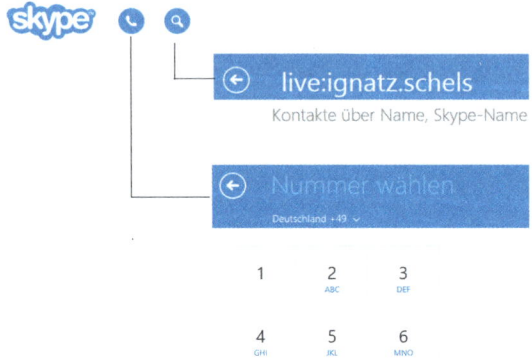

8 Schneller geht´s über die Kontakte: Klicken Sie einfach auf einen Kontakt, um diesen anzurufen.

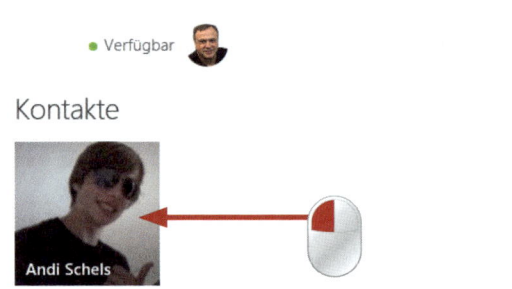

9 Wählen Sie die Verbindungsart: Videoanruf (Kamera), Textnachricht (Hörer) oder senden Sie eine Videonachricht oder Dateien.

> **Tipp**
>
> Videobotschaften nehmen Sie direkt über die Kamera auf, sie werden automatisch in den Chat eingefügt.

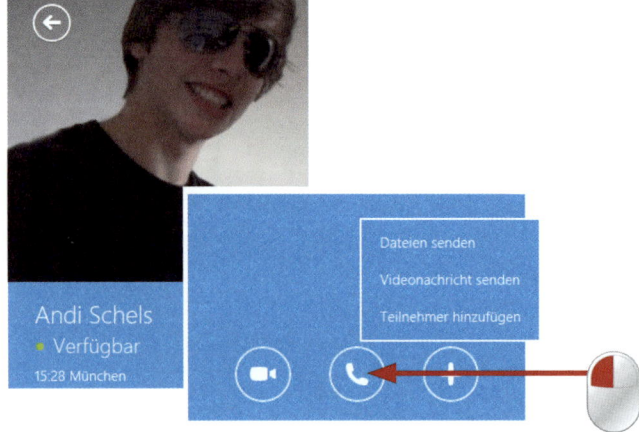

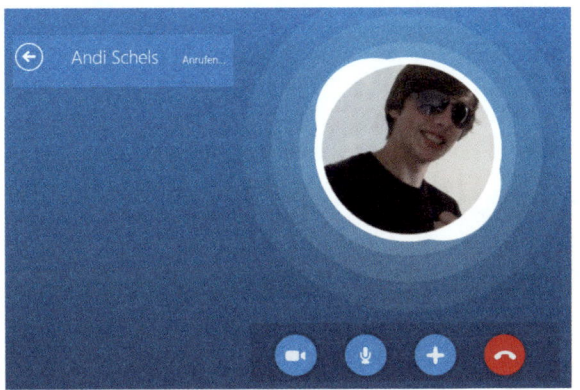

10 Der Teilnehmer wird angerufen, über die Symbole lassen sich Kamera und Mikrofon ein- und ausschalten. Mit dem roten Symbol beenden Sie den Anruf.

11 Der angerufene Teilnehmer sieht Ihre Profildaten (mit Bild) und kann den Anruf entgegennehmen.

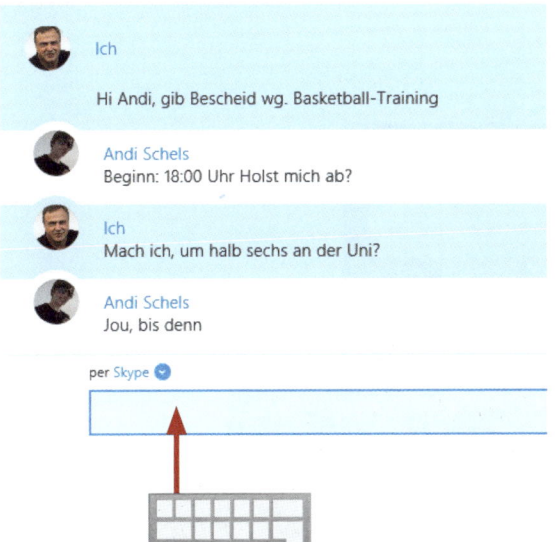

12 Textnachrichten können Sie auch direkt in das Eingabefeld eintragen, sie werden sofort gesendet. Chatten Sie so mit Ihren Skype-Kontakten.

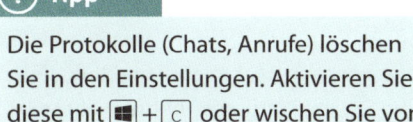

Tipp

Die Protokolle (Chats, Anrufe) löschen Sie in den Einstellungen. Aktivieren Sie diese mit ⊞ + c oder wischen Sie von rechts.

Fotos

Verwalten Sie Ihre schönsten Aufnahmen mit der *Fotos*-App. Sehen Sie sich auf dem PC oder Tablet gespeicherte Fotos an und organisieren Sie eine Diashow. Mit den Bearbeitungswerkzeugen verbessern Sie die Qualität Ihrer Fotos.

1 Klicken Sie auf der Startseite auf die Kachel für die App *Fotos*.

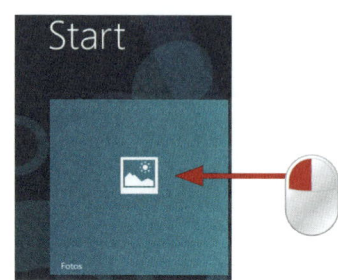

2 Die Fotos aus Ihren Bildbibliotheken werden angezeigt. Schalten Sie um auf weitere Bildquellen wie z. B. SkyDrive.

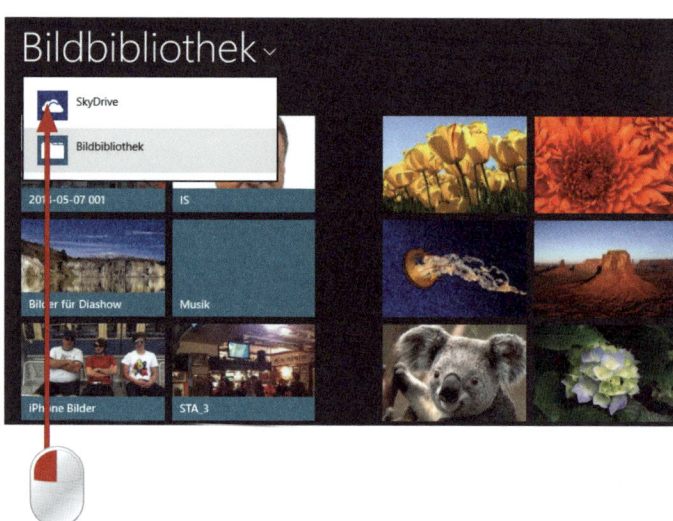

3 Um ein Bild zu markieren, klicken Sie es mit der rechten Maustaste an oder wischen kurz nach unten. Wählen Sie ein Symbol vom unteren Bildschirmrand.

> 🗨 **Hinweis**
>
> Um die Fotos zu betrachten, öffnen Sie ein Foto und drehen am Mausrad oder wischen nach rechts und links. Für eine Diashow müssen mehrere Fotos markiert sein.

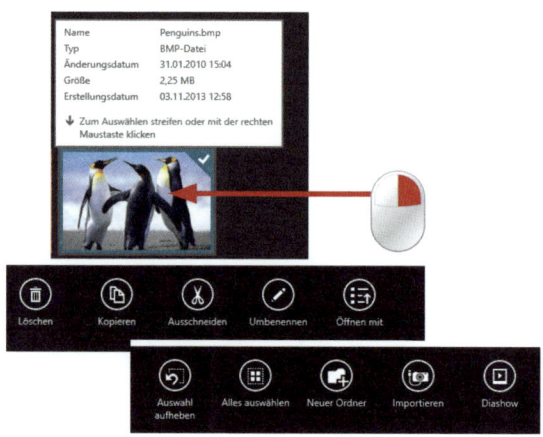

4 Das angezeigte Foto lässt sich bearbeiten, wenn Sie es mit der rechten Maustaste anklicken oder von unten wischen und *Bearbeiten* wählen.

5 Wählen Sie ein Bearbeitungswerkzeug vom linken Rand und ändern Sie die Einstellungen rechts.

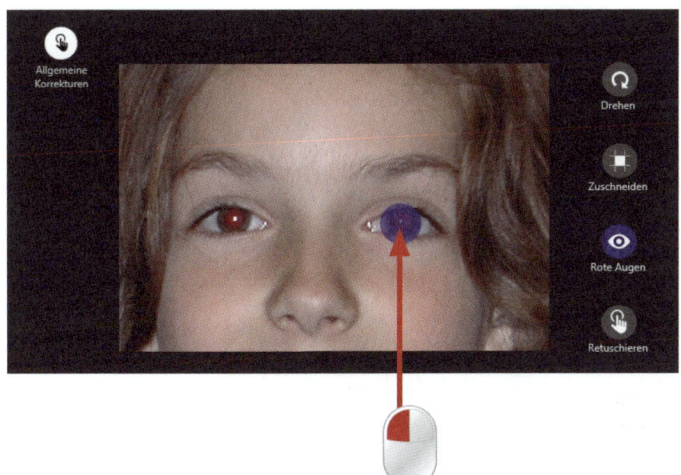

6 Selbst die lästigen roten Augen lassen sich mit der *Foto*-App einfach korrigieren. Schalten Sie das Werkzeug ein und tippen Sie einfach auf die Korrekturstelle.

💡 Tipp

Achten Sie auf das Symbol rechts oben bei der Anzeige der Bildbibliothek. Schalten Sie damit die Liste der Fotodateien in die Detailansicht um.

Fotos

Holen Sie mit der *Fotos*-App Ihre Fotos aus dem Smartphone oder von der Kamera und suchen Sie das schönste Foto für den Sperrbildschirm oder als Kachel-Hintergrund für die *Fotos*-App.

7 Klicken Sie das angezeigte Foto mit der rechten Maustaste an. Mit *Festlegen als* können Sie es für Sperrbildschirm oder App festlegen.

8 Um Fotos vom Smartphone oder von einer Kamera zu importieren, schließen Sie das Gerät über USB-Anschluss oder Bluetooth an.

9 Klicken Sie mit der rechten Maustaste oder wischen Sie von unten. Wählen Sie *Importieren* und markieren Sie das angezeigte Gerät.

 **Hinweis**

Wenn nach dem Anschluss eines Geräts rechts oben eine Infobox erscheint, können Sie diese einfach anklicken und damit den Import der Fotos starten.

10 Die Bilddateien sind alle markiert, starten Sie den Import mit *Importieren*.

 **Tipp**

Wählen Sie *Auswahl aufheben* oder *Alle auswählen*, wenn die Liste der zu importierenden Fotos angezeigt wird.

11 Die Aufnahmen werden in einen neuen Ordner importiert, der als Ordnername das aktuelle Datum trägt.

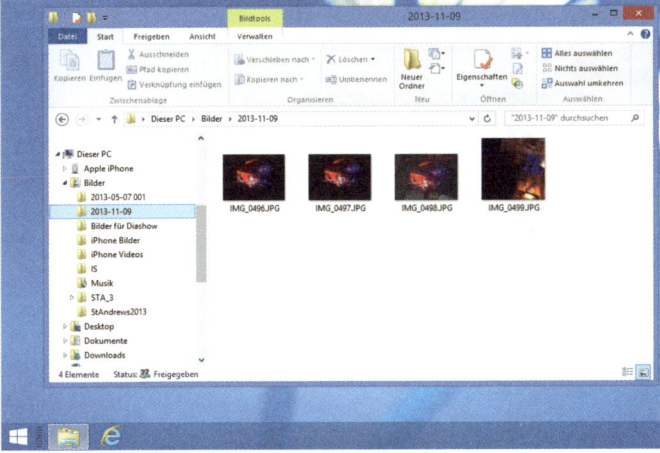

12 Schalten Sie mit ⊞ + d auf den Desktop um. Ihre importierten Bilder finden Sie in der Bibliothek *Bilder*.

Kamera

Für die Webcam Ihres Notebooks oder Tablets stellt Windows 8.1 die *Kamera*-App zur Verfügung. Ein Klick auf die App-Kachel und Sie können sofort per Mausklick oder Fingertipp Aufnahmen schießen und Videos aufnehmen.

1 Klicken Sie auf der Startseite auf die App *Kamera*.

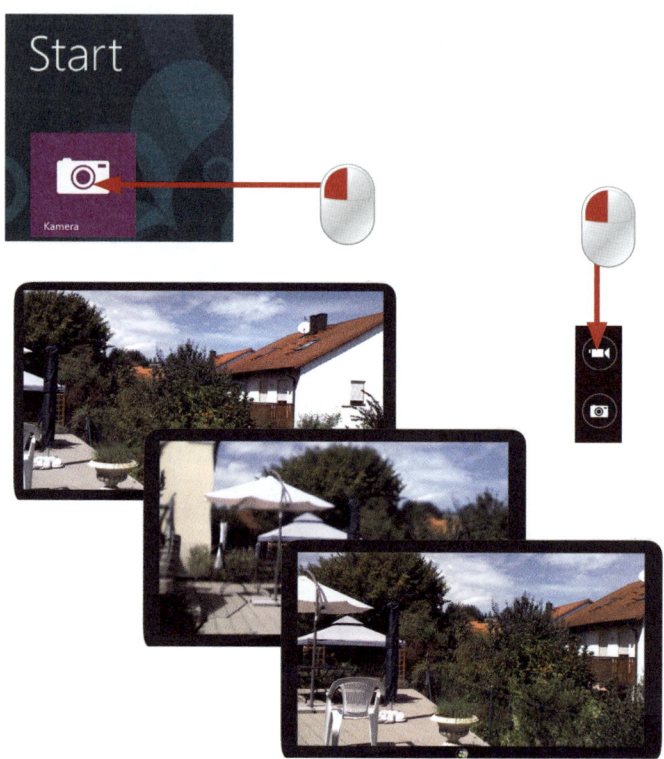

2 Die Kamera wird sofort aktiv. Klicken oder tippen Sie auf den Bildschirm oder das Kamera-Symbol für Fotos oder auf das Camcorder-Symbol für Videos.

3 Für Videos schaltet sich die Zeitanzeige ein. Mit dem Stopp-Symbol wird die Aufzeichnung gestoppt und das Video gespeichert.

⬤ Hinweis

Aufnahmen mit der Kamera werden sofort als Dateien im Bildformat JPG gespeichert. Starten Sie mit ⊞ + d den Desktop, finden Sie die Dateien in der Bilderbibliothek unter *Eigene Aufnahmen*.

4 Klicken Sie mit der rechten Maustaste oder wischen Sie von unten. Stellen Sie für Fotos und Videos die Belichtung und den Timer ein.

5 Mit Klicken oder Antippen ändern Sie die Zeit, um die der Start der Aufnahme verzögert wird. Ein letzter Klick schaltet den Timer wieder aus.

6 Klicken Sie mit der rechten Maustaste oder wischen Sie von unten. Schalten Sie um auf *Eigene Aufnahmen*, um Bilder und Videos anzusehen und zu bearbeiten.

Tipp

In den Einstellungen (⊞ + c oder Wischen von rechts) finden Sie die Anpassung des Fotoseitenverhältnisses und der Videoqualität (falls das Gerät eine solche zulässt).

103

Kamera

Schneiden Sie Ihre Bilder oder Videos, die per Webcam aufgenommen wurden, passend zu und bearbeiten Sie sie nach, falls die Qualität zu wünschen übrig lässt. Für Farb- und Belichtungskorrekturen bietet die App Werkzeuge, selbst kleine Retuschen und rote Augen-Korrekturen sind möglich.

7 Klicken Sie mit der rechten Maustaste in das aufgenommene Bild und wählen Sie *Zuschneiden*.

8 Ziehen Sie die Markierungspunkte mit gedrückter Maustaste an die gewünschte Position und bestätigen Sie mit *Anwenden*.

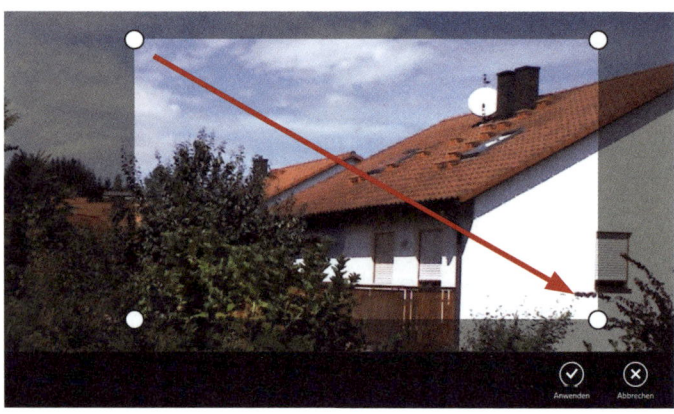

9 Mit *Bearbeiten* korrigieren Sie das Bild. Ändern Sie Farben, Belichtung oder bringen Sie Effekte an.

 **Hinweis**

Um ein Video zu schneiden, klicken Sie mit der rechten Maustaste in das angezeigte Video und dann auf *Kürzen*. Ziehen Sie den Schieberegler mit gedrückter Maustaste oder mit dem Finger auf dem Tablet.

10 Retuschieren Sie das Bild oder färben Sie rote Augen auf Portraitfotos ein.

> 💡 **Tipp**
>
> Zu dunkle oder zu helle Ecken ändern Sie mit dem Effekt *Vignette*. *Selektiver Fokus* grenzt den Bearbeitungsbereich ein.

11 Klicken Sie mit der rechten Maustaste oder wischen Sie von unten und speichern Sie eine Kopie des Bilds ab.

12 Mit dem Kamera-Symbol am linken unteren Rand schalten Sie zurück zur Kamera. Hier können Sie Bilder auch in einer Diashow ablaufen lassen oder löschen.

Video

Mit der *Video*-App öffnen Sie den Film-Marktplatz *Zune*, in dem Sie Videos und Fernsehsendungen kaufen oder ausleihen können. Mit Xbox Live ist auch das Spielerkonto der Online-Konsole Xbox integriert.

1 Klicken Sie auf der Startseite auf die App *Video*.

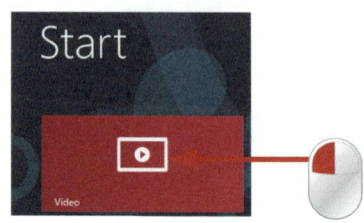

2 Für die XboxLive-Videothek brauchen Sie ein Microsoft-Konto. Klicken Sie auf *Anmelden*, falls Sie noch ein lokales Konto haben.

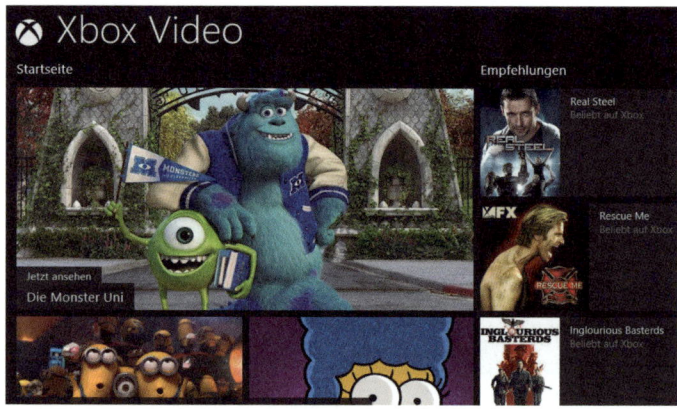

3 Mit ⊞ + [c] oder Wischen von rechts öffnen Sie die Einstellungen, hier finden Sie die Kontoeinrichtung für die *Video*-App.

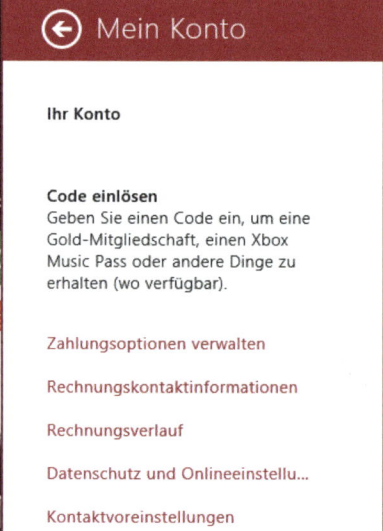

> 🗨 **Hinweis**
>
> Mit der *Video*-App lassen sich Videos auch mit einer angeschlossenen Xbox abspielen.

4 Klicken Sie ein Video aus dem Markt-platz an. Über die Symbole können Sie das Video kaufen oder leihen.

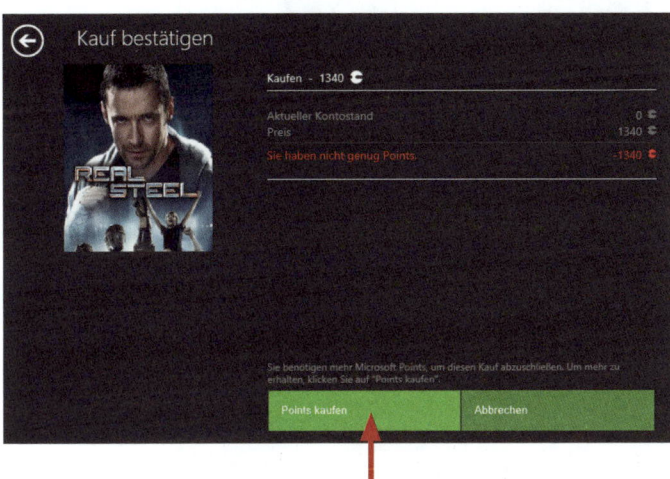

5 Für den Kauf oder das Ausleihen brauchen Sie Points, diese werden über Kreditkarte gekauft.

6 Klicken Sie mit der rechten Maustaste auf das Video und wählen Sie eine Option, um es abzuspielen.

Hinweis

Bezahlt wird mit Microsoft Points, die über das persönliche Konto gekauft werden. Sie müssen dazu aber Ihre Kreditkarteninformationen angeben.

Video

Zum Abspielen Ihrer eigenen Videodateien nutzen Sie auch die *Video*-App. Legen Sie sich aber vorher eine Videobibliothek an, damit Windows 8.1 alle Videodateien findet.

7 Die Kategorie *Persönliche Videos* zeigt alle Videos aus der eigenen Videobibliothek an.

8 Klicken Sie mit der rechten Maustaste in den Bildschirm oder wischen Sie von unten und wählen Sie *Datei öffnen*.

9 Suchen Sie Ihre Videodatei im Videoordner oder in einer anderen Bibliothek. Klicken oder tippen Sie auf *Nach oben*.

>  **Hinweis**
>
> Wenn Ihr Videoordner noch keine Videos enthält, werden Sie aufgefordert, anzugeben, wo Videos gesucht werden sollen. So können Sie sich eine Videobibliothek zusammenstellen.

10 Zeigen Sie auf die Video-Kachel oder tippen und halten Sie auf dem Tablet. Die Informationen zum Video werden angezeigt (Länge, Größe, Speicherort).

11 Klicken Sie das Video an und wählen Sie *Öffnen*, um es abzuspielen.

12 Das Video wird abgespielt, mit der rechten Maustaste erhalten Sie Steuersymbole am unteren Rand.

> 💬 **Hinweis**
>
> Die *Video*-App unterstützt die wichtigsten Videoformate (AVI, MP4, MOV, WMV u.a.).

Musik

Die *Musik*-App verwaltet Ihre Songs aus unterschiedlichen Musikbibliotheken und exportiert sie, wenn Sie wollen, automatisch in die Cloud.
So haben Sie immer und überall Ihre Lieblingsmusik parat.

1 Klicken Sie auf der Startseite auf die App *Musik*.

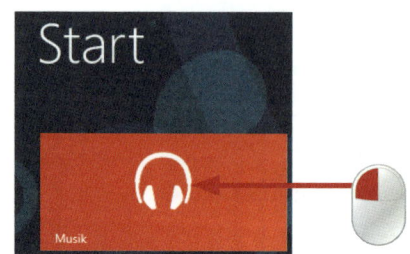

2 Mit dem ersten Aufruf wird die Musik aus Ihrer Musikbibliothek in die Sammlung importiert. Klicken oder tippen Sie einen Titel an, um ihn abzuspielen.

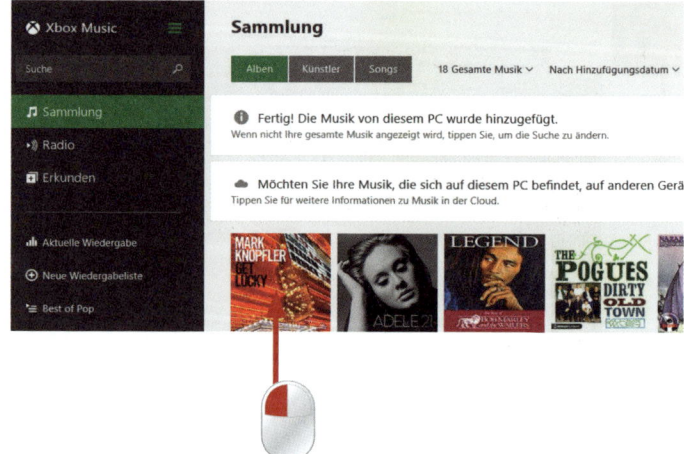

3 Oben wird das Album angezeigt, mit den Symbolen am unteren Rand steuern Sie die Wiedergabe.

 **Hinweis**

> Klicken Sie mit der rechten Maustaste oder wischen Sie von unten, sehen Sie weitere Symbole, zum Beispiel für Informationen zum Titel oder um weitere Songs zu kaufen.

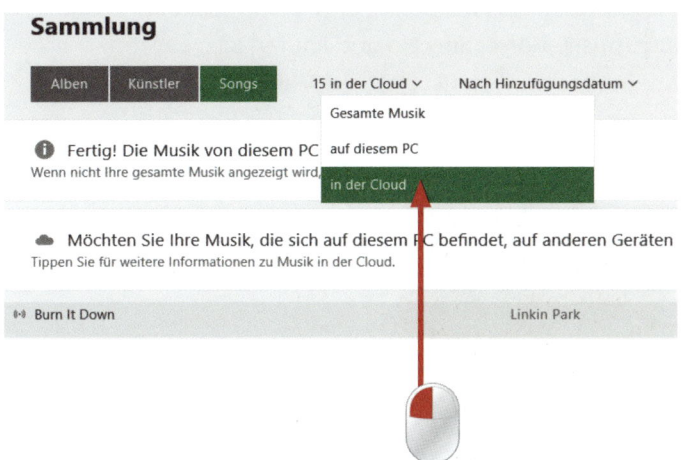

4 Packen Sie alle Titel und Alben in die Cloud (SkyDrive), können Sie Ihre Musik auf verschiedenen Geräten und überall abspielen.

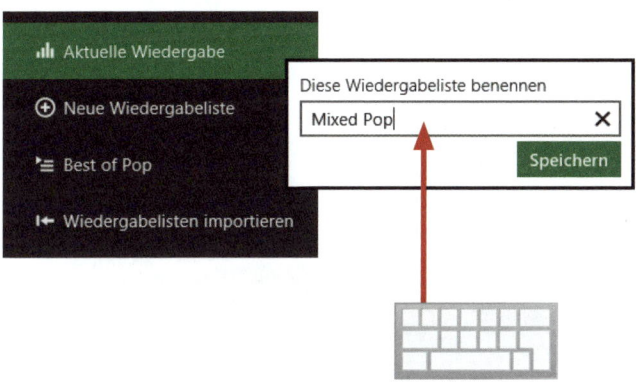

5 Mit Wiedergabelisten bringen Sie Ordnung in Ihre Musik. Legen Sie neue Listen an oder importieren Sie sie aus iTunes oder anderen Diensten.

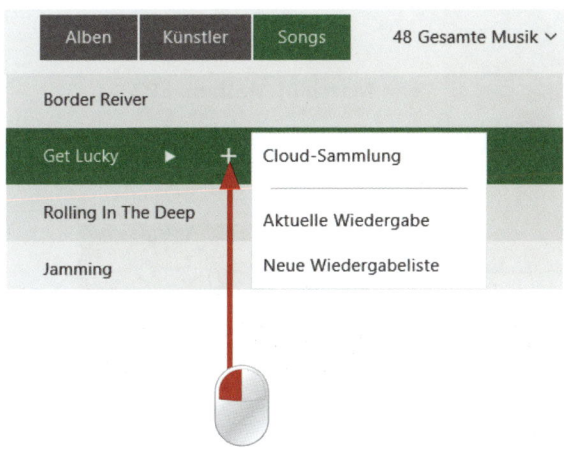

6 Um einen Titel in eine Wiedergabeliste einzufügen, markieren Sie ihn in der Anzeige *Songs* und klicken Sie auf das Pluszeichen.

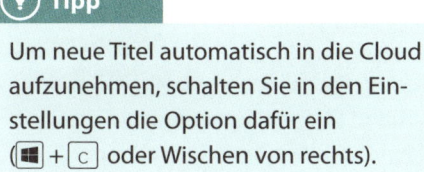

Tipp

Um neue Titel automatisch in die Cloud aufzunehmen, schalten Sie in den Einstellungen die Option dafür ein (⊞ + C oder Wischen von rechts).

Musik

Die beste Musik, die neuesten Alben und die meistverkauften Titel bietet die Xbox-Musikbibliothek. Suchen Sie mit der *Musik*-App nach Ihrer Lieblingsmusik, hören Sie rein und kaufen Sie, was Ihnen gefällt. Mit dem Premium-Angebot haben Sie uneingeschränkten Zugriff auf Millionen von Songs.

7 Hören Sie gerne Internet-Radio? Schalten Sie auf *Radio* um, geben Sie Ihren Lieblingskünstler ein und lassen Sie die App nach Sendern suchen.

8 Unter *Erkunden* finden Sie das Xbox-Musikangebot mit den neuesten Songs und Alben. Ein Klick genügt, ...

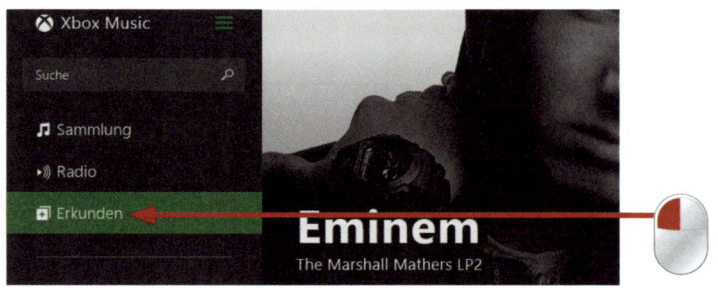

9 ... und die Titel werden angeboten. Hören Sie rein. Eine kurze Werbung, dann wird der Titel abgespielt.

> **Tipp**
>
> Kicken Sie auf das Symbol mit den drei grünen Streifen links oben, um die Menüleiste ein- und auszuklappen.

10 Fügen Sie den Titel in eine Wiedergabeliste ein. Um einen Titel zu kaufen, legen Sie ihn in den Einkaufswagen.

11 Eine riesige, werbefreie Musikbibliothek mit Millionen von Songs zum Streaming steht Ihnen im Premium-Angebot zur Verfügung.

12 Mit dem Xbox Music Pass können Sie das Premium-Angebot 30 Tage kostenlos testen.

 **Hinweis**

Ein Klick mit der rechten Maustaste oder Wischen von unten schaltet weitere Symbole passend zur Anzeige ein (z. B. Künstlerinfo, Einkaufswagen).

Spiele

Entspannen Sie sich bei einem schönen Spiel. Windows 8.1 enthält zwar keine vorinstallierten Spiele, Sie können sich aber aus dem reichhaltigen Angebot der Xbox-Spielebibliothek bedienen und Ihr Lieblingsspiel über den App-Store installieren.

1 Klicken Sie auf der Startseite auf die App *Spiele*.

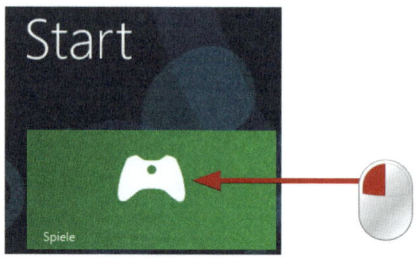

2 Der Xbox-Spielemarktplatz wird angezeigt. Melden Sie sich mit Ihrem Xbox-Konto an oder erstellen Sie ein neues Konto.

3 Klicken oder tippen Sie auf ein Spiel, um es zu starten. Mit *Spiel erkunden* erfahren Sie mehr über das Spiel.

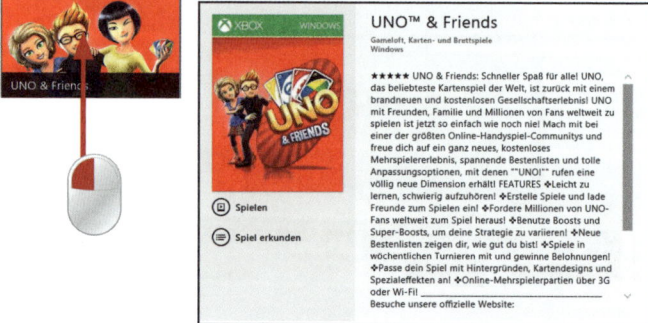

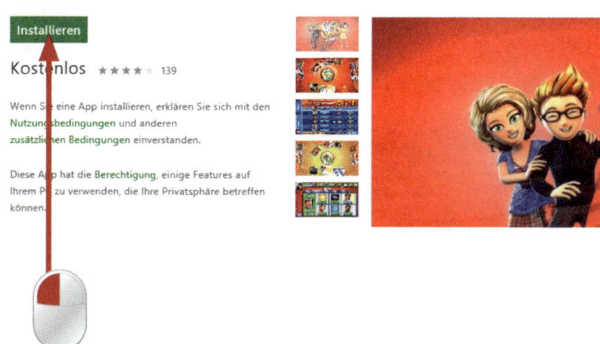

4 Neue Spiele müssen zuerst installiert werden, dazu startet automatisch der Microsoft Store. Installieren Sie Ihr Spiel.

5 Wenn die Meldung erscheint, ist das Spiel installiert. Wechseln Sie in die Apps-Ansicht und holen Sie das neue Spiel auf die Startseite.

6 Jetzt können Sie Ihr Spiel starten. Viel Spaß!

Hinweis

Wenn Sie ein Xbox-Konto haben, stehen Ihnen automatisch alle Xbox-Spiele und alle Einstellungen der Xbox zur Verfügung.

Spiele

Hier einige Spieleklassiker, die im Windows Store kostenlos zur Auswahl stehen. Kombinieren Sie mit MahJong, legen Sie Karten mit Solitaire, suchen Sie Minen mit Minesweeper oder spielen Sie ein rasantes Flippergame mit Pinball FX2.

7 Mahjong ist ein Kombinationsspiel. Ziel ist es, durch Entfernen identischer Steine das Spielfeld abzuräumen.

8 Klicken Sie zwei identische Steine an, um sie zu entfernen.

9 Solitaire Collection bietet mehrere Varianten des Kartenlegespiels an. Klicken Sie auf eine Variante.

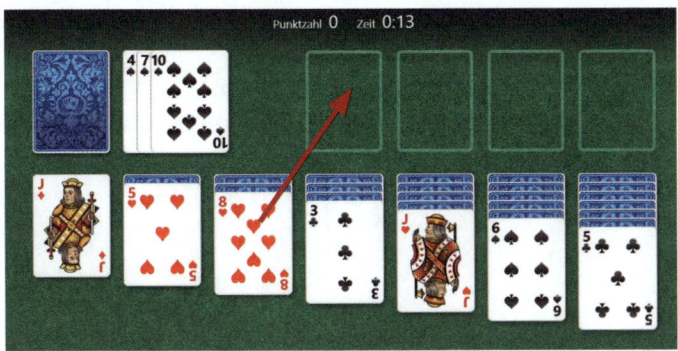

10 Ziehen Sie alle Karten einer Farbe von Ass bis 2 nach oben in die Kartenstapel. Wenn nichts mehr geht, neue Karten aus dem Stapel holen

11 In Minesweeper kombinieren Sie, wo sich die Minen auf dem Minenfeld befinden. Die Zahl zeigt, wie viele Minen angrenzen.

> **Hinweis**
>
> Minesweeper:
> Links klicken oder tippen auf sicheres Feld – rechts klicken, um Fahne zu setzen.
> Auf dem Tablet tippen für sicheres Feld, tippen und halten bis Fahne erscheint.

12 Pinball FX2 ist ein Flipperspiel. Versuchen Sie, die Kugel so lange wie möglich im Spiel zu halten und möglichst viele Punkte zu holen.

> **Hinweis**
>
> Pinball FX2:
> Mit ⏎ Ball einschießen, beide Strg-Tasten drücken für Flipper.
> Auf dem Tablet: Mit zwei Fingern ziehen, um Ball einzuschießen, zum Flippern links und rechts unten tippen.

Kapitel 4

Info-Apps und App-Store

Internet Explorer   120

Nachrichten   122

Gesundheit, Fitness & Sport   124

Kochen & Genuss   126

Reisen   128

Wetter   130

Karten   132

Finanzen   136

Der App-Store   140

Das lernen Sie in diesem Kapitel ...

Die erste Info-App, die in diesem Kapitel vorgestellt wird, startet den Internet Explorer auf der Startseite. Lernen Sie das Einrichten des Browsers mit Registerkarten, Adresszeile und Menüs kennen.

News, Sport, Reisen, Kochen & Genuss – alles Apps von der Suchmaschine Bing. Aber – jede App hat andere Menüs. Wetter und Reisen sind ebenfalls Info-Apps, und wer auf den Aktienmärkten zuhause ist, wird die Finanzen-App ins Herz schließen.

Von der Straßenkarte bis zum Satellitenbild – die Karten-App lässt Sie auf den ganzen Globus blicken. Zoomen Sie sich in die kleinsten Winkel der Erde. Und wer kein Navi hat, nutzt den Routenplaner, der sogar Verkehrsstaus anzeigt.

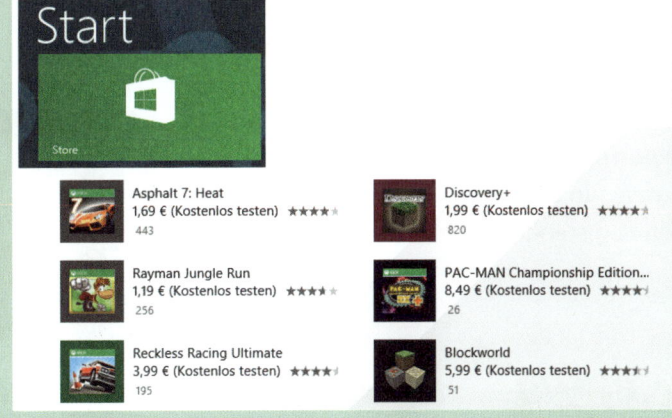

Apps werden über den Windows Store gekauft oder kostenlos abgerufen und installiert. Der Store informiert auch über anstehende Updates und wirbt über die Live-Kachel für die neuesten Apps.

Internet Explorer

Der Internet Explorer ist der Standard-Browser von Windows. Auf der Startseite finden Sie mit der gleichnamigen App eine einfache Variante. Aber – die wichtigsten Funktionen für schnelles Surfen sind drin.

1 Klicken Sie auf der Startseite auf die App *Internet Explorer*.

2 Der Browser wird gestartet, er präsentiert die Startseite, hier das MSN-Portal (http://de.msn.com).

3 Klicken Sie mit der rechten Maustaste in den Bildschirm oder wischen Sie von unten, um die Adresszeile und die aktiven Registerkarten einzublenden.

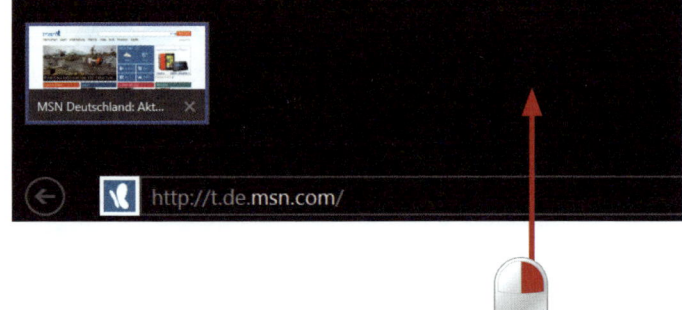

(●) Hinweis

Alle Einstellungen von der Startseite bis zu den Sicherheitszonen treffen Sie im Internet Explorer auf dem Desktop (siehe Kapitel 8).

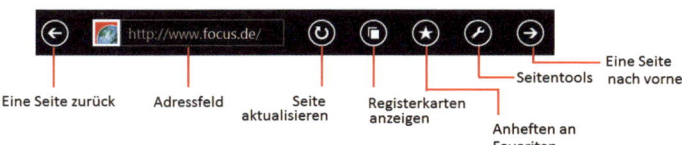

Eine Seite zurück Adressfeld Seite aktualisieren Registerkarten anzeigen Anheften an Favoriten Seitentools Eine Seite nach vorne

4 Navigieren Sie Ihren Browser durch Anklicken der Symbole am rechten unteren Rand.

5 Mit dem Pluszeichen fügen Sie weitere Registerkarten hinzu, wählen Sie eine Seite aus dem Angebot oder geben Sie die Adresse ein.

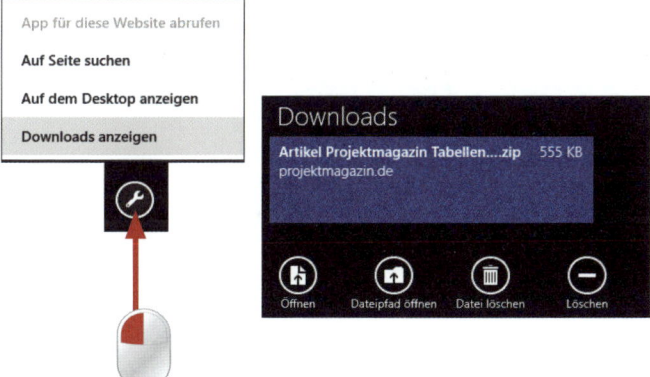

6 In den Seitentools überprüfen Sie Ihre Downloads oder suchen nach Textstellen in der angezeigten Seite.

 **Tipp**

Surfen Sie mit InPrivate. InPrivate-Registerkarten sind sicherer, damit speichert Windows 8.1 keine temporären Daten ab.

Nachrichten

Das wichtigste Werkzeug des Internet-Surfers ist die Suchmaschine. Windows stellt für Microsofts Suchdienst Bing eine eigene App bereit. Bing Apps bietet eine große Auswahl an Online-Nachrichtendiensten, eine gute Suchmaschine und die Möglichkeit, Themen nachzuverfolgen.

1 Klicken Sie auf der Startseite auf eine Kachel mit einem Thema aus der Microsoft-Suchmaschine Bing. Zur Auswahl stehen News, Sport, Gesundheit & Fitness und Kochen & Genuss.

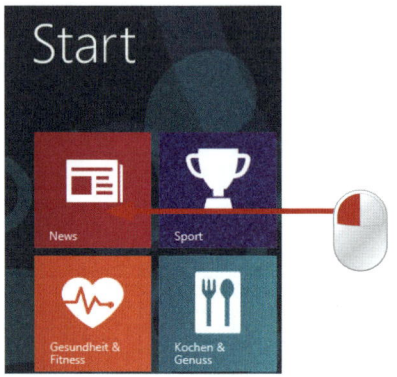

2 Auf der News-Seite lesen Sie die top-aktuellen Nachrichten aus den Online-Redaktionen der Tageszeitungen. Schalten Sie um auf die Schlagzeilen.

3 Tragen Sie einen Suchbegriff in das Suchfeld ein. Mit jedem Buchstaben erhalten Sie Fundstellen in Online-Artikeln.

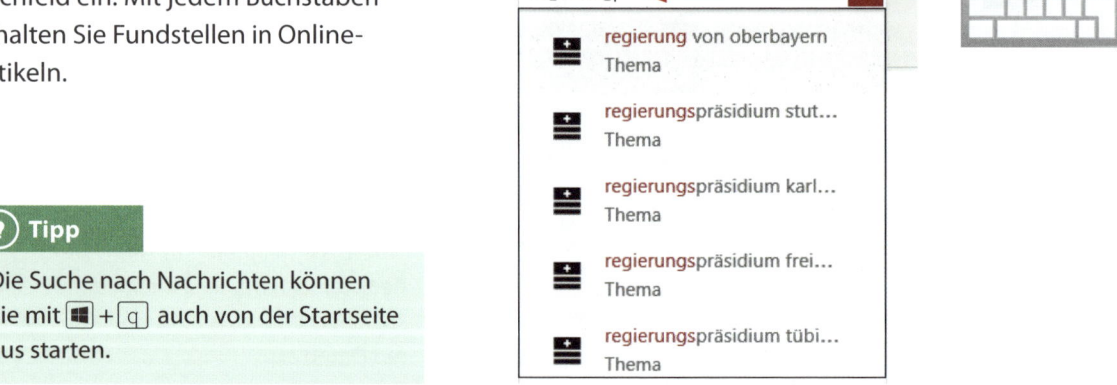

> **💡 Tipp**
>
> Die Suche nach Nachrichten können Sie mit ⊞+Q auch von der Startseite aus starten.

4 Klicken Sie mit der rechten Maustaste oder wischen Sie von unten und wählen Sie Anbieter, Themen oder Videos aus dem Menü.

> 💬 **Hinweis**
>
> Auf der Anbieterseite finden Sie auch eine Liste mit Ländern. Wählen Sie diese, wenn Sie ausländische Online-Nachrichtendienste einbinden wollen.

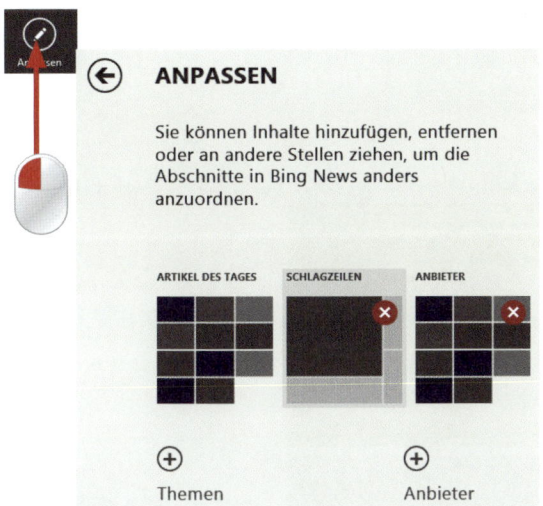

5 Mit *Anpassen* wird die Nachrichtenauswahl individuell angepasst und erweitert.

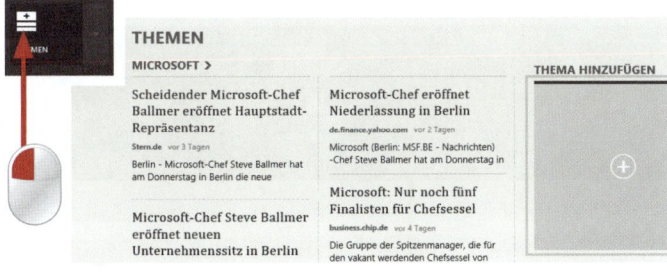

6 Wollen Sie ein bestimmtes Thema über alle Anbieter von Nachrichten nachverfolgen, wählen Sie *Themen* und fügen das neue Thema hinzu.

Gesundheit, Fitness & Sport

Die schönste Nebensache der Welt? Natürlich Sport. Ob Fußball,
Formel 1 oder Golf – die *Sport*-App hat die neuesten Nachrichten, die aktuellen Ergebnisse und die besten Spielberichte.

1 Auf der Startseite finden Sie Kacheln für
die *Bing*-Apps *Gesundheit & Fitness* und
Sport.

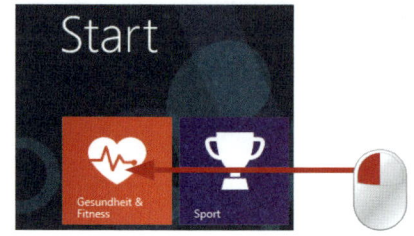

2 *Gesundheit & Fitness* bietet über die
Randleiste Tools und Informationen zu
den Themen Ernährung, Gesundheit
und Fitness an.

3 Klicken Sie mit der rechten Maustaste
oder wischen Sie von unten und wählen Sie ein Symbol aus dem Angebot in
der oberen Randleiste (Menüleiste).

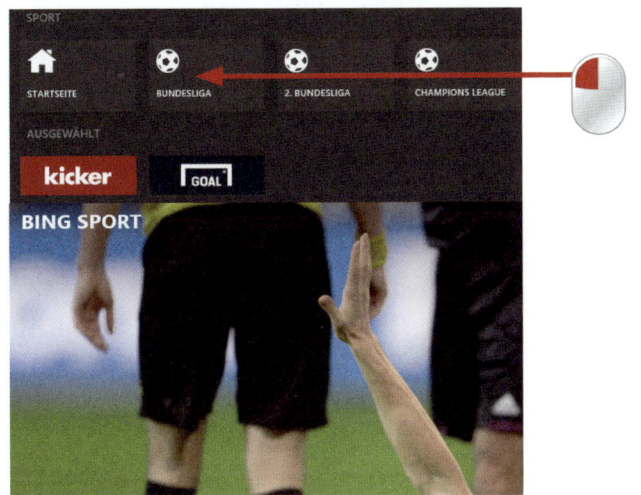

4 *Bing Sport* bietet in der Menüleiste eine Auswahl von Sportarten. Wählen Sie Ihre Lieblingssportart.

💬 Hinweis

Beliebte Teams oder Sportarten können Sie auch mit der Suchfunktion suchen (⊞ + q bzw. von rechts wischen und *Suchen*).

5 Blättern Sie nach rechts und fügen Sie weitere Sportarten hinzu. Tragen Sie Ihre Lieblingsteams in die Teamliste ein.

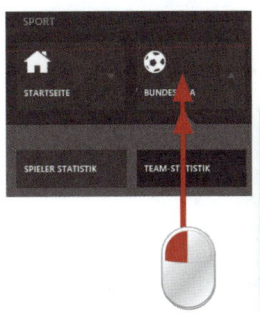

6 Über das Pfeilsymbol im Symbol der Sportart aktivieren Sie die aktuellen Spieler- und Team-Statistiken.

💡 Tipp

Die Reihenfolge der Teams oder Sportarten ändern Sie ganz einfach: Ziehen Sie die Kachel an die gewünschte Position.

Kochen & Genuss

Für die Gourmets dieser Welt stellt die *Bing*-App die Kategorie *Kochen und Genuss* bereit. Archivieren Sie Küchenrezepte, Weine und Cocktails in Sammlungen und erstellen Sie Einkaufslisten und Mahlzeitenpläne. Zahlreiche Rezepte stehen zum Download bereit.

1 Aktivieren Sie die App *Kochen und Genuss* auf der Startseite.

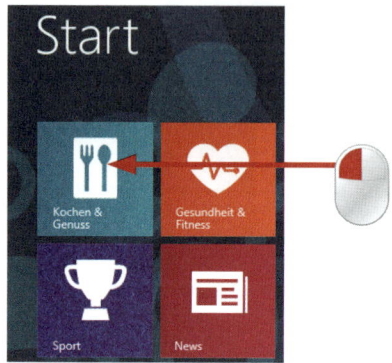

2 Das Rezept des Tages wird gleich angezeigt, mit den Symbolen am rechten Rand können Sie Sammlungen, Einkaufslisten und Mahlzeitenpläne anlegen.

3 Klicken Sie mit der rechten Maustaste oder wischen Sie von unten für das Menü. Hier finden Sie Symbole für die einzelnen Kategorien der App.

> **💡 Tipp**
>
> Unter dem Symbol *Tipps Tricks* im Menü am oberen Rand finden Sie ein Handbuch für Cocktails.

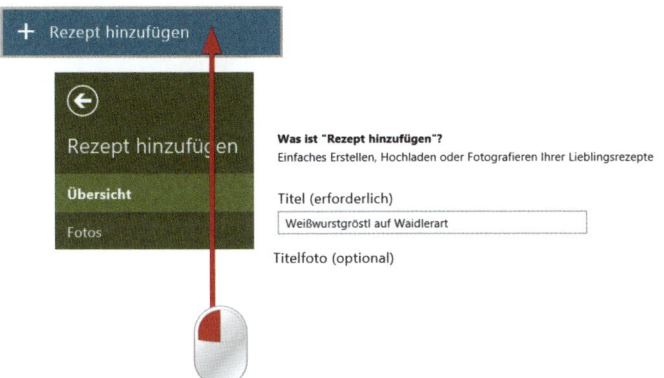

4 Fügen Sie eigene Rezepte hinzu, laden Sie Fotos hoch oder fotografieren Sie Ihr Gericht gleich mit der Kamera.

5 Blättern Sie durch die Rezepte-Datenbank. Zu jedem Gericht finden Sie eine Zutatenliste und eine ausführliche Zubereitungsanleitung.

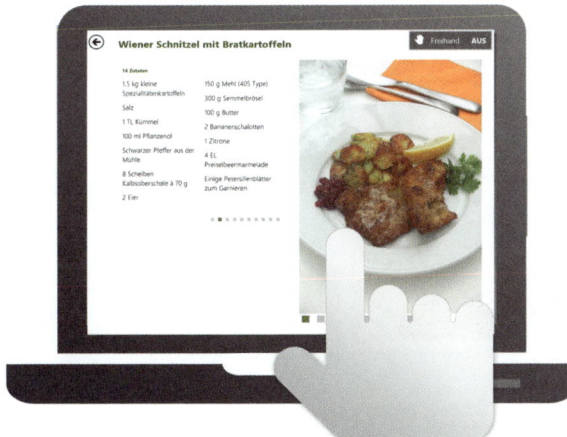

6 Ideal zum Nachkochen: Schalten Sie auf dem Tablet den Freihandmodus ein. Dieser aktiviert die Kamera, und Sie können die Rezeptseiten berührungsfrei umblättern.

 **Hinweis**

Mit *Anpassen* (rechte Maustaste oder Wischen von unten) lässt sich die Benutzeroberfläche individuell gestalten.

Reisen

Mit der *Reise*-App kommen Sie schnell an das Ziel Ihrer Wünsche. Sie bietet eine Auswahl schöner Reiseziele mit Fotos und vielen Zusatzinformationen (Sehenswürdigkeiten, Hotels, Restaurants, Internet-Links). Flüge und Hotels können Sie über die *Reise*-App direkt buchen.

1 Klicken Sie auf der Startseite auf die App *Reisen*.

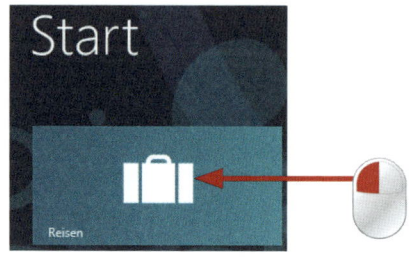

2 Die Reise des Tages wird angezeigt, unter *Tools und Aufgaben* finden Sie den passenden Flug und ein Hotel dazu.

3 Die Reisetipps bieten zu jedem Ziel Fotos, Hotel- und Restaurantübersichten, eine Karte und sogar das Wetter am Zielort.

> **💡 Tipp**
>
> Panoramafotos, die mit dem 360°-Symbol gekennzeichnet sind, ziehen Sie mit gedrückter Maustaste. Auf dem Tablet wischen Sie einfach in alle Richtungen.

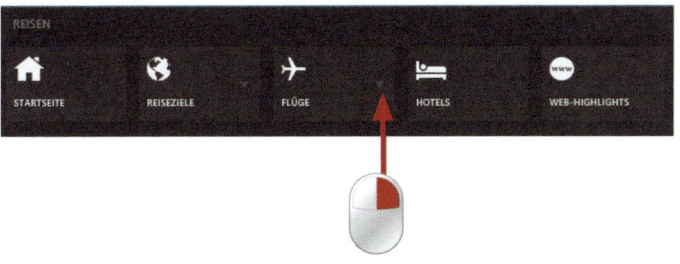

4 Klicken Sie mit der rechten Maustaste in den Bildschirm oder wischen Sie von unten, um das Menü am oberen Bildschirmrand einzublenden.

5 Markieren Sie ein Reiseziel, und fügen Sie es in die Favoritenliste ein. Oder heften Sie es gleich als Kachel an den Startbildschirm an.

6 Unter *Web-Highlights* finden Sie interessante und nützliche Links im Internet.

 **Tipp**

Wenn Sie der App die Verwendung des Standorts genehmigen, findet sie auf Wunsch auch schöne Reiseziele in der Nähe Ihres Standorts.

Wetter

Wie das Wetter die nächsten Tage wird, zeigt Ihnen die *Wetter*-App. Und das nicht nur an Ihrem Standort, sondern weltweit für jedes Land und jede größere Stadt. Auf Wunsch sogar mit stündlicher Vorhersage und Satellitenbild.

1 Klicken Sie auf der Startseite auf die App *Wetter*.

2 Eine 5-Tage-Übersicht über das Wetter an Ihrem Standort wird angezeigt, blättern Sie weiter nach rechts.

3 Die Stundenvorhersage meldet das Wetter im 3-Stunden-Takt. Die Wetterkarte bietet mehrere Ansichten, u. a. Satellit und Bewölkung.

 **Tipp**

Klicken Sie mit der rechten Maustaste oder wischen Sie von unten, können Sie die Temperaturanzeige von Grad Celsius auf Grad Fahrenheit umstellen und die aktuelle Wetteransicht an das Startmenü anheften.

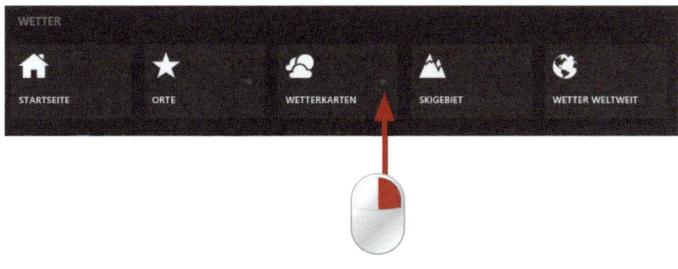

4 Klicken Sie mit der rechten Maustaste oder wischen Sie von unten und wählen Sie eine Kategorie aus dem Menü.

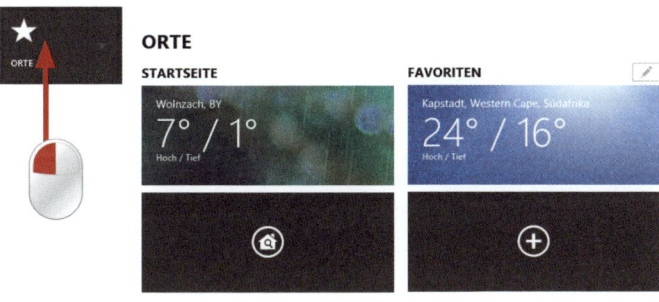

5 Unter *Orte* können Sie weitere Orte hinzufügen oder einen Ort in den Favoriten abspeichern.

> 💡 **Tipp**
>
> Bei mehreren Orten markieren Sie einen Ort mit der rechten Maustaste oder durch kurzes Ziehen nach unten und wählen *Als Standard festlegen*.

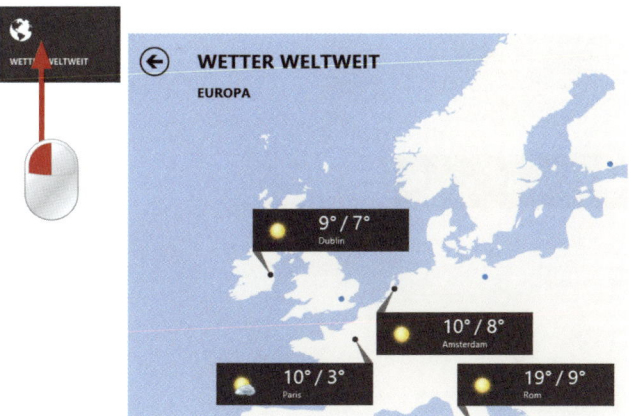

6 *Wetter weltweit* zeigt weltweite Temperaturen. Klicken oder tippen Sie auf ein Land oder einen Ort für weitere Details.

Karten

Die *Karten*-App ist Ihr digitaler Globus: Zoomen Sie einen beliebigen Fleck auf der Erde heran, verschieben Sie den Ausschnitt auf andere Länder und Erdteile und lassen Sie sich wahlweise Straßenkarten oder Satellitenbilder anzeigen. Mit dem Suchfenster finden Sie nicht nur Städte und Regionen, sondern auch Restaurants, Shops u.v.m.

1 Klicken Sie auf der Startseite auf die App *Karten*.

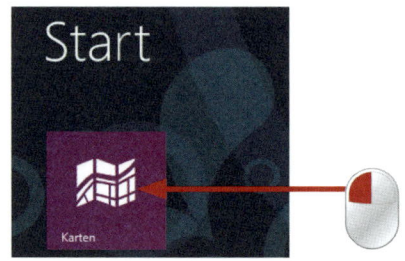

2 Zoomen Sie in der Karte mit dem Mausrad. Auf dem Tablet ziehen Sie zwei Finger auseinander. Zum Verschieben halten Sie Maus oder Finger gedrückt.

3 Drücken Sie ⊞ + c oder wischen Sie von rechts und kontrollieren Sie in den Einstellungen die Optionen für die *Karten*-App.

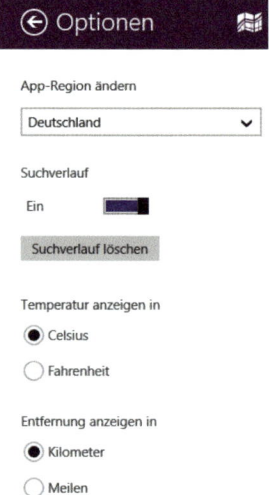

> 💬 **Hinweis**
>
> Sie müssen beim ersten Start die Positionsdienste in der *Karten*-App genehmigen bzw. aktivieren, sonst funktioniert die *Karten*-App nicht.

4 Klicken Sie mit der rechten Maustaste oder wischen Sie von unten und wählen Sie eine Kartenart.

5 Hier können Sie Ortsmarken hinzufügen. Mit dem Symbol *Mein Standort* zentrieren Sie die Karte auf Ihren aktuellen Standort.

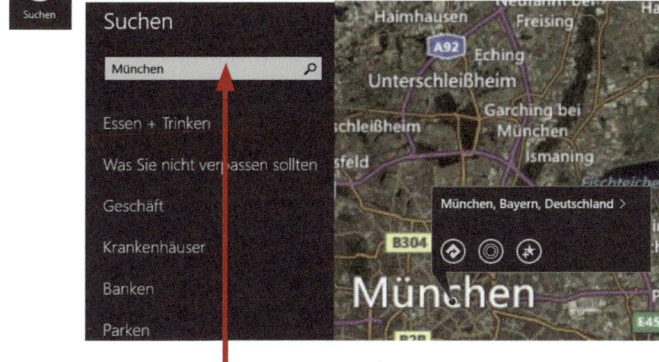

6 Geben Sie einen Ort, eine Region oder einen Suchbegriff passend zu den Kategorien ein und klicken Sie eine davon an, sucht die App danach.

> **💡 Tipp**
>
> Achten Sie in der Kartenansicht auf die Anzeige rechts unten, sie zeigt die aktuelle Zoom-Stufe in Meilen und Kilometern.

Karten

Nutzen Sie die *Karten*-App als Navigationsgerät: Suchen Sie Standorte, geben Sie Start- und Zielort ein und lassen Sie sich exakt den Weg beschreiben. Und die Verkehrsinformationen zeigen Ihnen, wo Sie im Stau stehen.

7 Klicken Sie mit der rechten Maustaste oder wischen Sie von unten und aktivieren Sie den Routenplaner. Geben Sie Start- und Zielort ein.

💡 Tipp

Das Doppelpfeilsymbol in der Wegbeschreibung wechselt Standort und Ziel aus. Klicken Sie auf den Fußgänger für die Berechnung als Fußweg.

8 Starten Sie die Routensuche mit dem Pfeilsymbol. Die Route wird auf der Karte markiert.

9 Am linken Rand finden Sie die Wegbeschreibung mit Kilometerangaben und den durchnummerierten Zwischenpunkten.

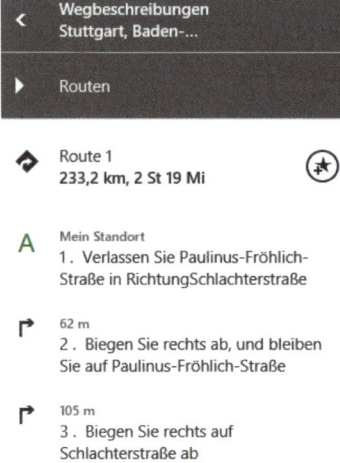

Wegbeschreibungen
Stuttgart, Baden-...

▶ Routen

◆ Route 1
233,2 km, 2 St 19 Mi

A Mein Standort
1. Verlassen Sie Paulinus-Fröhlich-Straße in RichtungSchlachterstraße

⌐ 62 m
2. Biegen Sie rechts ab, und bleiben Sie auf Paulinus-Fröhlich-Straße

⌐ 105 m
3. Biegen Sie rechts auf Schlachterstraße ab

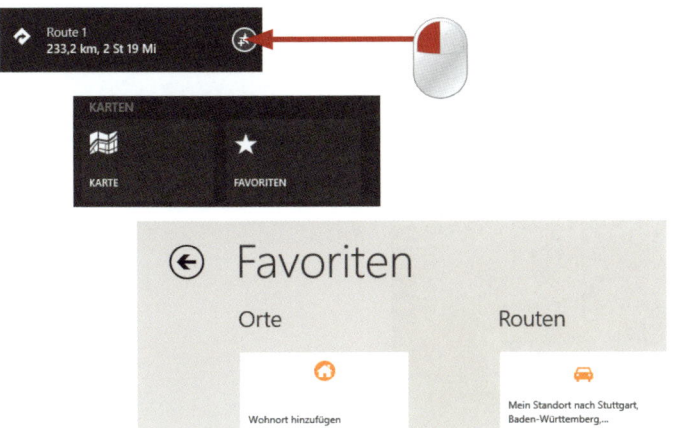

10 Mit dem Symbol rechts an der ange-zeigten Route speichern Sie diese in der Favoritenliste. Aktivieren Sie die Favoriten über das Menü.

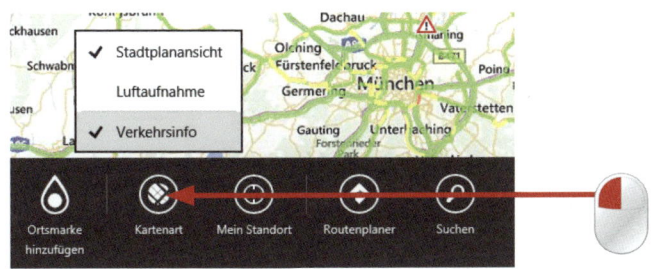

11 Klicken Sie mit der rechten Maustaste oder wischen Sie von unten und schal-ten Sie über *Kartenart* die Verkehrsinfos ein.

12 Die Karte zeigt jetzt, wo dichter Verkehr, Stau oder Sperrungen auf der Route zu finden sind.

 **Hinweis**

Die Verkehrsinfos arbeiten mit Farben:
Grün: Freie Fahrt
Gelb: Zähflüssig, dichter Verkehr
Orange: Zähflüssig, sehr dichter Verkehr
Rot: Stau

Finanzen

Mit der App *Finanzen* haben Sie einen schnellen Zugriff auf inländische und internationale Aktienindizes und Märkte. Mit aktuellen Börsennachrichten, News und nützlichen Tools haben Sie Ihr Portfolio im Griff.

1 Klicken Sie auf der Startseite auf die App *Finanzen*.

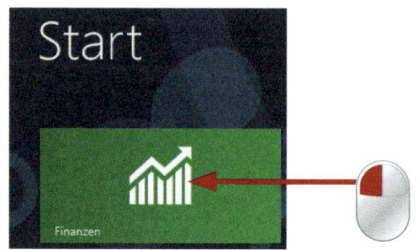

2 Sehen Sie sich die aktuellsten Nachrichten aus der Finanzwelt an. Die Video-Tour zeigt, was die App kann.

> **(?) Tipp**
>
> Tippen Sie ein gesuchtes Aktienkürzel einfach ein. Die App sucht sofort nach dem Kursverlauf. Das funktioniert auch auf dem Startbildschirm.

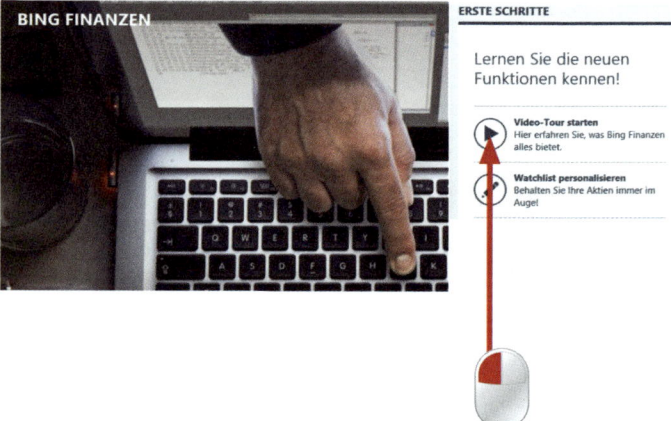

3 Unter *Markt/Indizes* können Sie zwischen DAX und TECDAX mit Tages-, Wochen-, Monats- und Jahresansicht wählen.

> **(?) Tipp**
>
> Ziehen oder wischen Sie über ein Aktien-Chart, wandert die Linie auf der Zeitleiste mit.

4 Klicken Sie auf *News* und lesen Sie die neuesten Nachrichten aus der Finanzwelt.

5 Unter *Devisen und Rohstoffe* finden Sie die aktuellen Umrechnungskurse für Fremdwährungen und die Rohstoffpreise.

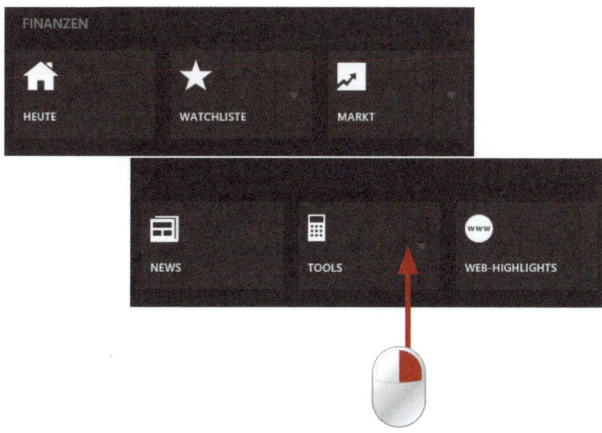

6 Klicken Sie mit der rechten Maustaste oder wischen Sie von unten und blenden Sie die Steuersymbole am oberen Rand ein.

Finanzen

Richten Sie Ihre persönliche Watchlist ein, übernehmen Sie Ihre Kurscodes und lassen Sie die *Finanzen*-App über Ihre Gewinne und Verluste wachen. Außerdem in der App: Eine Auswahl nützlicher Tools vom Darlehensrechner bis zum Geldwertvermehrer.

7 Klicken Sie auf *Watchliste* und markieren Sie einen Kurscode, um den Verlauf zu sehen.

8 Mit der rechten Maustaste oder Wischen von unten blenden Sie die Symbole ein. Schalten Sie auf die Listenansicht um und sortieren Sie Ihre Indizes.

9 Klicken oder tippen Sie auf das Pluszeichen und fügen Sie weitere Indizes zu Ihrer Watchlist hinzu.

 **Tipp**

Tragen Sie in das Suchfenster für die Suche nach einem Aktiensymbol den Namen des Unternehmens ein – die App findet das Symbol.

10 *Tops und Flops* finden Sie auf dem Startbildschirm der App ganz rechts unter *Nächste Schritte*.

11 Nützliche Tools vom Währungsrechner bis zum Geldwertvermehrer bietet die gleichnamige Rubrik.

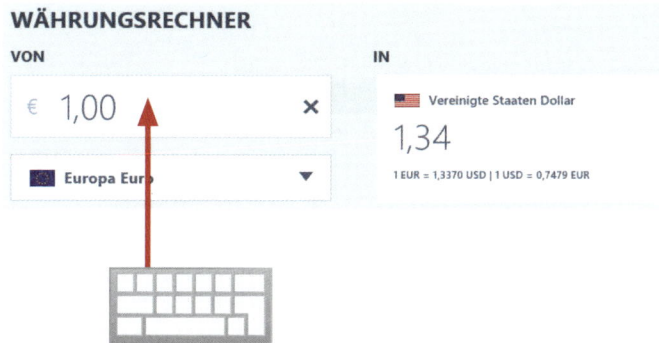

12 Hier zum Beispiel der Währungsumrechner. Geben Sie einen Euro-Betrag ein und klicken oder tippen Sie auf eine Fremdwährung für die Umrechnung.

 **Tipp**

Um ein Symbol aus der Watchlist zu entfernen, klicken Sie es mit der rechten Maustaste an oder ziehen Sie es kurz nach unten. Mit dem Kreuzsymbol wird der Index gelöscht.

Der App-Store

Der App-Store von Windows 8.1 hat ein reichhaltiges Angebot an Apps für viele Kategorien. Sehen Sie sich um im Store, testen Sie Apps und installieren Sie, was Ihnen gefällt. Mit dem Suchfenster suchen Sie gezielt nach Apps.

1 Klicken Sie auf der Startseite auf die App *Store*. In der Live-Kachel sehen Sie schon die neuesten Angebote aus dem Store.

2 Im App-Store finden Sie die Apps nach Kategorien unterteilt. Blättern Sie nach rechts für weitere Kategorien.

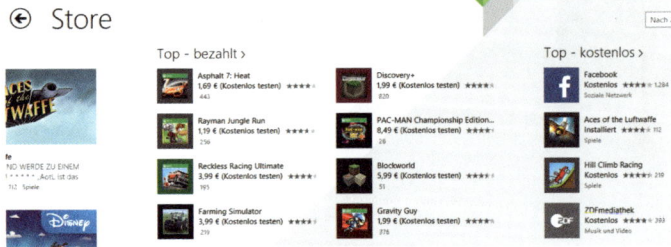

3 Klicken Sie mit der rechten Maustaste oder wischen Sie von unten für das Hauptmenü. Hier sehen Sie alle Kategorien in einer Übersicht.

> **Tipp**
>
> Apps können Sie auch vom Startbildschirm aus suchen. Drücken Sie ⊞ + q oder wischen Sie von rechts und wählen Sie *Suchen*.

4 Um eine App zu installieren, klicken oder tippen Sie sie an. Sehen Sie sich die Beschreibung an und starten Sie mit *Installieren*.

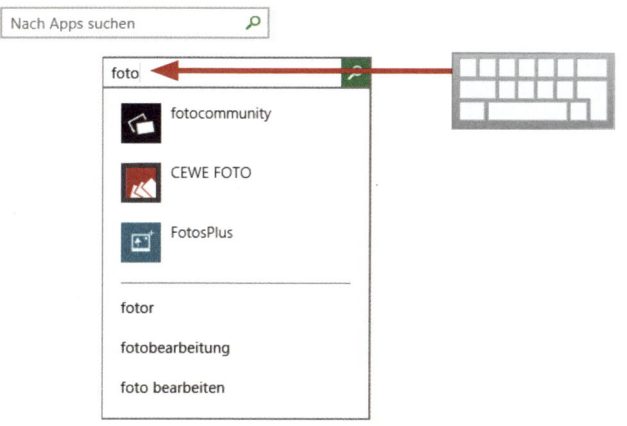

5 Suchen Sie mithilfe des Suchfensters nach weiteren Apps im Store. Geben Sie den Suchbegriff ein und klicken oder tippen Sie auf eine Fundstelle.

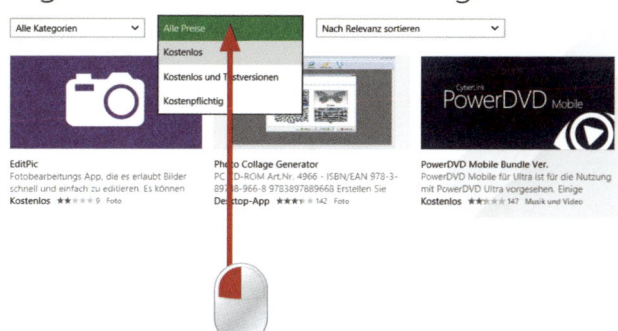

6 Die Suchergebnisse können Sie nach Kategorie, Preis oder Relevanz sortieren. Klicken oder tippen Sie auf eine App, um sie zu installieren.

 **Hinweis**

Ihre Apps werden automatisch aktualisiert, wenn ein Update ansteht. Die Store-Kachel zeigt die Nummer aller Apps an, für die ein Update ansteht. Überprüfen Sie mit ⊞ + C die Einstellung.

Der App-Store

Neben vielen kostenlosen Apps bietet der App-Store auch kostenpflichtige
Apps an. Die Preise halten sich in Grenzen, Apps kosten selten über 5 Euro.
Halten Sie Ihre Microsoft-Kontendaten und Ihre Kreditkarte bereit.

7 Überprüfen Sie im Hauptmenü Ihre
Kontodaten. Sie müssen Ihre Kreditkar-
tendaten an Microsoft preisgeben, um
Apps kaufen zu können.

8 Klicken oder tippen Sie eine kostenpflichtige App an, können Sie diese in
der Regel einige Tage testen oder sofort
kaufen.

9 Die Sterne an der App zeigen, wie diese
von Benutzern bewertet wurde, daneben steht die Anzahl der Bewertungen.
Sehen Sie sich die Details an.

 **Hinweis**

Mit Ihrem Microsoft-Konto können
Sie Apps auf mehreren Rechnern, zum
Beispiel auf dem Laptop und dem Tablet gleichzeitig verwenden. Die Apps
müssen aber für jedes Gerät einzeln
installiert werden.

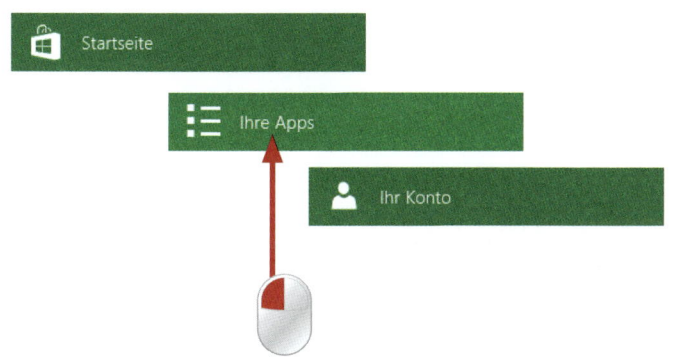

10 Die Liste zeigt zunächst, welche Apps zwar erworben, aber nicht installiert sind. Klicken Sie auf den Pfeil.

11 Jetzt können Sie alle Apps anzeigen lassen und auch diejenigen sehen, die auf anderen PCs oder Tablets installiert sind.

12 Drücken Sie ⊞ + [c], wählen Sie *Einstellungen* und überprüfen Sie Ihr Microsoft-Konto.

 **Hinweis**

Die Liste der PCs, auf denen Sie Apps verwenden, ist in Ihrem Microsoft-Konto gespeichert. Mit *Einstellungen/SafeSearch* können Sie einzelne Computer entfernen.

Der App-Store

Damit Ihre Apps immer auf dem neuesten Stand sind, sollten Sie Ihren Store regelmäßig auf Updates überprüfen. Ob welche anstehen, sehen Sie bereits auf der Startseite, und die Updates sind mit wenigen Klicks installiert.

13 Ob Updates für Ihre Apps anstehen, sehen Sie bereits im Startmenü in der Kachel der App *Store* (hier 7 Updates).

14 Starten Sie die App und klicken Sie rechts oben auf die Updates-Anzeige.

15 Die Apps, für die es Updates gibt, sind markiert, klicken Sie einzelne Apps an, um die Markierung zu setzen oder aufzuheben.

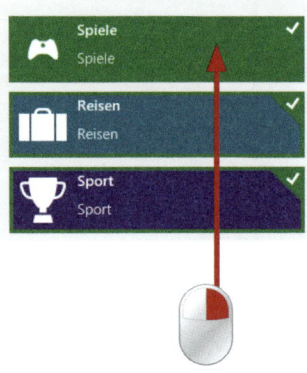

Hinweis

Updates für kostenpflichtige Apps können natürlich weitere Kosten verursachen, zum Beispiel, wenn die App nur für einen bestimmten Zeitraum gemietet wurde.

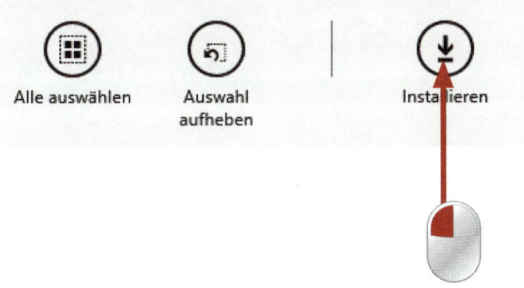

16 Starten Sie die Updates mit Klick auf *Installieren*

17 Die Updates werden installiert, nach Abschluss eines Updates verschwindet die App aus der Liste.

18 Mit einer Meldung ist die Installation der Updates abgeschlossen. Die Kachel auf der Startseite zeigt, dass keine weiteren Updates anstehen.

🗨 **Hinweis**

Kontrollieren Sie mit ⊞ + c oder Wischen von rechts die Update-Einstellungen. Der Schalter für automatische Updates muss auf *Ein* stehen.

Kapitel 5

Der Desktop

Desktop und Startmenü   148

Symbole und Symbolleisten   150

Die Taskleiste   154

Fenster auf dem Desktop   158

Fenster schnell wechseln   162

Desktopdesign und Farben   164

Hintergrundbild und Diashow   166

Bildschirmschoner   168

Datum und Uhrzeit   170

Regionaleinstellungen   172

Sound und Lautsprecher   174

Windows Sounds   176

Das lernen Sie in diesem Kapitel ...

Vom Desktop zum Startbildschirm – so funktioniert die klassische Windows-Oberfläche. Lernen Sie, mit Fenstern, Symbolen und Kontextmenüs zu arbeiten und richten Sie Ihren Desktop passend ein.

Die Taskleiste ist die Steuerzentrale des Desktops, hier aktivieren Sie Symbolleisten und ordnen Fenster an. Nicht weniger wichtig: der Systembereich rechts unten. Nicht nur, um die Uhr anzuzeigen.

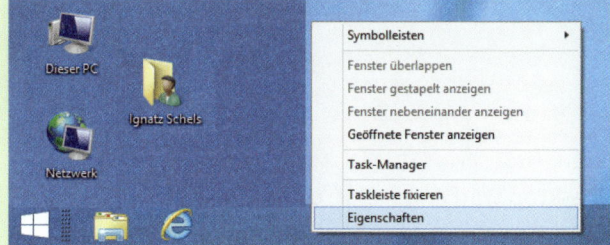

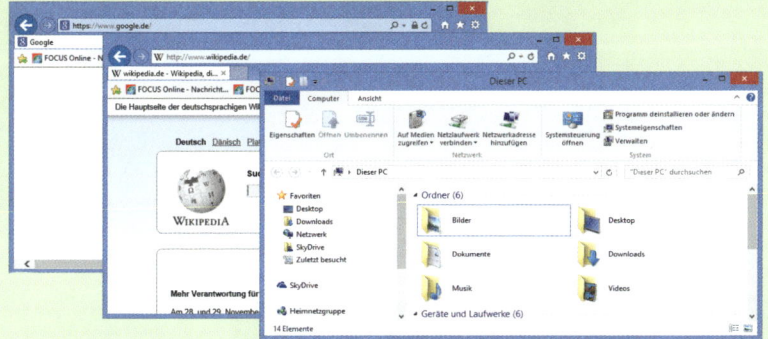

Mit Fenstern arbeiten, Fenstersymbole kennen, Fenstergrößen ändern und Fenster positionieren – in diesem Kapitel bleibt keine Frage über Windows (Fenster) offen.

Ob Hintergrundbild oder Bildschirmschoner, Desktop-Farben oder Windows-Sound – in der Desktopanpassung finden Sie alles, um den Desktop nützlicher, besser oder einfach ein bisschen schöner zu machen.

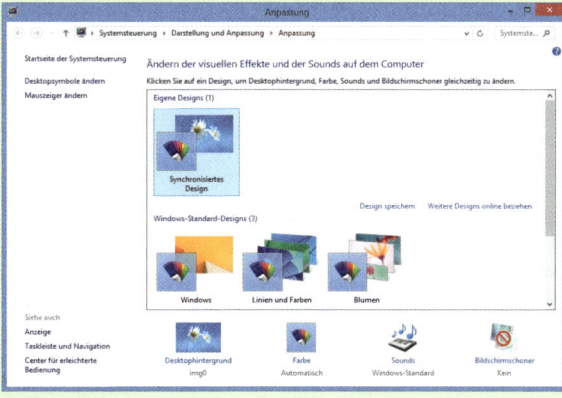

Desktop und Startmenü

Der Desktop ist die Windows-Oberfläche für Desktop-PC- und Laptop-Anwender. Im Unterschied zur Apps-gesteuerten Startseite arbeiten Sie hier mit klassischen Windows-Elementen wie Fenstern und Symbolen. Auf dem Desktop wird das System auch konfiguriert, viele Einstellungen finden Sie nur hier, nicht in Apps oder auf der Startseite.

1 Klicken Sie nach dem Start auf der Startseite auf das Symbol *Desktop*.

2 Der Desktop wird angezeigt, oben links steht das Symbol *Papierkorb*. Am unteren Bildschirmrand sehen Sie das Startmenü und die Taskleiste.

3 Klicken Sie mit der rechten Maustaste in das Startmenüsymbol, erscheint ein Menü mit den wichtigsten Systemsteuerungselementen.

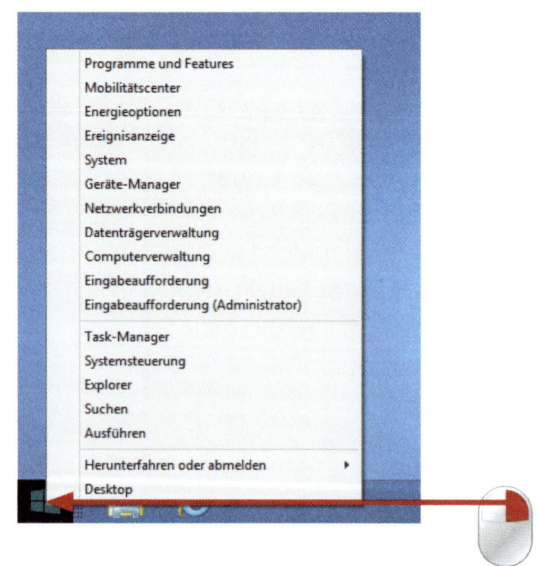

Programme und Features
Mobilitätscenter
Energieoptionen
Ereignisanzeige
System
Geräte-Manager
Netzwerkverbindungen
Datenträgerverwaltung
Computerverwaltung
Eingabeaufforderung
Eingabeaufforderung (Administrator)

Task-Manager
Systemsteuerung
Explorer
Suchen
Ausführen

Herunterfahren oder abmelden   ▸
Desktop

Hinweis

Auf dem Tablet tippen Sie die Elemente mit dem Finger an. Für die rechte Maustaste tippen und halten Sie, bis ein Kontextmenü erscheint.

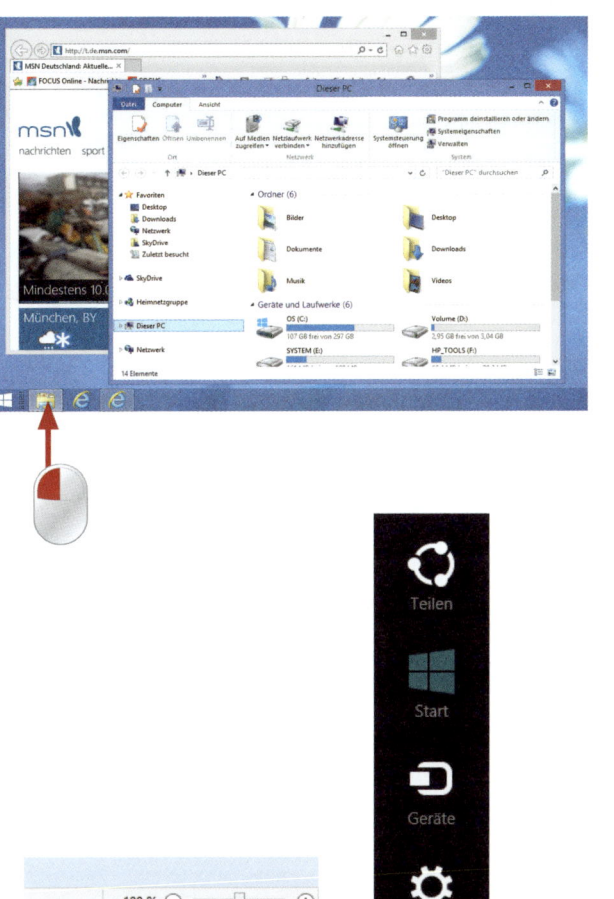

4 In der Taskleiste stehen Symbole für den Internet Explorer und den Windows-Explorer bereit. Ein Klick darauf öffnet das Programm in einem Fenster.

5 Klicken Sie rechts unten in die Taskleiste, werden alle offenen Fenster minimiert und die Charms-Leiste wird sichtbar.

6 Für den Wechsel zwischen Desktop und Startseite drücken Sie die ▥-Taste oder `Alt` + .

🗩 Hinweis

Das Startmenü wird auch auf dem Startbildschirm eingeblendet, wenn Sie den Mauszeiger ganz links unten positionieren.

Symbole und Symbolleisten

Mit Desktop-Symbolen starten Sie Ihre Programme einfach per Doppelklick
aus dem Desktop. Holen Sie sich für die Übersicht über den Computer, die
Systemsteuerung und Ihre Benutzerdaten gleich die passenden Symbole.

1 Klicken Sie mit der rechten Maustaste
in den Desktop und wählen Sie *Ansicht/
Desktopsymbole anzeigen*.

💡 Tipp

Unter *Ansicht* definieren Sie die Größe
und Anordnung der Symbole.

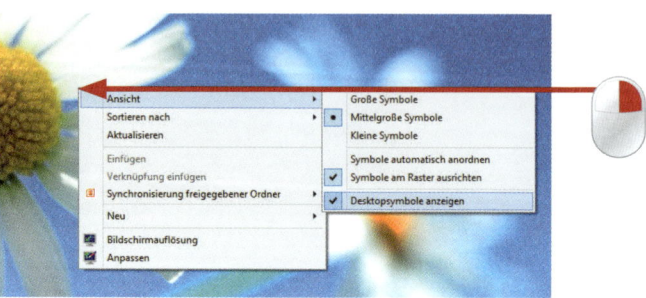

2 Wählen Sie im Kontextmenü *Anpassen*
und klicken Sie auf *Desktopsymbole
ändern*.

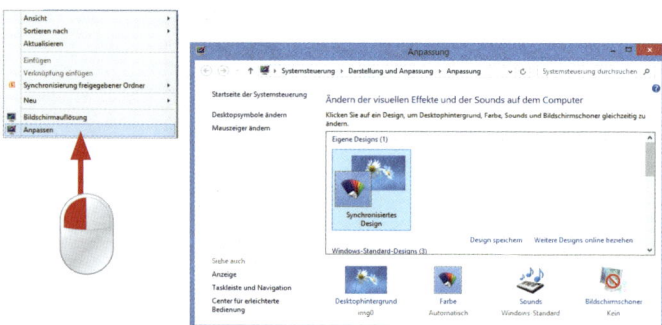

3 Hier können Sie weitere Symbole für
den Desktop ankreuzen, z. B. Computer,
Benutzerdateien und Systemsteuerung.

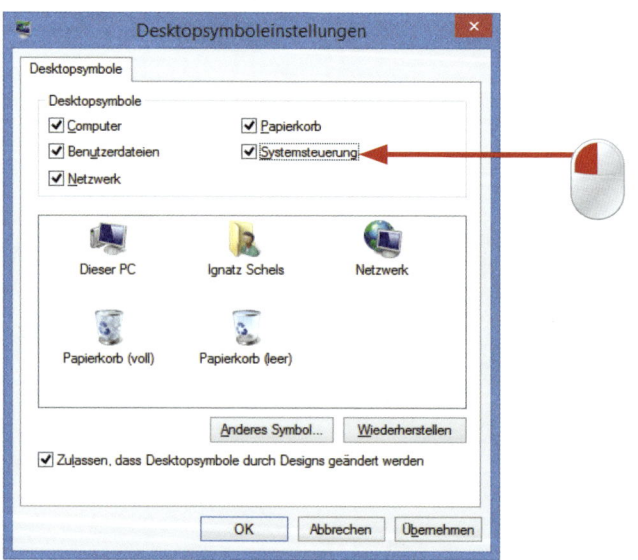

4 Für ein anderes Symbolbild markieren Sie das Symbol und wählen *Anderes Symbol*.

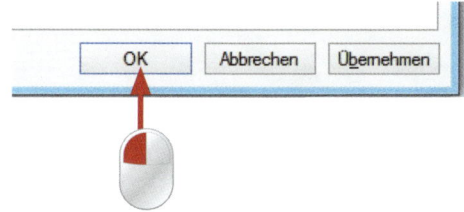

5 Klicken Sie auf *OK*, um die Änderungen zu übernehmen.

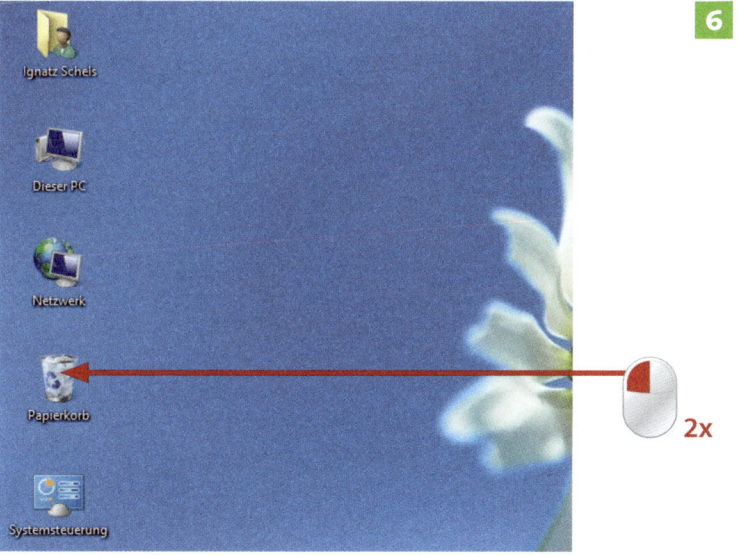

6 Jetzt zeigt der Desktop am linken Rand die neuen Symbole. Zum Aufruf der Programme klicken Sie ein Symbol doppelt an.

Symbole und Symbolleisten

Das Kontextmenü eines Symbols zeigt, welches Programm oder Verwaltungstool damit verbunden ist. Wichtige Symbole heften Sie auch an die Startseite an.

7 Desktopsymbole können Verwaltungstools und Dateien enthalten. Ein Doppelklick darauf öffnet die Datei im verknüpften Programm.

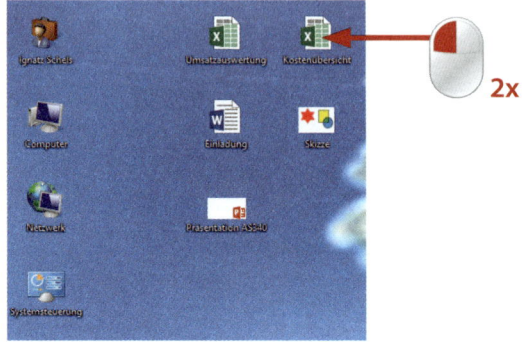

8 Ein Klick mit der rechten Maustaste aktiviert das Kontextmenü, das je nach Symbol unterschiedlich ausfällt.

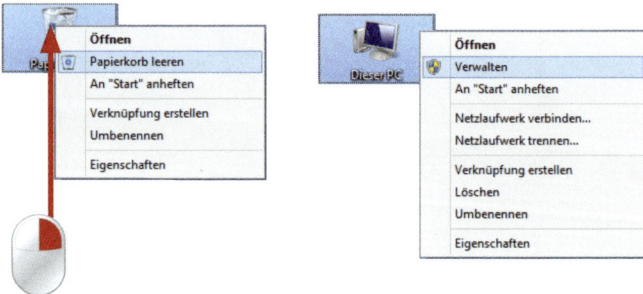

9 Wählen Sie *Eigenschaften* im Kontextmenü, sehen Sie alle Informationen zum Programm oder zur Datei.

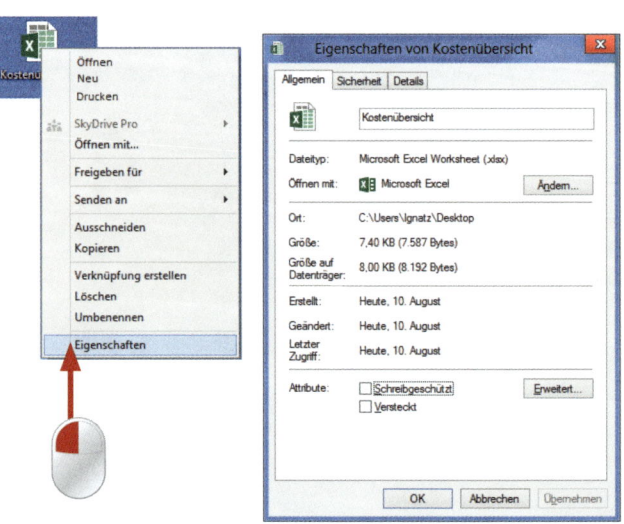

> 🔘 **Hinweis**
>
> Um ein Symbol vom Desktop zu löschen, klicken Sie es an und drücken Sie die `Entf`-Taste.

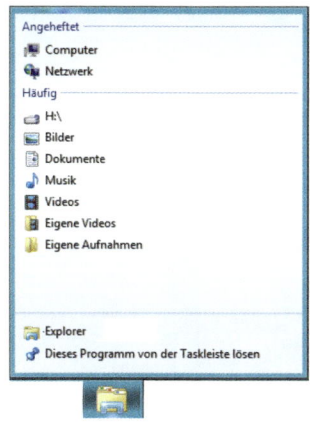

10 Die Taskleistensymbole präsentieren im Kontextmenü die zuletzt verwendeten Ordner oder Adressen.

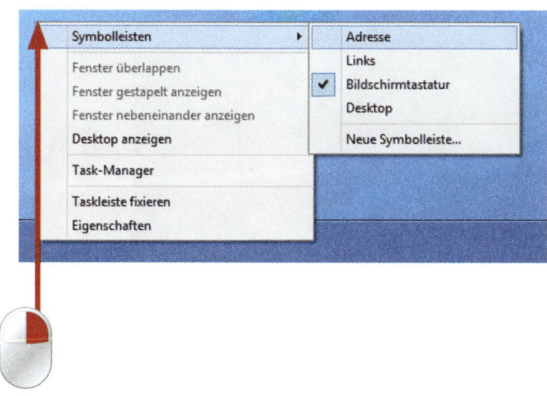

11 Klicken Sie mit der rechten Maustaste in die Taskleiste und blenden Sie in dieser weitere Symbolleisten ein.

12 Verschieben Sie die Symbolleisten in der Taskleiste oder ziehen Sie einen Trennbalken, um die Größe der Leiste zu ändern.

> 🖥 **Hinweis**
>
> Wählen Sie im Kontextmenü *An "Start" anheften*, finden Sie das Symbol anschließend auf der Startseite.

Die Taskleiste

Das Programme-Kontrollzentrum auf dem Desktop ist die Taskleiste. Sie enthält Schnellstartsymbole für Windows-Programme
und einen Infobereich für wichtige Systemwerkzeuge.

1 Klicken Sie mit der rechten Maustaste
in die Taskleiste und entfernen Sie das
Häkchen vor *Taskleiste fixieren*.

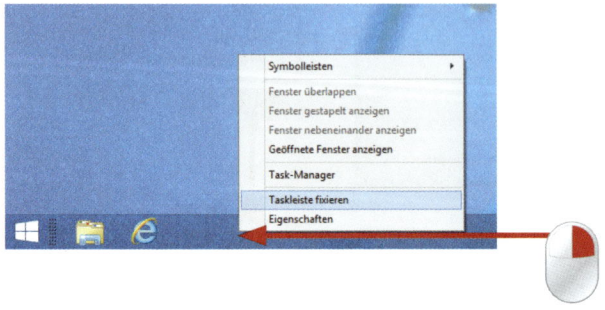

2 Ziehen Sie den oberen Rand der Taskleiste mit gedrückter Maustaste, ändert
sich die Größe.

3 Mit gedrückter Maustaste lässt sich
die Taskleiste auch an einen anderen
Bildschirmrand verschieben.

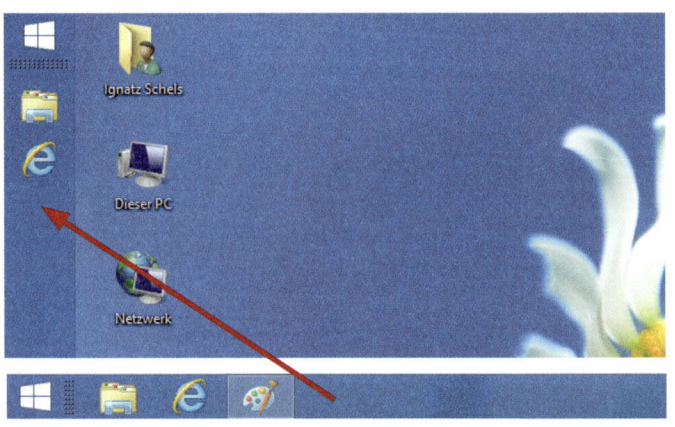

> 💡 **Tipp**
>
> Rechte Maustaste in den Desktop:
> Zum Schließen eines Fensters kön-
> nen Sie auch das Schnellstartsymbol
> benutzen: Rechte Maustaste, *Fenster
> schließen*.

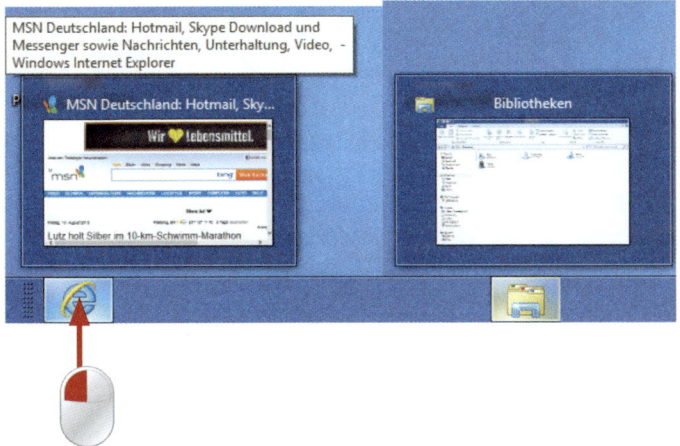

4 Ein Klick auf ein Schnellstartsymbol öffnet ein Fenster, zeigen Sie auf das Symbol, wird das aktive Fenster in der Miniaturansicht angeboten.

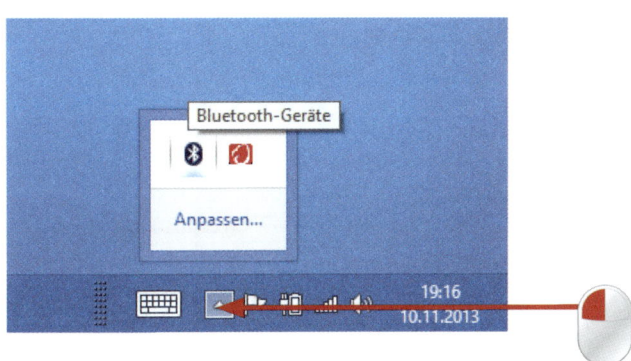

5 Rechts unten finden Sie den Infobereich. Das erste Symbol enthält ausgeblendete Symbole, klicken Sie es an, um die Symbole zu sehen.

6 Ein Klick auf das Datumsfeld öffnet das Datums- und Uhrzeitfenster. Stellen Sie hier Datum und Zeit ein.

 **Tipp**

Wenn Sie ein ausgeblendetes Symbol des Infobereichs immer sehen wollen, ziehen Sie es einfach mit gedrückter Maustaste in die Taskleiste.

Die Taskleiste

Passen Sie die Eigenschaften der Taskleiste an, hier finden Sie einige interessante Optionen, zum Beispiel die Größe der Symbole und zusätzliche Funktionen für den Infobereich.

7 Klicken Sie mit der rechten Maustaste in die Taskleiste und wählen Sie *Eigenschaften*.

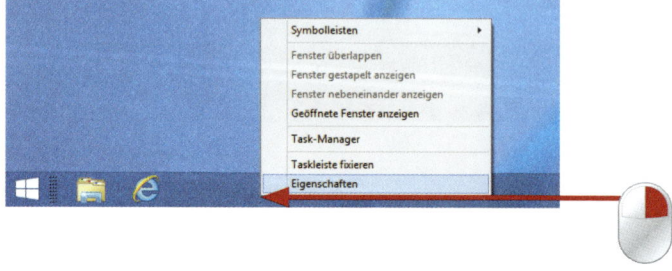

8 Über das Eigenschaftenfenster lassen sich die Schaltflächen der Taskleiste gruppieren, wenn diese zu voll wird.

 **Hinweis**

Gruppiert werden Fenster in der Miniaturansicht eines Symbols, wenn sie vom gleichen Programm aktiviert wurden.

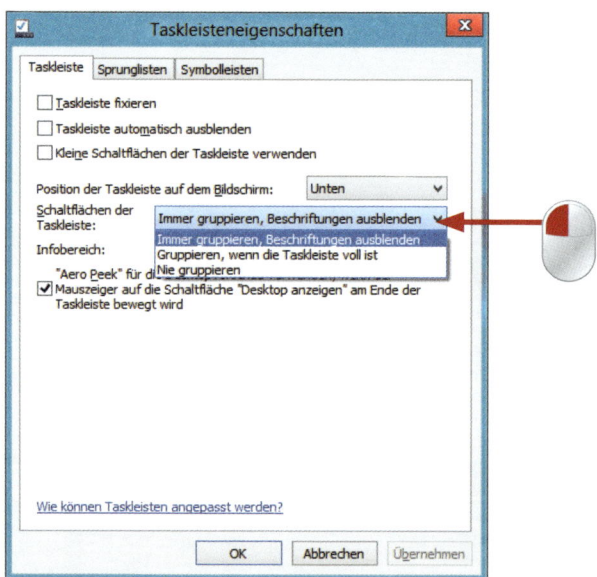

9 Damit erscheint die Taskleiste erst, wenn der Mauszeiger an den unteren Rand des Bildschirms bewegt wird.

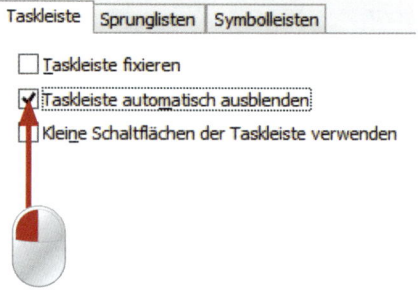

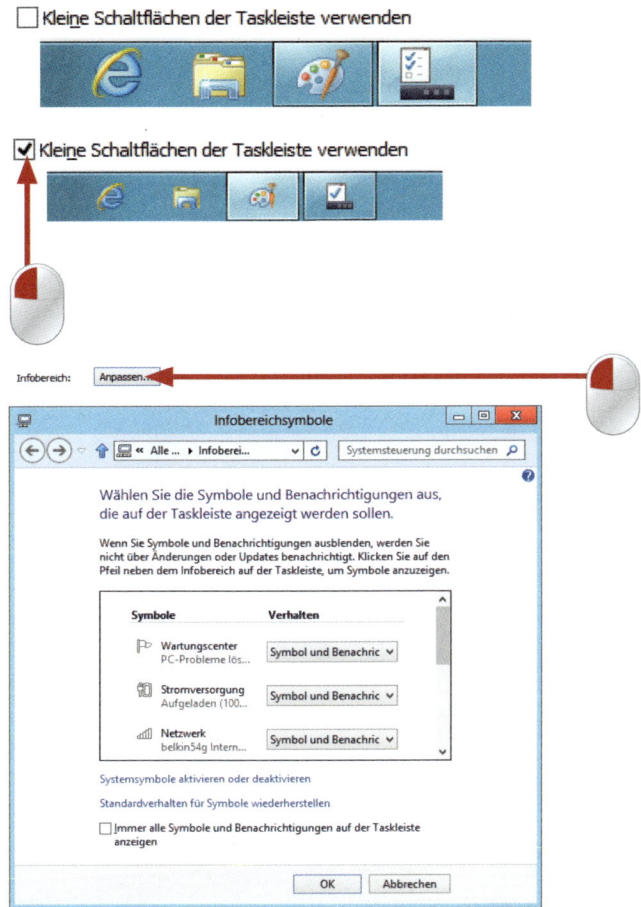

10 Schalten Sie diese Option ein, wenn die Schaltflächen zu groß sind.

11 Klicken Sie auf *Anpassen*, um den Infobereich rechts zu gestalten.

> **Tipp**
>
> Kreuzen Sie diese Option an, wenn Sie die Symbole im Infobereich nicht gruppieren wollen: *Immer alle Symbole und Benachrichtigungen auf der Taskleiste zeigen.*

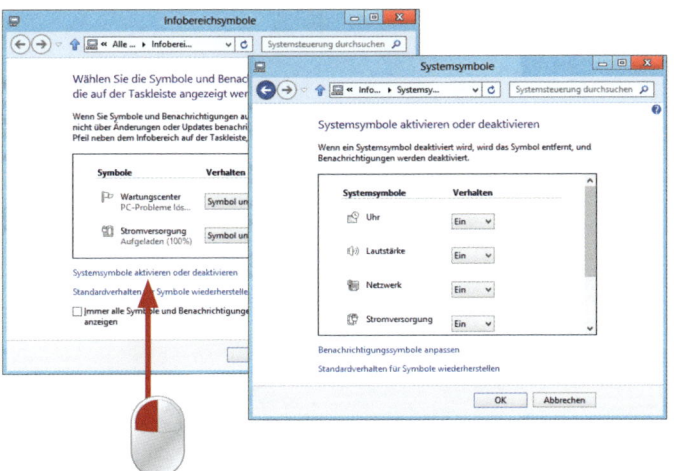

12 Definieren Sie für die einzelnen Symbole das Verhalten und aktivieren Sie weitere Symbole im Infobereich.

Fenster auf dem Desktop

Windows heißt Fenster, und das sind nach wie vor die wichtigsten
Elemente auf dem Desktop. Lernen Sie, wie Fenster positioniert
und in verschiedene Ansichten gebracht werden.

1 Starten Sie ein Windows-Programm,
zum Beispiel den Windows-Explorer aus
der Taskleiste.

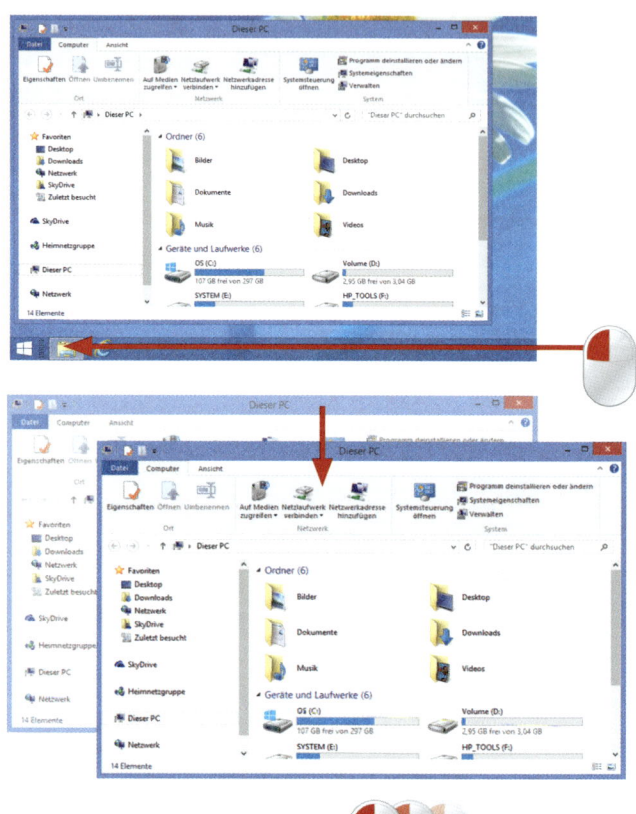

2 Verschieben Sie das Fenster mit dem
Mauszeiger und gedrückter Maustaste
in der Titelleiste.

3 Ziehen Sie an einer Kante oder Ecke
des Fensters mit gedrückter Maustaste,
um das Fenster zu vergrößern oder zu
verkleinern.

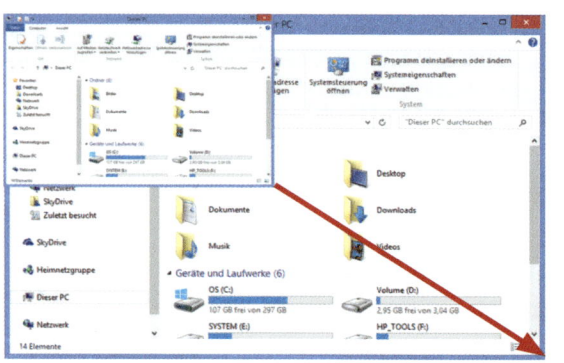

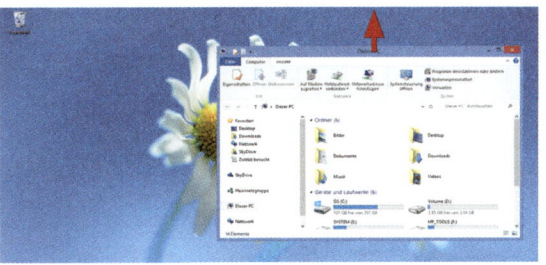

4 Ziehen Sie das Fenster an den oberen Rand des Desktops, wird es bildschirmfüllend vergrößert (Vollbild).

> 💡 **Tipp**
>
> Ein Doppelklick auf die Titelzeile schaltet das Fenster ebenfalls in die Vollbildansicht (und wieder zurück).

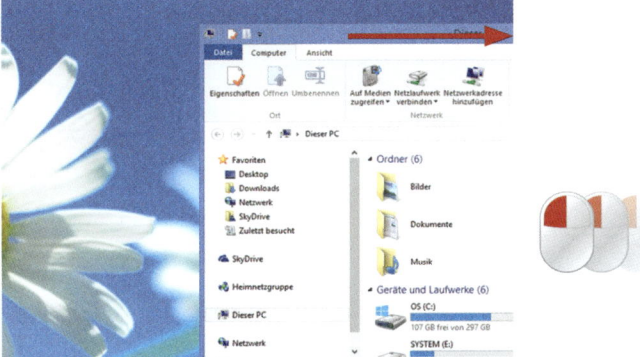

5 Ziehen Sie das Fenster an den linken oder rechten Rand des Bildschirms, wird es die Hälfte des Desktops einnehmen.

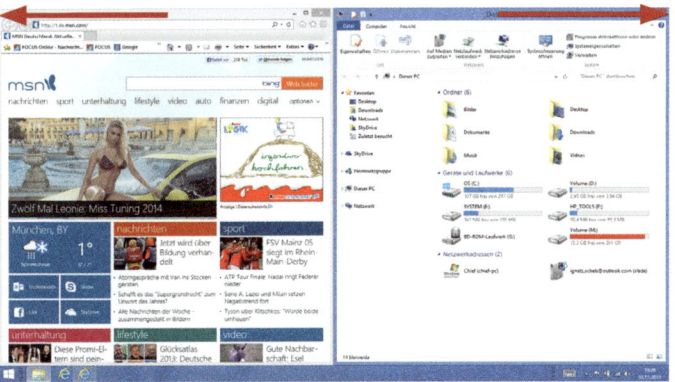

6 So stellen Sie zwei Fenster nebeneinander: Ziehen Sie das erste an den linken Rand und das zweite an den rechten Rand des Desktops.

Fenster auf dem Desktop

Die drei Fenstersymbole rechts oben sind für die Fenstersteuerung zuständig. In der Taskleiste finden Sie Optionen, um mehrere Fenster auf dem Desktop übersichtlich anzuordnen.

7 Mit diesen drei Symbolen steuern Sie die Fensteransicht. Klicken Sie auf *Minimieren*, um das Fenster in die Taskleiste zu schicken.

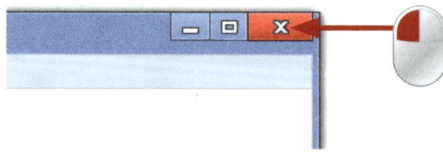

8 *Vollbild* schaltet das Fenster in den Vollbildmodus. Die Beschriftung wird daraufhin zu *Wiederherstellen*, sodass sich wieder in den Fenstermodus schalten lässt.

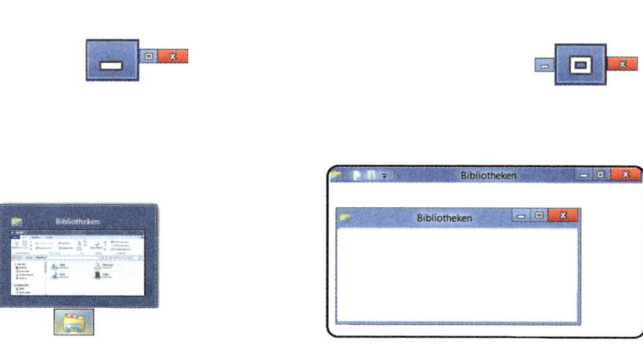

9 *Schließen* schließt das Fenster. Wenn nicht gespeicherte Änderungen an Dateien vorliegen, erscheint eine Speicherwarnung.

> **Hinweis**
>
> In der linken oberen Fensterecke finden Sie die Menübefehle, die den Fenstersymbolen entsprechen. Drücken Sie Alt + Leertaste und die Cursortasten, um das Fenster ohne Maus zu steuern.

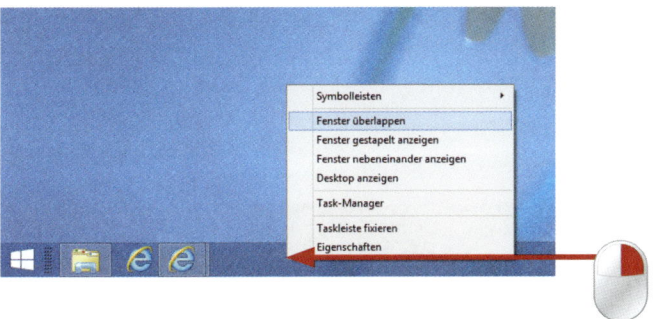

10 Klicken Sie mit der rechten Maustaste in die Taskleiste und wählen Sie eine Fensterdarstellung.

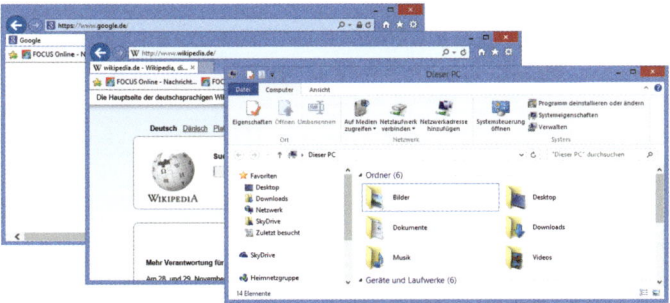

11 *Fenster überlappen* zeigt die Fenster in einer Kaskade an. Von jedem Fenster sind die Symbole rechts oben sichtbar.

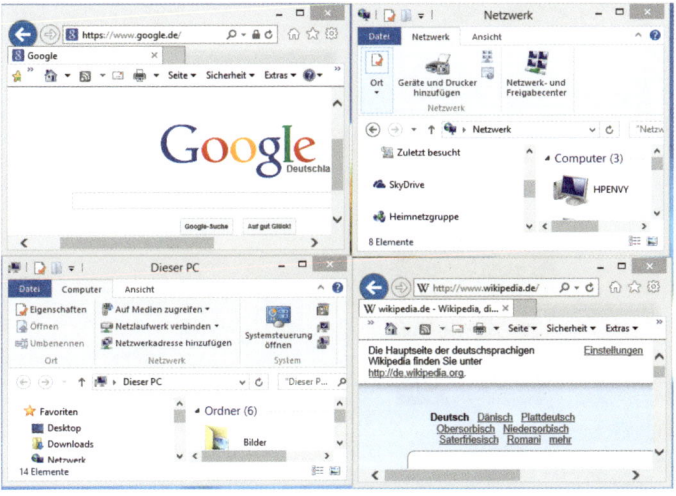

12 *Nebeneinander* stellt alle Fenster auf dem Desktop nebeneinander.

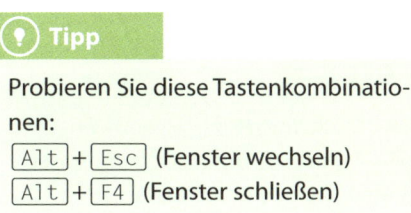

Tipp

Probieren Sie diese Tastenkombinationen:

Alt + Esc (Fenster wechseln)

Alt + F4 (Fenster schließen)

Fenster schnell wechseln

Bald wird es voll auf Ihrem Desktop, weil Sie Multitasking betreiben und damit so viele Fenster gleichzeitig öffnen können, wie Sie wollen. Mit einigen pfiffigen Tastenkombinationen wird das Multitasking einfacher.

1 Mit der Maus wechseln Sie Ihre Fenster am schnellsten über die Taskleiste. Das Symbol gruppiert oft mehrere Fenster.

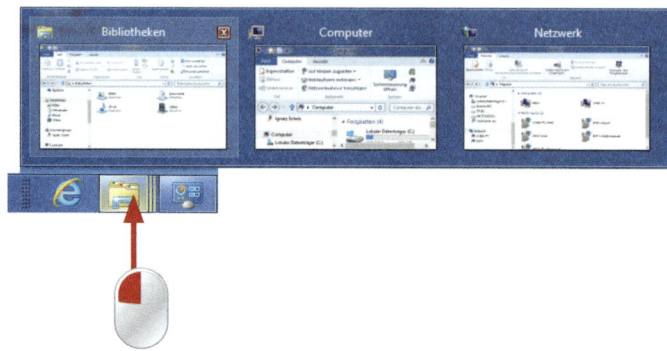

2 Drücken Sie [Alt]+[Esc], um zum nächsten aktiven Fenster zu wechseln.

3 Drücken Sie [Alt]+[⇆], um zwischen den beiden letzten aktiven Fenstern umzuschalten.

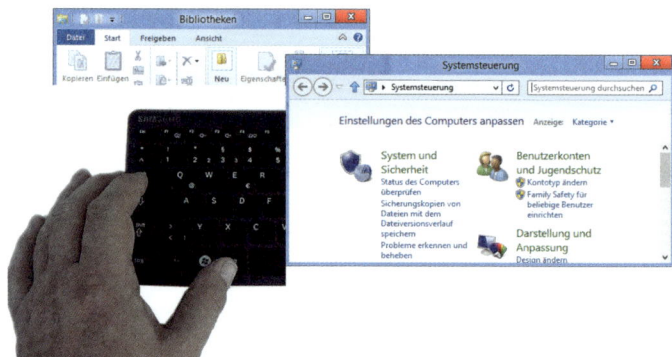

◉ Hinweis

Den 3D-Flip mit [⊞]+[⇆] von Windows 7 gibt es leider nicht mehr unter Windows 8.1.

4 Halten Sie die ⌈Alt⌉-Taste gedrückt und drücken ⌈⇆⌉, können Sie das Fenster im kleinen Task-Manager ansteuern.

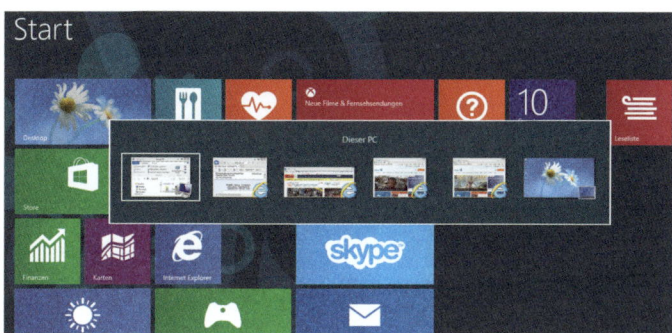

5 Der kleine Task-Manager funktioniert auch auf der Startseite, schalten Sie damit schnell auf eine Desktop-Anwendung oder auf den Desktop um.

> 💡 **Tipp**
>
> Im kleinen Task-Manager können Sie auch mit der Maus auf eine Task klicken, während Sie ⌈Alt⌉+⌈⇆⌉ gedrückt halten.

6 Drücken Sie ⌈Alt⌉+⌈m⌉, um alle aktiven Fenster zu minimieren (auch mit Mausklick rechts unten)

Desktopdesign und Farben

Ein Design ist ein Paket mit den Desktop-Formatierungen Hintergrund, Farben, Sounds und Bildschirmschoner. Sie können Ihr Windows mit einem schönen vordefinierten Design ausstatten oder alles einzeln formatieren und als eigenes Design speichern.

1 Klicken Sie mit der rechten Maustaste in den Desktop und wählen Sie *Anpassen*.

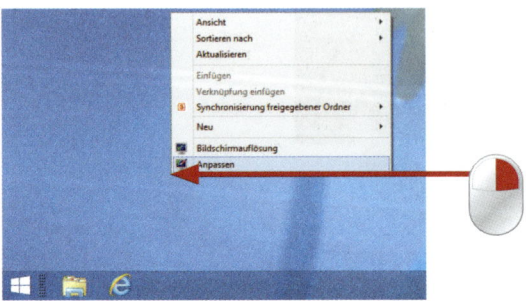

2 Wählen Sie eines der vordefinierten Designs. Drei Gruppen stehen zur Auswahl.

> 💬 **Hinweis**
>
> Vordefinierte Designs lassen sich nicht ändern. Änderungen können nur als neues Design gespeichert werden.

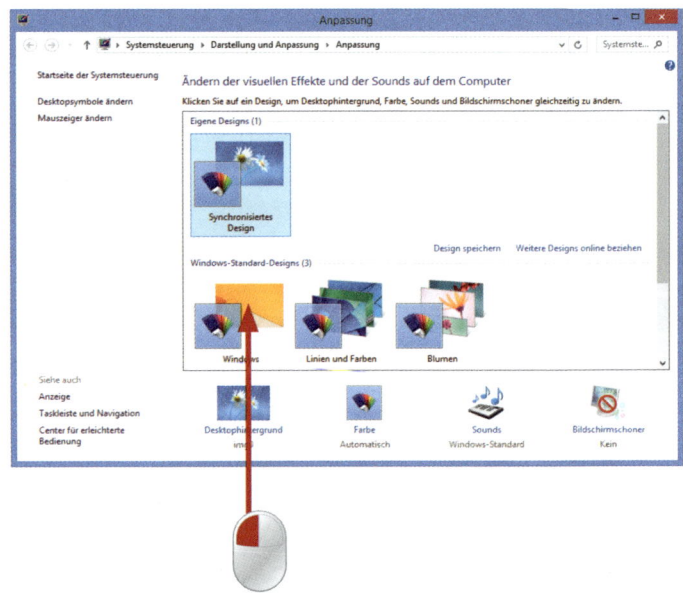

3 Über die Symbole am unteren Rand stellen Sie sich ein eigenes Design zusammen. Klicken Sie auf *Farbe*.

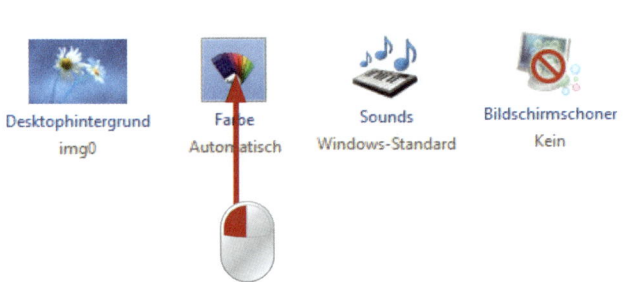

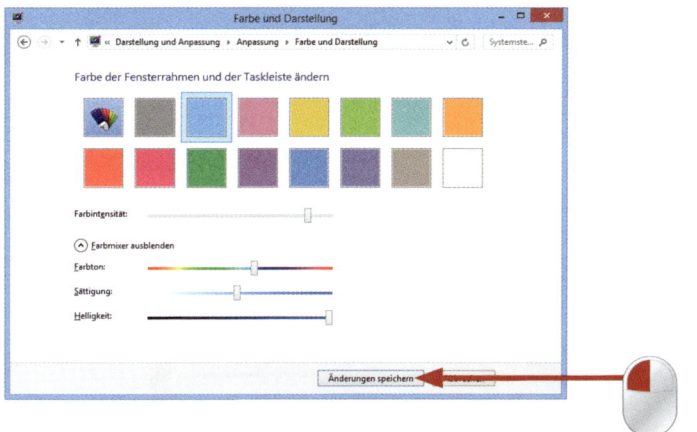

4 Markieren Sie eine Fensterfarbe und ändern Sie auf Wunsch Farbintensität und Farbmischung. Klicken Sie auf *Änderungen speichern*.

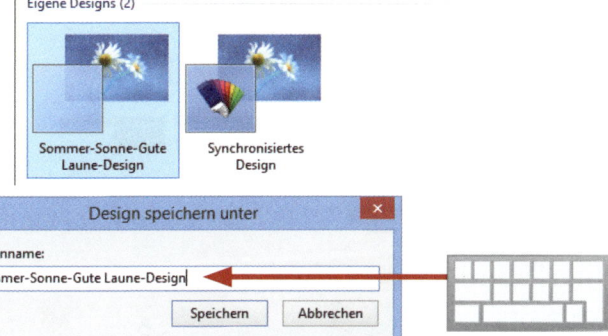

5 Speichern Sie das geänderte Design unter einem Namen Ihrer Wahl.

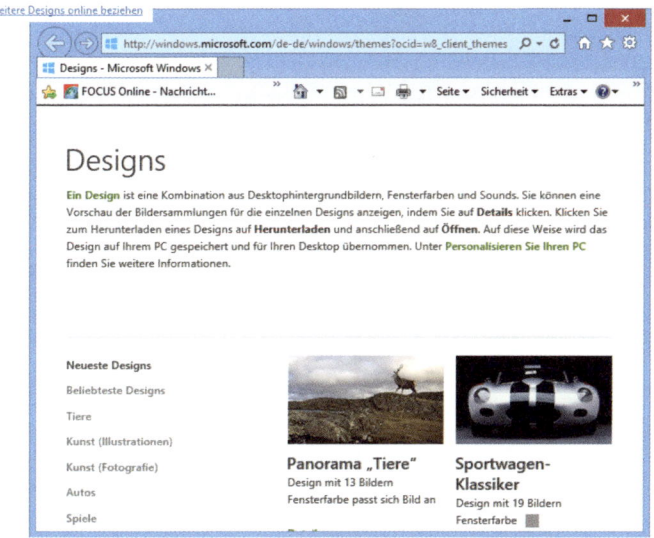

6 Wählen Sie *Weitere Designs online beziehen*: Auf der Microsoft-Webseite finden Sie schöne Designs in allen Varianten zum Download.

 **Hinweis**

Unter *PC-Einstellungen ändern* auf der Startseite können die Einstellungen für den Desktop synchronisiert werden. Damit sieht Ihr Desktop auf allen Geräten gleich aus.

Hintergrundbild und Diashow

Gestalten Sie Ihren persönlichen Desktop-Hintergrund mit Bildern aus der Windows-Bibliothek oder mit eigenen Bildern. Mit einer Diashow wechselt das Bild im Hintergrund nach einem vordefinierten Intervall.

1 Klicken Sie mit der rechten Maustaste in den Desktop und wählen Sie *Anpassen*.

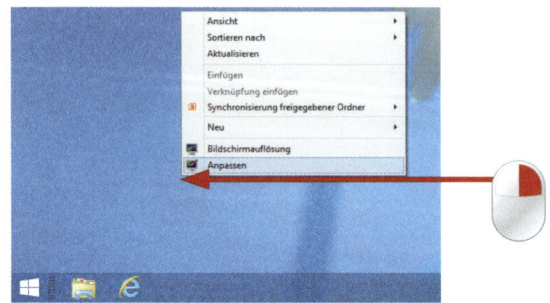

2 Aktivieren Sie die Anpassung des Desktophintergrunds.

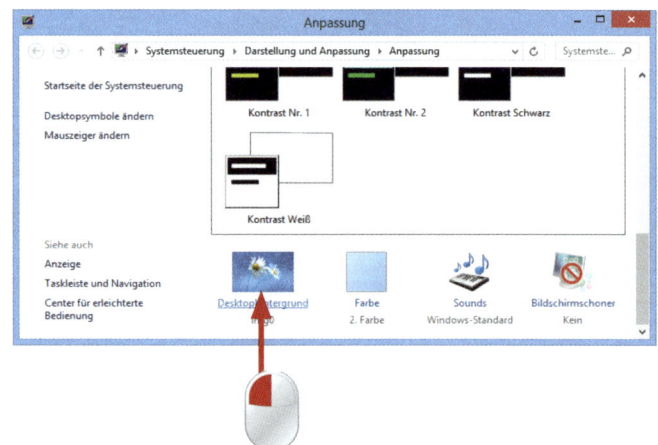

3 Wählen Sie einen Bildpfad oder schalten Sie um auf die Windows-Hintergründe.

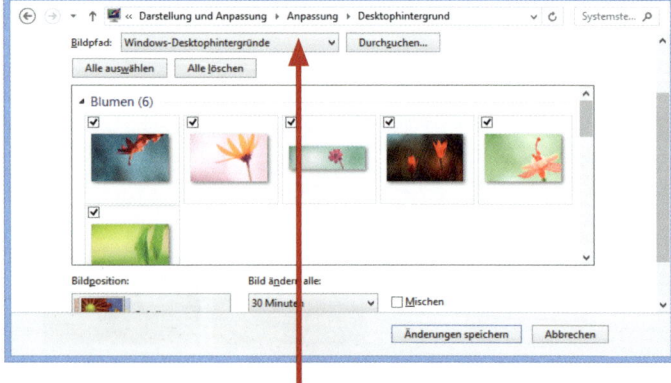

💬 Hinweis

Desktop-Hintergrundbilder sollten eine passende Größe haben, sonst sehen sie mit der Bildposition *Gefüllt* nicht gut aus.

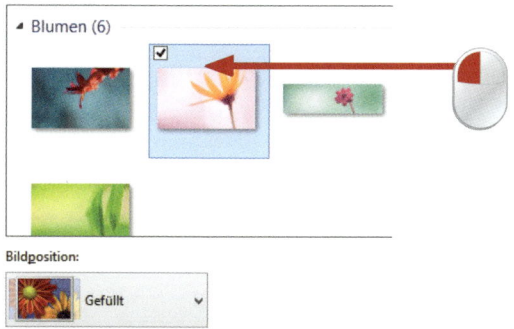

4 Klicken Sie auf das gewünschte Bild und bestimmen Sie die Bildposition (Standard: Gefüllt).

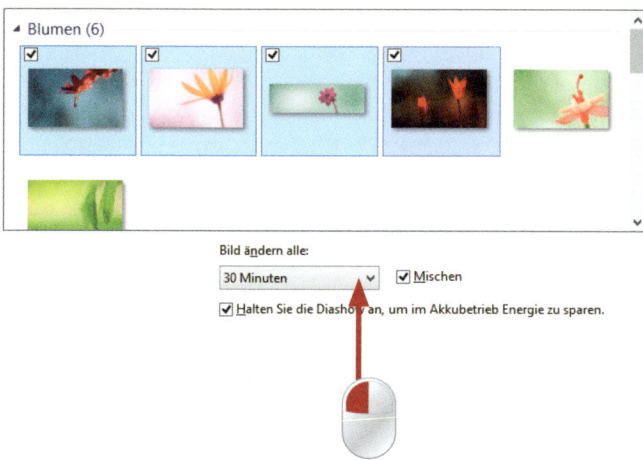

5 Für eine Diashow mit wechselnden Hintergrundbildern markieren Sie mehrere Bilder und stellen ein Änderungsintervall ein.

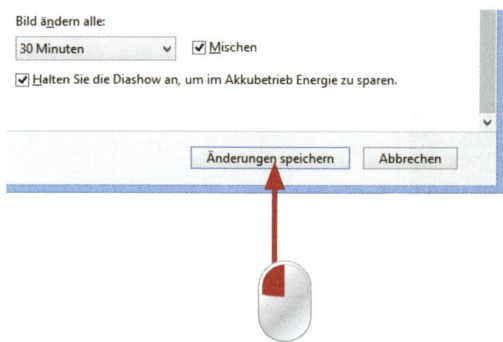

6 Wählen Sie *Mischen* für eine zufällige Bildfolge und speichern Sie den neuen Hintergrund mit *Änderungen speichern*.

 **Hinweis**

Die Option für Akkubetrieb schaltet die Diashow ab, wenn der Computer nicht ans Stromnetz angeschlossen ist.

Bildschirmschoner

Um Energie zu sparen, schaltet der Bildschirmschoner den Bildschirm ab, wenn er länger nicht benutzt wurde. Richten Sie einen Kennwortschutz ein, kann er nur mit Ihrem Kennwort wieder reaktiviert werden.

1 Klicken Sie mit der rechten Maustaste in den Desktop und wählen Sie *Anpassen*.

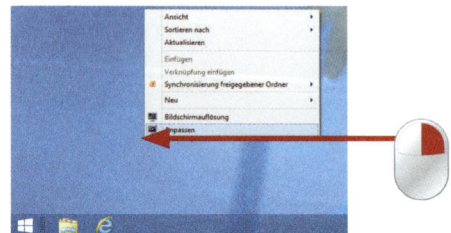

2 Klicken Sie nach Auswahl des Designs auf *Bildschirmschoner*.

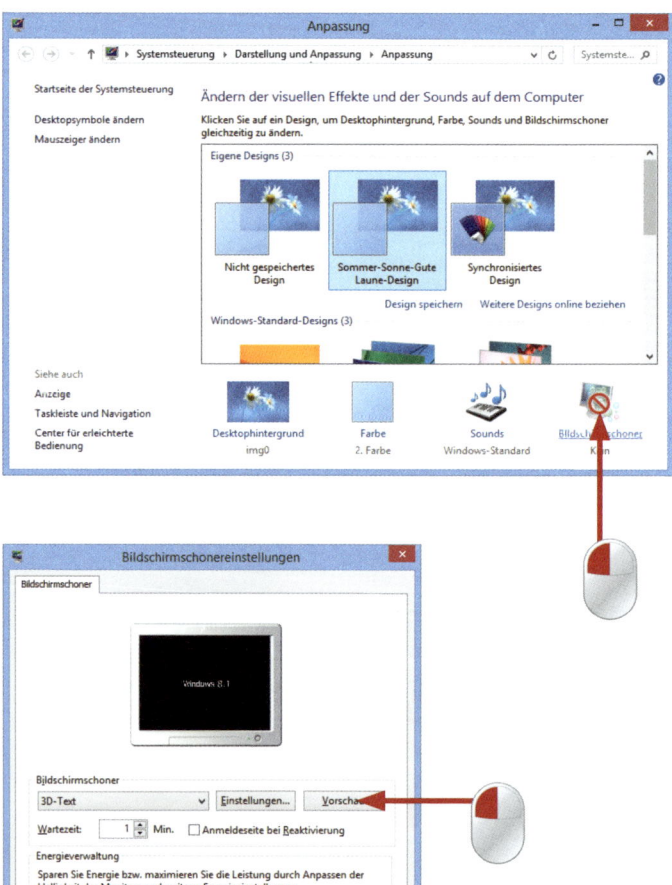

3 Wählen Sie einen passenden Bildschirmschoner aus der Liste. Mit *Vorschau* können Sie den Effekt testen.

> **Hinweis**
>
> Der Bildschirmschoner wird aktiv, wenn während der Wartezeit keine Aktivität mit Maus oder Tastatur registriert wurde.

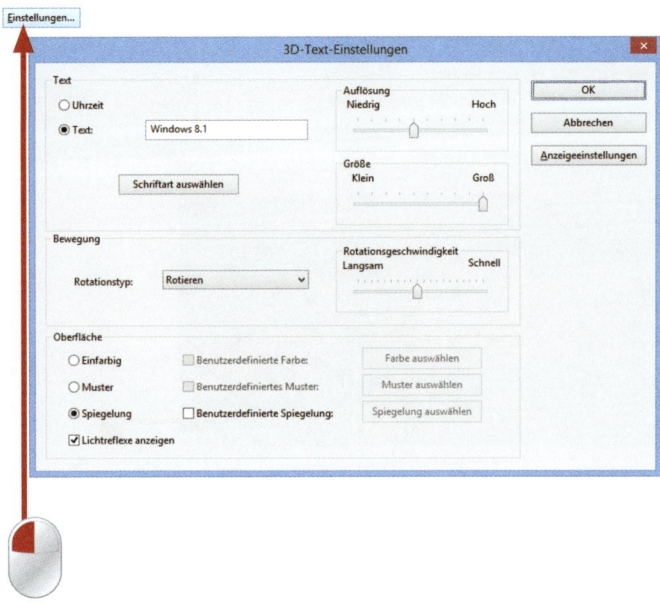

4 Klicken Sie auf *Einstellungen* und passen Sie Details wie Farbe, Geschwindigkeit, Schriftgröße oder Bildauswahl an.

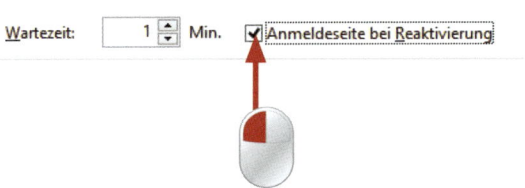

5 Stellen Sie die Wartezeit bis zur Aktivierung des Schoners ein. Mit *Anmeldeseite bei Reaktivierung* wird das Benutzerkennwort angefordert.

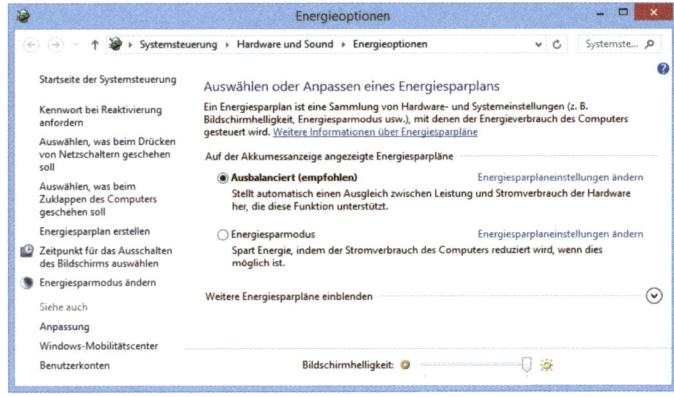

6 In den Energieeinstellungen wählen Sie das Energieschema, das zum Bildschirmschoner passt.

 **Tipp**

In Kapitel 15 finden Sie einen Trick, wie Sie den Bildschirmschoner per Tastenkombination aktivieren.

Datum und Uhrzeit

Datum und Uhrzeit zeigt die Startseite nur bei aktivierter Charms-Leiste.
Der Desktop bietet diese Infos rechts unten in der Taskleiste permanent an,
auf Wunsch sogar in mehreren Zeitzonen und mit bis zu drei Uhren.

1 Für die Einstellung von Datum und
Uhrzeit klicken Sie in die Anzeige von
Datum und Uhrzeit rechts unten in der
Taskleiste.

2 Das aktuelle Datum und die Uhrzeit
werden angezeigt, klicken Sie auf *Da-
tum- und Uhrzeiteinstellungen ändern.*

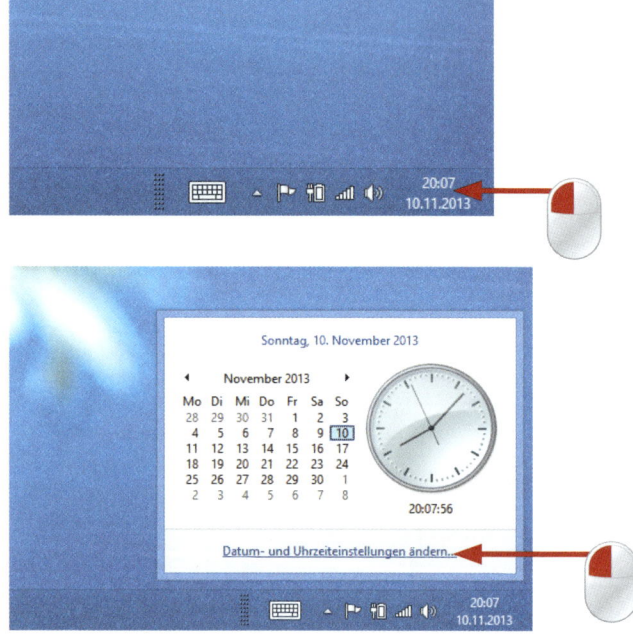

3 Wählen Sie die richtige Zeitzone und
passen Sie unter *Datum und Uhrzeit
ändern* Ihre Anzeige an.

 **Hinweis**

Für die korrekte Zeit sorgt ein automatischer Zeitgeber aus dem Internet. Aktivieren Sie die Registerkarte *Internetzeit*,
um ihn anzuzeigen oder zu ändern.

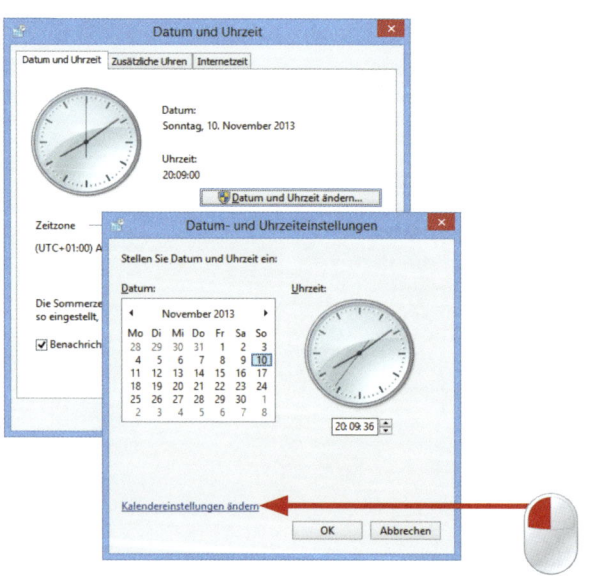

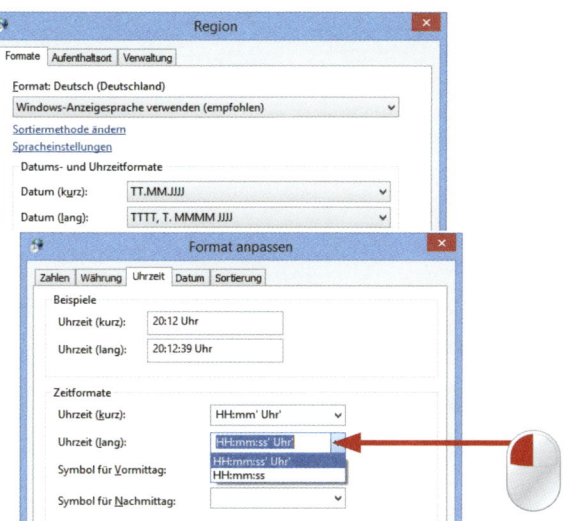

4 Wenn Sie auf dem Desktop auch den Wochentag und die Uhrzeit mit »Uhr« sehen wollen, ändern Sie die Kalendereinstellungen.

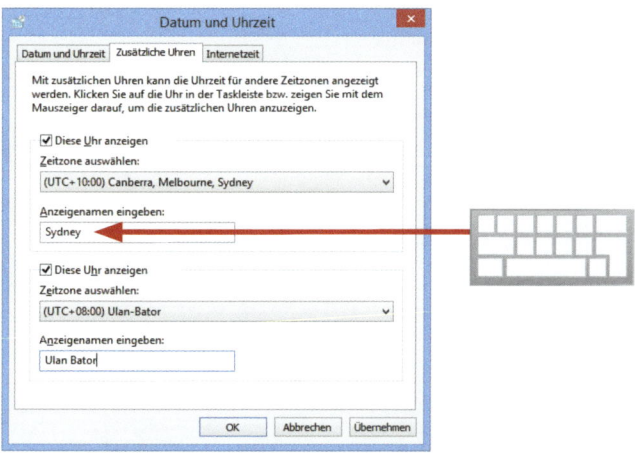

5 Auf der Registerkarte *Zusätzliche Uhren* können Sie bis zu zwei weitere Uhren mit anderen Zeitzonen aktivieren. Tragen Sie passende Namen ein.

6 Ein Klick auf die Datums- und Zeitanzeige in der Taskleiste zeigt die zusätzlichen Uhren an.

💡 Tipp

Alternative Zeitgeber finden Sie im Internet (z. B. PTB Braunschweig, ptbtime1.ptb.de).

Regionaleinstellungen

Die regionalen Einstellungen werden schon bei der Installation von Windows 8.1 abgefragt und eingerichtet. In der Systemsteuerung können Sie die Anzeigeformate für Datum und Uhrzeit verbessern und auf andere Sprachen und Regionen umschalten.

1 Klicken Sie mit der rechten Maustaste auf das Startmenü-Symbol und wählen Sie *Systemsteuerung*.

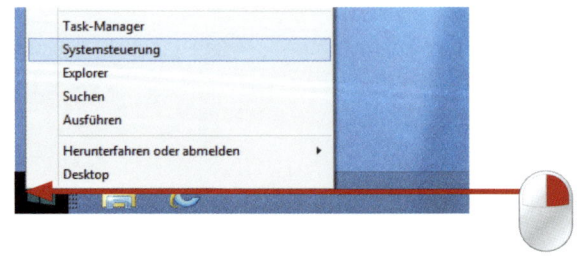

2 Aktivieren Sie die Kategorie *Zeit, Sprache und Region*.

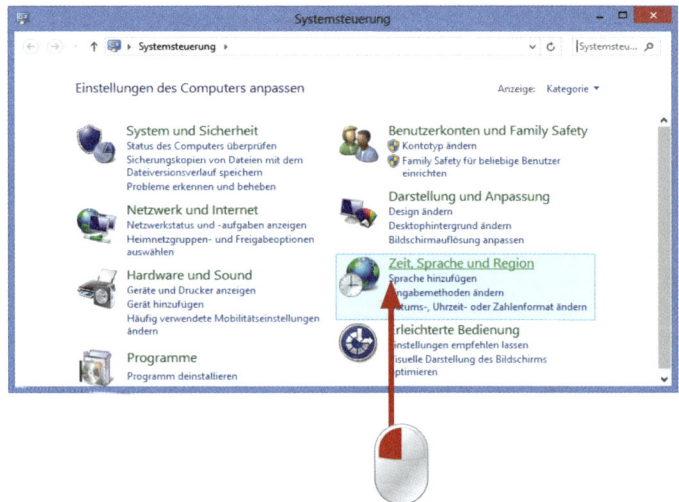

3 Unter *Region* finden Sie die Windows-Spracheinstellung und die Datumsformate.

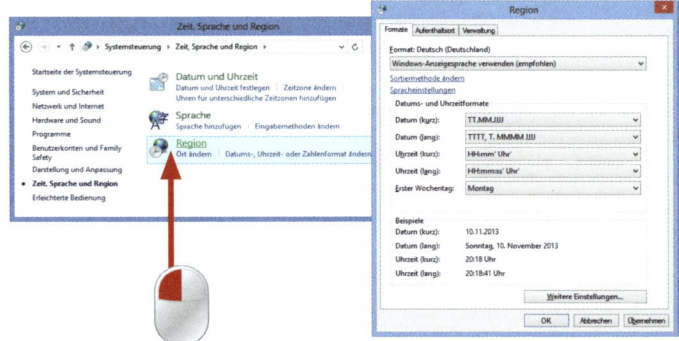

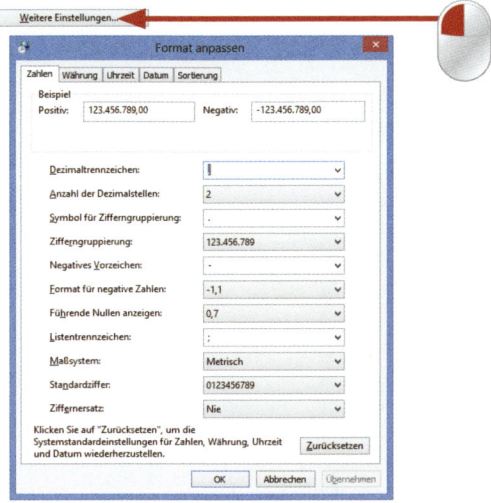

4 Wählen Sie *Weitere Einstellungen* und überprüfen Sie die Einstellungen für Zahlen und Währung.

> 💬 **Hinweis**
>
> Passen Sie die Währungszeichen an das Land an, in dem Sie arbeiten. In der Schweiz wird z. B. ein Punkt für das Dezimalkomma und ein Apostroph für die Tausendertrennung verwendet.

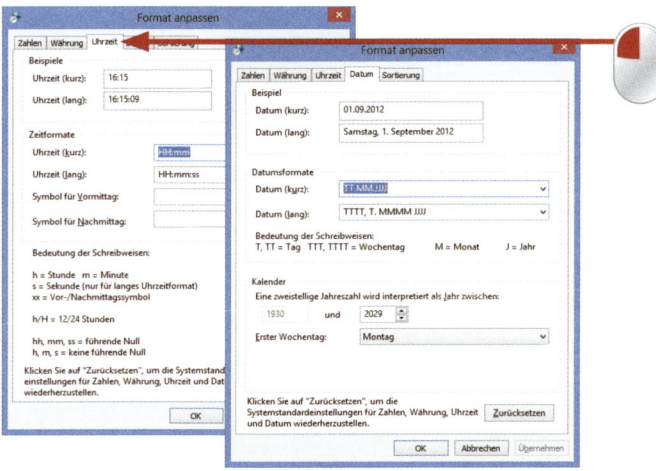

5 Auf den Registerkarten *Uhrzeit* und *Datum* stellen Sie die Anzeigeformate für Kurz- und Langschreibweise ein.

> 💬 **Hinweis**
>
> Die Kalendereinstellung auf der Registerkarte *Datum* ist wichtig für Programme, die mit Datumsformeln und -formaten arbeiten (z. B. Microsoft Excel).

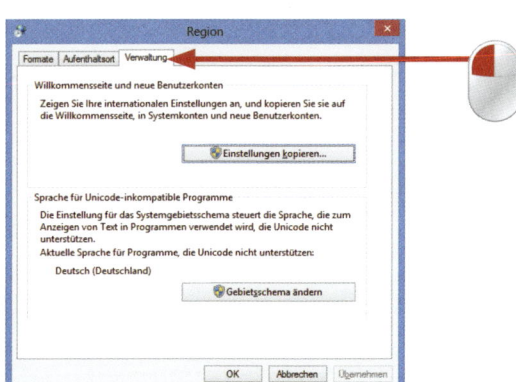

6 Unter *Verwaltung* kopieren Sie Ihre Regionaleinstellungen für die Willkommenseite und neue Benutzerkonten.

Sound und Lautsprecher

Für perfekten Sound bei der Wiedergabe von Videos und Musik konfigurieren Sie Ihre Soundanlage und die Lautsprecher in der Systemsteuerung. Auch das Mikrofon sollte richtig eingestellt sein.

1 Klicken Sie auf das Lautsprechersymbol im Systembereich und ziehen Sie den Schieberegler, um die Lautstärke einzustellen.

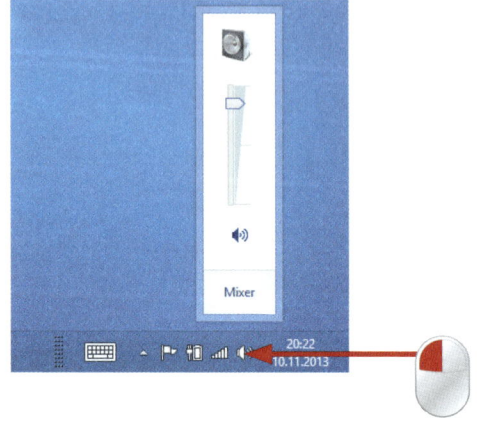

> **💡 Tipp**
>
> Klicken oder tippen Sie auf das Lautsprechersymbol in der Lautstärkeregelung, um den Computer stumm zu schalten.

2 Mit dem *Mixer* stellen Sie die Lautstärke für alle aktiven Geräte ein, die Sounds wiedergeben.

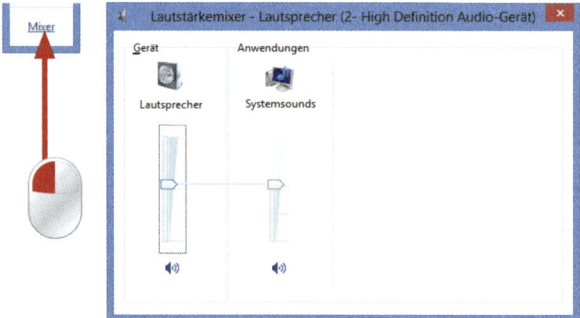

3 Klicken Sie rechts unten oder drücken Sie ⊞ + c und wählen Sie *Systemsteuerung*. Schalten Sie auf *Hardware und Sounds*.

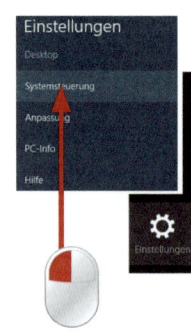

> **💬 Hinweis**
>
> Wenn Ihr Computer eine spezielle Soundanlage hat, finden Sie die Steuersoftware dafür ebenfalls im Systembereich der Taskleiste.

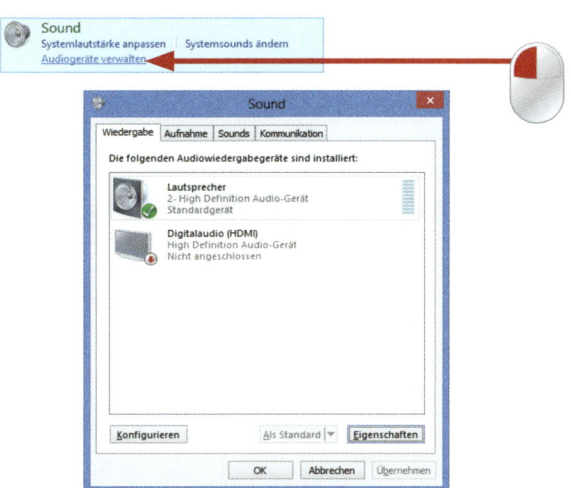

4 Unter *Audiogeräte verwalten* sehen Sie alle Audiogeräte. Wählen Sie *Eigenschaften*.

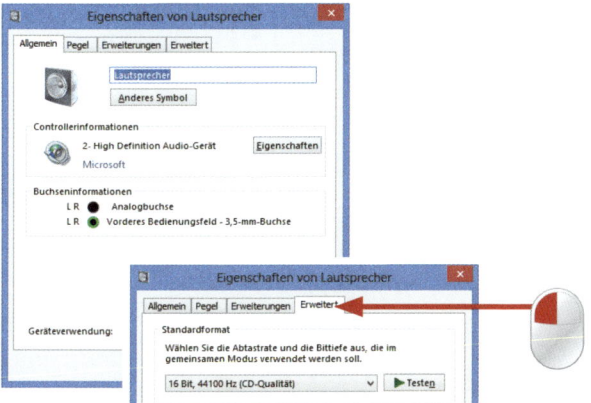

5 Passen Sie für die Lautsprecher Buchsen und Pegel an und testen Sie sie über *Erweitert*.

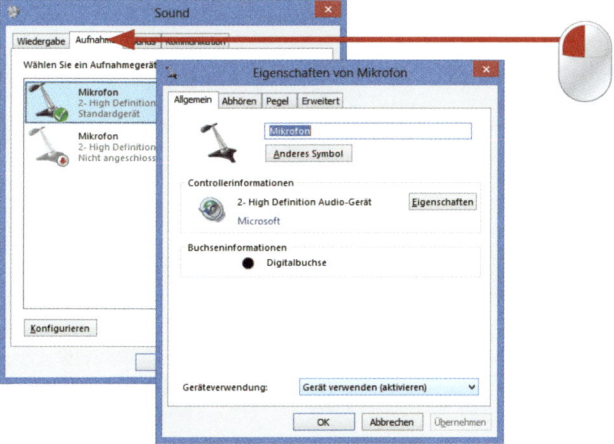

6 Unter *Aufnahme* konfigurieren Sie das Mikrofon. Mit *Konfigurieren* schalten Sie um zur Spracherkennung.

Windows Sounds

Start, Hinweis, Fehlermeldung, Kalendererinnerung – alle Windows-Ereignisse sind mit einem Sound unterlegt. Schalten Sie ab, was nervt, oder gestalten Sie sich Ihr eigenes Windows-Soundschema.

1 Wählen Sie *Systemsounds ändern*, um die Windows-Sounds anzupassen.

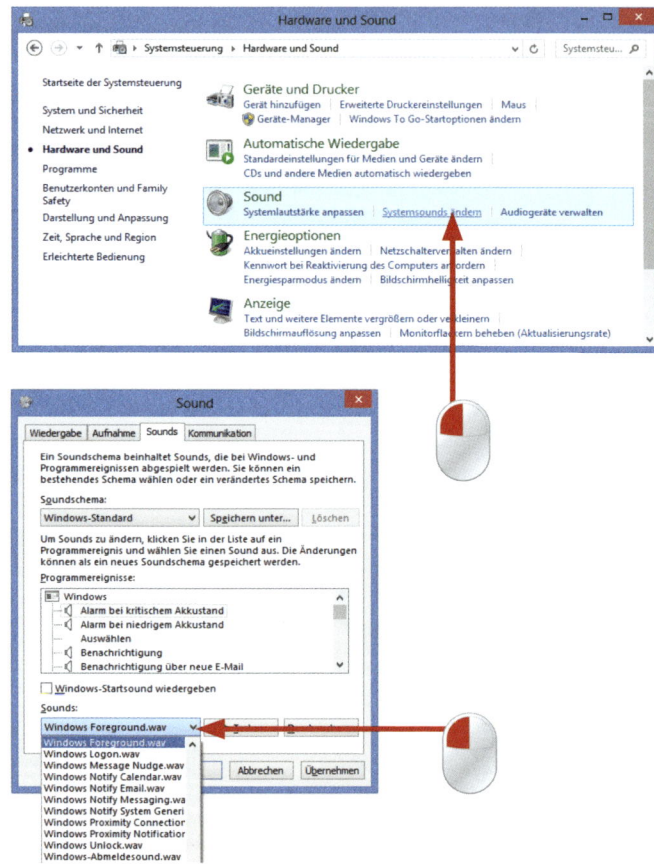

2 Markieren Sie eines der Ereignisse, testen Sie mit *Testen* und schalten Sie auf einen passenden Sound um.

>  **Hinweis**
>
> Mit der Option *Windows-Startsound wiedergeben* schalten Sie den Startsound ein.

3 Mit *Durchsuchen* können Sie auch andere WAV-Dateien aus dem *Windows Media*-Ordner auswählen.

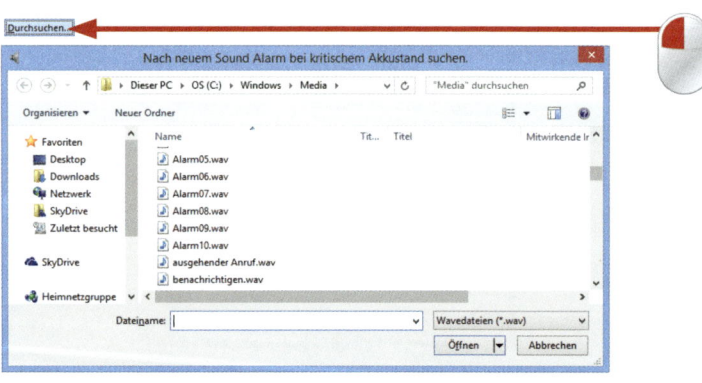

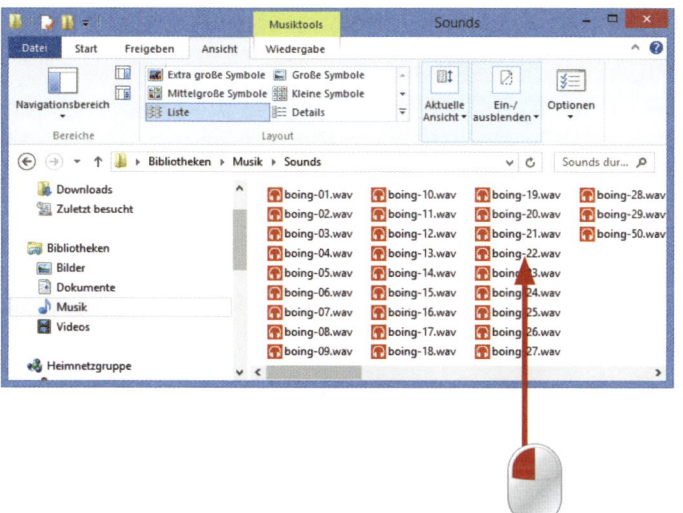

4 Weisen Sie den Windows-Ereignissen eigene Sounddateien im WAV-Format zu.

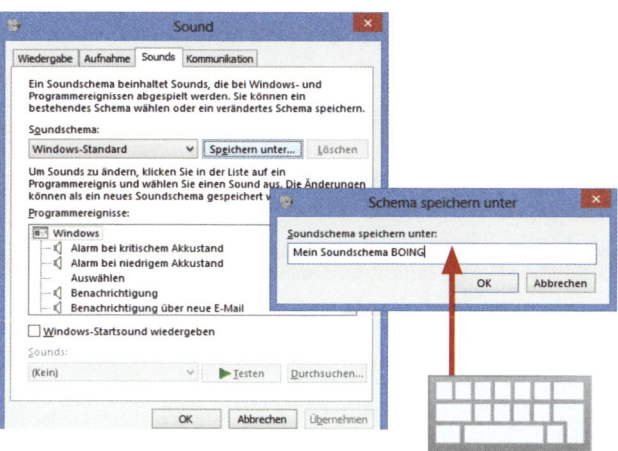

5 Das geänderte Soundschema speichern Sie unter einem neuen Namen ab.

6 Mit dem Audiorecorder aus der Zubehör-Gruppe und einem Mikrofon basteln Sie sich Ihre eigenen Windows-Sounds.

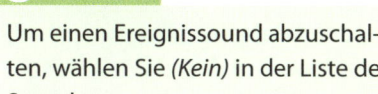

Tipp

Um einen Ereignissound abzuschalten, wählen Sie *(Kein)* in der Liste der Sounds.

Kapitel 6

Das Computersystem

Die Maus   **180**

Die Tastatur   **184**

Die Bildschirmtastatur   **186**

Systeminformationen   **188**

Festplattenlaufwerke   **190**

CD, DVD und Blu-ray   **194**

CD und DVD brennen   **198**

Drucker, Scanner, externe Geräte   **200**

Das lernen Sie in diesem Kapitel ...

Maus und Tastatur, die klassischen Eingabegeräte richten Sie unter Windows 8.1 passend ein. Das Tablet wird zwar mit den Fingern gesteuert, ohne Bildschirmtastatur geht es aber auch nicht.

Lernen Sie die Systemanzeige kennen, sie informiert zuverlässig über Systemparameter wie Prozessor und Hauptspeicher und liefert auch Versionsnummern und Produktschlüssel.

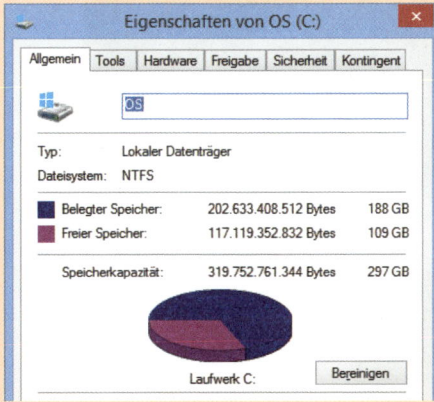

Wie viel Platz ist noch frei auf Ihrer Festplatte? Mit den Tools, die Sie in diesem Kapitel kennenlernen, bereinigen Sie Ihre Datenträger und sorgen dafür, dass Ihr System wieder rund läuft.

Externe Geräte wie CD/DVD- und Blu-ray-Player konfigurieren Sie mit PC-Einstellungen und Systemsteuerung, und wie ein Drucker lokal oder im Netzwerk eingerichtet wird, müssen Sie natürlich auch wissen.

Die Maus

Unverzichtbar für den Desktop, optional für das Tablet: die Maus. Mit dem Mauszeiger erledigen Sie die meisten Aufgaben auf der Windows-Oberfläche. Ob USB- oder Bluetooth-Maus – die Installation ist einfach.

1 Computermäuse gibt es mit Bluetooth-Funkanschluss, kabellos mit USB-Stick oder mit USB-Kabel.

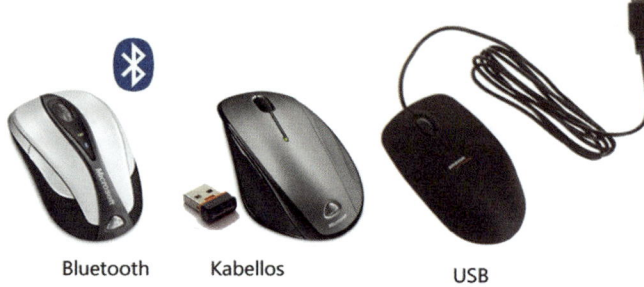

Bluetooth   Kabellos   USB

2 Schließen Sie die Maus an die USB-Schnittstelle an. Sie wird automatisch installiert.

> ### 💬 Hinweis
>
> Wenn zu Ihrer Maus eine CD mit Treibern mitgeliefert wird, sollten Sie diese installieren. Aktuelle Treiber finden Sie immer auch auf den Internet-Seiten der Hersteller.

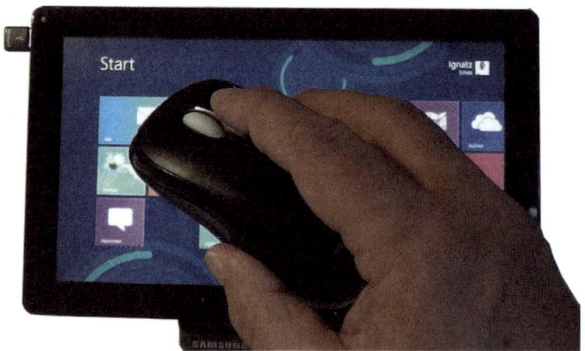

3 Aktivieren Sie mit ⊞ + [c] die PC-Einstellungen und wählen Sie *Gerät hinzufügen*, falls die Maus nicht automatisch erkannt wurde.

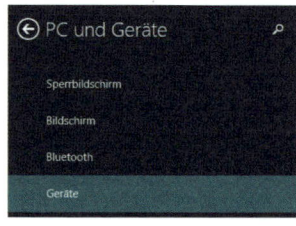

Geräte hinzufügen

Sie können Geräte wie Fernseher oder Drucker hinzufügen, werden, müssen Sie ggf. Ihre Netzwerkeinstellungen ändern.
Netzwerkeinstellungen ändern

+   Gerät hinzufügen

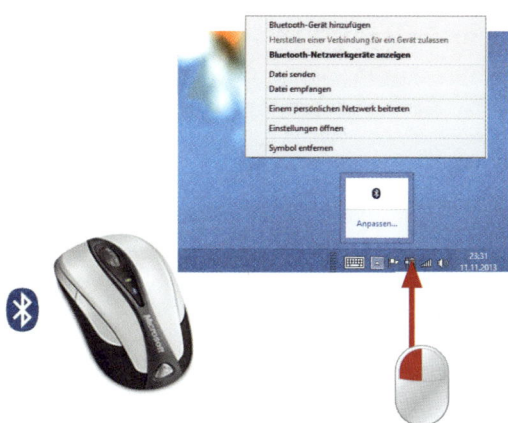

4 Die Bluetooth-Maus installieren Sie auch über die Schnittstelle im System-bereich des Desktops.

🗨 Hinweis

Um eine Bluetooth-Maus einzurichten, halten Sie diese vor den Bildschirm und drücken die Bluetooth-Verbindungs-taste. Windows erkennt das Signal und schaltet automatisch auf die Geräteins-tallation um.

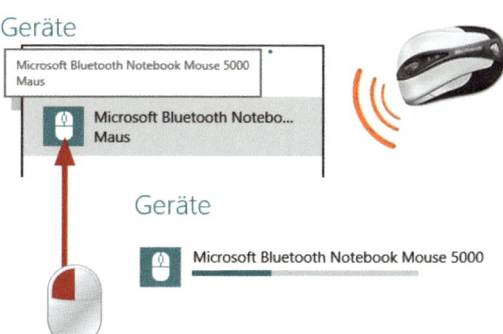

5 Klicken Sie auf *Gerät hinzufügen* und auf das angezeigte Gerät, um es zu instal-lieren.

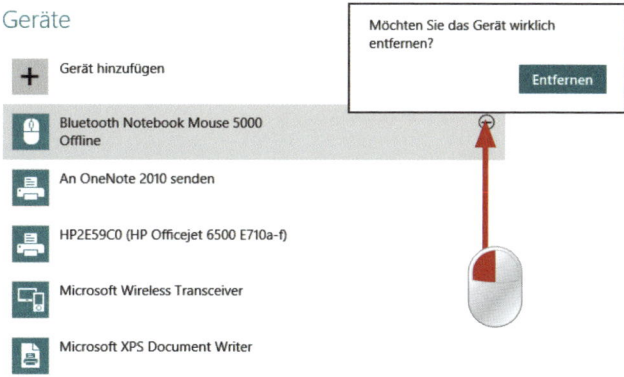

6 Um die Maus zu entfernen, aktivieren Sie das Gerät in der Geräteliste und kli-cken Sie auf das Minuszeichen-Symbol.

Die Maus

Die Einstellungen für die Maus finden Sie in der Systemsteuerung, hier können Sie auch das Touchpad ausschalten. Und sollte etwas nicht funktionieren, laden Sie einfach den aktuellen Maustreiber über den Geräte-Manager.

7 Klicken Sie mit der rechten Maustaste auf das Startsymbol und wählen Sie *Systemsteuerung*. Klicken Sie auf *Maus*.

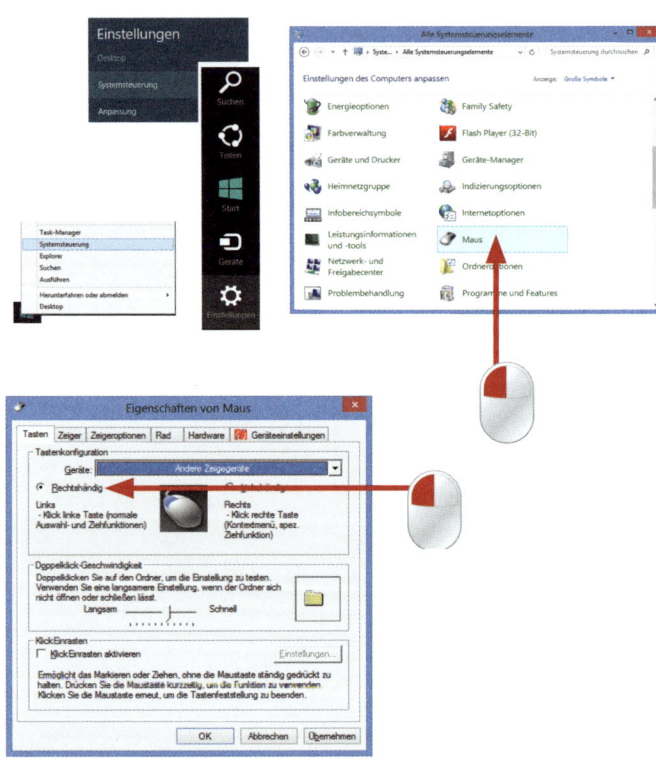

8 Hier können Sie rechte und linke Maustaste vertauschen und die Klick- und Zeigergeschwindigkeit regeln.

9 Unter *Zeiger* und *Zeigeroptionen* finden Sie weitere Optionen, wie die Einstellung der Mausspur und Zeigergeschwindigkeit.

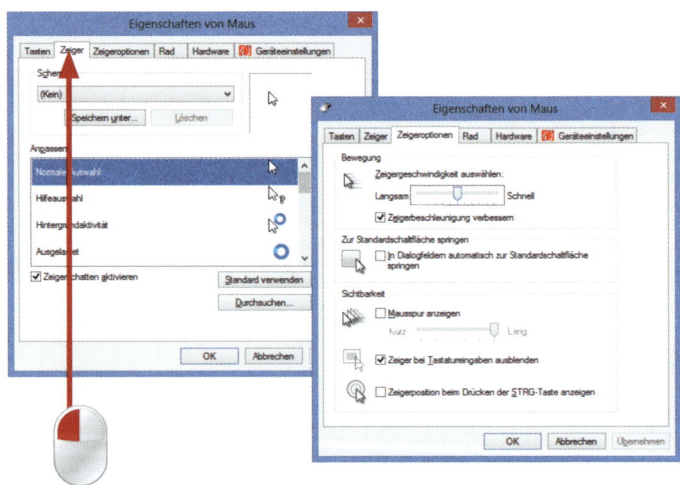

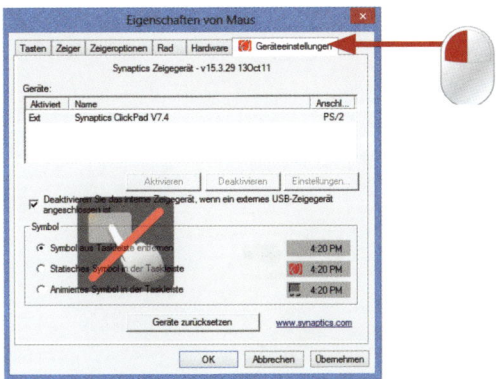

10 Unter *Geräteeinstellungen* können Sie das Touchpad des Laptops ausschalten und aus der Taskleiste entfernen.

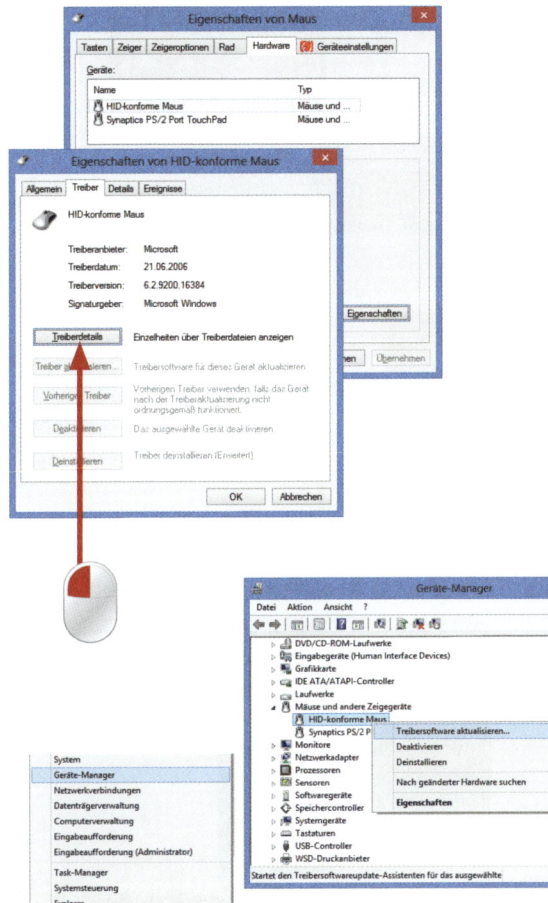

11 Klicken Sie unter *Hardware* auf *Treiber/Treiberdetails*, um den Maustreiber zu kontrollieren.

💡 Tipp

Auf der Registerkarte *Ereignisse* sehen Sie, was bisher an Installation und Einrichtung mit der Maus passiert ist.

12 Über den Geräte-Manager (rechte Maustaste auf das Startsymbol) werden Maustreiber aktualisiert oder repariert.

💬 Hinweis

Schalten Sie die Anzeige der Systemsteuerung auf *Große Symbole*. Unter *Kategorien* finden Sie die Maus über *Hardware und Sound/Geräte und Drucker*.

Die Tastatur

Laptops haben eine integrierte Tastatur, Desktop-PCs nutzen meist Tastaturen über den USB-Anschluss. Für das Tablet können Sie alternativ zur Bildschirmtastatur eine USB- oder Bluetooth-Funktastatur einrichten.

1 Tastaturen für Desktop-PCs werden meist über USB betrieben, für Tablets gibt es Bluetooth-Funktastaturen.

2 Aktivieren Sie die PC-Einstellungen und wählen Sie *Gerät hinzufügen*, falls die Tastatur nicht automatisch erkannt wurde.

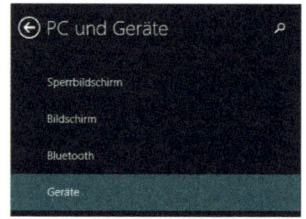

3 Aktivieren Sie das Bluetooth-Gerät, es wird automatisch erkannt und installiert.

> 💬 **Hinweis**
>
> Zur Einrichtung der Bluetooth-Tastatur müssen Sie auf dieser eine Funktaste drücken und – nach Erkennung – eine Tastenkombination eingeben.

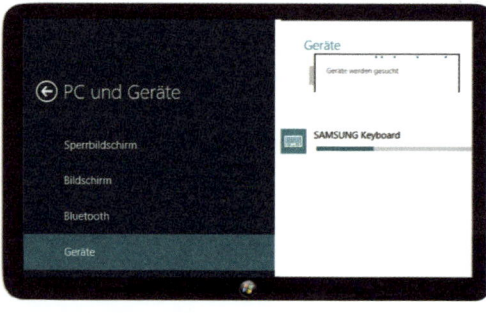

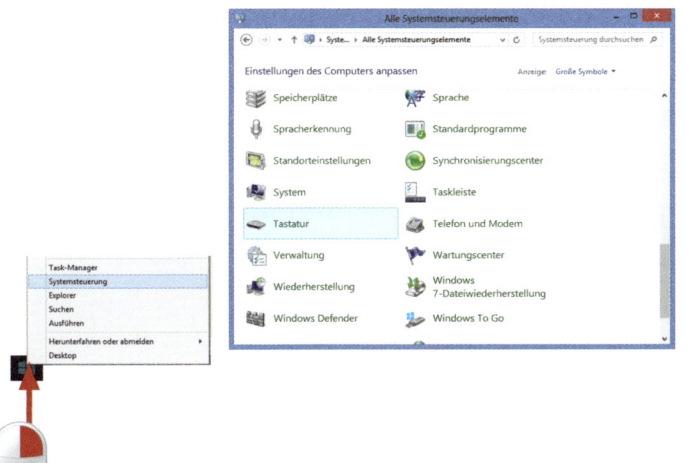

4 Klicken Sie mit der rechten Maustaste auf das Startsymbol und wählen Sie *Systemsteuerung*. Klicken Sie auf *Tastatur*.

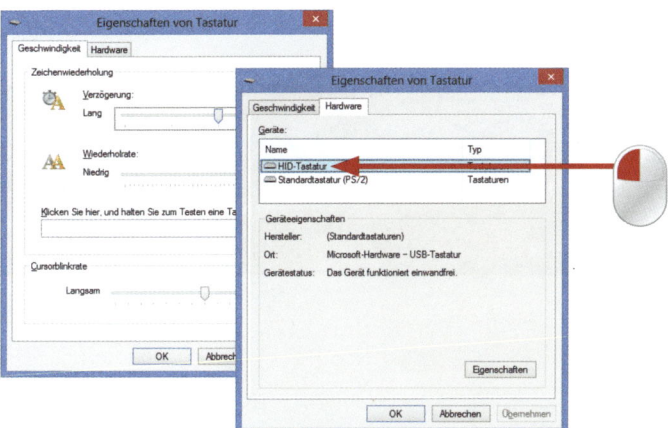

5 Stellen Sie die Zeichenwiederholung, die Wiederholrate und das Cursorblinken ein und überprüfen Sie den Tastaturtreiber.

> 💬 **Hinweis**
>
> Die Zeichenwiederholung regelt das Tastaturverhalten, wenn eine Taste gedrückt und gehalten wird.

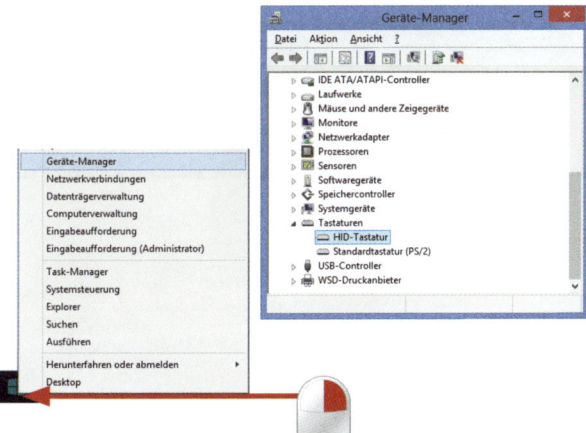

6 Über den Geräte-Manager (rechte Maustaste auf das Startsymbol) wird der Tastaturtreiber aktualisiert oder repariert.

Die Bildschirmtastatur

Mails, Internetadressen, Notizen und Memos tippen Sie auf dem Tablet über die Bildschirmtastatur ein. Sie erscheint automatisch, wenn Sie auf ein Texteingabefeld tippen, lässt sich aber auch über die Taskleiste aktivieren.

1 Die Bildschirmtastatur wird automatisch aktiv, wenn Sie auf dem Tablet in ein Eingabefeld (hier Internet Explorer) tippen.

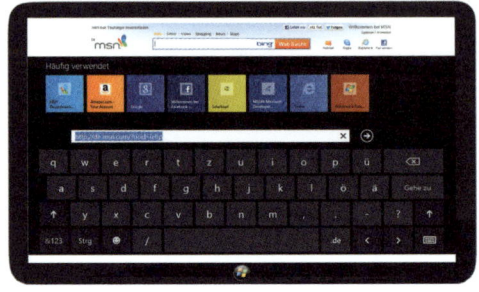

2 Mit der Taste links unten schalten Sie auf die Zahlen und Sonderzeichen um. Die Smiley-Taste bietet Emoticons und Symbole.

3 Die Tastatur-Taste rechts unten ermöglicht verschiedene Ansichten, zum Beispiel eine geteilte Tastatur mit dem Zahlenblock in der Mitte.

 **Tipp**

Zwei Symbole finden Sie rechts oben an der Bildschirmtastatur:
Mit dem Kreuzsymbol schließen Sie die Tastatur. Das Maximieren-Symbol vergrößert die Tastatur auf die Hälfte des Bildschirms und verkleinert alle Desktop-Fenster.

4 Klicken Sie auf die Stifteingabe und schreiben Sie mit dem Eingabestift. Die Handschrifteingabe wird automatisch umgesetzt.

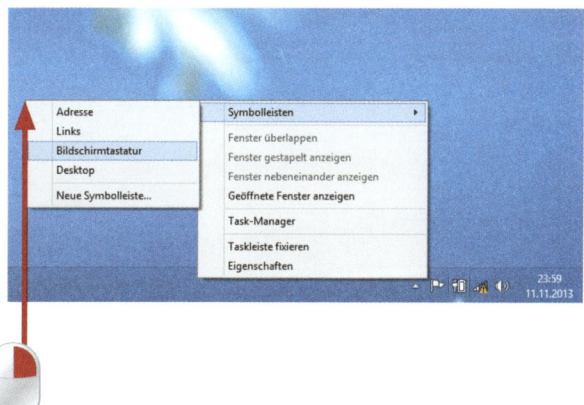

5 Klicken Sie mit der rechten Maustaste in die Taskleiste auf dem Desktop, schalten Sie die Symbolleiste *Bildschirmtastatur* ein.

6 Jetzt können Sie die Bildschirmtastatur auch per Klick aus der Taskleiste aktivieren.

 **Tipp**

Wenn Sie die Bildschirmtastatur gleich beim Start sehen wollen, schalten Sie sie im *Center für erleichterte Bedienung* in der Systemsteuerung ein.

Systeminformationen

Alle wichtigen Informationen vom Computernamen über Prozessortyp, Hauptspeicher, Grafik und Speichermedien liefert Ihnen die Systemübersicht. Mit dem Geräte-Manager überwachen Sie alle angeschlossenen Geräte.

1 Klicken Sie mit der rechten Maustaste auf das Startsymbol im Desktop oder auf dem Startbildschirm und wählen Sie *System*.

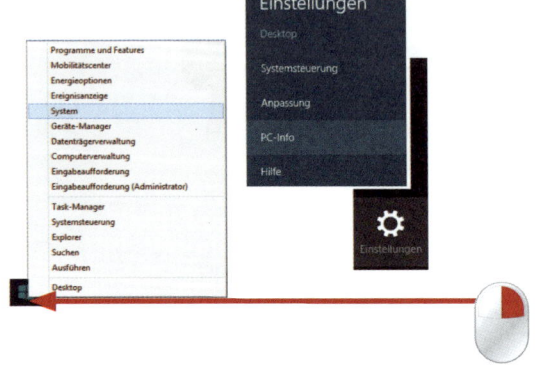

2 Die Informationen über die Windows-Version, das System und die Einstellungen für Domäne und Arbeitsgruppe werden angezeigt.

3 Mit *Einstellungen ändern* können Sie den Computernamen ändern. Tragen Sie ihn in das Feld *Computerbeschreibung* ein.

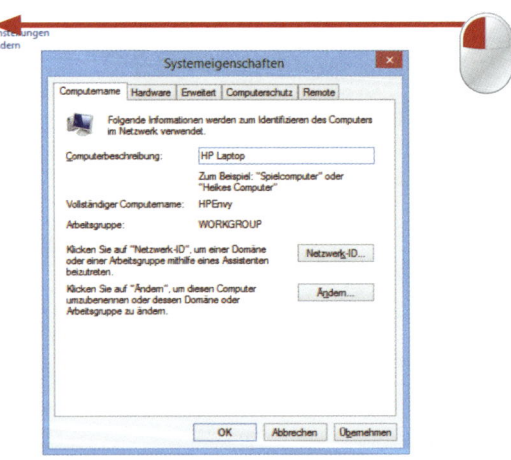

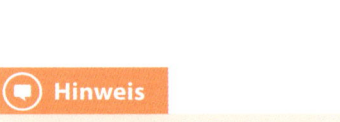 **Hinweis**

Der Leistungsindex, der in den Vorgängerversionen das System bewertet hatte, wurde unter Windows 8.1 abgeschaltet.

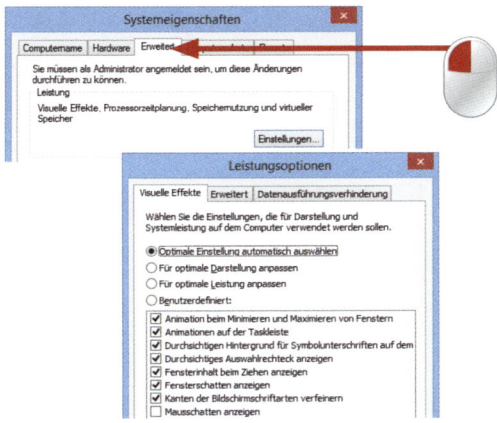

4 Unter *Erweitert* finden Sie Einstellungen zur Optimierung. Schalten Sie einzelne Optionen aus, um Leistung oder Darstellung zu optimieren.

> 💡 **Tipp**
>
> Wenn Ihr System zu langsam ist, schalten Sie visuelle Effekte aus und weisen Ihrem System oder dem Windows-Laufwerk mehr virtuellen Arbeitsspeicher zu.

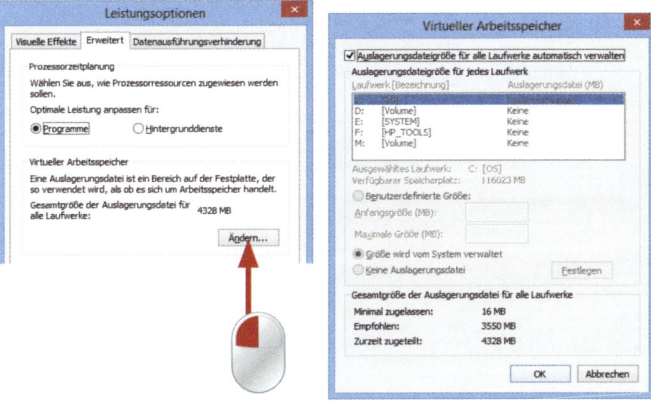

5 Kontrollieren Sie, ob Ihrem System oder den einzelnen Laufwerken genügend virtueller Arbeitsspeicher zugewiesen ist.

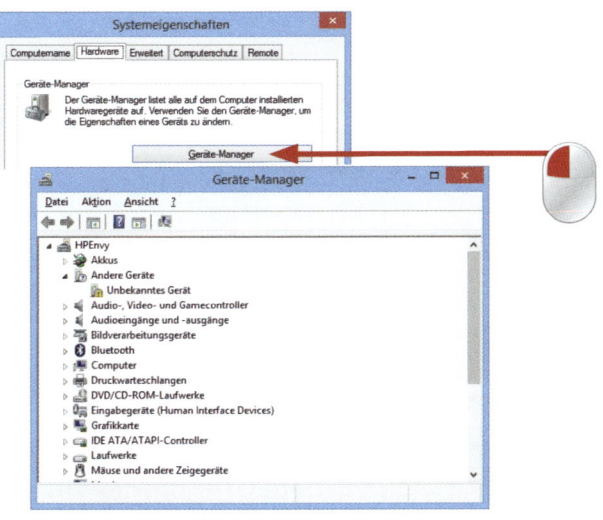

6 Der Geräte-Manager listet alle Geräte im System und zeigt an, ob diese funktionieren. Installieren Sie die Treiber neu, wenn Fehler angezeigt werden.

Festplattenlaufwerke

Die Festplatte ist der fest installierte Datenträger Ihres Computers.
Überprüfen Sie, wie viel Speicherplatz noch frei ist und löschen
Sie überflüssige Daten über die Datenträgerbereinigung.

1 Klicken Sie im Desktop auf das Windows-Explorer-Symbol in der Taskleiste. Schalten Sie um auf *Dieser PC*.

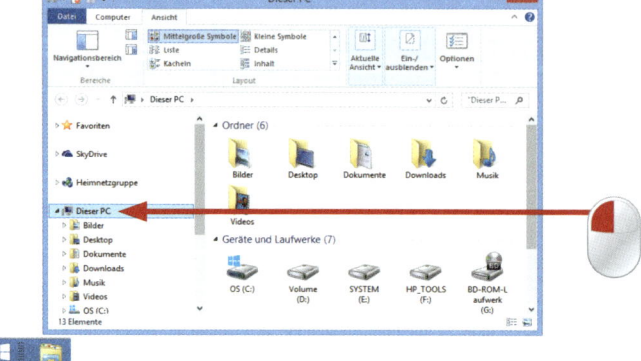

2 Die Festplattenlaufwerke auf Ihrem Computer werden angezeigt, markieren Sie eine Festplatte und wählen Sie *Eigenschaften*.

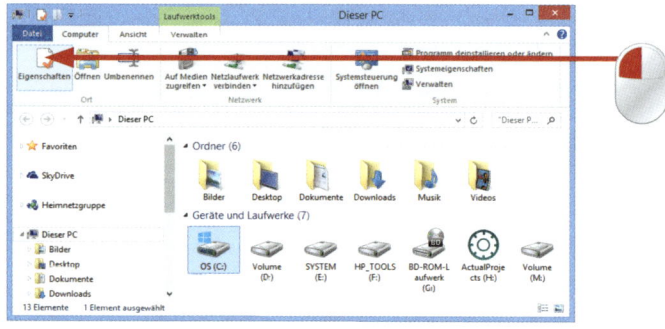

3 Hier sehen Sie die Auslastung mit belegtem und freiem Speicher und das Dateisystem der Festplatte. Tragen Sie einen Namen für das Gerät ein.

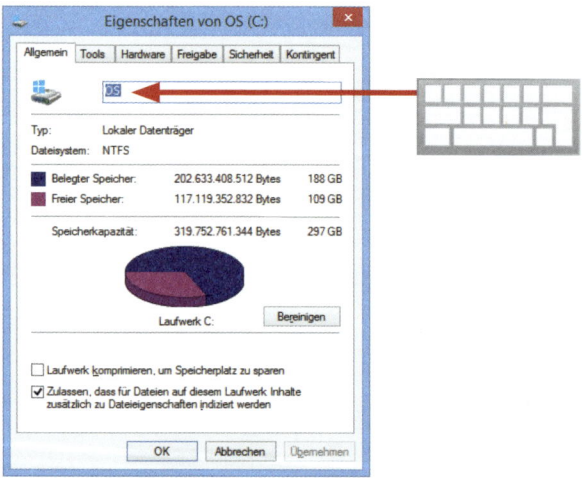

💬 **Hinweis**

Den Papierkorb können Sie über das Symbol auf dem Desktop leeren (aktivieren und *Papierkorb leeren*).

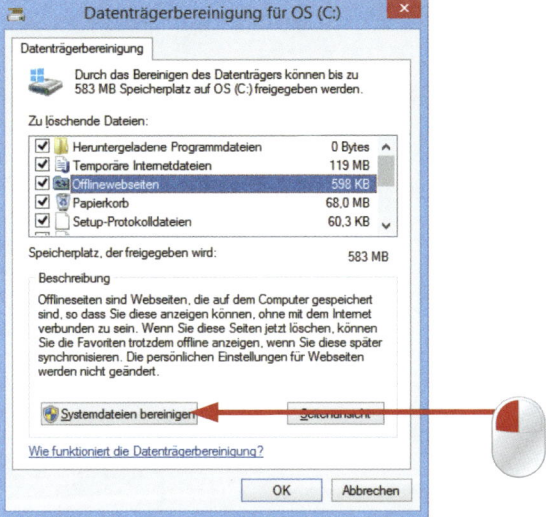

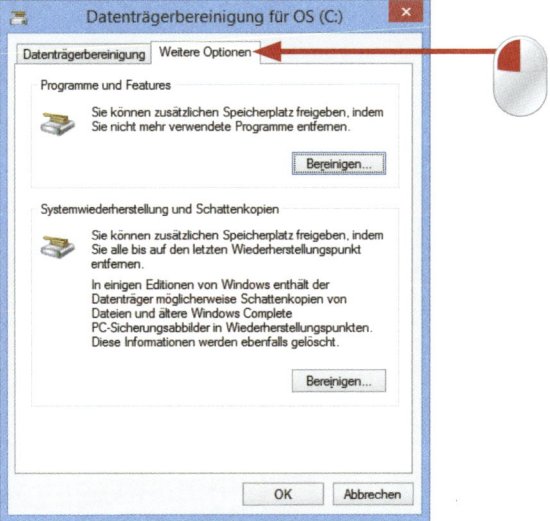

4 Klicken Sie auf *Bereinigen*, um das Laufwerk von überflüssigen Daten zu befreien.

5 Die Datenträgerbereinigung zeigt alle Daten an, die gelöscht werden können. Wählen Sie auch *Systemdaten bereinigen*.

> 💡 **Tipp**
>
> Mit *Dateien anzeigen* erhalten Sie eine Liste der Dateien, die von der Datenträgerbereinigung entfernt werden.

6 Unter *Weitere Optionen* finden Sie eine Schaltfläche zum Löschen nicht mehr benötigter Programme, von Schattenkopien und Wiederherstellungspunkten.

Pflegen Sie Ihre Festplattenlaufwerke gut, überprüfen Sie die Hardware regelmäßig auf Fehler. Nach längerem Einsatz sollten Sie Ihre Datenträger defragmentieren, damit sie wieder schneller arbeiten.

7 Auf der Registerkarte *Tools* werden weitere Dienstprogramme für Datenträger angeboten. Starten Sie die Fehlerprüfung.

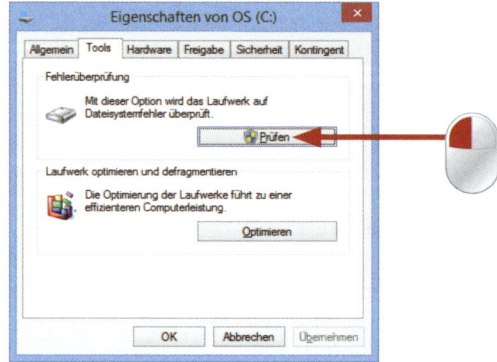

8 Das Dienstprogramm zeigt Fehler auf dem Laufwerk an oder meldet, dass alles korrekt ist. Sie können das Laufwerk scannen.

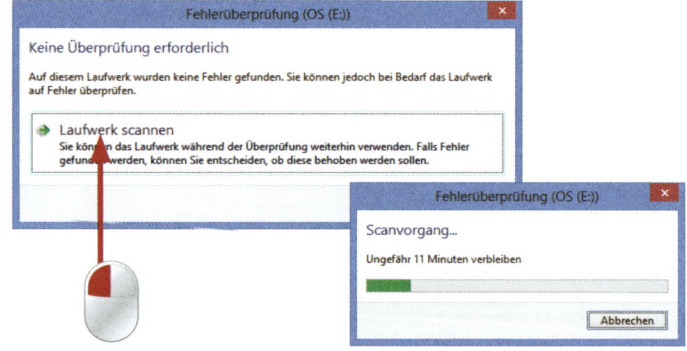

9 Mit *Details anzeigen* erhalten Sie das Ereignisprotokoll für den Datenträger.

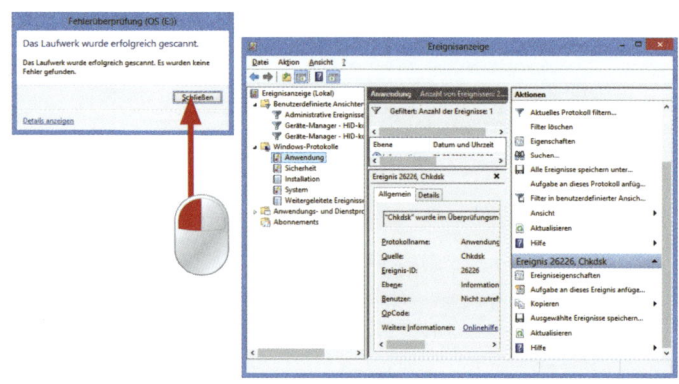

 **Hinweis**

Mit der Defragmentierung werden die einzelnen Datenblöcke auf dem Datenträger wieder zusammengefasst. Das erhöht die Geschwindigkeit der Schreib-/Lesezugriffe und macht die Festplatte sicherer.

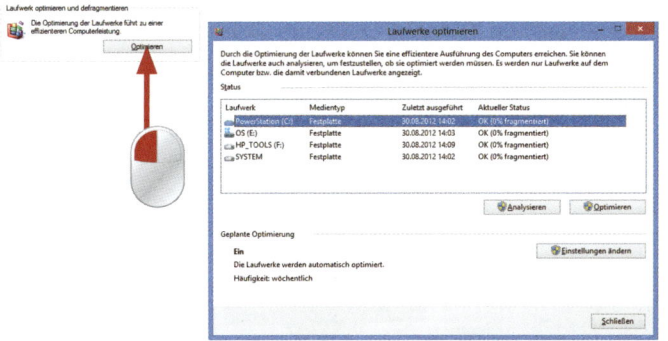

10 Wählen Sie *Optimieren*, um die Festplatte zu defragmentieren und damit die Geschwindigkeit zu verbessern.

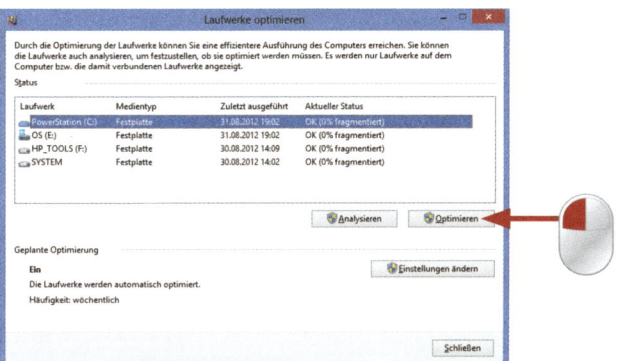

11 Analysieren Sie die Laufwerke einzeln und wählen Sie *Optimieren*, wenn der Status nicht auf *OK* steht.

> **Tipp**
>
> Windows hat eine automatische Optimierung eingerichtet, sehen Sie unter *Geplante Optimierung* nach und ändern Sie ggf. den Zeitplan.

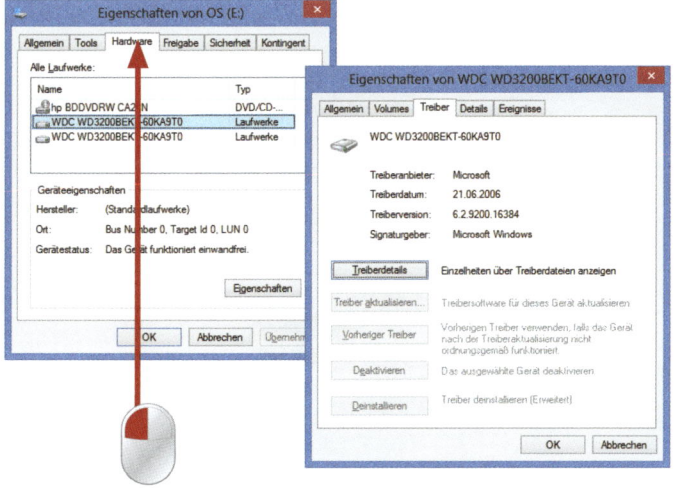

12 Auf der Registerkarte *Hardware* überprüfen Sie die Treibersoftware für die Datenträger.

CD, DVD und Blu-ray

CD-, DVD- oder Blu-ray-Player werden im Windows-System als Geräte mit Wechselmedien bezeichnet. Mit der Computerinfo überprüfen Sie, ob die Laufwerkstreiber korrekt arbeiten und schalten bei Bedarf ein anderes Laufwerk für temporäre Dateien ein.

1 DVD- und Blu-ray-Player werden als interne Geräte oder extern mit USB-Anschluss angeboten.

2 Aktivieren Sie auf dem Desktop den Windows-Explorer und schalten Sie um auf *Dieser PC*.

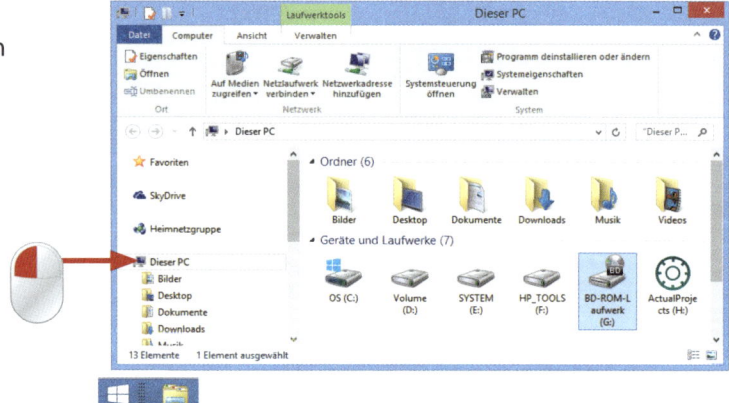

3 Markieren Sie das Laufwerk und wählen Sie *Eigenschaften*, um den Namen des Datenträgers und die Kapazität anzuzeigen.

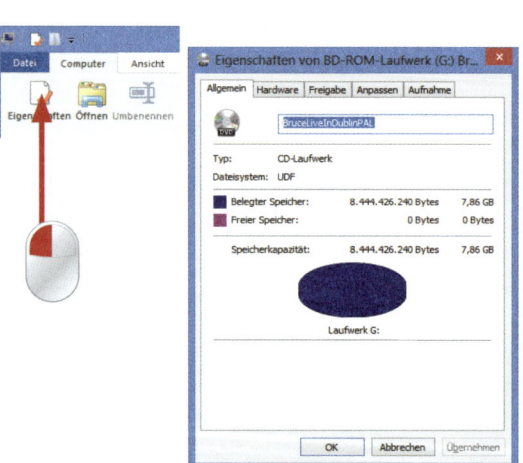

> 💬 **Hinweis**
>
> Zum Brennen von CDs, DVDs oder Blu-rays benötigt Windows doppelt so viel Speicherplatz wie der Datenträger für temporäre Dateien.

194

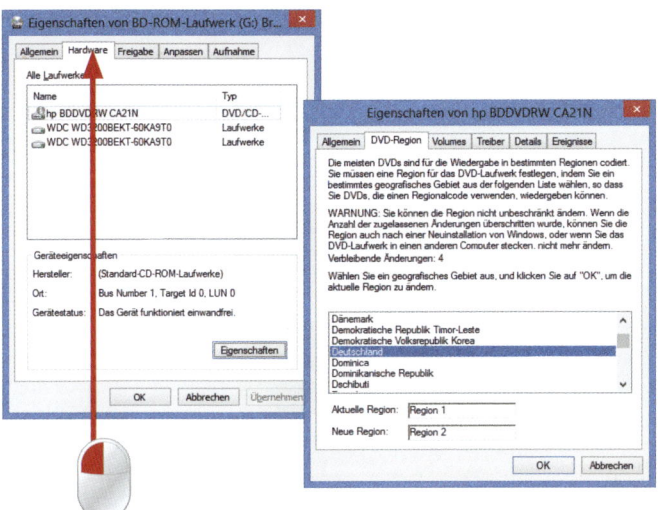

4 Auf der Registerkarte *Hardware* überprüfen Sie die Laufwerkstreiber und
stellen die passende Region für Regio-
nalcodes ein.

> 💬 **Hinweis**
>
> DVD und Laufwerk müssen denselben
> Ländercode haben, ändern Sie ihn, um
> importierte Datenträger abspielen zu
> können. Achten Sie aber darauf, dass
> die Anzahl der Änderungen für den
> Regionalcode auf 4 beschränkt ist.

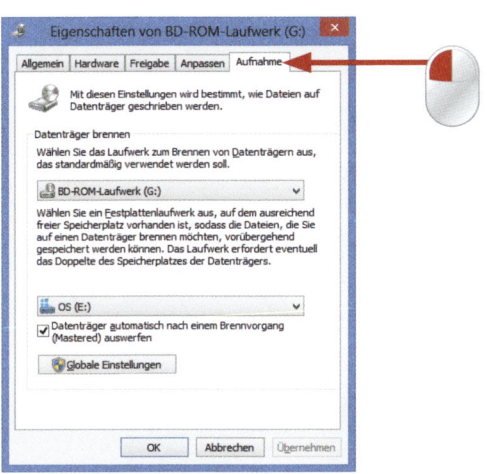

5 Wechseln Sie zum Register *Aufnahme*,
hier bestimmen Sie das Laufwerk als
Standardlaufwerk zum Brennen von
CDs, DVDs und Blu-rays.

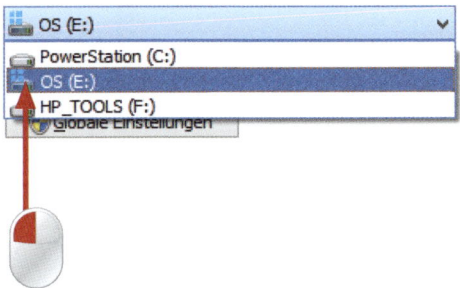

6 Schalten Sie hier auf ein anderes Laufwerk um, wenn das Standardlaufwerk
nicht genügend Platz für temporäre
Dateien bietet.

CD, DVD und Blu-ray

Welches Programm oder welche Aktion automatisch startet, wenn Sie eine Scheibe einlegen, können Sie in der Systemsteuerung für jeden Medientyp (Bilder, Videos …) und jede Medienart (CD, DVD, Blu-ray) festlegen.

7 Aktivieren Sie mit der rechten Maustaste im Startsymbol das Startmenü und wählen Sie *Systemsteuerung*.

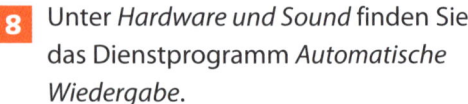

8 Unter *Hardware und Sound* finden Sie das Dienstprogramm *Automatische Wiedergabe*.

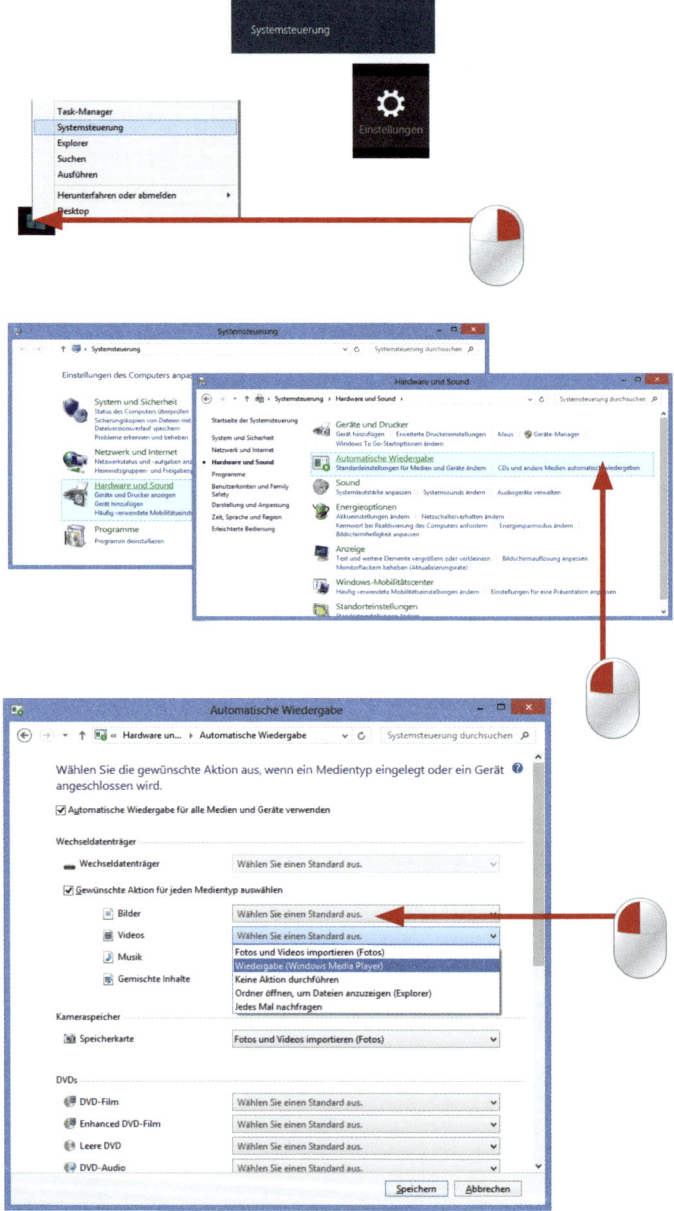

9 Bestimmen Sie hier die Aktionen beim Einlegen eines Datenträgers für Medientyp und Medienart.

 **Hinweis**

Wenn Sie Apps oder Programme für die Wiedergabe von Multimediadaten installiert haben, werden diese in der Liste für die Aktionen angeboten.

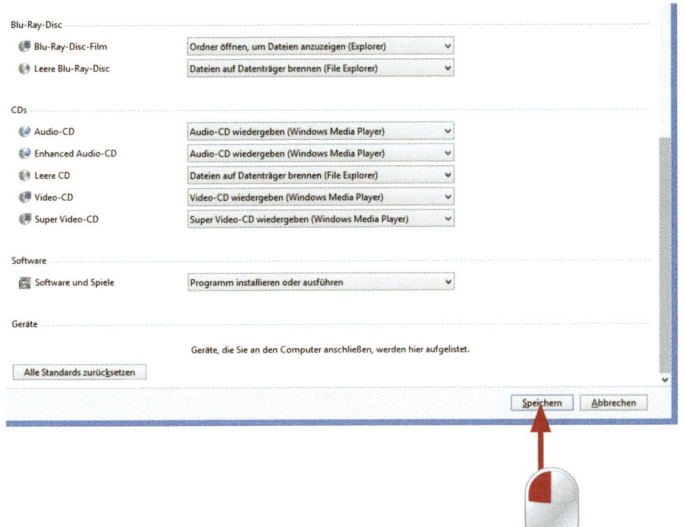

10 Mit *Speichern* werden die Einstellungen gespeichert.

> **Tipp**
>
> Bestimmen Sie für leere CDs, DVDs oder Blu-rays *Dateien auf Datenträger brennen*.

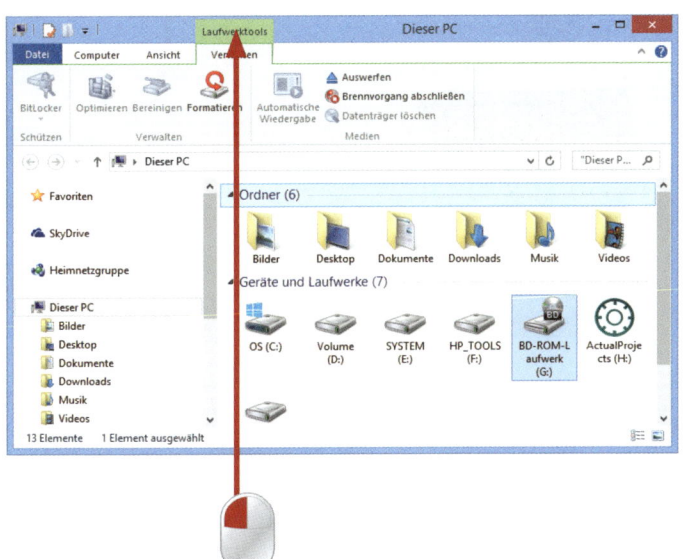

11 Im Windows-Explorer markieren Sie das Wechseldatenträger-Laufwerk und schalten auf *Laufwerktools*.

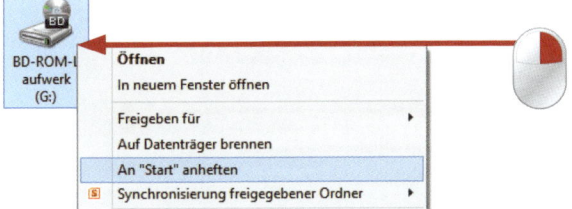

12 Klicken Sie mit der rechten Maustaste auf das Laufwerksymbol und heften Sie es als Kachel an das Startmenü an.

CD und DVD brennen

Stellen Sie in der Systemsteuerung die automatische Wiedergabe für leere
CDS oder DVDs richtig ein und ziehen Sie die Dateien, die Sie auf eine Scheibe
brennen wollen, einfach im Windows-Explorer von Fenster zu Fenster.

1 Stellen Sie in der Systemsteuerung unter *Automatische Wiedergabe* die Option für leere CDs/DVDs ein.

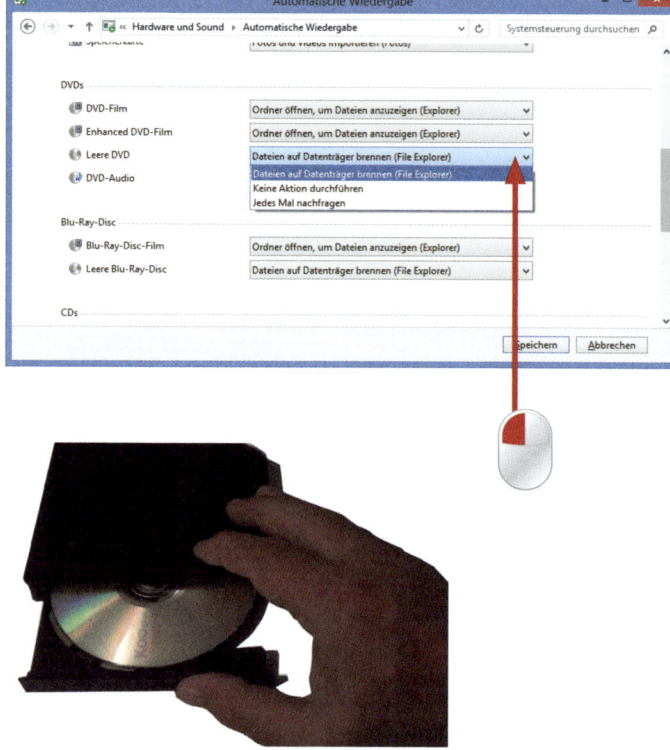

2 Legen Sie eine leere CD oder DVD ein.

3 Mit der ersten Option kann der Datenträger mehrfach beschrieben werden, die zweite Option schließt ihn nach dem Brennvorgang ab.

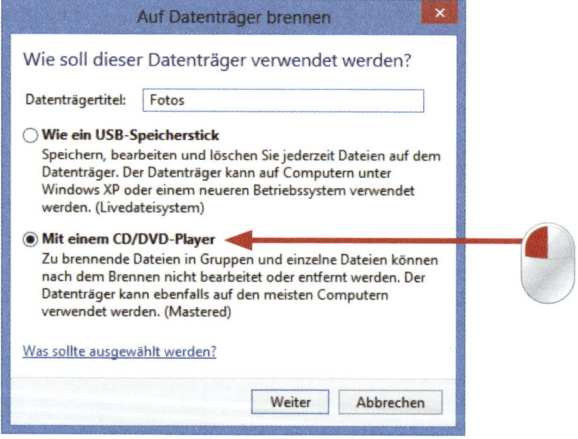

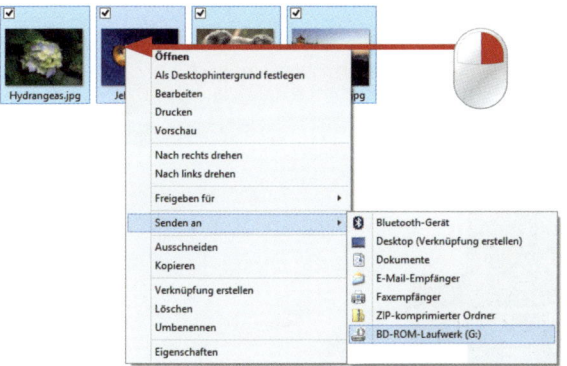

4 Ziehen Sie Dateien oder Ordner in das Fenster oder senden Sie markierte Dateien über das Kontextmenü an das Laufwerk.

> **💡 Tipp**
>
> Mehrere Dateien markieren Sie im Windows Explorer mit gedrückter ⌨Strg⌨- oder ⌨⇧⌨-Taste.

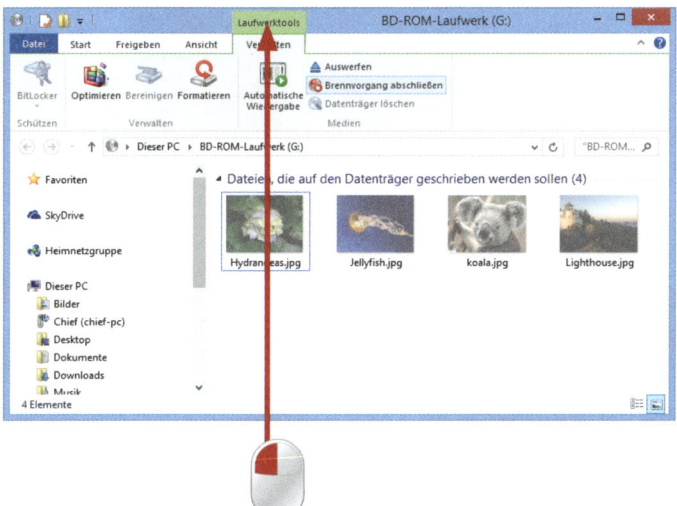

5 Starten Sie unter *Laufwerktools/Verwalten* den Brennvorgang.

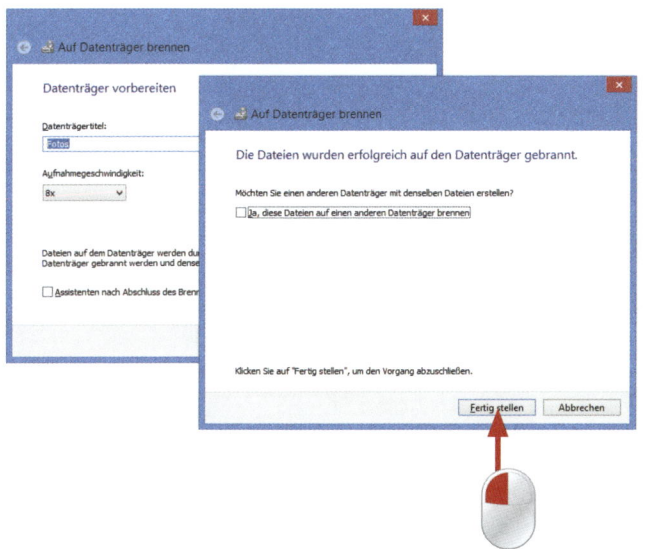

6 Bestätigen Sie die Meldung, um den Brennvorgang zu starten und schließen Sie ihn anschließend ab oder brennen Sie eine weitere CD.

> **💬 Hinweis**
>
> Die Dateien bleiben so lange im CD/DVD-Ordner, bis Sie den Brennvorgang abschließen. Löschen Sie Einträge in diesem Ordner, wird nur die Verknüpfung, nicht die Datei gelöscht.

Drucker, Scanner, externe Geräte

Drucker, Scanner und andere externe Geräte richtet Windows schon bei der Installation ein. Auch wenn Sie ein neues Gerät anschließen oder ins Netz integrieren, startet die Plug & Play-Installation. Für die Konfiguration der Geräte aktivieren Sie die Systemsteuerung.

1 Tintenstrahl- oder Laserdrucker werden per USB-Kabel an den Computer angeschlossen oder über das Netzwerk angesteuert.

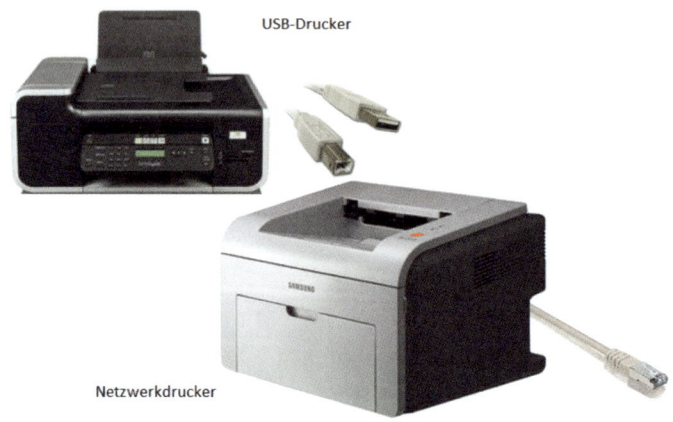

2 Drücken Sie ⊞ + c und wählen Sie *Einstellungen/PC-Einstellungen ändern/ Geräte*.

3 Wählen Sie *Gerät hinzufügen*, wenn das Gerät nicht in der Liste steht. Markieren Sie das Gerät, und es wird installiert.

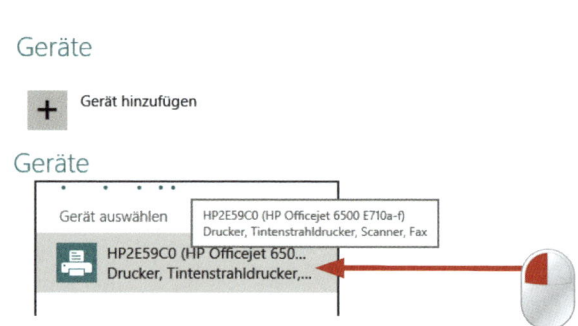

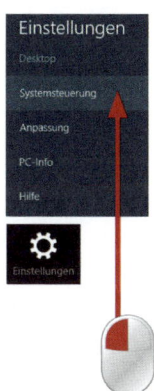

4 Aktivieren Sie in den Einstellungen des Desktops die Systemsteuerung und wählen Sie *Hardware und Sound/Geräte und Drucker*.

5 Über das Kontextmenü können Sie einen Drucker als Standarddrucker festlegen.

> 💬 **Hinweis**
>
> Die Register in den Druckereigenschaften sind für jedes Gerät spezifisch.

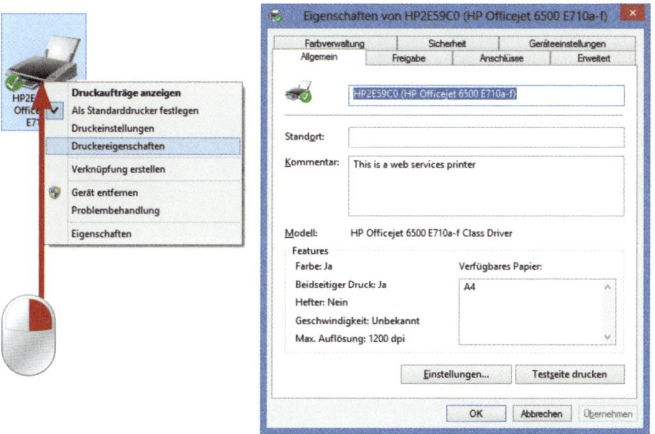

6 Aktivieren Sie die Druckereigenschaften und passen Sie diese für das Gerät spezifisch an.

> 💬 **Hinweis**
>
> Für Faxgeräte richten Sie unter *Windows Fax und -Scan* ein Faxkonto ein. Aktivieren Sie das Programm über das Faxgerät-Symbol.

Kapitel 7
Datenverwaltung mit dem Windows-Explorer

Bibliotheken und Benutzer   204

Das Explorer-Fenster   206

Arbeiten mit Ordnern   208

Dateien   210

Dateien verschieben, kopieren   212

Dateien suchen und löschen   214

ZIP-Dateien und komprimierte Ordner   216

Apps, Programme und Dateinamen   218

Das lernen Sie in diesem Kapitel ...

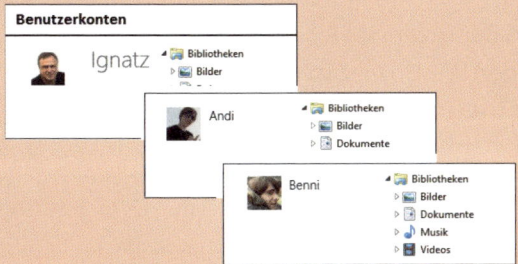

Was sind denn Bibliotheken? Künstliche Ordnungseinheiten im Windows-Explorer, in denen Sie Dateien und Ordner ablegen. Sehen Sie sich das Prinzip genau an.

Laufwerke, Dateien, Ordner – der Windows-Explorer verwaltet alles, was auf Datenträgern gespeichert werden kann. Und zwar so, dass Sie es wiederfinden. Und wenn es sein muss, über das Suchfenster.

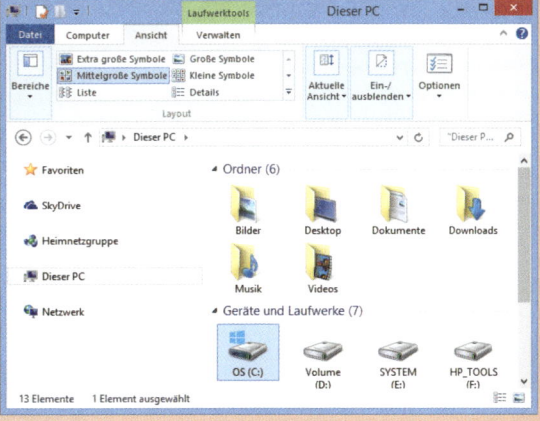

Kopieren, Verschieben oder Umbenennen von Dateien, das sollte Sie nicht viel Zeit kosten. Lernen Sie die schnellsten Techniken kennen.

Wie Dateien mit Programmen und Apps verknüpft sind oder verknüpft werden, erfahren Sie in diesem Kapitel auch. Damit zusammenwächst, was zusammengehört.

Bibliotheken und Benutzer

Für die optimale Datenverwaltung weist Windows 8.1 jedem Benutzer vier Bibliotheken zu: *Bilder*, *Dokumente*, *Musik* und *Videos*. Starten Sie den Windows-Explorer, er bietet Ihnen Ihre Bibliotheken zum Abspeichern von Dateien an.

1 Jedes Benutzerkonto bekommt beim Anlegen die vier Bibliotheken *Bilder*, *Dokumente*, *Musik* und *Videos* zugewiesen.

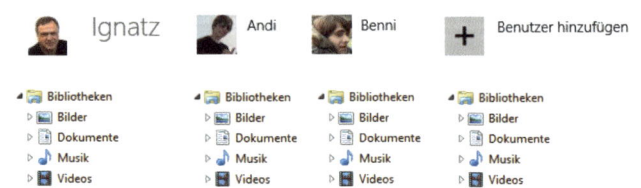

2 Meldet sich ein Benutzer bei Windows 8.1 an, werden seine Bibliotheken im Windows-Explorer angezeigt.

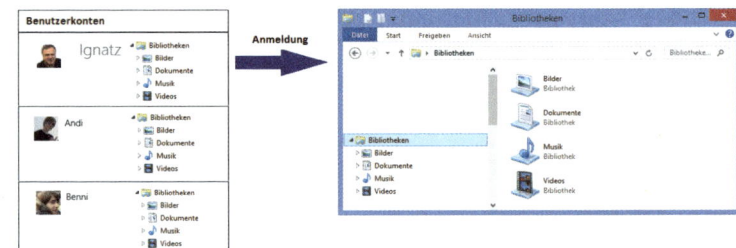

3 Starten Sie den Windows-Explorer über das Symbol in der Desktop-Taskleiste.

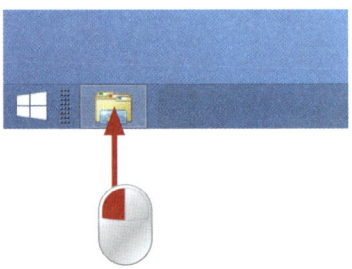

> **🗨 Hinweis**
>
> Die Benutzerordnerliste und die Ordner anderer Benutzer dürfen Sie nur einsehen, wenn Sie Administratorrechte haben.

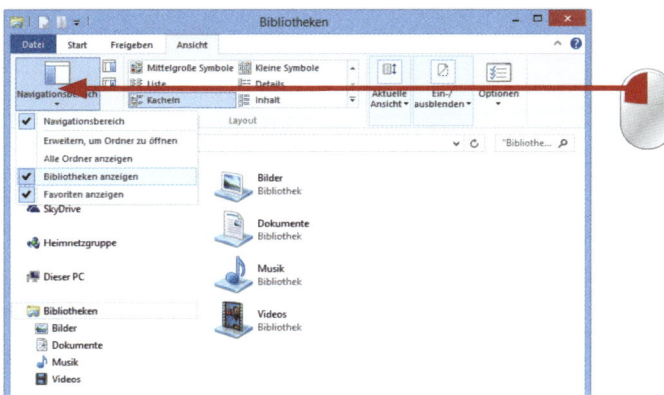

4 Die Bibliotheken des angemeldeten Benutzers werden angezeigt. Im Navigationsbereich am linken Rand schalten Sie die Bibliotheken ein.

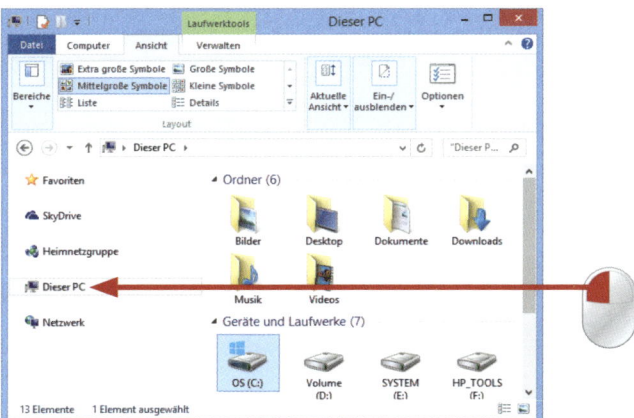

5 Markieren Sie in der Rubrik *Dieser PC* den Datenträger mit dem Betriebssystemsymbol von Windows 8.1.

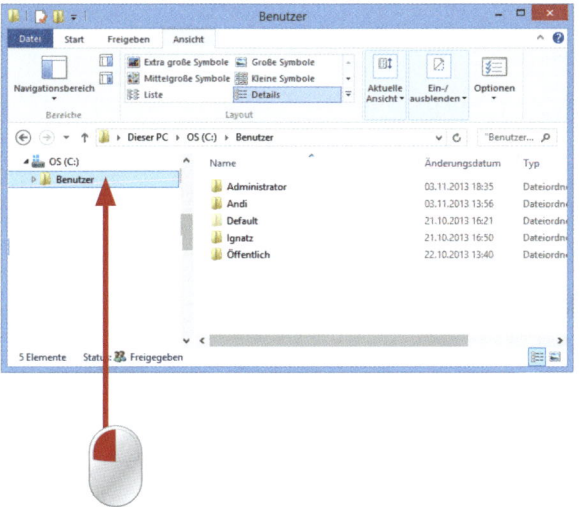

6 Der Ordner *Benutzer* enthält alle angelegten Benutzerkonten und einen öffentlichen Ordner.

> **Hinweis**
>
> Der öffentliche Ordner speichert Daten, die für alle Benutzer zugänglich sind. Wenn Apps, Programme oder Spiele installiert werden, nutzen diese häufig diesen Ordner.

Das Explorer-Fenster

Lernen Sie das Explorer-Fenster kennen und machen Sie sich mit Ansichten, Navigationssymbolen, Ordnern und Bibliotheken vertraut. In der Detailansicht sehen Sie die meisten Informationen.

1 Das Explorer-Fenster zeigt vier Standard-Registerkarten, ein Menüband und den Navigations- und Datei/Ordnerbereich.

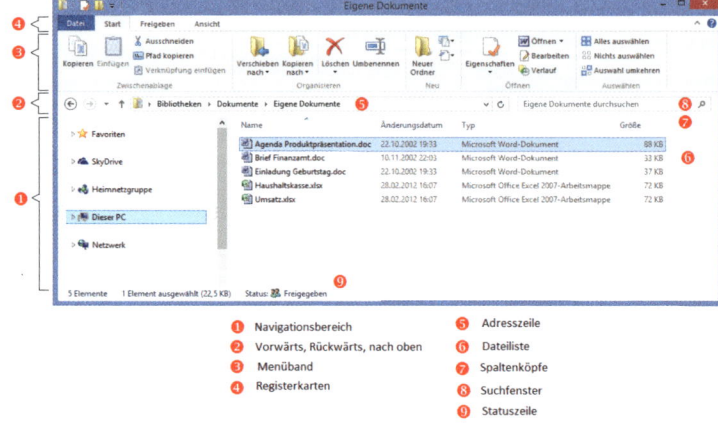

❶	Navigationsbereich	❺	Adresszeile
❷	Vorwärts, Rückwärts, nach oben	❻	Dateiliste
❸	Menüband	❼	Spaltenköpfe
❹	Registerkarten	❽	Suchfenster
		❾	Statuszeile

2 Schalten Sie im Navigationsbereich wahlweise auf die Vorschau oder Detailansicht für markierte Dateien um.

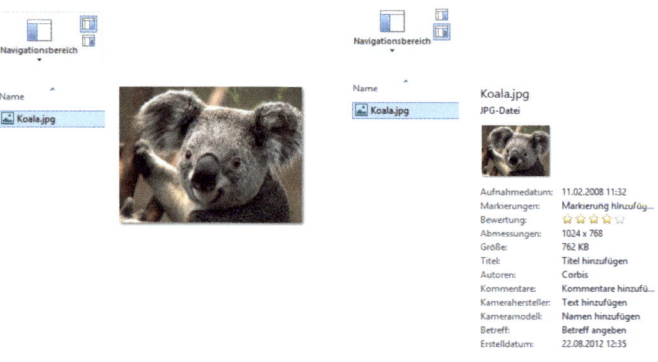

3 Vier Symbolansichten und zwei Listenansichten stehen bereit. Ändern Sie die Spaltenbreiten der Detailliste im Spaltenkopf.

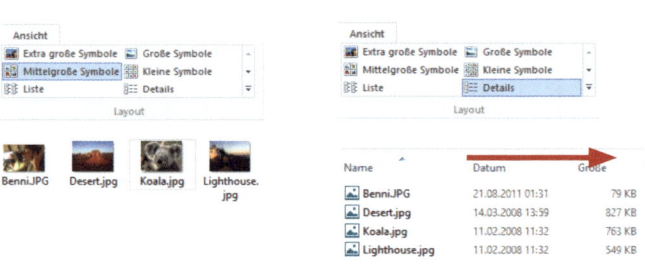

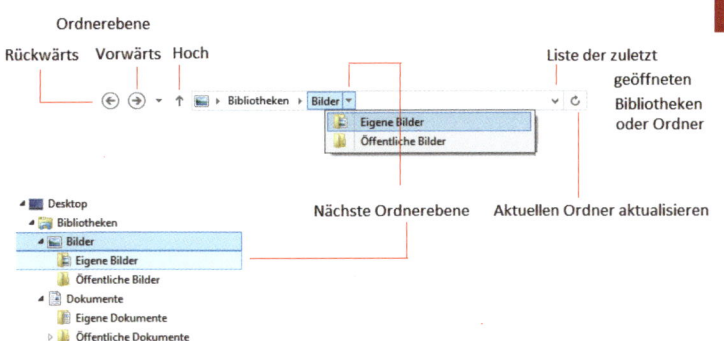

4 Blättern Sie mit den Symbolen und in der Adresszeile oder im Navigationsbereich durch die Ordnerebenen.

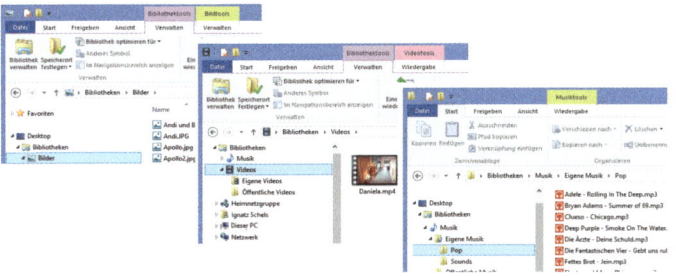

5 Mit Auswahl einer Bibliothek oder eines bestimmten Dateityps schaltet der Explorer die passenden Registerkarten dazu.

> 💬 **Hinweis**
>
> Über die Registerkarte *Freigeben* lassen sich Ordner für andere Benutzer freischalten.

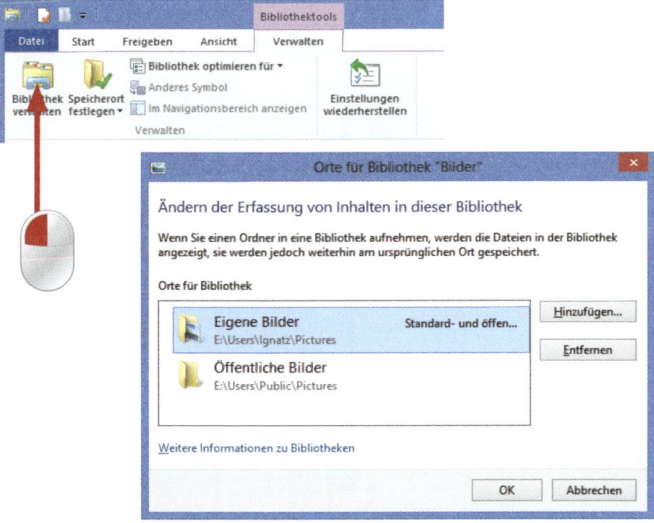

6 Unter *Bibliothektools/Bibliothek verwalten* können Sie weitere Ordner in Bibliotheken aufnehmen.

> 💡 **Tipp**
>
> Klicken Sie mit der rechten Maustaste in den Spaltenkopf. Hier finden Sie weitere Spalten mit Dateiinformationen, zum Beispiel dem Änderungsdatum oder dem Ordnerpfad.

Arbeiten mit Ordnern

Mit der richtigen Ordnerstruktur schaffen Sie Ordnung auf Ihren Datenträgern. Legen Sie neue Ordner an, untergliedern Sie Ordner und richten Sie eine Struktur ein, in der Sie Ihre Daten perfekt organisieren können.

1 Ordner öffnen und schließen Sie per Klick auf das Pfeilsymbol oder mit einem Doppelklick.

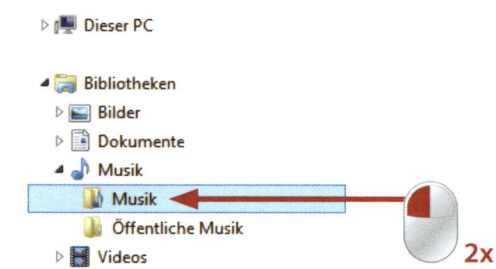

2 Auf der Registerkarte *Start* finden Sie Optionen zum Verschieben, Kopieren, Löschen oder Neuanlegen von Ordnern.

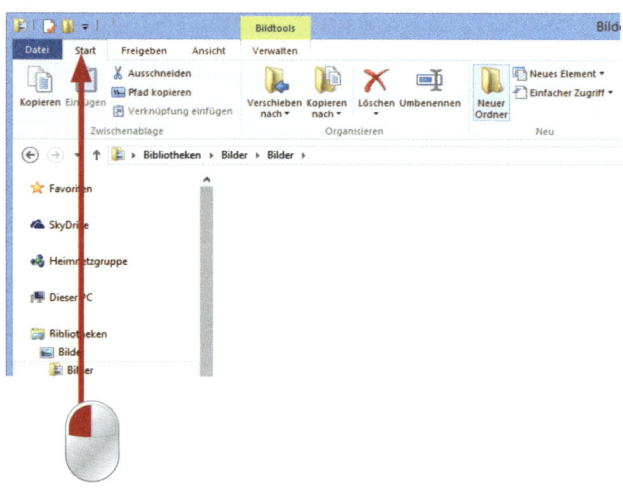

3 Geben Sie dem neuen Ordner einen Namen, klicken Sie auf *Umbenennen* oder drücken Sie F2.

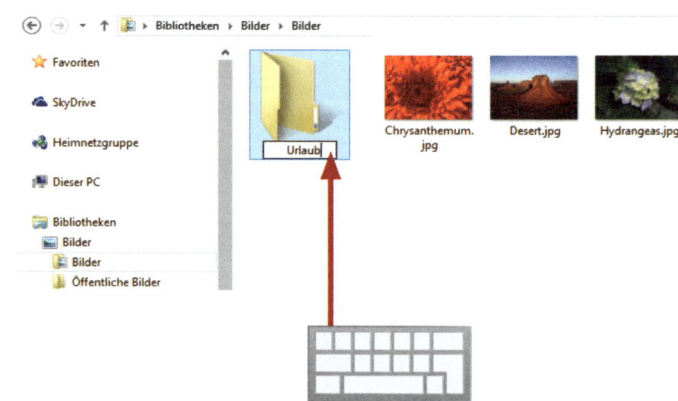

> **💬 Hinweis**
>
> Die Systemsteuerung aktivieren Sie mit der rechten Maustaste auf dem Startsymbol oder mit Wischen vom rechten Rand und *Einstellungen/Systemsteuerung*.

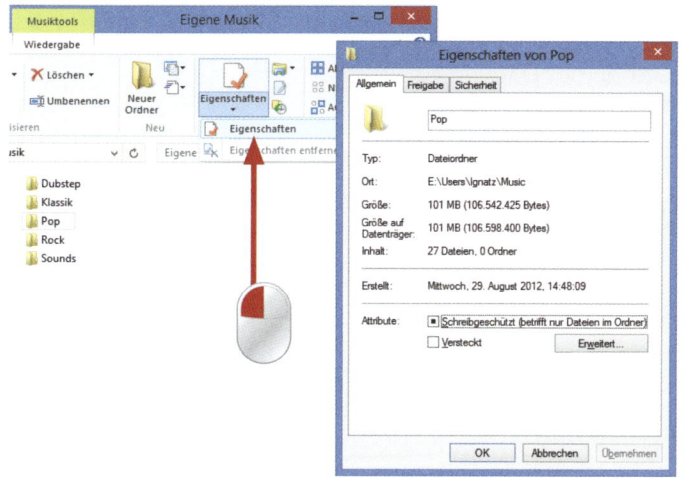

4 Mit dem Symbol *Eigenschaften* listen Sie die Ordnereigenschaften mit Pfad, Anzahl der Dateien und Gesamtgröße in Megabyte auf.

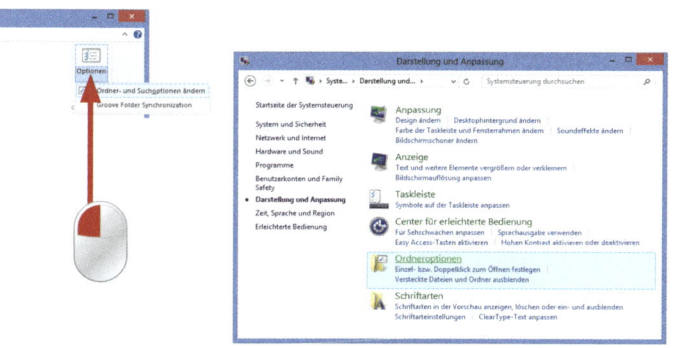

5 Die Ordner- und Suchoptionen (Register *Ansicht*) finden Sie auch in der Systemsteuerung *Darstellung und Anpassung*.

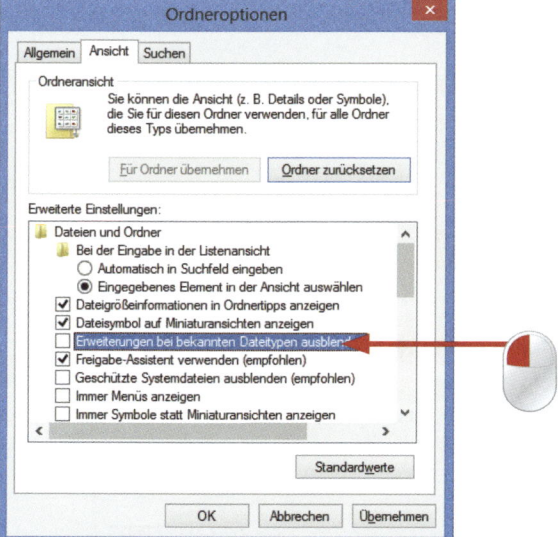

6 Wählen Sie hier *Erweiterte Einstellungen*, die für alle Ordner gelten.

> 🔘 **Hinweis**
>
> Neue Ordner werden immer in der nächsten Ebene des markierten Ordners angelegt. Neue Bibliotheken legen Sie per Klick mit der rechten Maustaste auf *Bibliotheken* an.

Dateien

Die Datei ist das Paket für Daten aller Arten und Typen. Der Explorer liefert Informationen über Größe, Art und Speicherform der Datei und bietet die richtigen Apps und Programme zum Öffnen der Dateien an.

1 Dateien zeigen über ihr Dateisymbol, von welchem Typ sie sind oder welcher App sie zugeordnet sind. Blenden Sie die Dateierweiterungen ein.

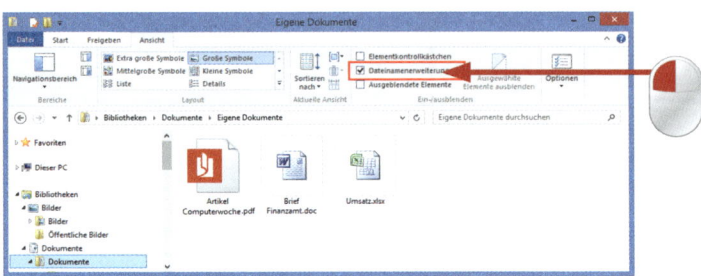

2 Um eine neue Datei zu erzeugen, klicken Sie mit der rechten Maustaste in den Dateibereich und wählen *Neu*.

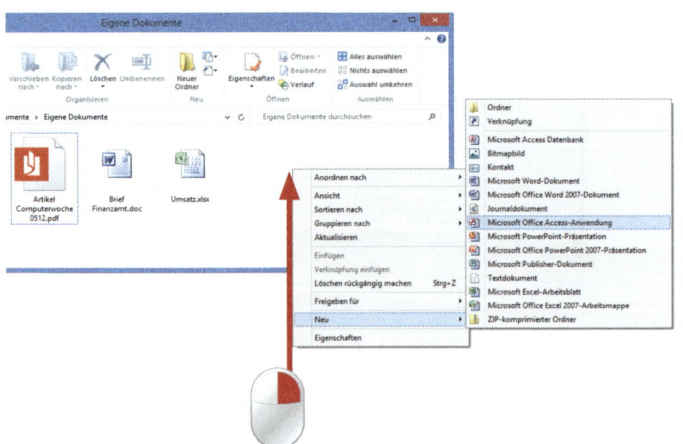

3 Schalten Sie unter *Ansicht* die Vorschau ein, sehen Sie schon nach dem Markieren des Dateisymbols den Inhalt.

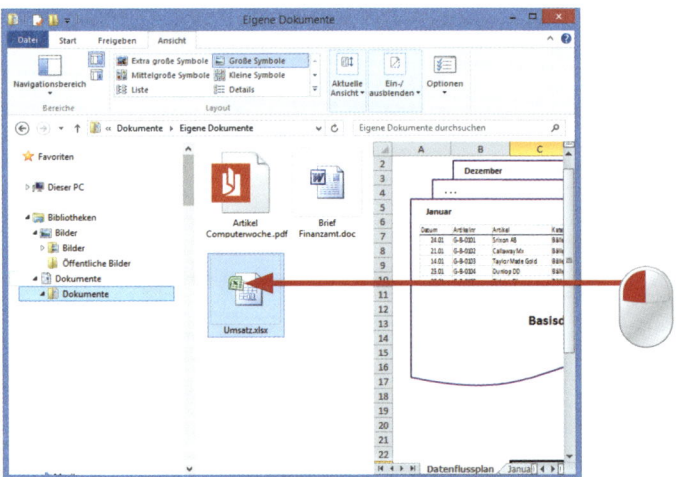

> 💬 **Hinweis**
>
> Dateinamen dürfen maximal 256 Zeichen enthalten, diese Sonderzeichen sind aber nicht erlaubt:
> \ ? : * " < > |

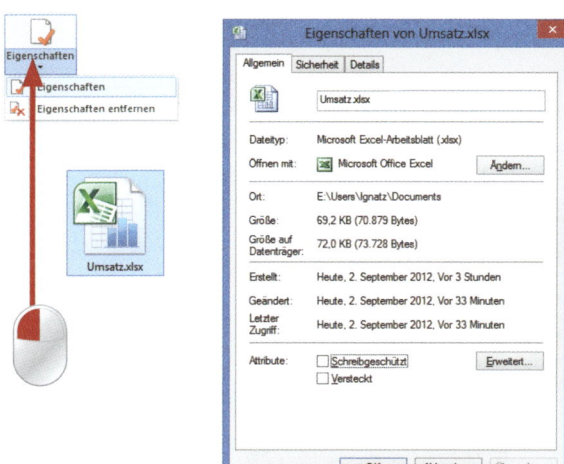

4 Detailinformationen zur Datei liefern die Eigenschaften in der Registerkarte *Start*.

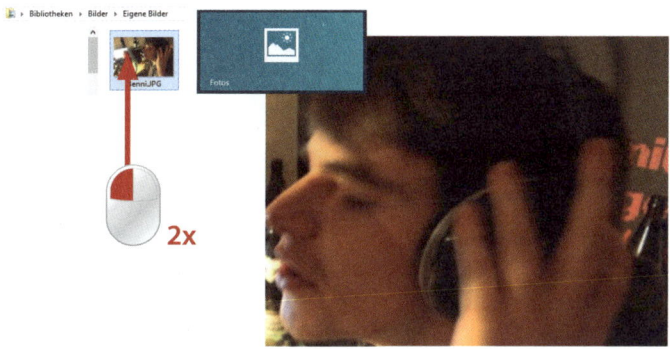

5 Klicken Sie eine Datei doppelt an oder drücken Sie *Eingabe*, wird sie in der zugehörigen App geöffnet.

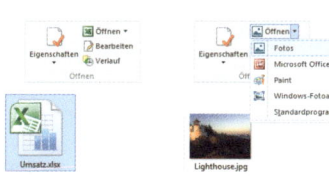  

6 Unter *Start/Öffnen* können Sie je nach Dateityp die App oder das Programm zum Öffnen der markierten Datei wechseln.

> **Tipp**
>
> Windows erkennt den Dateityp an der Dateinamenerweiterung, schalten Sie diese unter *Ansicht* ein. Achten Sie beim Umbenennen darauf, dass die Buchstaben am Dateinamen zur App oder zum Programm passen.

Dateien verschieben, kopieren

Für Multimedia-Apps sollten die Dateien in den Bibliotheken zu finden sein. Dateien verschieben oder kopieren Sie im Explorer einfach von Ordner zu Ordner oder von Fenster zu Fenster.

1 Die Dateien für die Multimedia-Apps *Fotos*, *Musik* und *Videos* müssen in den Bibliotheken zu finden sein.

2 Kopieren Sie die Dateien in die Bibliothek oder erstellen Sie eine Ordnerstruktur.

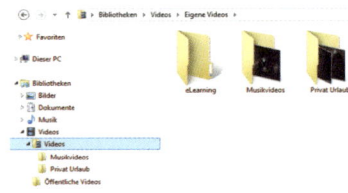

3 Alle Dateien in einem Ordner markieren Sie mit *Start/Alles auswählen*, einzelne mit der ⇧ - oder Strg -Taste.

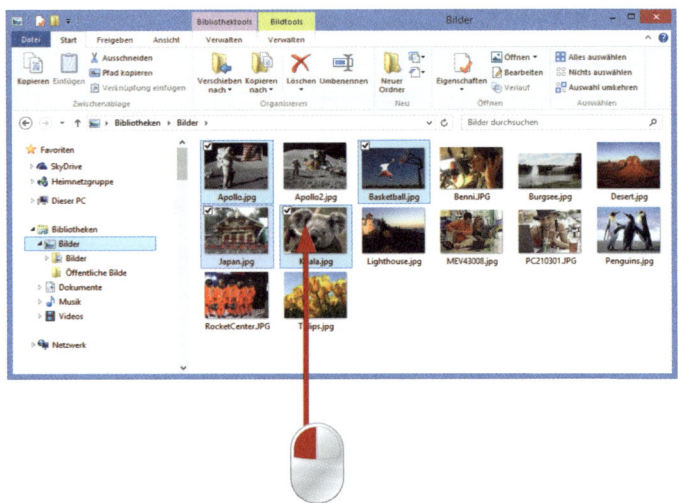

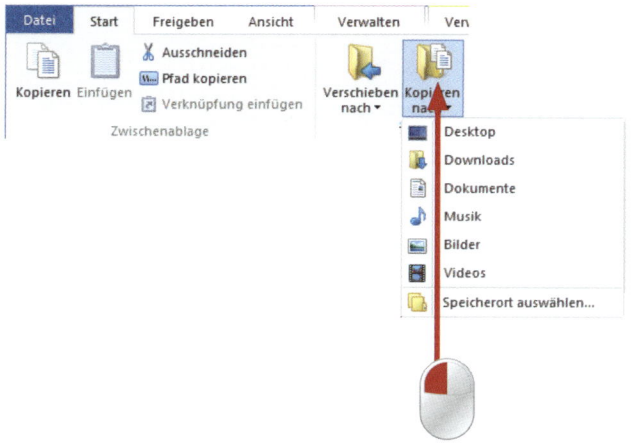

4 Unter *Start/Zwischenablage* und *Organisieren* können Sie die markierten Dateien kopieren, ausschneiden oder direkt in einem Ordner ablegen.

> 💬 **Hinweis**
>
> Zwischen Laufwerken werden Dateien immer kopiert, in einer Ordnerebene ist es ein Verschieben. Mit `Strg` geht´s umgekehrt.

5 Die schnellere Methode: Ziehen Sie einfach die markierten Dateien auf einen anderen Ordner. Mit gedrückter `Strg`-Taste wird eine Kopie daraus.

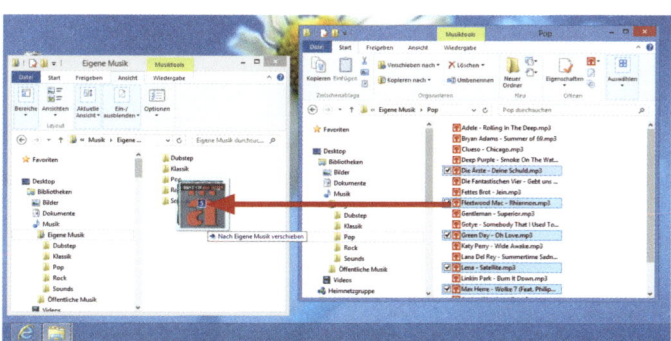

6 Sie können auch mit `⇧` und Klick auf das Explorer-Symbol ein neues Fenster öffnen und die Dateien zwischen den Fenstern verschieben oder kopieren.

> 💡 **Tipp**
>
> Nützliche Tastentricks:
> `Strg`+`c` Datei(en) kopieren
> `Strg`+`x` Datei(en) ausschneiden
> `Strg`+`v` Datei(en) einfügen

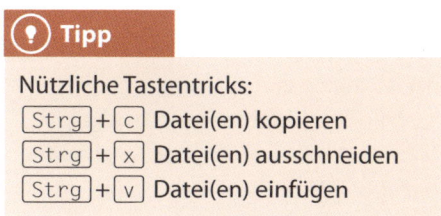

Dateien suchen und löschen

Mit der Zeit wird es voll auf Ihrer Festplatte, aber der Windows-Explorer unterstützt Sie tatkräftig bei der Suche nach Dateien und Ordnern. Und was Sie nicht mehr brauchen, löschen oder recyceln Sie in den Papierkorb.

1 Klicken oder tippen Sie in das Suchfenster des Explorers, um die Suche nach Dateien oder Ordnern zu starten.

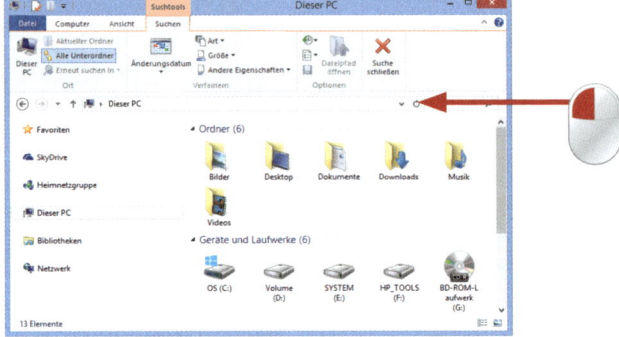

2 Die Suchtools stellen mehrere Optionen bereit, mit denen Sie die Suche verfeinern können. Schreiben Sie den Suchbegriff daneben.

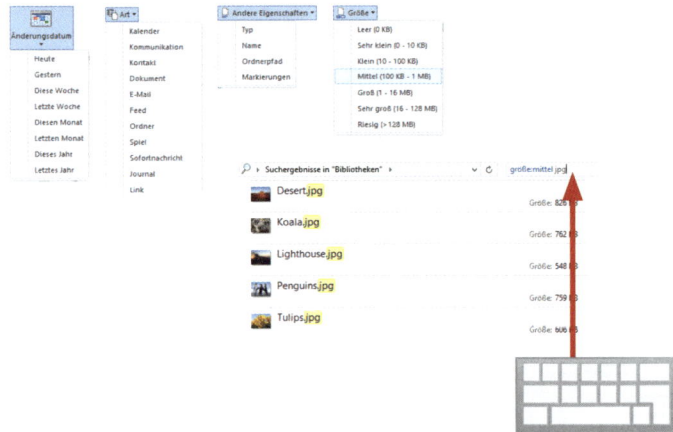

3 Geben Sie den Suchbegriff oder einen Teil davon in das Suchfenster ein, erhalten Sie sofort alle Fundstellen im ausgewählten Bereich.

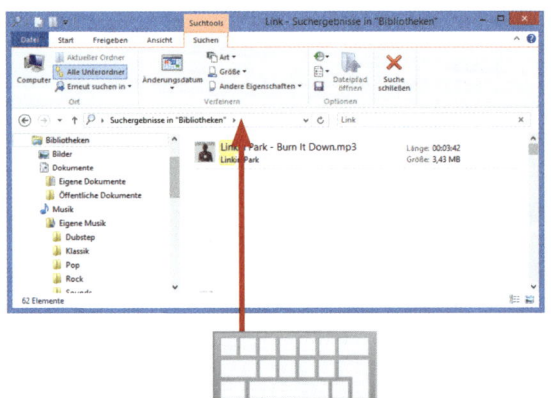

>  **Tipp**
>
> Verwenden Sie Platzhalter für die Suche nach Dateien und Ordnern:
> *.jpg findet alle Bilder, *.mp* sucht MP3- und MP4-Dateien und M*er findet Meier und Maier.

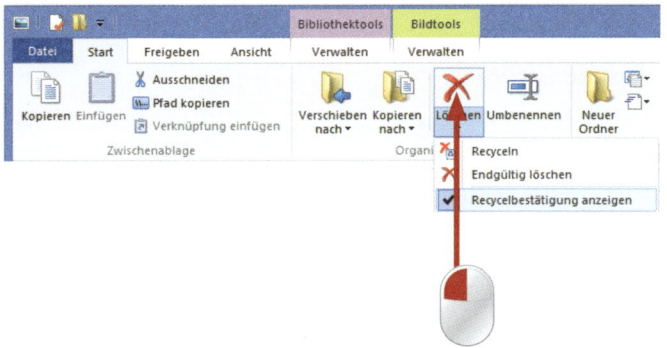

4 Wenn Sie vor dem Löschen von Dateien eine Sicherungsmeldung erhalten wollen, schalten Sie diese unter *Start/Löschen* ein.

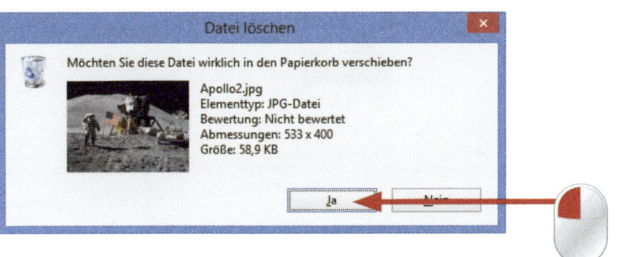

5 Um Datei(en) zu löschen, markieren Sie sie und wählen *Löschen* oder drücken die `Entf`-Taste. Bestätigen Sie die Meldung.

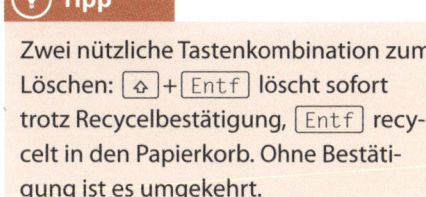

> (!) **Tipp**
>
> Zwei nützliche Tastenkombination zum Löschen: `⇧`+`Entf` löscht sofort trotz Recycelbestätigung, `Entf` recycelt in den Papierkorb. Ohne Bestätigung ist es umgekehrt.

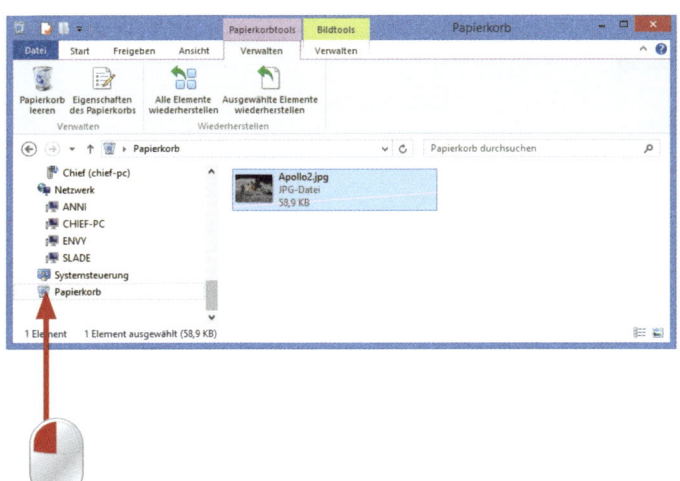

6 Gelöschte Dateien finden Sie im Papierkorb. Erst wenn sie aus diesem entfernt werden, sind sie wirklich gelöscht.

ZIP-Dateien und komprimierte Ordner

ZIP-Archive sind Spezialordner, in denen Dateien komprimiert und archiviert werden. Nutzen Sie sie, um große Datenmengen kompakt in ein Paket zu verpacken, zum Beispiel für den Versand per Mail.

1 Markieren Sie alle Dateien für das ZIP-Archiv und wählen Sie *Start/Freigeben/ZIP*.

2 Die ZIP-Datei wird sofort erstellt, ändern Sie den markierten Dateinamen. Angeboten wird der Dateiname der zuletzt markierten Datei.

3 Öffnen Sie das ZIP-Archiv per Doppelklick. Die Dateien werden im Vorschau-Fenster angezeigt.

 **Hinweis**

Mit der Komprimierung in ein ZIP-Archiv wird der Dateiumfang aller Dateien auf ein optimiertes Minimum verringert.

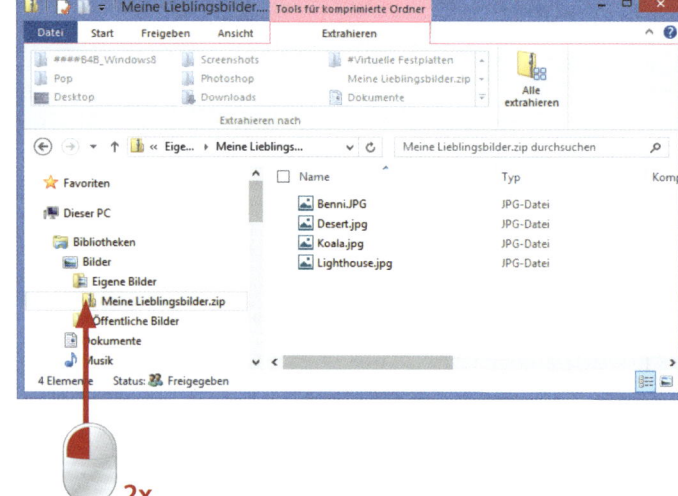

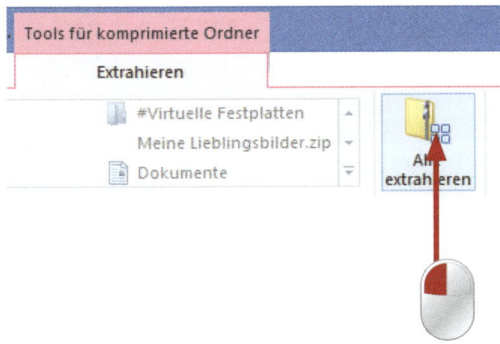

4 Um das Archiv zu entpacken, wählen Sie *Tools für komprimierte Ordner/Extrahieren*.

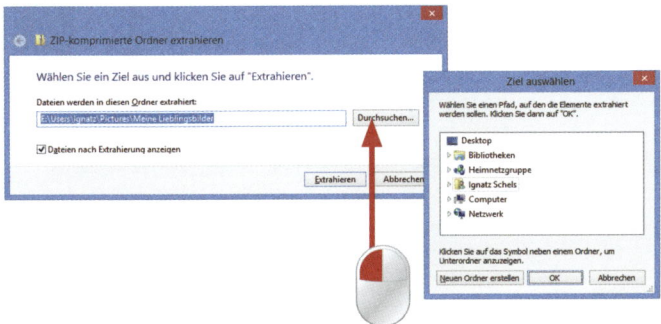

5 Wählen Sie *Durchsuchen* und markieren Sie den Zielordner oder legen Sie einen neuen Ordner an.

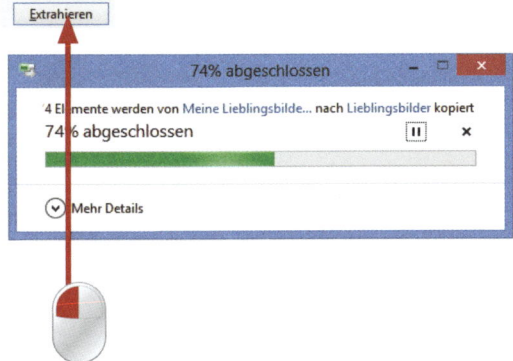

6 Mit *Extrahieren* werden die Dateien aus dem Archiv in den Zielordner kopiert.

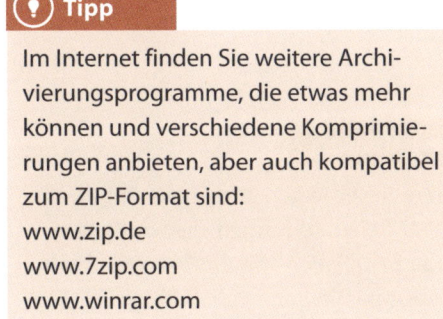

Tipp

Im Internet finden Sie weitere Archivierungsprogramme, die etwas mehr können und verschiedene Komprimierungen anbieten, aber auch kompatibel zum ZIP-Format sind:
www.zip.de
www.7zip.com
www.winrar.com

Apps, Programme und Dateinamen

Die *Fotos*-App zeigt Fotos, die *Video*-App spielt Videos ab. Welche Dateien zu den einzelnen Apps und Programmen unter Windows gehören, können Sie über die Systemsteuerung kontrollieren und bei Bedarf neu festlegen.

1 Klicken Sie mit der rechten Maustaste in das Startsymbol und wählen Sie *Systemsteuerung/Programme/Standardprogramme*.

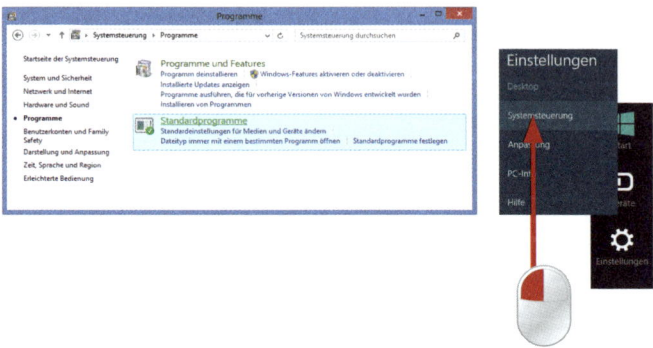

2 Mit *Standardprogramme festlegen* definieren Sie die Verbindung zwischen Apps, Programmen und Dateitypen.

3 Markieren Sie eine App oder ein Programm und wählen Sie *Standards für dieses Programm auswählen*.

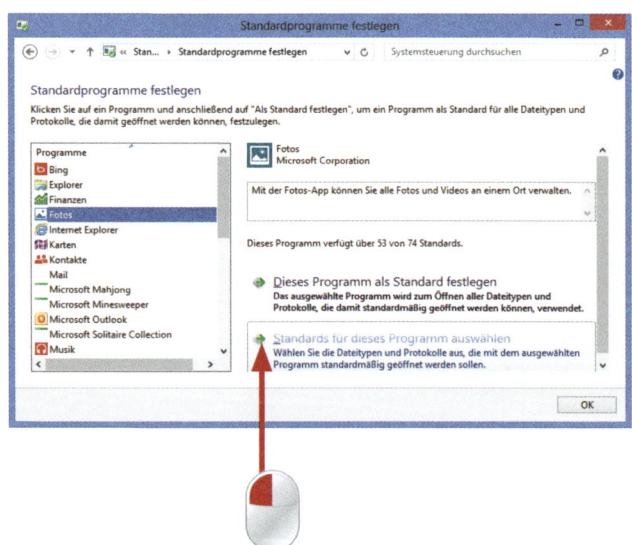

🅗 Hinweis

Mit dieser Aktion ändern Sie ungewollte Dateizuordnungen, die häufig bei der Installation von Programmen oder Apps passieren.

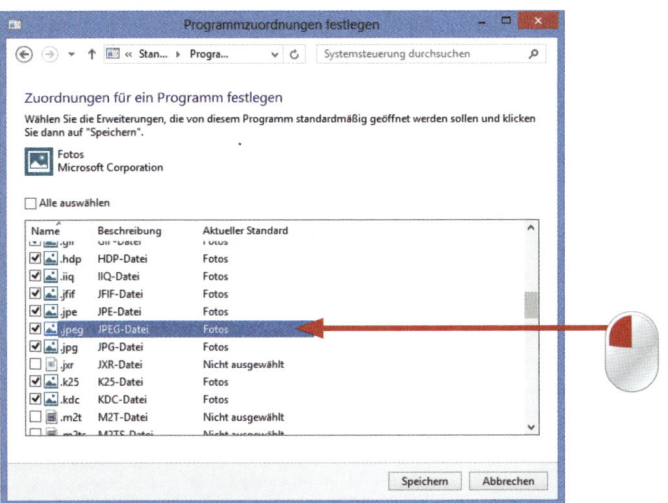

4 In der Liste können Sie jetzt alle Dateitypen ankreuzen, die mit der App oder dem Programm aktiviert werden sollen.

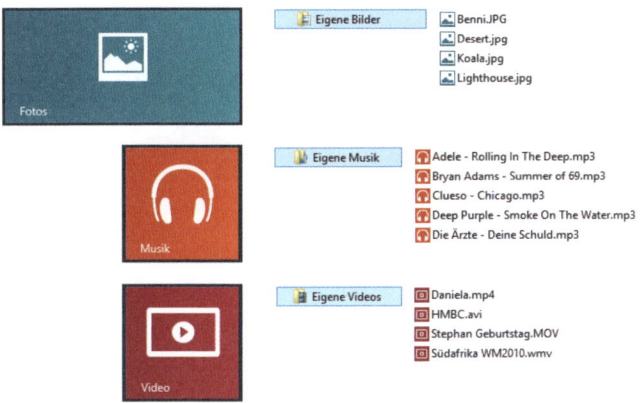

5 Am Dateisymbol der Datei erkennen Sie die Verbindung zur App oder zum Programm, das beim direkten Aufruf der Datei aktiviert wird.

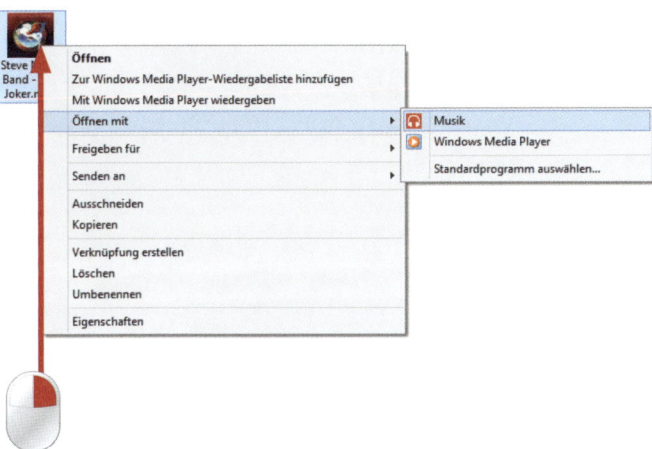

6 Wählen Sie im Kontextmenü (rechte Maustaste) *Öffnen mit*, können Sie das passende Programm oder die App auswählen und zuweisen.

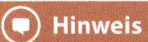 **Hinweis**

Unter *Programmzugriff und Computerstandards festlegen* können Sie die Standards für den Internetbrowser und das E-Mail-Programm definieren.

Kapitel 8
Der Internet Explorer

Browser starten   222

Adressen und Registerkarten   224

Startseite und Registeroptionen   226

Symbolleisten und Favoriten   228

Sicherheit und Datenschutz   232

Cookies, Kennwörter und Datenmüll löschen   236

Downloads und Add-Ons   238

Das lernen Sie in diesem Kapitel ...

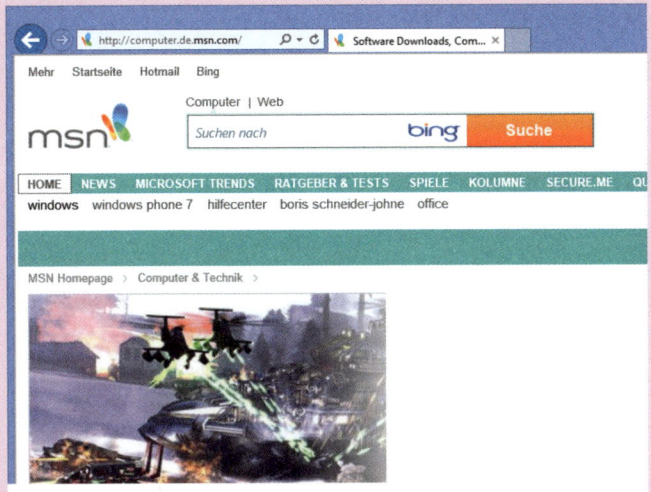

Mit dem Microsoft-Browser surfen Sie sicher und schnell im Netz der Netze. Lernen Sie Ihr Surfbrett kennen und speichern Sie als Startseite, was Sie häufiger sehen wollen.

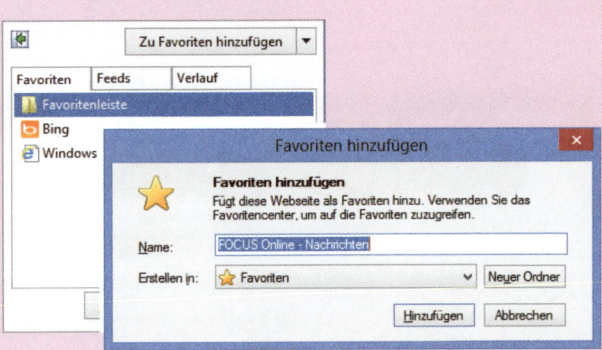

Die Internetoptionen bieten zahlreiche Einstellungen. Suchen Sie die wichtigsten heraus und richten Sie Ihren Browser komfortabel ein.

Was wichtig, nützlich oder interessant ist, gehört in die Favoriten. So starten Sie Ihr persönliches Internet-Seitenarchiv, so verwalten Sie Links und Adressen.

Sicherheit ist oberstes Gebot, besonders im Internet. Webseiten und Popups blocken, Cookies überwachen, Datenmüll beseitigen, Hacker- und Phishing-Angriffe abwehren – mit dem Internet Explorer gehen Sie auf Nummer Sicher.

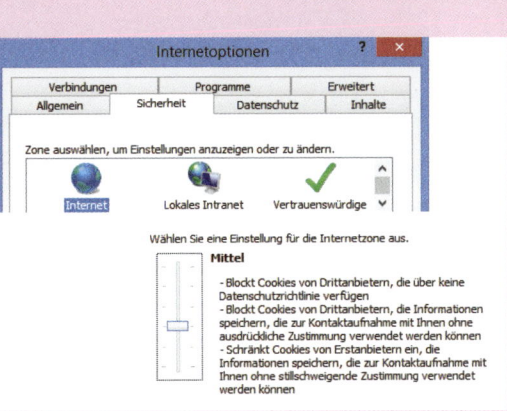

Browser starten

Der Internet Explorer mit der Versionsnummer 11 ist der Standardinternet-browser von Windows 8.1. Er bringt Sie ins Netz der Netze. Eine aktive Ver-bindung über LAN, WLAN oder Surfstick ist natürlich Voraussetzung.

1 Starten Sie den Internet Explorer mit dem Symbol in der Desktop-Taskleiste. Die rechte Maustaste bietet ein Kon-textmenü.

> 💬 **Hinweis**
>
> Der Internet Explorer, der über eine App auf der Startseite aktiviert wird, ist eine eingeschränkte Version und wird haupt-sächlich auf Tablets verwendet.

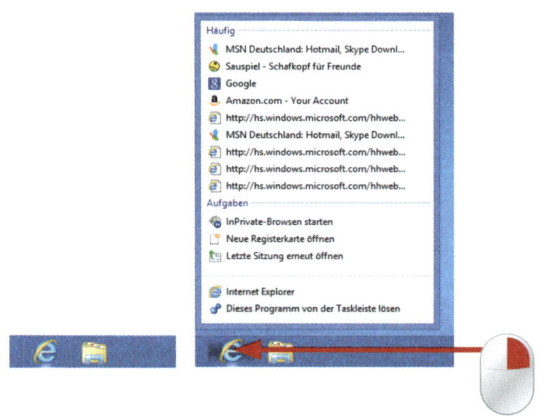

2 Der Browser wird aktiv und zeigt den Inhalt der Standardstartseite (hier das Microsoft-Portal MSN) an.

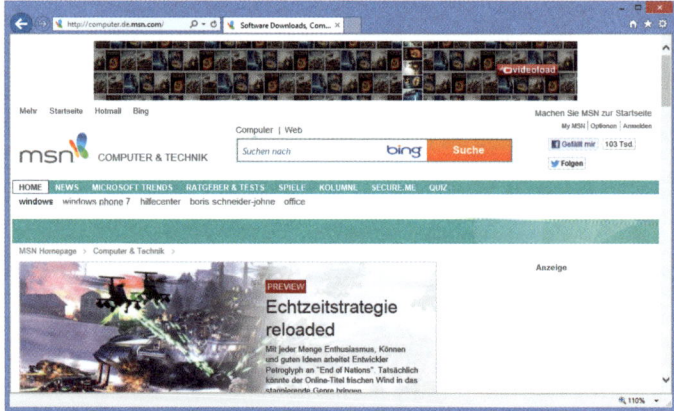

3 Geben Sie eine neue Adresse, zum Beispiel für die Webseite Ihres Lieb-lingsverlags in die Adresszeile ein und bestätigen Sie mit ⏎.

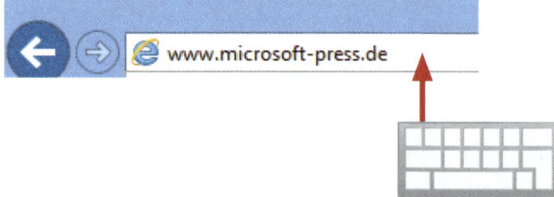

4 Die Seite wird geladen, surfen Sie durch Anklicken der Links durch die Seiten. Mit dem Zoom rechts unten regeln Sie die Anzeigegröße des Browsers.

5 Mit dem Haus-Symbol rechts oben schalten Sie zurück zur Startseite.

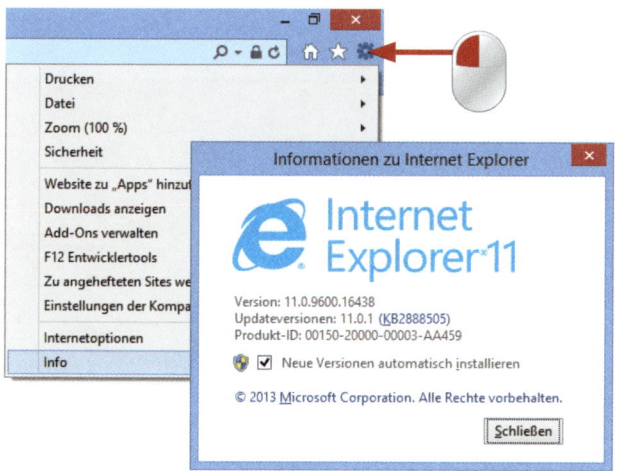

6 Klicken Sie auf das rechte Symbol und sehen Sie unter *Info* nach, welche Version des Browsers installiert ist.

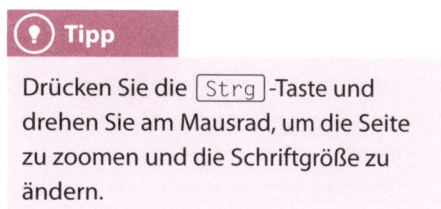

💡 Tipp

Drücken Sie die `Strg`-Taste und drehen Sie am Mausrad, um die Seite zu zoomen und die Schriftgröße zu ändern.

Adressen und Registerkarten

Im Internet Explorer arbeiten Sie mit Adressen und Registerkarten. Häufig besuchte Adressen merkt sich der Browser natürlich und bietet sie für den nächsten Ausflug ins Netz wieder an.

1 Klicken Sie auf den Pfeil rechts an der
Adresszeile, um die Liste der zuletzt
besuchten Seiten zu öffnen.

2 Ein Klick mit der rechten Maustaste am
oberen Rand, und Sie können die Registerkarten unter die Adresszeile setzen.

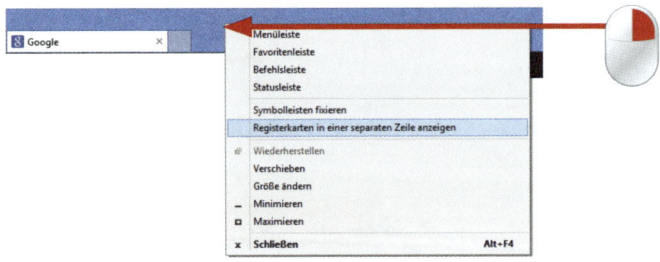

3 Klicken Sie auf das Symbol für neue
Registerkarten. Geben Sie eine neue
Adresse ein oder klicken sie auf einen
Vorschlag des Browsers.

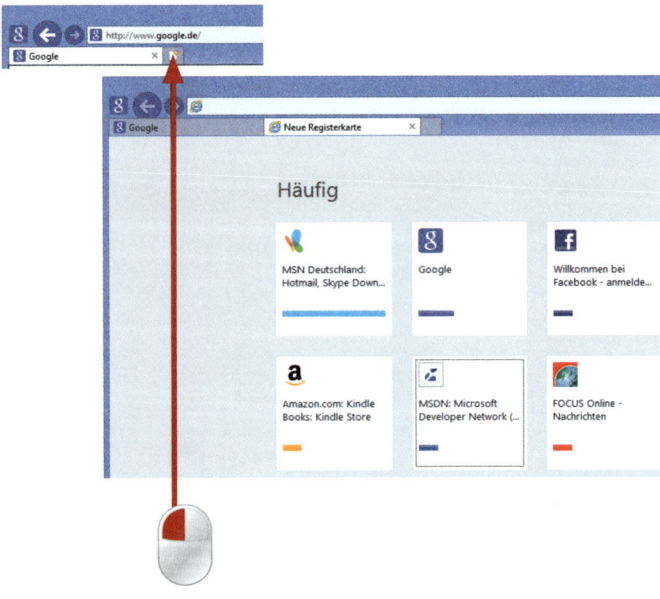

🔘 Hinweis

URL (Uniform Resource Locator) ist
das Fachwort für Webadresse. Das
Standardprotokoll *http://* muss nicht
eingegeben werden.

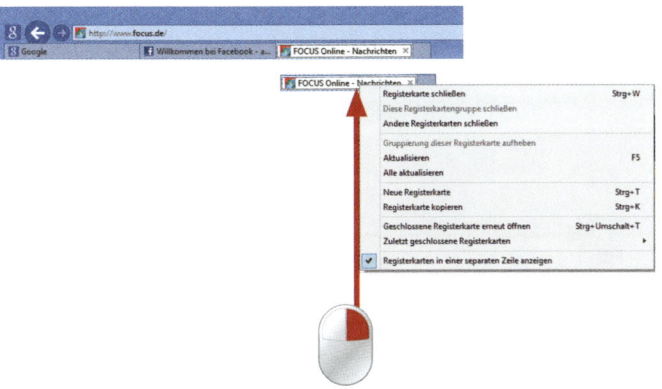

4 Zum Schließen eines Registers klicken Sie auf das Kreuzsymbol. Im Kontextmenü finden Sie weitere Optionen für Registerkarten.

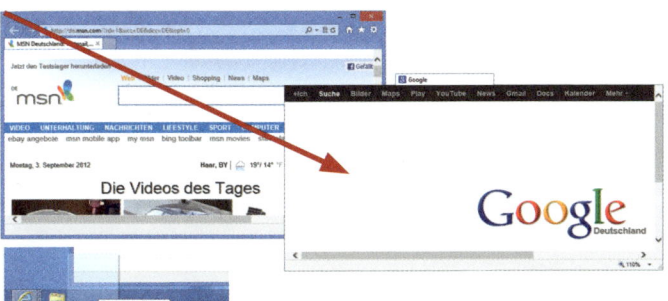

5 Ziehen Sie eine Registerkarte mit gedrückter Maustaste in ein neues Fenster oder heften Sie sie an die Taskleiste an.

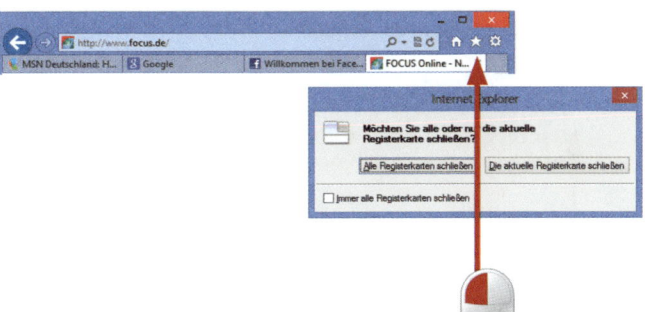

6 Mit dem *Schließen*-Symbol können Sie einzelne oder alle Registerkarten schließen. Kreuzen Sie die Option *Immer alle Registerkarten schließen* an.

 **Tipp**

Mit diesem Eintrag in die Adresszeile erhalten Sie eine leere Seite: *about:blank*

Startseite und Registeroptionen

Mit dem Start zeigt der Browser seine Startseite(n) an. Erweitern Sie die Liste einfach um zusätzliche Seiten, damit Sie gleich zu Beginn Ihre besten Seiten auf dem Bildschirm sehen. In den Internetoptionen sind alle Einstellungen zusammengefasst.

1 Klicken Sie auf das Symbol der Startseite, um auf diese umzuschalten.

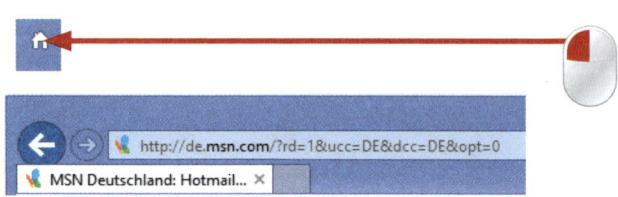

2 Wählen Sie *Startseite hinzufügen und ändern* im Kontextmenü der rechten Maustaste, …

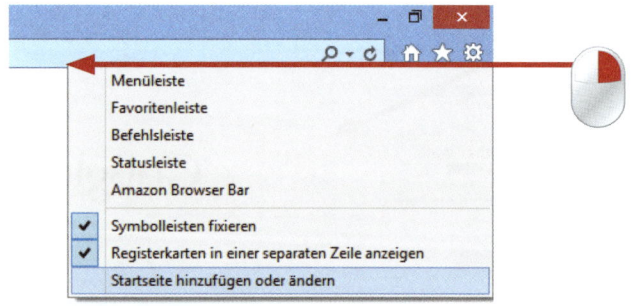

3 … und fügen Sie die aktuelle Seite als einzige oder zusätzliche Startseite hinzu.

💡 **Tipp**

Tastenkombinationen:
Startseite: `Alt` + `Pos1`
Extras-Menü: `Alt` + `x`

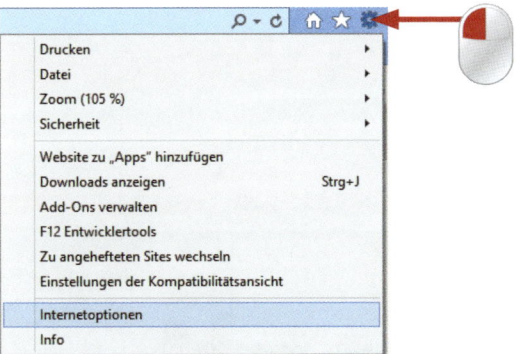

4 Mit den *Internetoptionen* aktivieren Sie ein Fenster mit zahlreichen Optionen für den Browser.

5 Auf der Registerkarte *Allgemein* finden Sie die Startseitenlinks. Mit der Startoption können Sie auch die letzte Registerkarte laden.

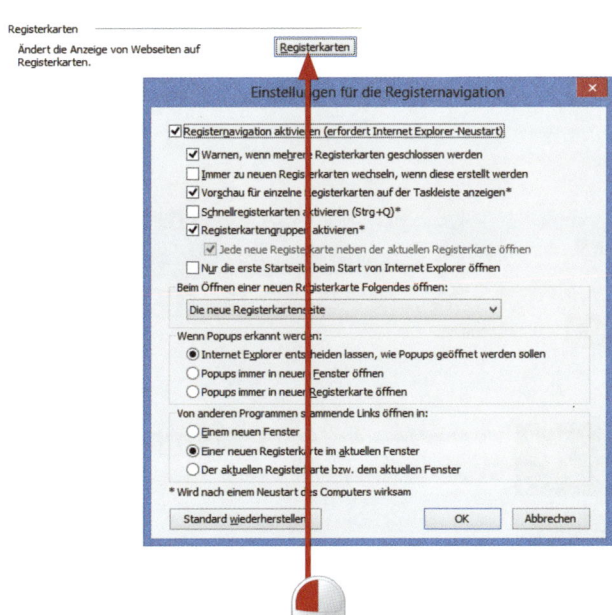

6 Klicken Sie auf *Registerkarten* für weitere Optionen rund um die Registerkarten.

> **Hinweis**
>
> Aktivieren Sie *Registerkartengruppen* in den Registeroptionen. Damit werden zusammengehörende Register farbig gekennzeichnet, und über das Kontextmenü des Registers können Sie ganze Gruppen schließen.

Symbolleisten und Favoriten

Symbolleisten machen Ihren Browser komfortabler. Blenden Sie die Menüs, Befehlssymbole und die Favoritenleiste ein, damit Sie schnell Zugriff auf alle Funktionen Ihres Browsers haben.

1 Klicken Sie mit der rechten Maustaste in den Titelbereich des Fensters und schalten Sie alle Leisten ein.

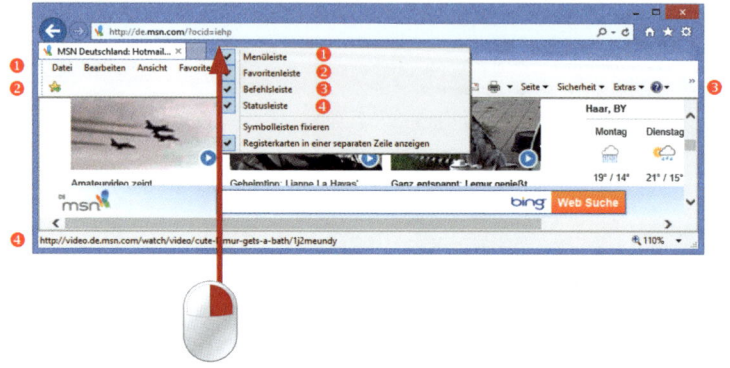

2 Über das Dateimenü können Sie Webseiten wahlweise im HTML-Format oder als Textdatei speichern.

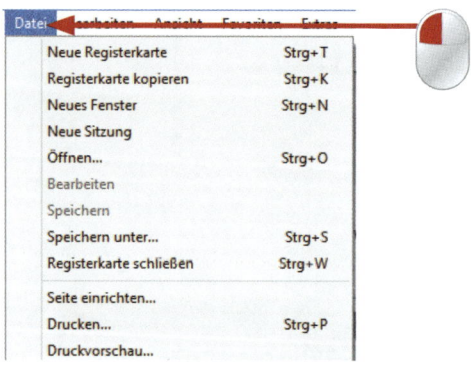

3 Achten Sie auf die Statusleiste am unteren Rand, sie zeigt Informationen über Links, die Sie mit der Maus ansteuern.

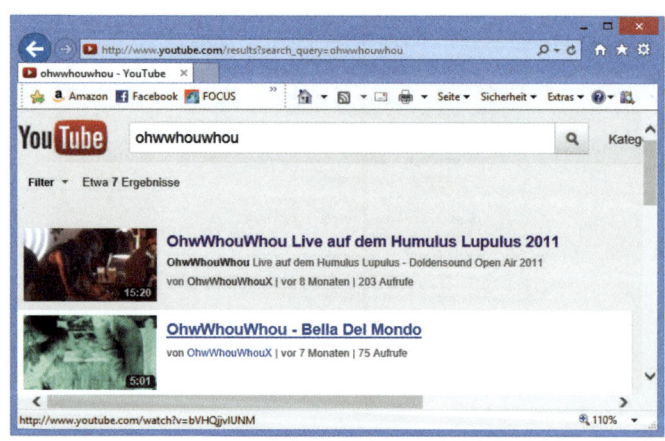

 **Hinweis**

Schalten Sie die Kompatibilitätsansicht ein, wenn eine Seite meldet, dass Ihre Windows-Version (noch) nicht unterstützt wird.

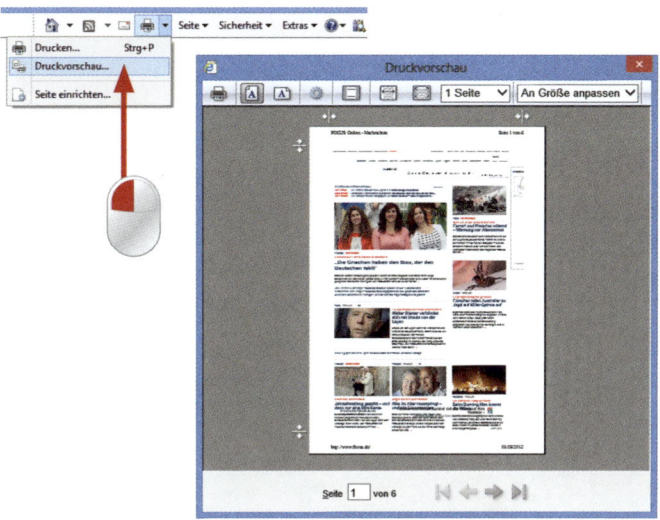

4 Drucken Sie Webseiten mit *Drucken* in der Befehlszeile aus, verwenden Sie die Druckvorschau und die Seiteneinrichtung.

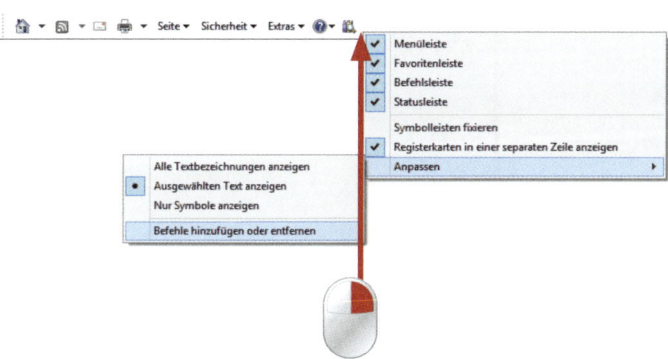

5 Über das Kontextmenü der Befehlsleiste können Sie die Befehle verwalten und neue Schaltflächen aufnehmen.

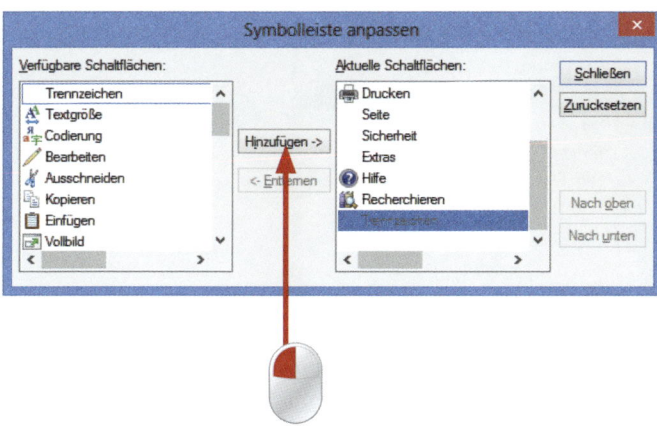

6 Markieren Sie eine Schaltfläche und klicken Sie auf *Hinzufügen* oder *Entfernen*.

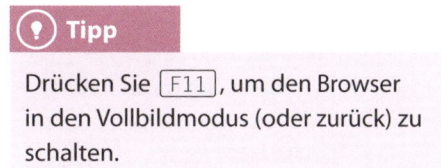

Tipp

Drücken Sie F11, um den Browser in den Vollbildmodus (oder zurück) zu schalten.

Symbolleisten und Favoriten

Speichern Sie Ihre Links als Favoriten ab oder ziehen Sie sie
in die Favoritenleiste. Legen Sie sich eine Ordnerstruktur im
Favoritenmenü an, dann geht keine Adresse mehr verloren.

7 Um einen Link als Favorit zu sichern,
ziehen Sie das Linksymbol aus der
Adresszeile mit gedrückter Maustaste in
die Favoritenleiste.

8 Klicken Sie den Link mit der rechten
Maustaste an und wählen Sie *Umbenennen*. Geben Sie einen Namen ein.

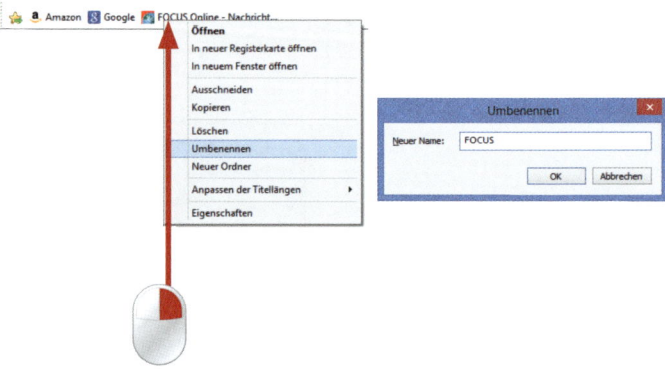

9 Klicken Sie auf das Symbol *Favoriten*,
um einen Link in den Favoriten abzu-
speichern.

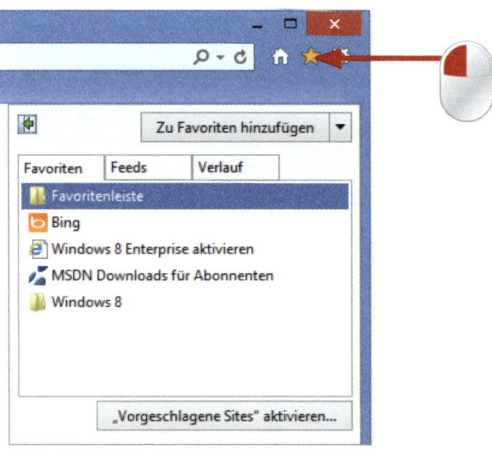

💬 Hinweis

Mit *Datei/Importieren und Exportie-
ren* lassen sich Favoriten, Feeds und
Cookies in Dateien speichern oder aus
diesen in den Browser holen.

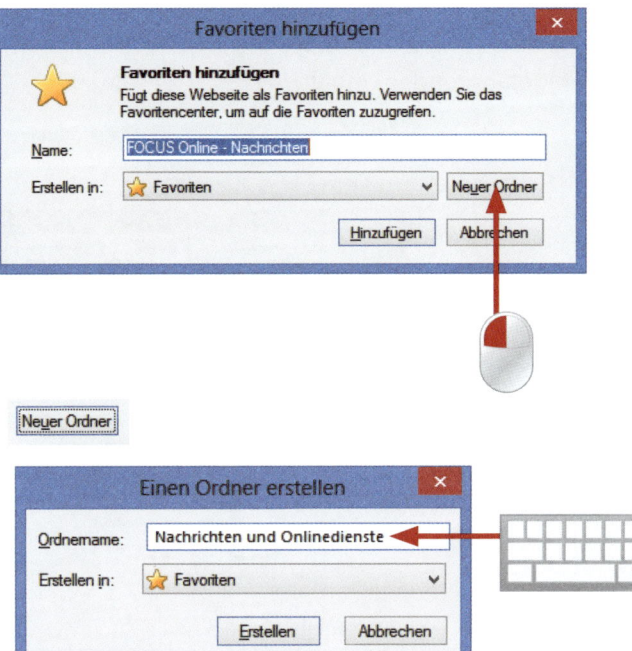

10 Klicken Sie auf *Hinzufügen* oder legen Sie einen neuen Ordner an.

11 Geben Sie den Namen des Ordners ein und bestätigen Sie mit *Erstellen* und *Hinzufügen*.

12 Auf der Registerkarte *Verlauf* sehen Sie, welche Links in den letzten Wochen angeklickt wurden.

 **Tipp**

Klicken Sie auf das Pfeilsymbol neben *Zu Favoriten hinzufügen* und wählen Sie *Favoriten verwalten*. Damit können Sie Favoriten zwischen Ordnern verschieben.

Sicherheit und Datenschutz

Sicherheit sollte beim Surfen im weltweiten Netz oberste Priorität haben. Stellen Sie Ihre Sicherheitsstufe ein, schalten Sie Popups und unsichere Cookies ab und schützen Sie mit *Family Safety* Kinder vor jugendgefährdendem Inhalt.

1 Aktivieren Sie die Internetoptionen und stellen Sie auf der Registerkarte *Sicherheit* die passende Sicherheitsstufe ein.

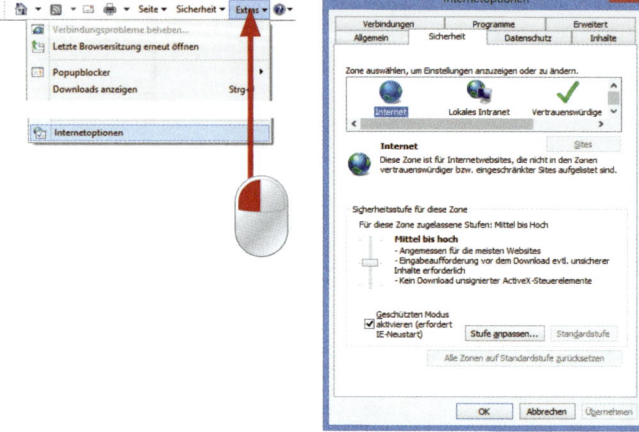

2 Klicken Sie auf *Stufe anpassen* und schalten Sie einzelne Sicherheitsrisiken aus.

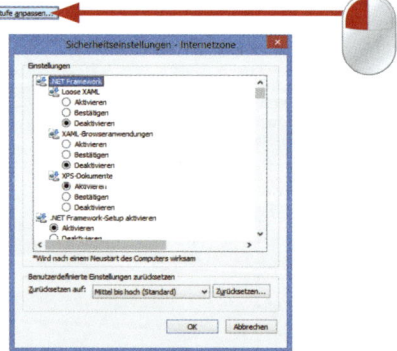

3 Auf der Registerkarte *Datenschutz* bestimmen Sie, wie Cookies behandelt werden.

 **Hinweis**

Cookies sind nicht gefährlich, sollten aber mit mittlerer Sicherheitsstufe behandelt werden. Unter *Allgemein/ Einstellungen* finden Sie alle temporären Dateien.

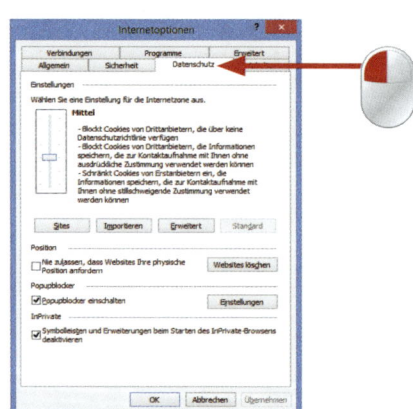

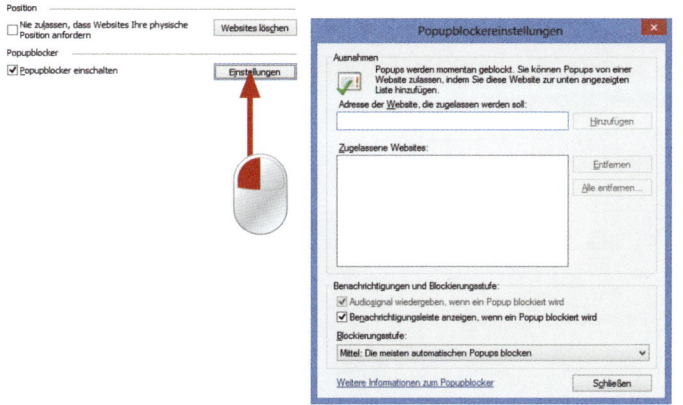

4 Wenn Seiten Ihre Position angefordert haben, können Sie diese hier löschen. Schalten Sie den Popupblocker ein, lassen Sie nur Ausnahmen zu.

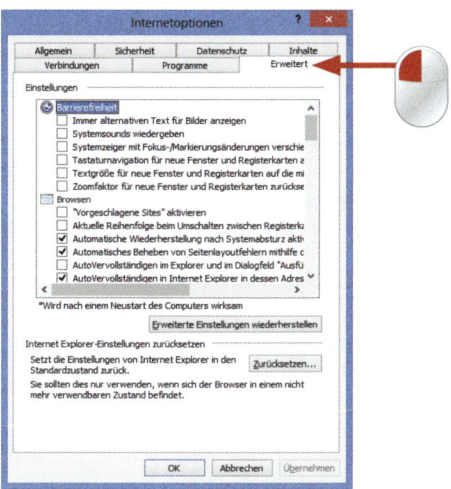

5 Auf der Registerkarte *Erweitert* finden Sie alle übrigen Einstellungen für den Browser.

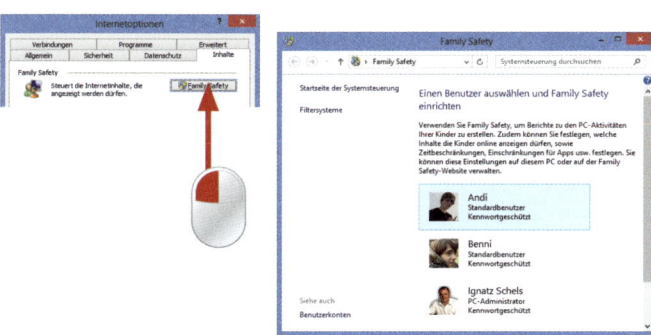

6 Unter *Inhalte/Family Safety* finden Sie Kinder- und Jugendschutzeinstellungen für Ihre Benutzerprofile.

 **Fachwort**

Cookies: Kleine Textdateien, die beim Aufruf von Seiten auf der Festplatte gespeichert werden.
Popups: Werbeseiten oder Dialoge, die selbstständig aktiv werden.

Sicherheit und Datenschutz

Wenn Sie mit Ihrem Computer in öffentlichen Netzen unterwegs sind, sollten Sie sicherstellen, dass niemand Ihre persönlichen Daten abgreift. InPrivate-Browsen, SmartScreen-Filter und Tracking-Schutz sind wertvolle Sicherheitseinstellungen.

7 Mit dem Symbol *Sicherheit* entfernen Sie alle Objekte, die der Browser aus Webseiten gespeichert hat.

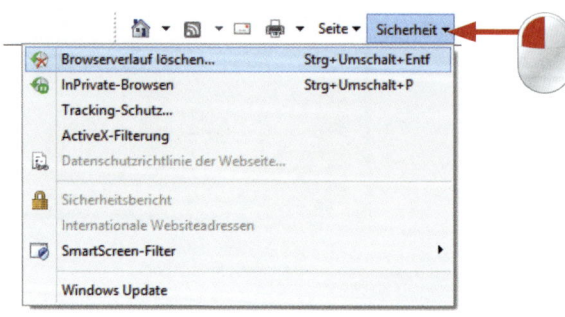

8 Wählen Sie *Sicherheit/InPrivate-Browsen*, wenn Sie an fremden Computern arbeiten.

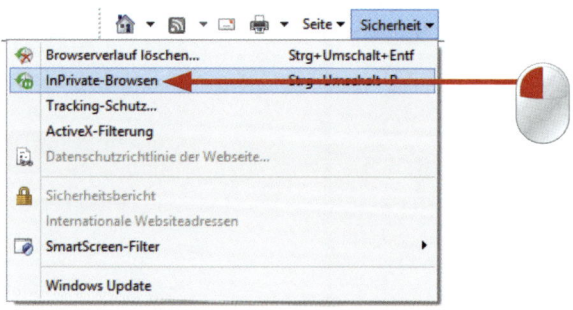

9 Im InPrivate-Fenster speichert der Browser keine Adressen, Bilder, Links oder andere temporäre Dateien.

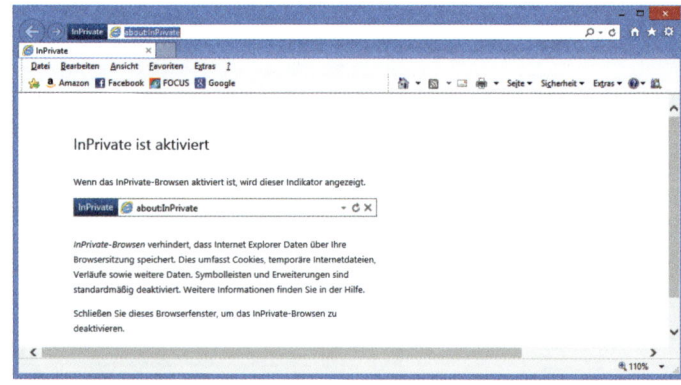

Hinweis

Überprüfen Sie unter *Windows Update*, ob die automatische Updateinstallation aktiviert ist.

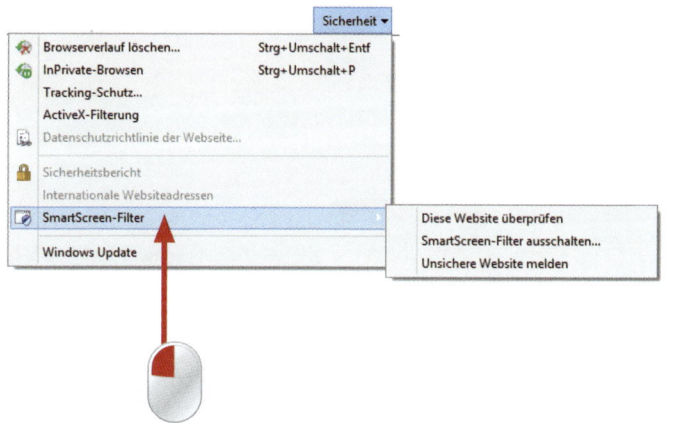

10 Schalten Sie den SmartScreen-Filter ein, wenn Sie unsichere Seiten bei Microsoft registrieren lassen wollen.

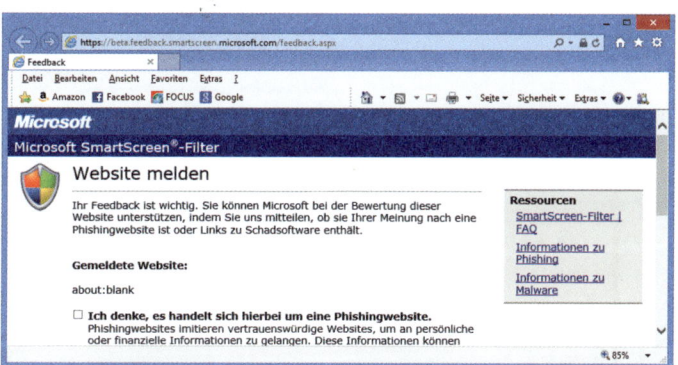

11 Der SmartScreen-Filter meldet Phishingseiten und gefährliche Inhalte (Viren, Trojaner etc.).

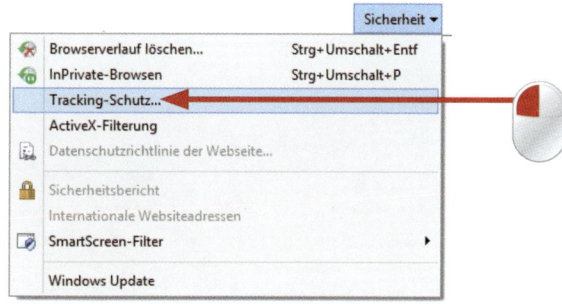

12 Mit *Sicherheit/Tracking-Schutz* aktivieren Sie ein Plug-in zum Schutz der Privatsphäre.

 **Hinweis**

Sehen Sie sich den Browserverlauf und die temporären Dateien unter *Extras/Allgemein/Einstellungen* an.

Cookies, Kennwörter und Datenmüll löschen

Mit der Zeit sammelt sich eine Menge Müll auf dem Computer an, denn jede Webseite hinterlässt temporäre Dateien. Räumen Sie auf, löschen Sie Dateien, Cookies und alte Downloads.

1 Unter *Extras/Internetoptionen* finden Sie auf der Registerkarte *Einstellungen* den Browserverlauf.

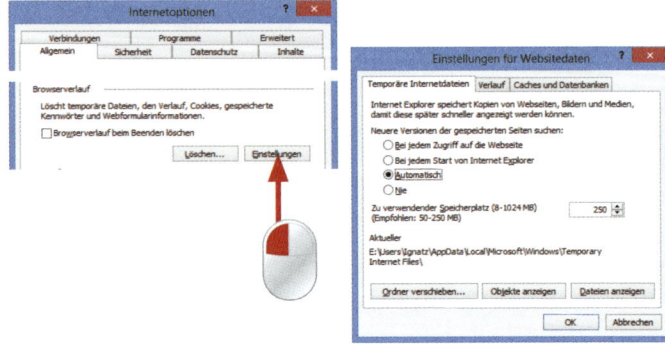

2 Klicken Sie auf *Dateien anzeigen*, wenn Sie die temporären Dateien sehen wollen, die Webseiten auf Ihrer Festplatte hinterlassen.

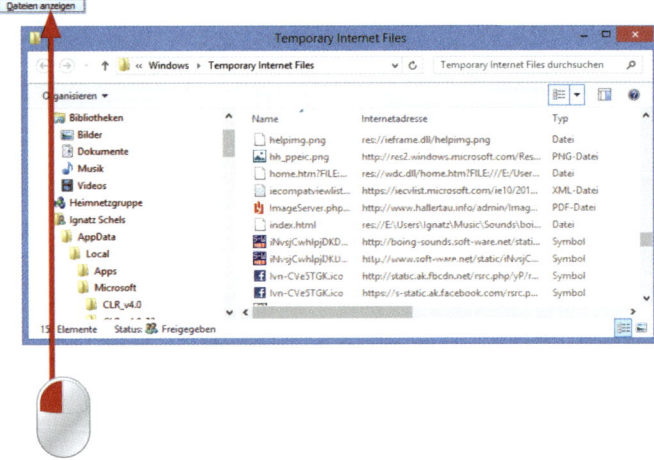

3 Sortieren Sie die erste Spalte, sehen Sie, welche Webadressen mit Cookies arbeiten.

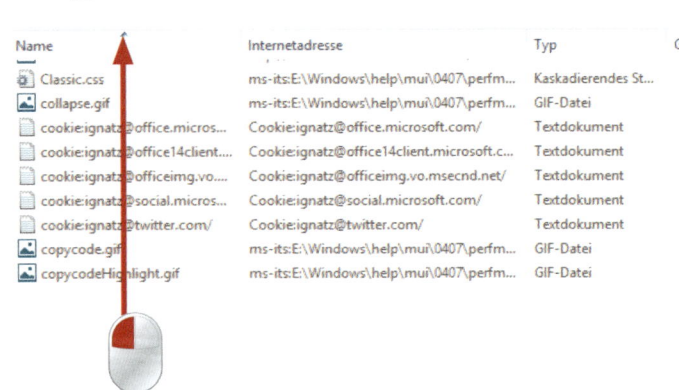

> 💬 **Hinweis**
>
> Kennwörter zum Zugriff auf Webseiten speichert Windows 8.1 nur, wenn Sie bei Aufforderung von der Webseite ausdrücklich zustimmen.

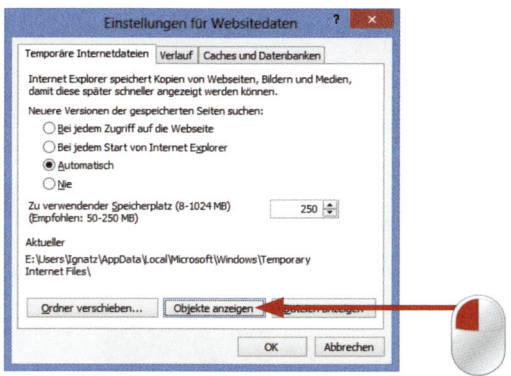

4 Klicken Sie auf *Objekte anzeigen*, um alle Dateien zu sehen, die vom Benutzer per Download gespeichert wurden.

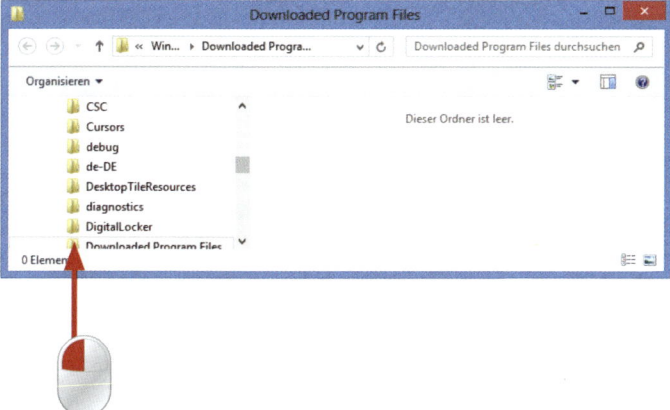

5 Löschen Sie den Ordner, um alte Downloads zu entfernen.

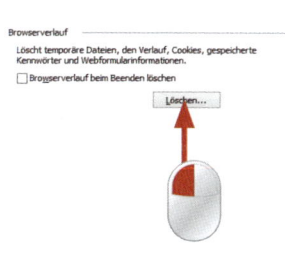

6 Klicken Sie unter *Browserverlauf* auf *Löschen* und löschen Sie alle temporären Dateien und gespeicherte Kennwörter.

 **Hinweis**

Für temporäre Dateien reserviert Windows 8.1 maximal 50 MB von Ihrer Festplatte. Ist diese Größe erreicht, werden immer die ältesten Dateien gelöscht.

Downloads und Add-Ons

Downloads startet Ihr Internet Explorer nicht ohne Sicherungsabfrage. Achten Sie auf die Meldung am unteren Bildschirmrand, speichern Sie Downloads immer als Dateien ab, damit Sie mehrfach Zugriff darauf haben.

1 Bilder auf Webseiten können Sie einfach über das Kontextmenü der rechten Maustaste kopieren oder als Bilddatei speichern.

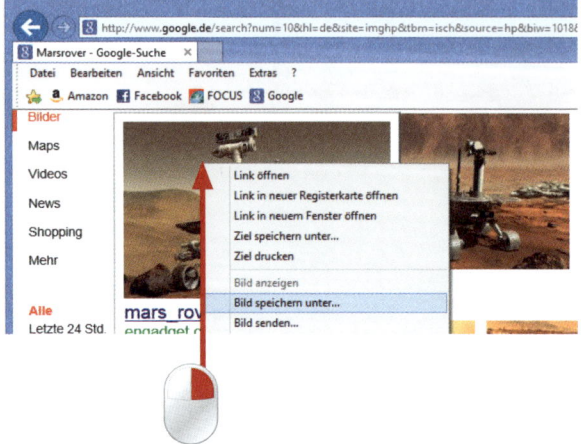

2 Videos, Sounds oder Programme werden über Schaltflächen zum Download angeboten.

◉ Fachwort

Freeware: Kostenlose Software, häufig aber nur Testversionen.
Shareware: Software mit geringen Nutzungsgebühren.

3 Vor dem Download erscheint am unteren Rand eine Sicherheitsabfrage. Speichern Sie die Datei in einem Ordner ab.

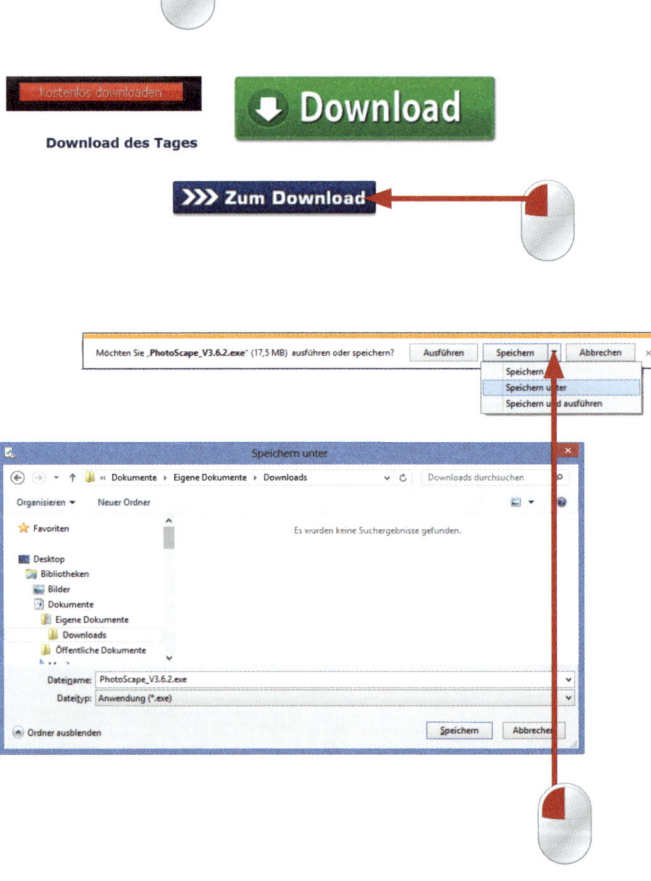

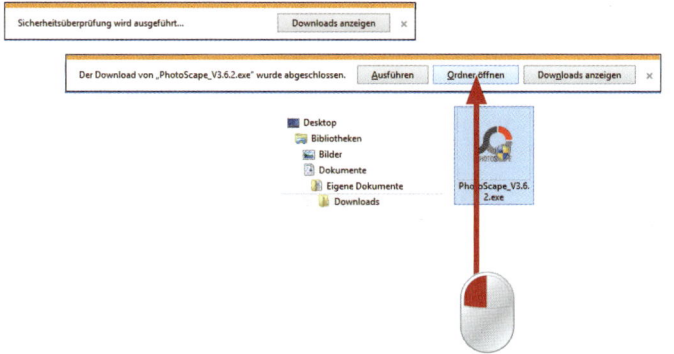

4 Nach der Sicherheitsprüfung ist der Download abgeschlossen, Sie können den Ordner öffnen und das Programm installieren.

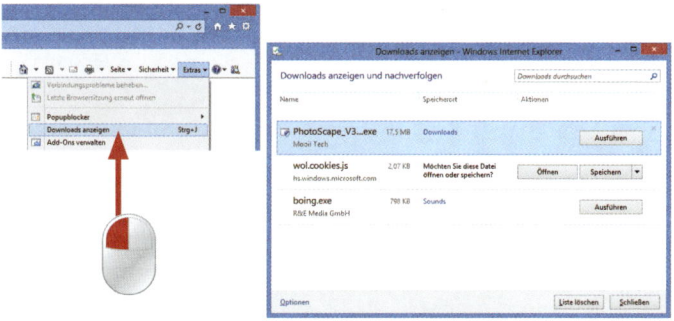

5 Unter *Extras* in der Befehlszeile finden Sie unter *Downloads anzeigen* eine Liste mit allen Downloads.

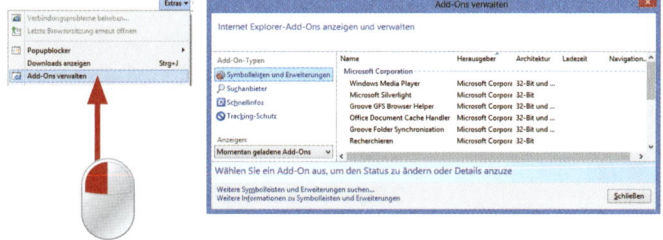

6 Unter *Extras/Add-Ons verwalten* finden Sie eine Liste der installierten Add-Ons.

 **Hinweis**

Add-Ons sind Zusatzprogramme, die für die Anzeige bestimmter Inhalte benötigt werden (z. B: Silverlight oder Windows Media Player).

Kapitel 9

Netzwerk- und Internetverbindungen

Ihr Computer im Netzwerk   242

Netzwerkverbindung herstellen   244

Domänen und Arbeitsgruppen   248

Eine Heimnetzgruppe erstellen   250

Öffentliche und private Netzwerke   252

Netzwerk- und Freigabecenter   254

Bibliotheken und Ordner freigeben   256

Netzwerkdrucker   258

Netzlaufwerke einrichten   260

Testwerkzeuge für Networker   262

Das lernen Sie in diesem Kapitel ...

Gut gerüstet mit WLAN, DSL und Windows 8.1 geht es ins Netz. Steht Ihre Verbindung? Lassen Sie Ihr Betriebssystem prüfen, welche Netze verfügbar sind.

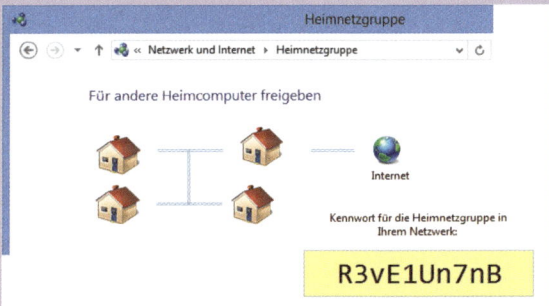

Ideal für den kleinen Netzverkehr: In der Heimnetzgruppe verbinden Sie blitzschnell und ohne technischen Aufwand Ihre Rechner zuhause oder im kleinen Büro.

Die Verbindung zu öffentlichen oder privaten Netzen konfigurieren Sie über die PC-Einstellungen oder mit dem Netzwerk- und Freigabecenter.

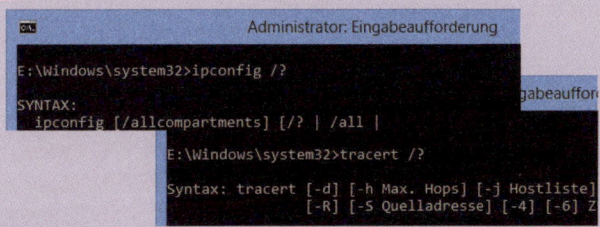

Testen wie die Profis: Pfiffige kleine Tools für Networker, um falsche oder langsame Verbindungen aufzuspüren.

Ihr Computer im Netzwerk

Für die Netzwerkverbindung brauchen Sie WLAN oder einen Netzwerkadapter, ein DSL-Modem mit Router oder einen Zugang zum Server. Dann kann es losgehen, den Rest übernimmt Windows 8.1.

1 Im Firmennetz (Client-Server-Netz) sind alle Computer mit einem Server verbunden, der über Standleitung Verbindung zum Internet hat.

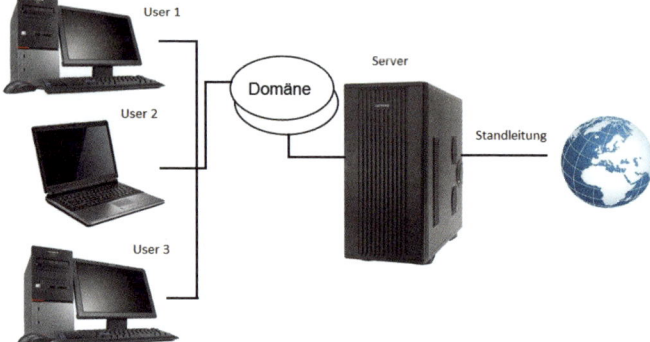

2 Private Netzwerke verbinden sich über Modem und Router mit dem Telekommunikationsdienst (z. B. Telekom).

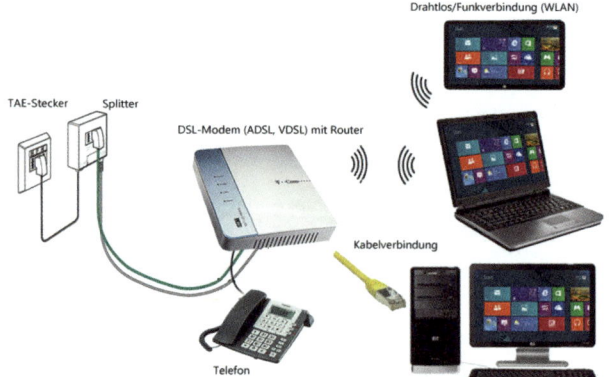

3 Desktop-PCs haben WLAN oder Netzwerkadapter, Notebooks und Tablets verbinden sich über WLAN oder Surfstick. Eingeschaltet wird meist mit Fn + F10.

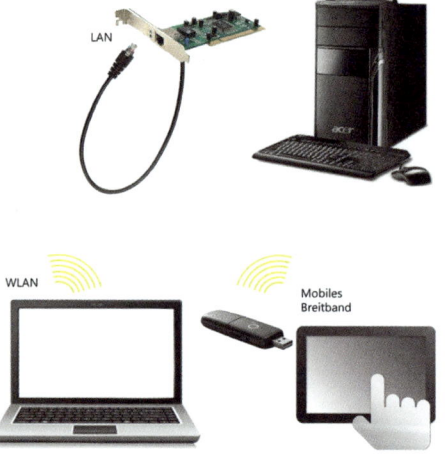

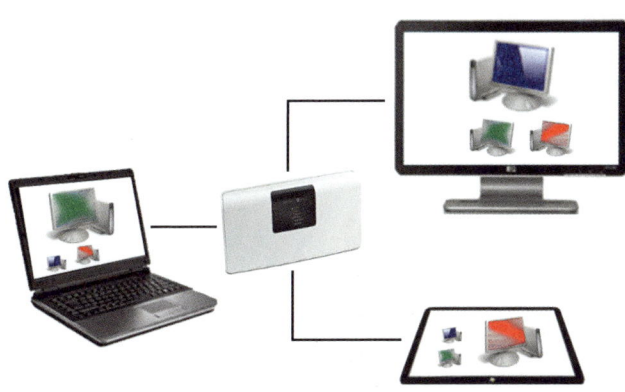

4 Über den Router sind alle Geräte im Netz auch untereinander verbunden.

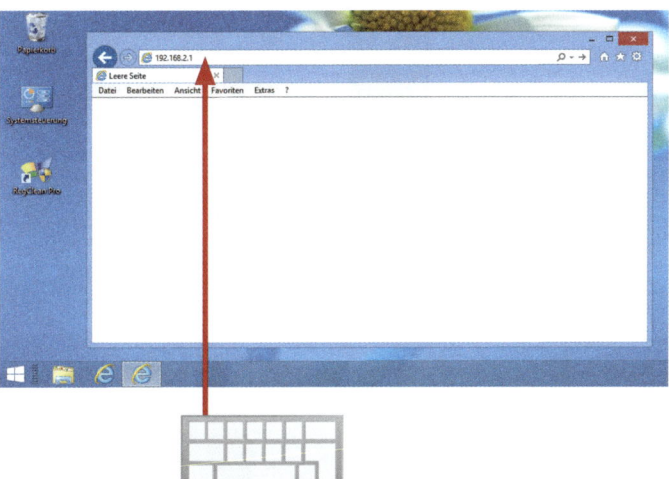

5 Der Router lässt sich mit dem Internet Explorer aus dem Desktop konfigurieren. Geben Sie die Adresse 192.168.2.1 ein.

Tipp

Wenn 192.168.2.1 für den Router nicht funktioniert, aktivieren Sie die Eingabeaufforderung und geben Sie *ipconfig* ein. Die Gateway-Adresse ist der Router.

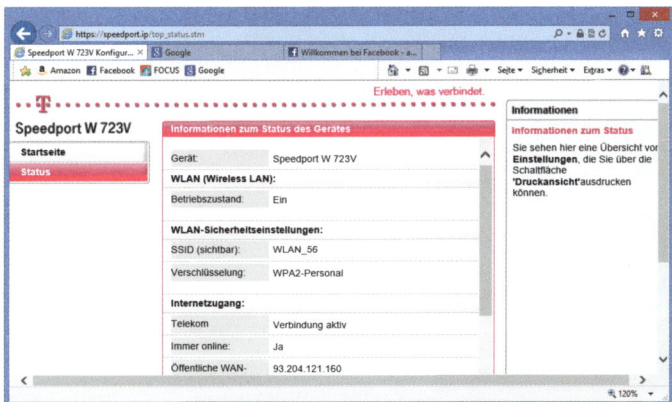

6 Jetzt können Sie sich mit dem Gerätepasswort anmelden, den Namen und die Zugangsdaten anpassen.

Tipp

Alternative Zugriffsadressen für Router: *speedport.ip* (Telekom) und *fritz.box* (Fritzbox)

Netzwerkverbindung herstellen

Überprüfen Sie Ihre Netzwerkverbindung auf der Startseite oder auf dem Desktop. Geben Sie den Sicherheitsschlüssel für den Router oder die Zugangsdaten für WLAN oder Surfstick ein.

1 Klicken Sie mit der rechten Maustaste links unten, wählen Sie *Einstellungen*. Das Netzwerksymbol meldet den Status der Verbindung.

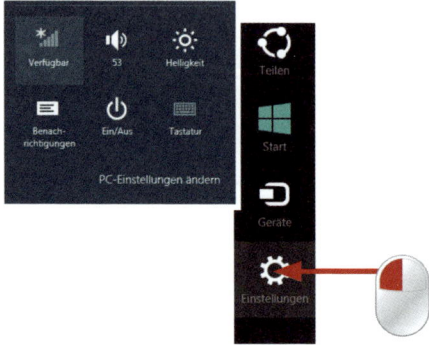

2 Aktivieren Sie den Desktop von der Startseite aus. Hier finden Sie die Netzwerkverbindungen im Systembereich rechts unten.

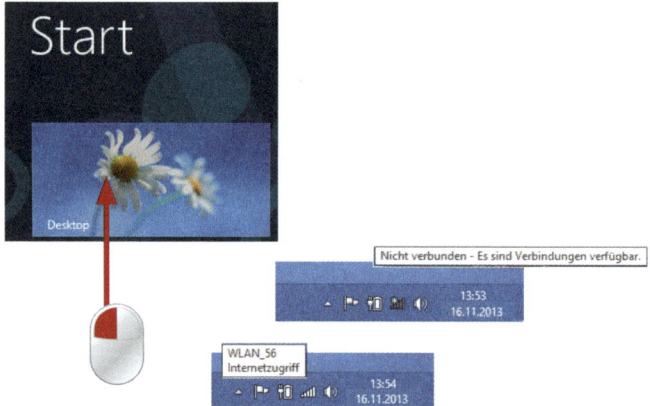

3 Die verfügbaren Netzwerke oder Breitbandverbindungen werden angezeigt, klicken Sie auf Ihr Netzwerk.

 **Hinweis**

WLANs haben eine Reichweite bis zu 300 Metern. Deshalb sehen Sie auch die Netzwerke Ihrer Nachbarn. Das Symbol zeigt an, wie gut die Verbindung ist.

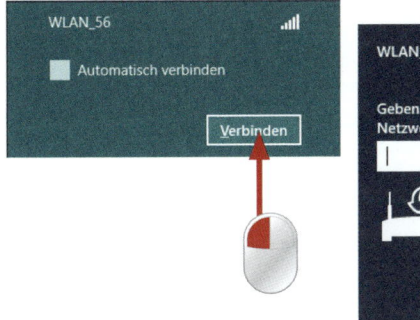 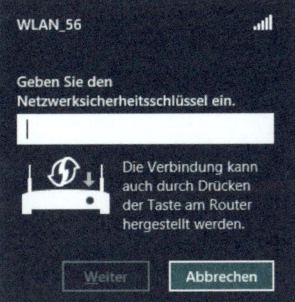

4 Ein Klick auf *Verbinden* stellt die Verbindung her. Geben Sie den Sicherheitsschlüssel des Routers oder die Zugangsdaten ein.

> 🗨 **Hinweis**
>
> Die Option *Automatisch verbinden* stellt bei mehreren verfügbaren WLANs sicher, dass das ausgewählte Netzwerk automatisch verbunden wird.

5 Weitere Netzwerkeinstellungen finden Sie in den PC-Einstellungen. Markieren Sie das angezeigte Netzwerk.

6 Hier können Sie die Anzeige der Datennutzung einschalten und die Einstellungen für das Netzwerk überprüfen.

Geräte und Inhalte suchen

Nach PCs, Geräten und Inhalten in diesem Netzwerk suchen und automatisch eine Verbindung mit Geräten wie Druckern und Fernsehern herstellen. Deaktivieren Sie diese Funktion für öffentliche Netzwerke, um Ihre Daten zu schützen.

Ein

Datennutzung

Geschätzte eigene Datennutzung in der Netzwerkliste anzeigen

Ein

Als getaktete Verbindung festlegen

Aus

Eigenschaften

Netzwerkverbindung herstellen

Ob WLAN oder Breitbandnetz, Flatrate oder Roaming, Windows 8.1 erkennt alle Verbindungen automatisch. Sehen Sie sich die Datennutzung an und geben Sie Ihren Computer im Heimnetzwerk für andere Geräte im Netz frei.

7 Wählen Sie *Getaktete Verbindung*, um das Datenvolumen zu reduzieren.

8 Lassen Sie mit diesem Schalter die Datennutzung des Netzwerks anzeigen. Sie wird sichtbar, wenn Sie es in der Netzwerkliste anklicken.

9 Die Datennutzung wird angezeigt. Mit *Zurücksetzen* setzen Sie sie auf null.

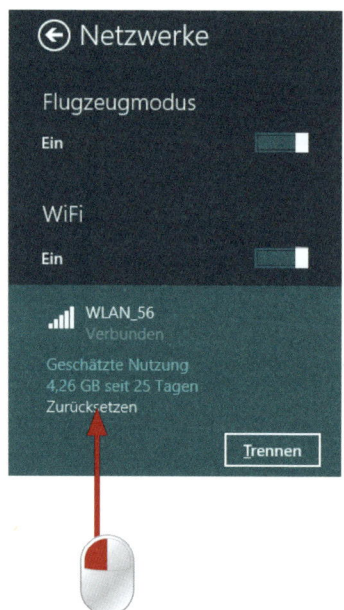

 **Hinweis**

Schalten Sie die *Getaktete Verbindung* ein, wenn Ihre Verbindung ein begrenztes Datenvolumen enthält und Surfen oder Downloads zu (meist hohen) Zusatzkosten führen. Die geschätzte Datennutzung hilft Ihnen bei der Überwachung.

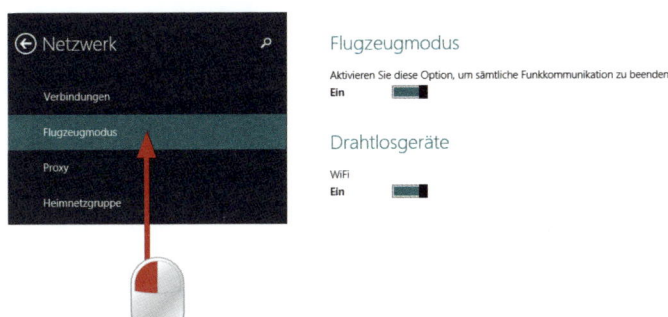

10 Unter dieser Option schalten Sie den Flugzeugmodus und die WLAN-Verbindung aus bzw. ein.

 **Hinweis**

Der Flugzeugmodus schaltet auch Bluetooth aus.

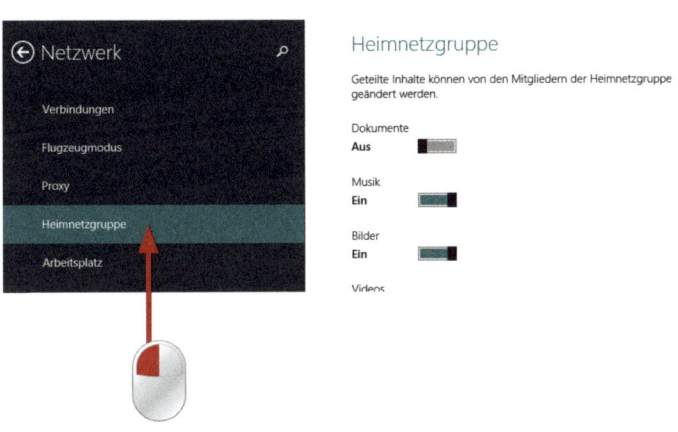

11 Als Mitglied einer Heimnetzgruppe verbinden Sie sich schnell mit anderen Computern. Geben Sie an, was diese auf Ihrem Computer sehen dürfen.

12 Geben Sie dem Benutzer, der sich Ihrer Heimnetzgruppe anschließen will, das angezeigte Kennwort.

Kennwort

Geben Sie anderen Benutzern, die Ihrer Heimnetzgruppe beitreten möchten, folgendes Kennwort:

R3vE1Un7nB

Domänen und Arbeitsgruppen

Damit Sie sich mit Ihrem Computer im Netzwerk anmelden
können, geben Sie ihm einen Namen und weisen ihm eine
Arbeitsgruppe oder eine Domäne im Firmennetz zu.

1 Klicken Sie mit der rechten Maustaste
auf das Startsymbol und aktivieren
Sie die Systemsteuerung. Wählen Sie
System und Sicherheit.

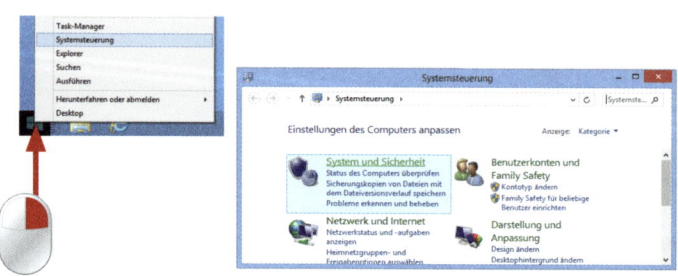

2 In den Systeminformationen sehen Sie
den Namen des Computers. Wählen Sie
Einstellungen ändern.

3 Klicken Sie auf *Ändern*, um den Namen
oder die Arbeitsgruppe zu ändern.

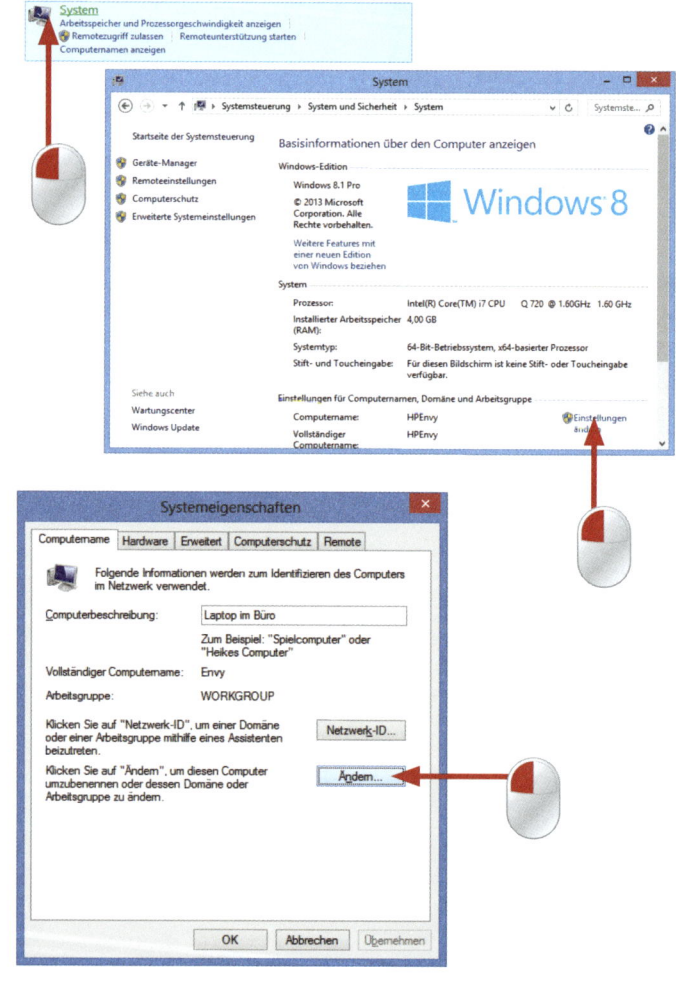

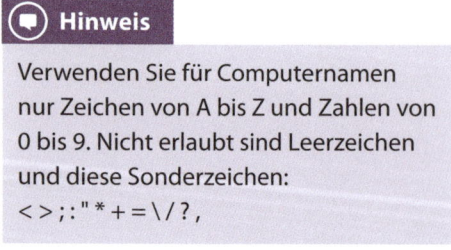

> **💬 Hinweis**
>
> Verwenden Sie für Computernamen
> nur Zeichen von A bis Z und Zahlen von
> 0 bis 9. Nicht erlaubt sind Leerzeichen
> und diese Sonderzeichen:
> < > ; : " * + = \ / ? ,

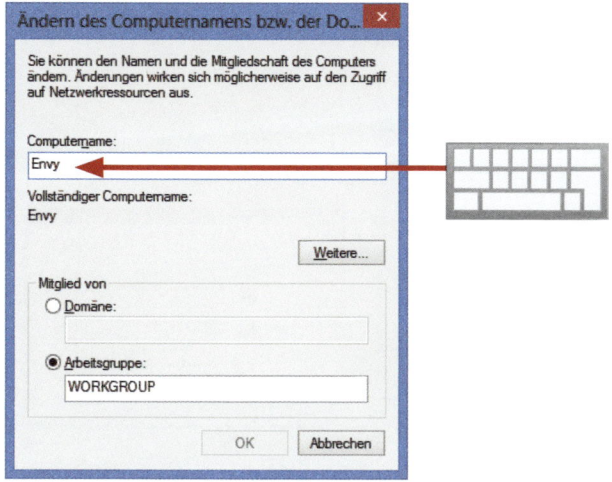

4 Tragen Sie den Computernamen ein und weisen Sie den Computer einer Arbeitsgruppe zu.

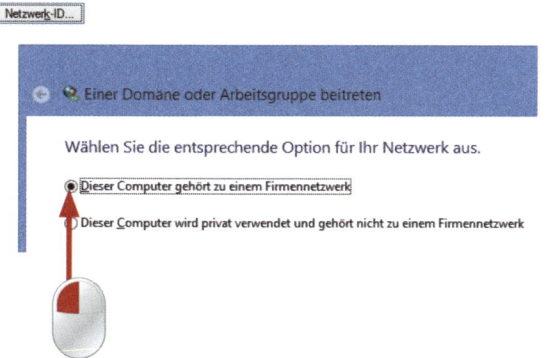

5 Die Schaltfläche *Netzwerk-ID* bietet die Möglichkeit, den Computer im Firmen- oder Arbeitsplatznetzwerk anzumelden.

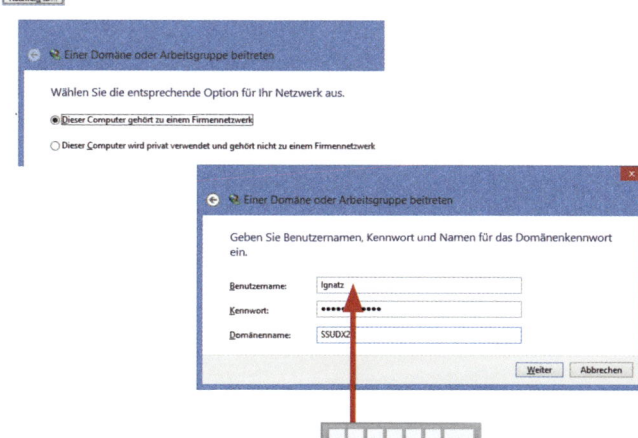

6 Geben Sie Benutzername, Kennwort und – falls nötig – die Domäne ein, in der sich der Computer befindet.

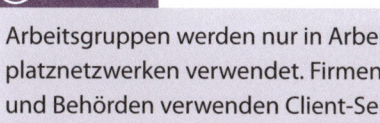 **Hinweis**

Arbeitsgruppen werden nur in Arbeitsplatznetzwerken verwendet. Firmen und Behörden verwenden Client-Server-Netze, in denen sich die Benutzer an Domänen anmelden.

Eine Heimnetzgruppe erstellen

Die einfachste Methode, Computer und Tablets miteinander zu verbinden, ist ein Heimnetzwerk. Legen Sie eine Heimnetzgruppe an oder treten Sie einer Gruppe bei, die von einem anderen Computer aus erstellt wurde.

1 Starten Sie die Systemsteuerung. Wählen Sie *Netzwerk und Internet*.

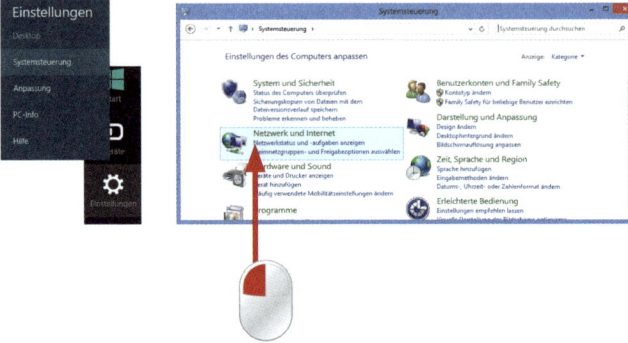

2 Klicken Sie auf die Gruppe *Heimnetzgruppe*.

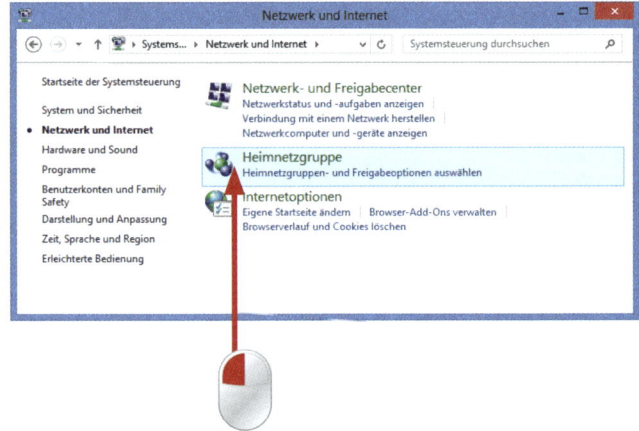

3 Wählen Sie *Heimnetzgruppe erstellen* und bestätigen Sie weitere Fragen der Systemsteuerung.

 **Hinweis**

Wenn bereits eine Heimnetzgruppe besteht, wird diese angezeigt, Sie können dieser nur beitreten, keine neue Gruppe erstellen.

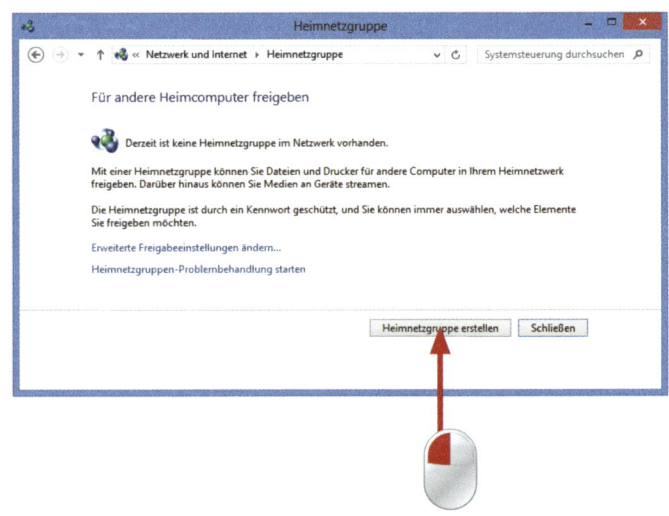

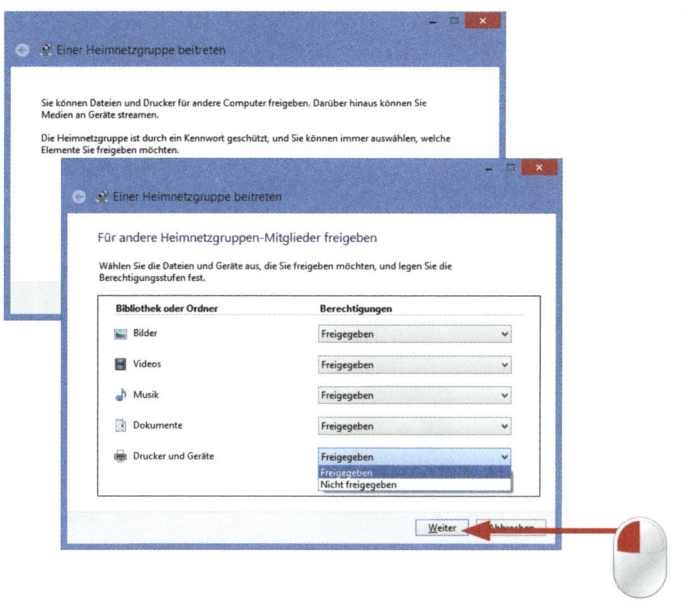

4 Wenn eine Heimnetzgruppe besteht, wählen Sie *Jetzt beitreten* und bestätigen die Freigaben.

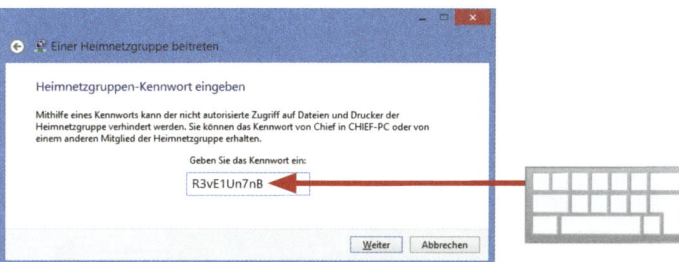

5 Geben Sie das Kennwort ein, Sie können es auf dem Computer, der die Heimnetzgruppe erstellt hat, abrufen.

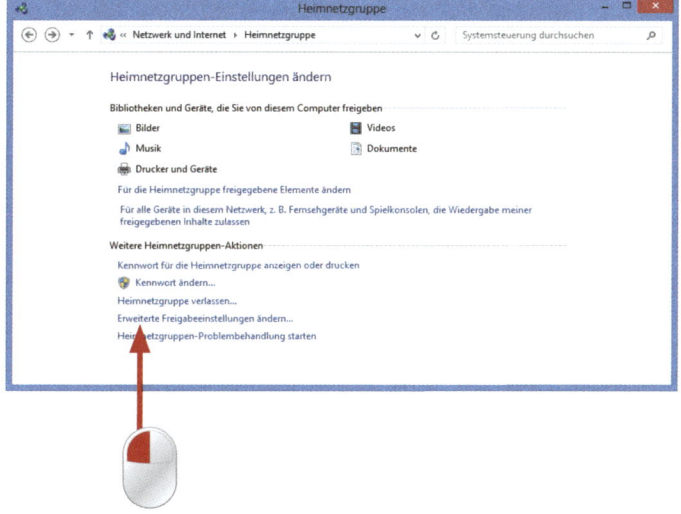

6 Sie haben die Heimnetzgruppe erstellt oder sind ihr beigetreten. Aktivieren Sie die *Erweiterten Freigabeeinstellungen*.

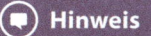 **Hinweis**

In den erweiterten Freigabeeinstellungen können Sie Ihr Benutzerkonto für die Verbindungsaufnahme festlegen.

Öffentliche und private Netzwerke

Das private Netz schützt Windows durch die Firewall, im
öffentlichen Netz sollten Sie Ihren Computer nicht anzeigen
lassen und keine Dateien oder Geräte freischalten.

1 Drücken Sie ⊞ + C , wählen Sie
Einstellungen und klicken Sie auf das
Netzwerksymbol, in dem das WLAN
sichtbar ist.

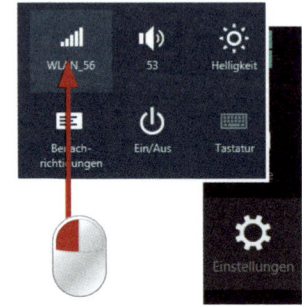

2 Klicken Sie die Verbindung mit der
rechten Maustaste an und schalten Sie
Teilen und Freigabe bei öffentlichen
Netzwerken aus.

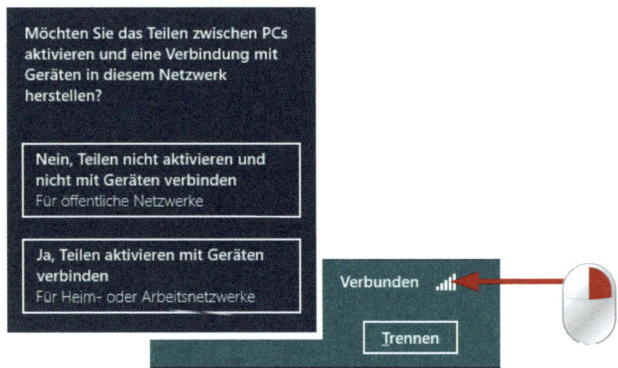

3 Öffnen Sie die Systemsteuerung und
schalten Sie unter *Netzwerk und Internet*
den Netzwerkstatus ein.

 **Hinweis**

Schalten Sie auf ein öffentliches Netz
um, wird die Heimnetzgruppe automatisch deaktiviert.

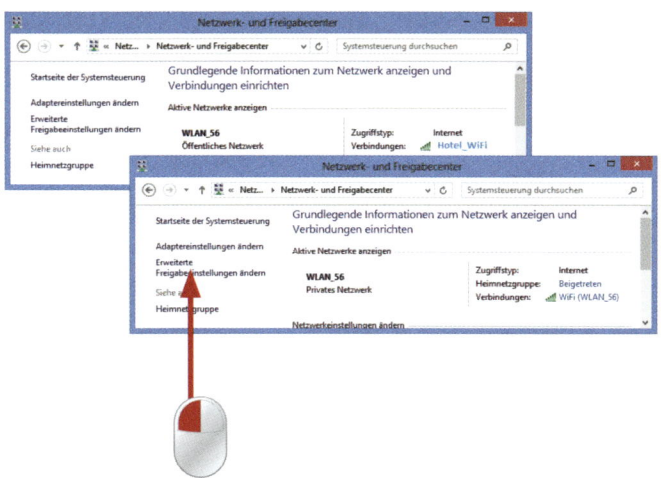

4 Status und Name des Netzwerks werden angezeigt, wählen Sie *Erweiterte Freigabeeinstellungen ändern*.

5 Hier können Sie die Freigabeoptionen für öffentliche und private Netzwerke einstellen.

Freigabeoptionen für unterschiedliche Netzwerkprofile ändern

Für jedes von Ihnen verwendete Netzwerk wird unter Windows ein separates Netzwerkprofil erstellt. Für die einzelnen Profile können Sie bestimmte Optionen auswählen.

Privat (aktuelles Profil) .... ⌄

Gast oder Öffentlich .... ⌃

Netzwerkerkennung

Wenn die Netzwerkerkennung eingeschaltet ist, kann dieser Computer andere Netzwerkcomputer und -geräte sehen, und er ist selbst sichtbar für andere Netzwerkcomputer.

○ Netzwerkerkennung einschalten
◉ Netzwerkerkennung ausschalten

Datei- und Druckerfreigabe

Wenn die Freigabe von Dateien und Druckern aktiviert ist, können Netzwerkbenutzer auf Dateien und Drucker zugreifen, die Sie von diesem Computer freigeben.

○ Datei- und Druckerfreigabe aktivieren
◉ Datei- und Druckerfreigabe deaktivieren

6 Im öffentlichen Netz schalten Sie die Netzwerkkennung und den Zugriff auf Drucker und Dateien aus.

> **💡 Tipp**
>
> Klicken oder tippen Sie im Netzwerk- und Freigabecenter den Netzwerknamen an, erhalten Sie detaillierte Informationen über die Verbindung.

Netzwerk- und Freigabecenter

Im Netzwerk- und Freigabecenter überprüfen Sie Ihre Verbindung, die Netzwerkadapter und deren Protokolle und IP-Adressen. Es bietet auch eine Liste der Geräte an, auf die Sie über das Netzwerk Zugriff haben.

1 Öffnen Sie in der Systemsteuerung die Gruppe *Netzwerk und Internet* und aktivieren Sie das *Netzwerk- und Freigabecenter*.

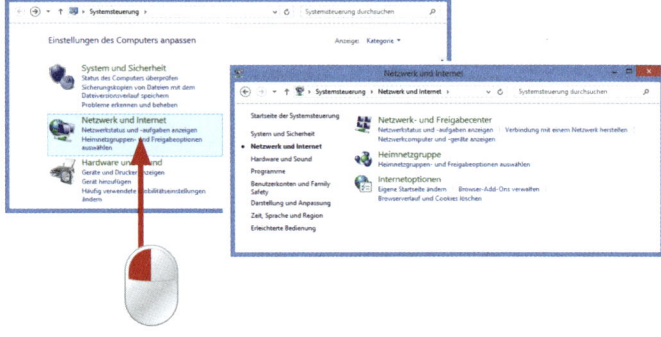

2 Hier wird die aktive Verbindung angezeigt. Klicken Sie auf *Adaptereinstellungen ändern*.

3 Die Netzwerkadapter auf Ihrem Computer werden angezeigt, ein Doppelklick aktiviert die Einstellungen für einen Adapter (hier das Drahtlosnetzwerk).

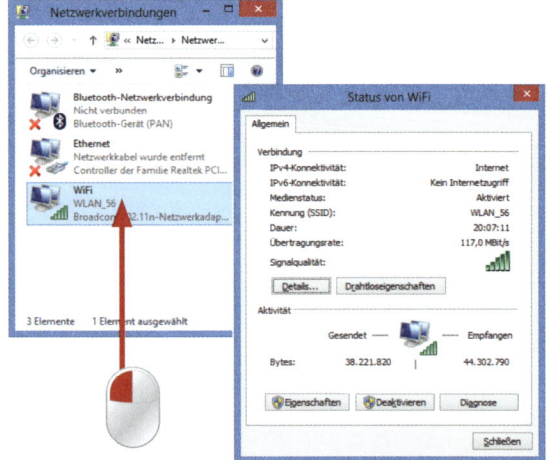

> 💬 **Hinweis**
>
> Die Netzwerkcomputer mit ihren Ordnern und freigegebenen Geräten sehen Sie auch im Windows-Explorer.

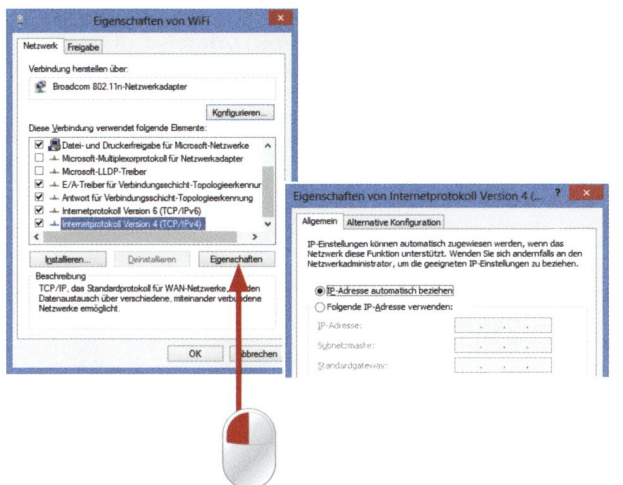

4 Die Liste zeigt, welche Protokolle der Adapter verwendet. Markieren Sie das Internetprotokoll und wählen Sie *Eigenschaften*.

 **Tipp**

In größeren Netzen wird Ihrem Computer eine feste IP-Adresse zugewiesen. Diese Adresse können Sie in der Adaptereinstellung überprüfen.

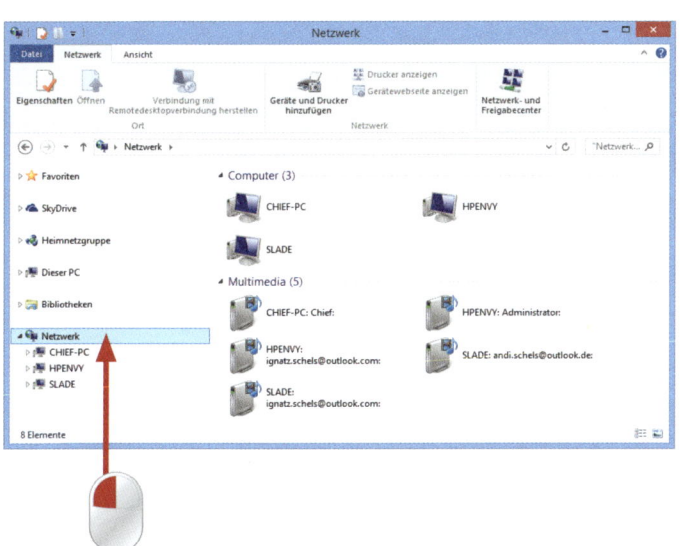

5 Eine Übersicht über alle Computer im Netz erhalten Sie unter *Netzwerkcomputer und -geräte anzeigen*.

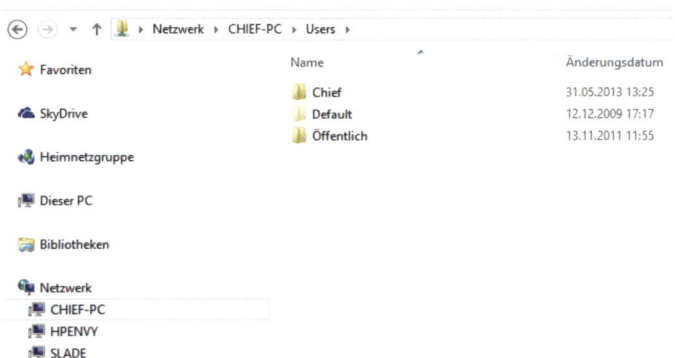

6 Jetzt haben Sie Zugriff auf alle freigegebenen Ordner, Laufwerke und Geräte auf den Netzwerkcomputern.

Bibliotheken und Ordner freigeben

Alle Bibliotheken und Ordner für alle Benutzer freizugeben, ist nicht immer sinnvoll.
Nutzen Sie die Freigabe im Windows-Explorer, um Freigaben auf einzelne Elemente oder
Benutzer zu beschränken, und weisen Sie gezielt Lese- oder Schreib-/Lesezugriffe zu.

1 Starten Sie den Windows-Explorer
über das Symbol in der Taskleiste des
Desktops.

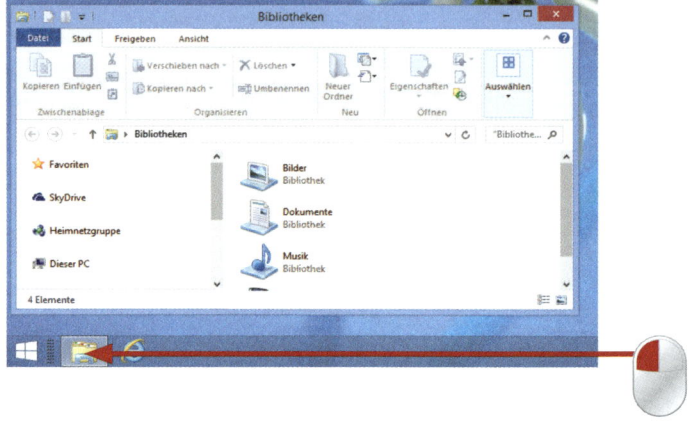

2 Markieren Sie einen Ordner oder eine
Bibliothek (hier *Dokumente*) und klicken
Sie auf *Freigabe/Freigabe beenden*.

3 Markieren Sie einen Ordner in einer Bibliothek und öffnen Sie die Liste unter
Freigeben.

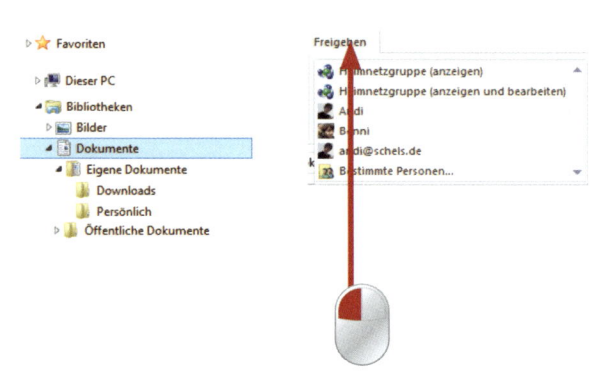

> **💬 Hinweis**
>
> Mit der Freigabeliste können Bibliothe-
> ken und Ordner für die gesamte Heim-
> netzgruppe oder für einzelne Benutzer
> freigegeben werden.

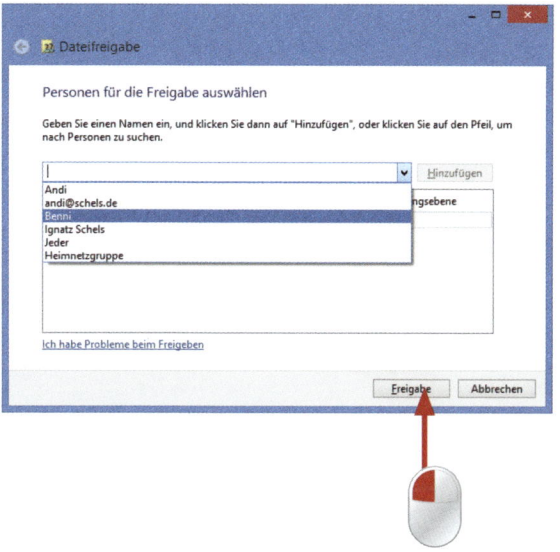

4 Fügen Sie Benutzer aus der Liste mit *Hinzufügen* in die Freigabeliste ein.

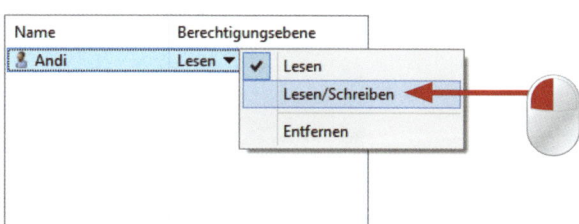

5 In der Spalte *Berechtigungsebene* bestimmen Sie die Berechtigungen der einzelnen Benutzer.

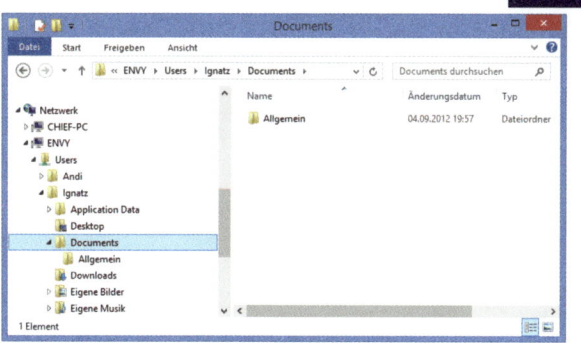

6 Jetzt kann der Benutzer nur auf den Ordner zugreifen, den Sie für ihn freigegeben haben.

Tipp

Freigaben lassen sich sogar für einzelne Dateien individuell zuweisen.

Netzwerkdrucker

Ein Netzwerkdrucker spart Hardwarekosten – mehrere Benutzer arbeiten mit einem Drucker. Installieren Sie ihn über die Systemsteuerung und vergessen Sie die Freigabe nicht.

1 Netzwerkdrucker werden über Netzwerkkabel und Hubs oder per WLAN mit dem Netzwerk verbunden.

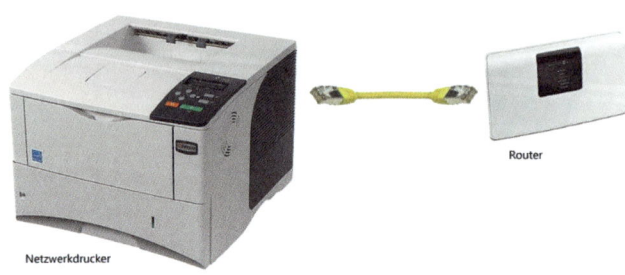

2 Aktivieren Sie die Systemsteuerung und wählen Sie unter *Hardware und Sound* den Link *Geräte und Drucker anzeigen*.

3 Klicken Sie auf *Drucker hinzufügen* und wählen Sie den Netzwerkdruckeraus.

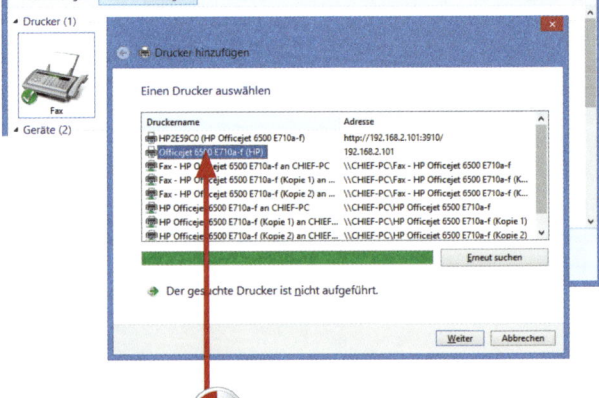

> 💬 **Hinweis**
>
> Nicht netzwerkfähige Drucker lassen sich über einen Printserver im Netzwerk betreiben, in diesem Fall müssen Sie diesen als Gerät hinzufügen.

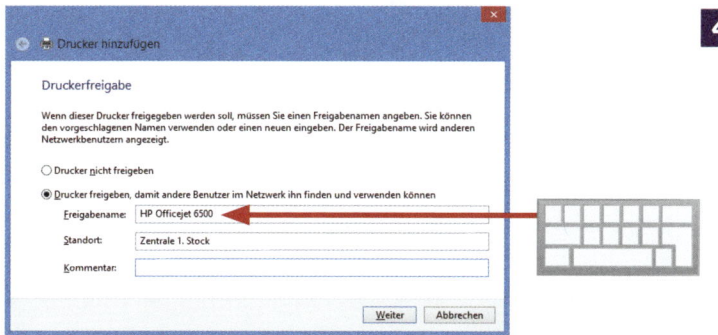

4 Geben Sie den Drucker im Netzwerk frei, tragen Sie einen passenden Namen ein.

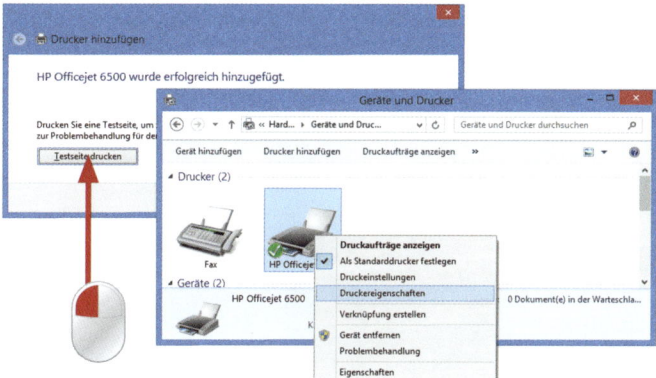

5 Drucken Sie nach Abschluss der Installation eine Testseite und passen Sie über das Kontextmenü die Druckereigenschaften an.

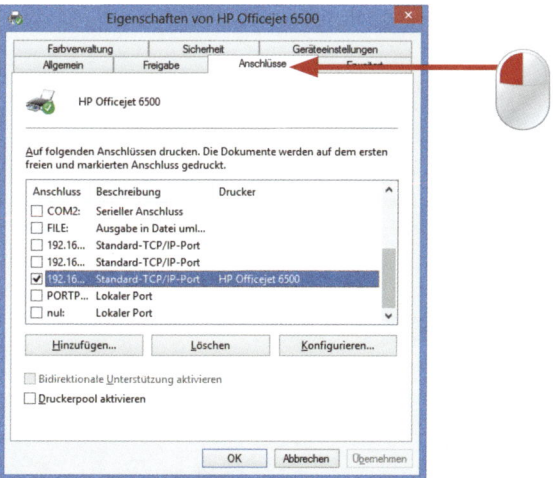

6 Auf der Registerkarte *Anschlüsse* finden Sie die IP-Adresse des Druckers wieder.

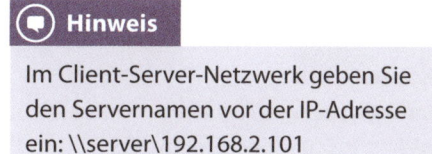

Hinweis

Im Client-Server-Netzwerk geben Sie den Servernamen vor der IP-Adresse ein: \\server\192.168.2.101

Netzlaufwerke einrichten

Netzlaufwerke sind schnelle Verbindungen zu Laufwerken, Bibliotheken
oder Ordnern auf anderen Datenträgern oder im Netzwerk. Weisen Sie
dem Element einfach einen neuen Laufwerkbuchstaben zu.

1 Markieren Sie im Windows-Explorer
den Computer, die Bibliothek oder den
Ordner, den Sie als Netzlaufwerk integrieren wollen.

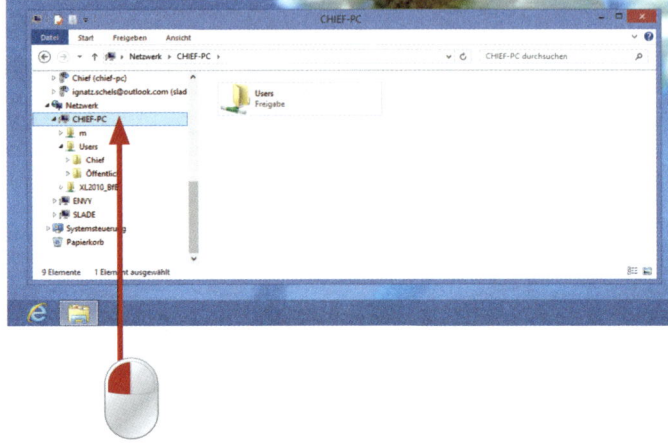

2 Wählen Sie im Register *Start* in der
Gruppe *Neu* die Option *Als Laufwerk
zuordnen*.

3 Bestimmen Sie einen Laufwerkbuchstaben und klicken Sie auf *Fertig stellen*.

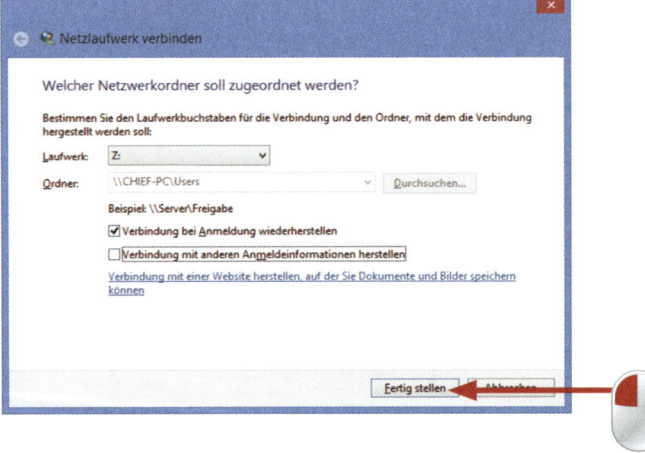

> **Tipp**
>
> Der Freigabename für ein ganzes Laufwerk (z. B. C:\): \\Servername\C$

260

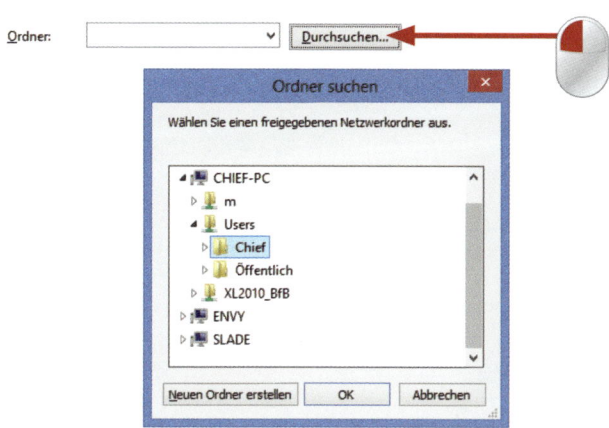

4 Wird der Ordner nicht angezeigt, klicken Sie auf *Durchsuchen* und markieren Sie den Ordner.

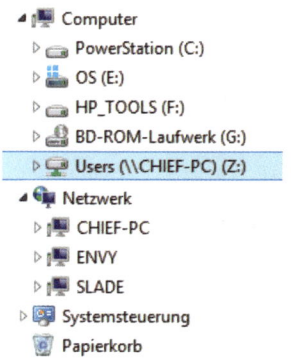

5 Der neue Laufwerkbuchstabe ist anschließend Teil der Liste im Windows-Explorer.

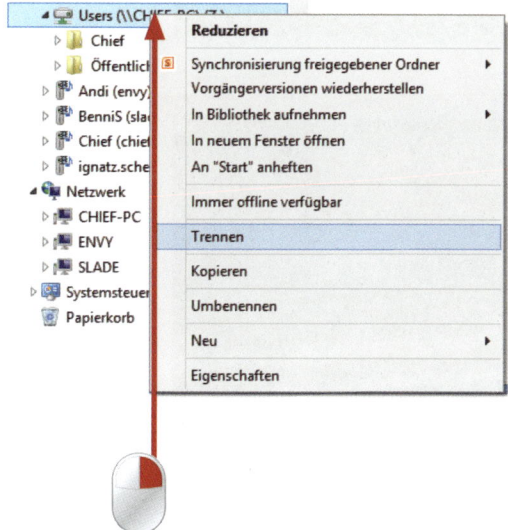

6 Klicken Sie das Netzlaufwerk mit der rechten Maustaste an und wählen Sie *Trennen*, um es wieder zu löschen.

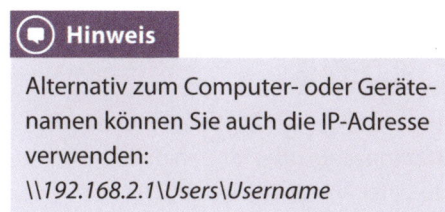

Hinweis

Alternativ zum Computer- oder Gerätenamen können Sie auch die IP-Adresse verwenden:
\\192.168.2.1\Users\Username

Testwerkzeuge für Networker

Mit der Eingabeaufforderung, einem alten Kommandoeditor aus dem »Steinzeit«-Betriebssystem DOS, setzen Sie Befehle ab, um Netzwerk oder Netzgeschwindigkeit zu prüfen, IP-Adressen zu ermitteln und Usernamen aufzuspüren.

1 Klicken Sie mit der rechten Maustaste auf das Startsymbol und aktivieren Sie die Eingabeaufforderung für Administratoren.

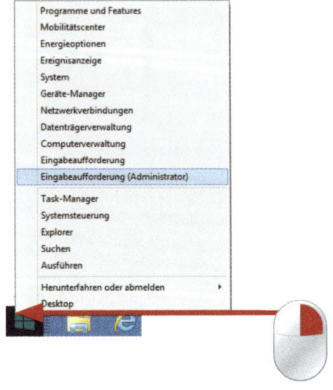

2 Mit *ipconfig* erhalten Sie eine Übersicht über die IP-Konfiguration des Systems und Netzwerkes.

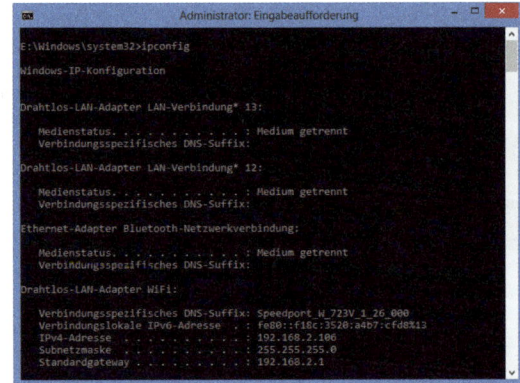

3 Geben Sie *ipconfig /?* ein, zeigt der Bildschirm alle Optionen an. *ipconfig / all* listet alle Netzwerkadressen auf.

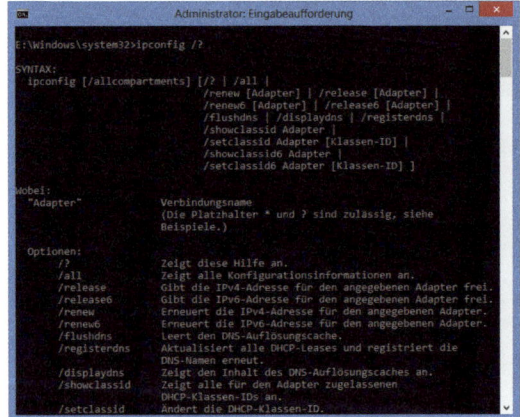

> 💬 **Hinweis**
>
> *tracert* zeigt alle Datenstationen an, die Datenpakete überwinden müssen, um zu einer Adresse zu gelangen.

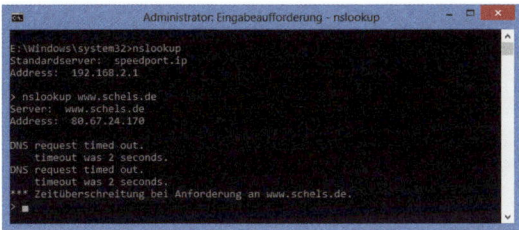

4 *nslookup* sucht die www-Adresse zu einer IP-Adresse und umgekehrt.

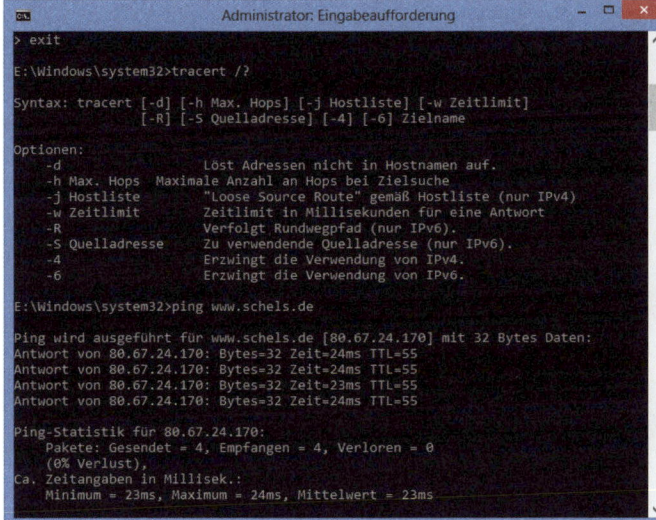

5 Mit *tracert* und *ping* finden Sie Verbindungen und testen die Verbindungsgeschwindigkeit zu IP-Adressen.

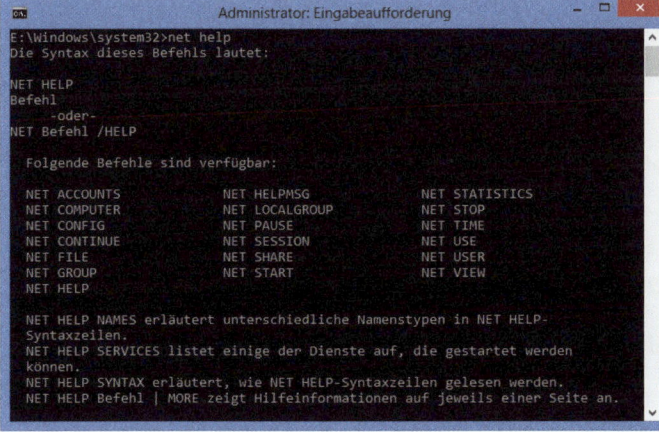

6 *Net* bietet viele Informationen rund um das Netzwerk, zum Beispiel Benutzernamen, Gruppen und freigegebene Objekte.

 **Tipp**

Der Nachrichtendienst im Netzwerk: Schicken Sie mit *msg username „Nachricht"* eine Meldung an einen Benutzer.

Kapitel 10

Sicherheit, Datenschutz und Konten

Das Wartungscenter	266
Sicherheitswarnungen	268
Datensicherung mit Dateiversionsverlauf	270
Speicherplätze	272
Windows Update	274
Die Windows-Firewall	276
Virenschutz mit Windows Defender	278
BitLocker	280
Benutzerkonten verwalten	282
Family Safety	284
Anmeldeinformationsverwaltung	286
Kennwort zurücksetzen	288

Das lernen Sie in diesem Kapitel ...

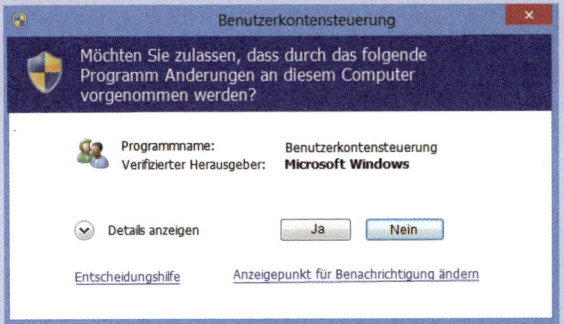

Sicherheitsmeldungen sind wichtig und nützlich, lassen sich aber abschalten. Besser, Sie wissen, wie man sie einschaltet.

Guten Schutz vor Viren, Trojanern und anderen fiesen Schädlingen bieten die Firewall und das Virenschutzprogramm *Windows Defender*. Aber bleiben Sie trotzdem wachsam und vorsichtig.

Benutzerkonten müssen natürlich mit Kennwörtern geschützt sein. Lernen Sie den erweiterten Schutz für Familien kennen: Mit Familiy Safety wachen Sie über Konten und Aktivitäten Ihrer Bande.

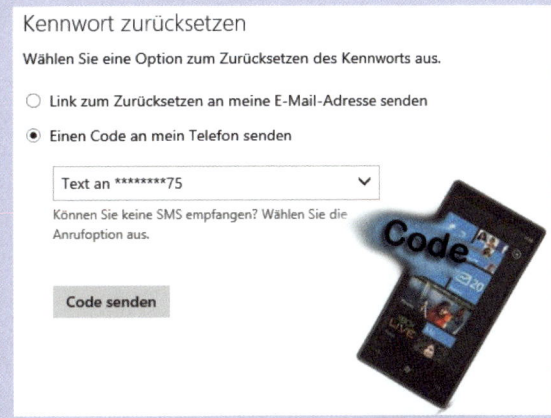

Kennwort vergessen? Kein Problem mehr. Sie haben ja Ihre Sicherheiten in der Cloud hinterlegt. Ein Anruf oder eine SMS, und Sie sind wieder online.

Das Wartungscenter

Probleme mit dem System, mit Geräten, Gerätetreibern, installierten Apps oder Programmen zeigt Windows 8.1 sofort an. Auch wichtige Meldungen über Updates, neue Treiber oder aktualisierte Apps finden Sie im Wartungscenter.

1 Achten Sie auf das Symbol im Systembereich des Desktops. Zeigen Sie darauf, um die Meldungen des Wartungscenters zu sehen.

2 Klicken Sie das Symbol an und markieren Sie gleich die Meldungen, um die Problembehandlung zu starten.

3 Wenn alle Probleme beseitigt sind, verschwinden die Meldungen wieder, und das Symbol ändert sich.

Hinweis

Hardwareprobleme leitet Microsoft auch an Hersteller weiter. Deshalb kann es passieren, dass Sie eine Nachricht oder ein Download-Angebot für neue Hardware-Treiber bekommen.

4 Öffnen Sie das Wartungscenter über das *Systembereich*-Symbol oder über die Systemsteuerung.

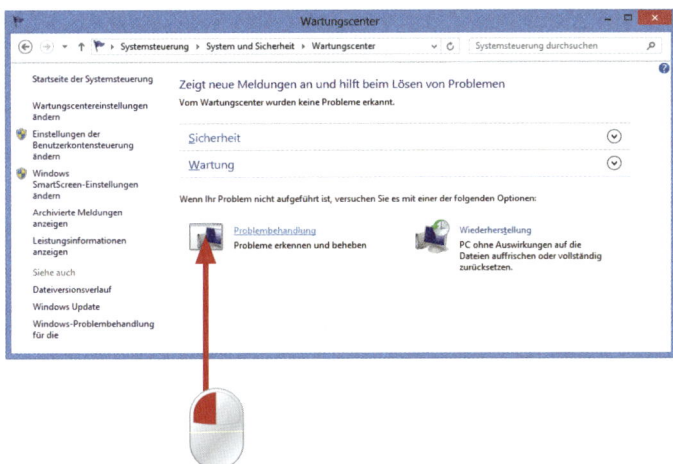

5 Zwei Kategorien, *Sicherheit* und *Wartung*, stehen zur Auswahl. Klicken Sie auf *Problembehandlung*.

6 Suchen Sie die Kategorie, in der das Problem auftritt und folgen Sie den Anweisungen des Wartungscenters.

 **Hinweis**

Aktivieren Sie die Option *Wartungscentereinstellungen ändern*. Hier können Sie einzelne Sicherheitsmeldungen, zum Beispiel von der Benutzerkontensteuerung abschalten.

Sicherheitswarnungen

Sicherheitsmeldungen sind zwar lästig, schützen aber zuverlässig vor Angriffen durch Viren oder andere Schadprogramme. Für Ihre eigenen Aktionen unter Windows können Sie die Sicherheitsmeldungen abschalten, für die Zugriffe aus Apps oder Programmen sollten sie aber stehen bleiben.

1 Sicherheitswarnungen erhalten Sie, wenn Sie sicherheitsrelevante Änderungen in Windows vornehmen oder Apps installieren.

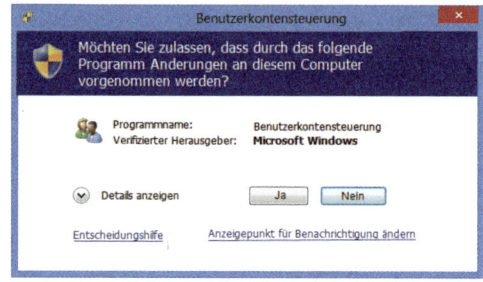

2 Das *Windows-Security*-Symbol kennzeichnet sicherheitsrelevante Elemente in Fenstern und Meldungen.

3 Installieren Sie eine App oder ein Programm, muss die Meldung bestätigt werden. Lassen Sie sich das Zertifikat anzeigen.

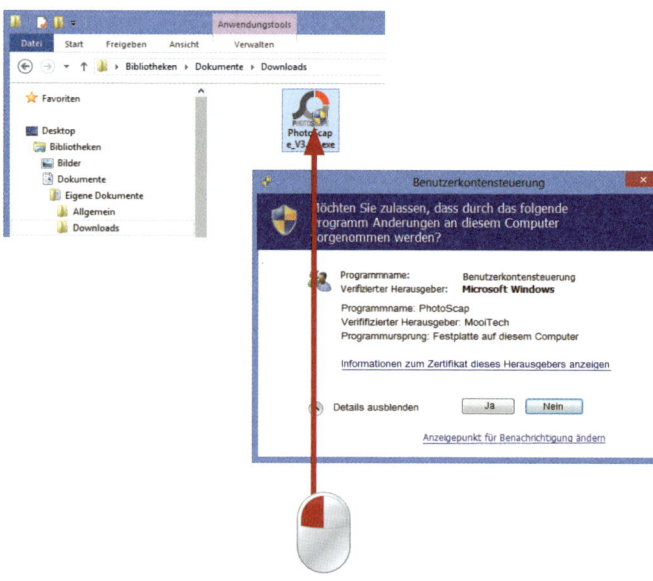

> 💬 **Hinweis**
>
> Für Änderungen an den Sicherheitseinstellungen müssen Sie mit einem Konto mit Administratorrechten angemeldet sein.

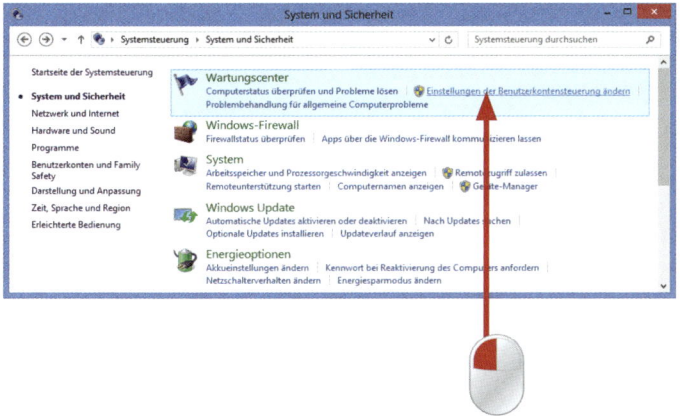

4 Aktivieren Sie in der Systemsteuerung unter *System und Sicherheit/Wartungscenter* den Link *Einstellungen der Benutzerkontensteuerung ändern*.

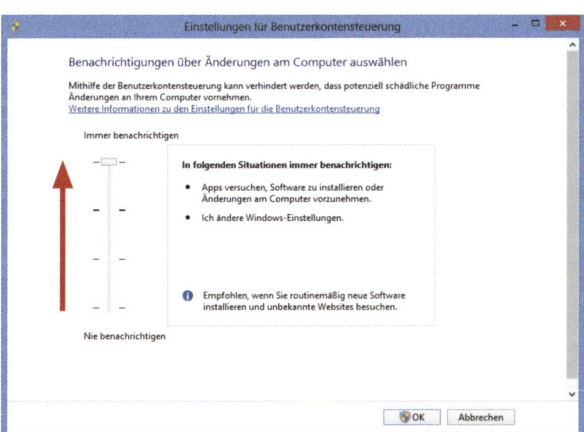

5 Schieben Sie den Regler ganz nach oben, erhalten Sie Warnmeldungen vor jeder (sicherheitsrelevanten) Aktion unter Windows.

6 Mit dem Regler in dieser Position werden Sie nur gewarnt, wenn Apps oder Programme Änderungen am System vornehmen.

 **Hinweis**

Die Sicherheitsmeldung kann auch mit *Anzeigepunkt ändern* in der Sicherheitsmeldung abgeschaltet werden.

Datensicherung mit Dateiversionsverlauf

Sichern Sie Ihre Daten mit dem Dateiversionsverlauf, können Sie
alte Versionen Ihrer Dateien jederzeit wieder zurückholen. Nehmen Sie am besten ein anderes Laufwerk für die Sicherung.

1 Aktivieren Sie in der Systemsteuerung
*System und Sicherheit/Dateiversions-
verlauf*. Wählen Sie das Laufwerk zum
Speichern der Dateien aus.

> (📣) **Hinweis**
>
> Mit *Ordner ausschließen* nehmen Sie
> Ordner in die Liste auf, die nicht im
> Dateiversionsverlauf gesichert werden.

2 Unter *Erweiterte Einstellungen* definieren Sie, wann die Dateien gespeichert
und wie lange sie aufbewahrt werden.

3 Klicken Sie auf *Einschalten*, um den
Dateiversionsverlauf zu aktivieren.

> (📣) **Hinweis**
>
> Definieren Sie in den erweiterten
> Einstellungen einen anderen Zeit-
> raum (Monate, Jahre), werden die
> Sicherungsdaten nach Ablauf der Zeit
> gelöscht.

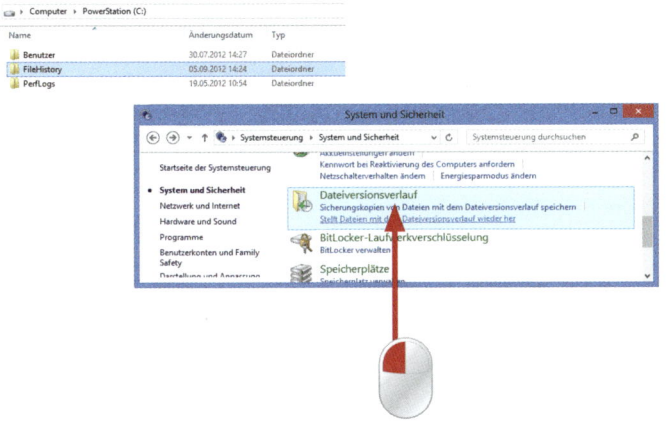

4 Die Dateien werden in dem Ordner *FileHistory* gespeichert. Über die Systemsteuerung können Sie ältere Versionen wiederherstellen.

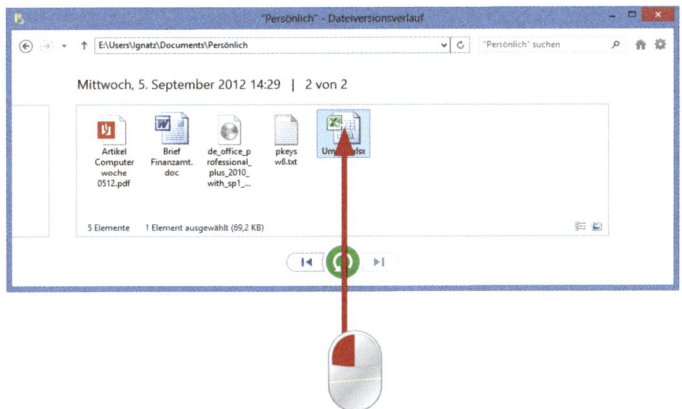

5 Markieren Sie eine oder mehrere Dateien und klicken Sie auf das *Wiederherstellen*-Symbol.

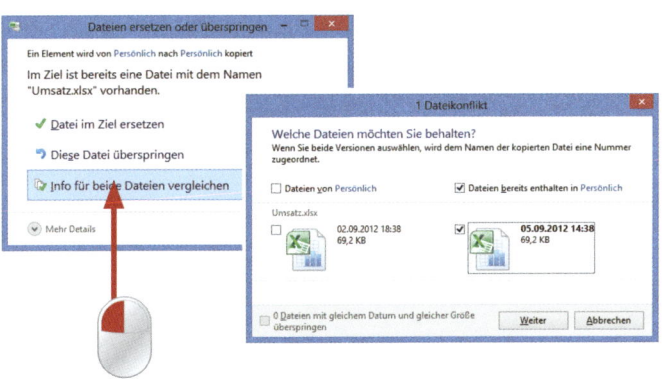

6 Für identische Dateinamen finden Sie einen Versionsabgleich, markieren Sie die Datei(en), die Sie zurückholen wollen.

Speicherplätze

Mit diesem Tool in der Systemsteuerung fassen Sie unterschiedliche Speichermedien zu einem riesigen Speicherpool zusammen. Dieser virtuelle Speicher
lässt sich durch Hinzufügen weiterer Speichermedien jederzeit vergrößern.

1 Wählen Sie in der Systemsteuerung
System und Sicherheit/Speicherplätze.

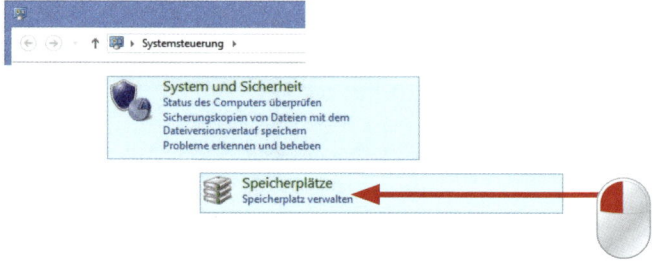

2 Klicken Sie auf *Neuen Pool und Speicherplatz erstellen*.

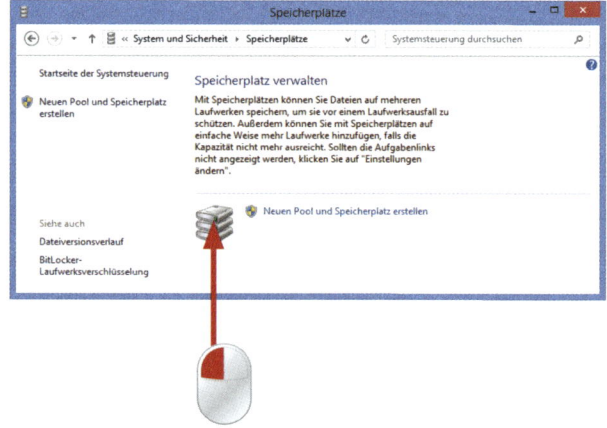

3 Markieren Sie die Festplatten und
virtuellen Laufwerke, die Sie dem Pool
hinzufügen wollen. *Dateien anzeigen*
zeigt die zu löschenden Dateien.

 **Hinweis**

Achten Sie darauf, dass Windows 8.1
nicht mehr auf eine Festplatte in einem
Speicherpool zugreifen kann. Wird der
Speicherplatz knapp, weist das System
darauf hin. Der Speicherplatz kann
durch Hinzufügen weiterer Festplatten
vergrößert werden.

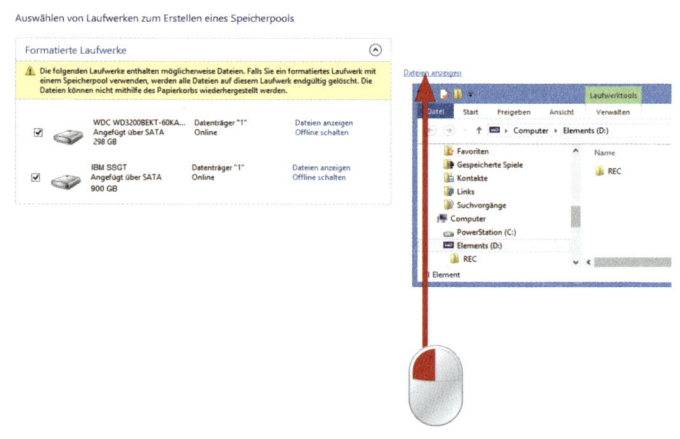

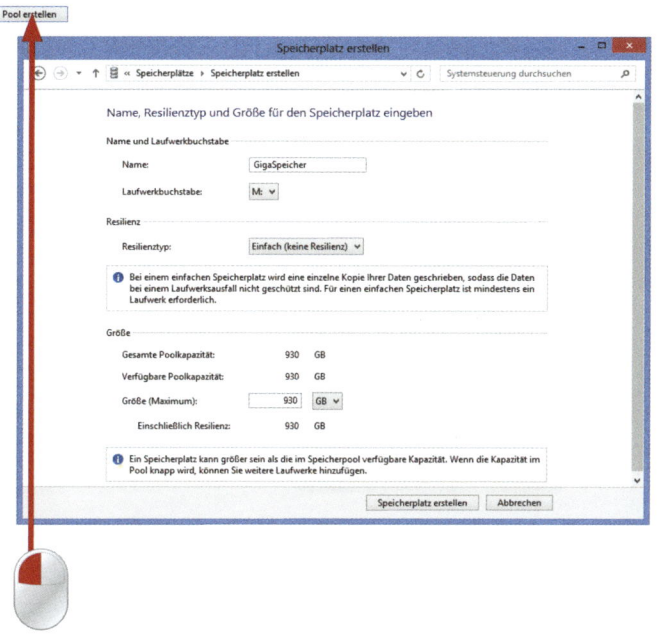

4 Klicken Sie auf *Pool erstellen*. Geben Sie den Namen und die Größe ein und wählen Sie unter *Resilienztyp* die Anzahl der Spiegelungen.

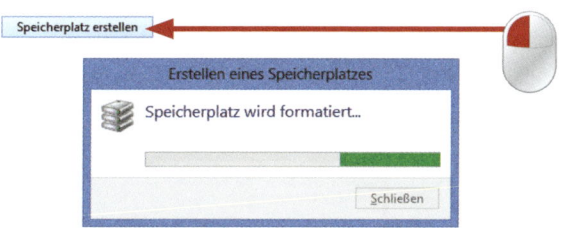

5 Mit *Speicherplatz erstellen* wird der Speicherplatz auf dem Pool erstellt, die Datenträger werden dazu neu formatiert.

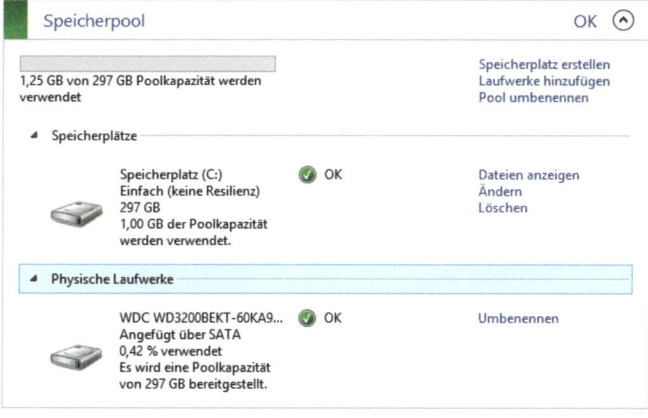

6 Pool und Speicherplatz sind erstellt, Sie können Laufwerke umbenennen und den Pool auch wieder löschen.

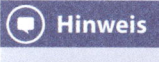 **Hinweis**

In einem Pool können mehrere Speicherplätze erstellt werden. Ein Pool kann erst gelöscht werden, nachdem alle Speicherplätze gelöscht wurden.

Windows Update

Stellen Sie mit *Windows Update* sicher, dass Ihr System immer auf dem neuesten Stand ist. Sie können Updates manuell abholen oder eine automatische Installation einrichten.

1 Unter *PC-Einstellungen* finden Sie *Windows Update* als Option in *Update/ Wiederherstellung*.

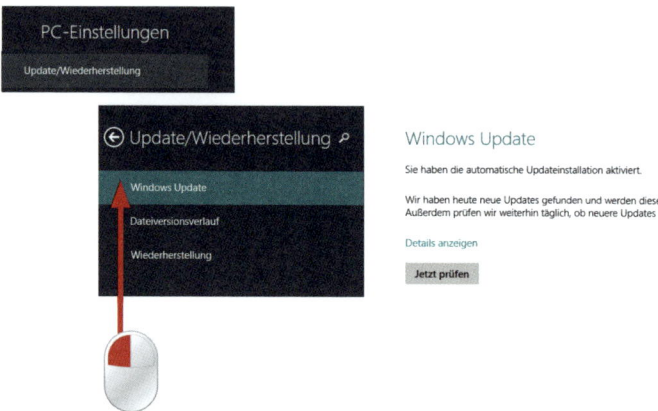

2 In der Systemsteuerung finden Sie *Windows Update* in der Gruppe *System und Sicherheit*.

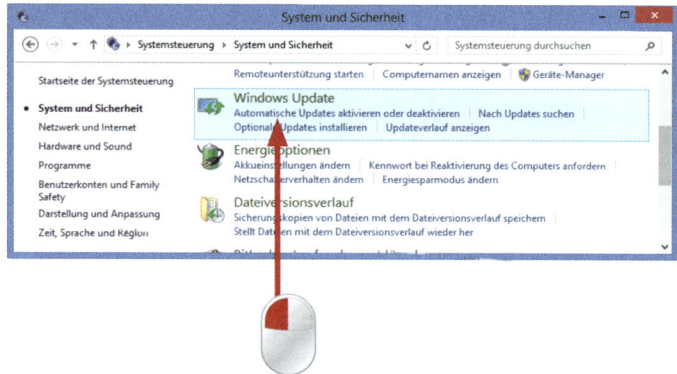

3 Klicken sie auf *Einstellungen ändern*.

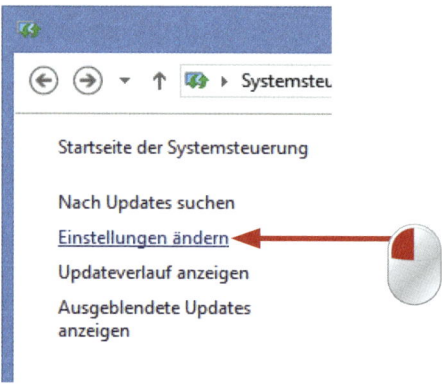

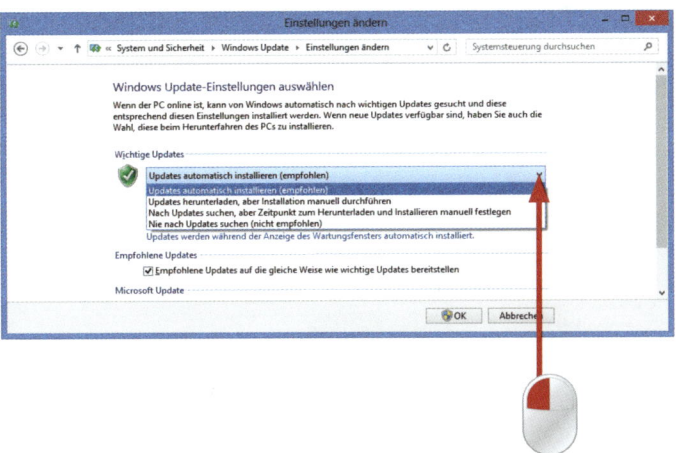

4 Passen Sie das Zeitintervall an. Optimal ist die automatische Installation.

> 💬 **Hinweis**
>
> Wenn Sie ein Updateintervall einstellen, muss der Computer zu diesem Zeitpunkt aktiv oder im Energiesparmodus sein.

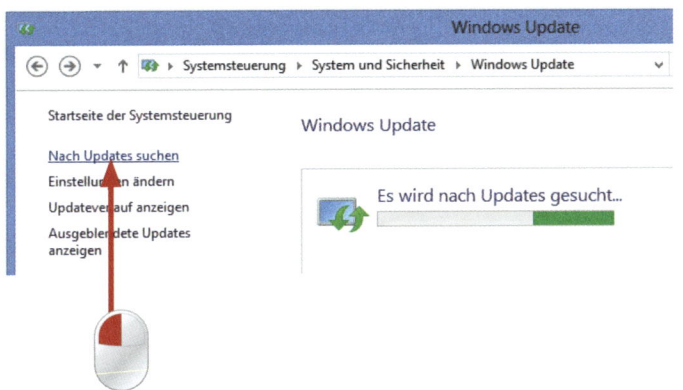

5 Klicken Sie auf *Updates suchen*, um die neuesten Updates anzuzeigen.

6 Klicken Sie die Updates an, um sie zu installieren. Mit *Updateverlauf anzeigen* sehen Sie, was installiert wurde.

> 💬 **Hinweis**
>
> *Windows Update* unterscheidet zwischen wichtigen, empfohlenen und optionalen Updates.

Die Windows-Firewall

Wie eine Brandschutzmauer lässt die Firewall keine Angriffe über das Netz zu und blockiert Zugriffe, die dem System schaden könnten. Schalten Sie die Firewall für das private und öffentliche Netz ein und überprüfen Sie, ob Apps und Programme kontrolliert werden.

1 Unter *System und Sicherheit* finden Sie in der Systemsteuerung die Windows-Firewall.

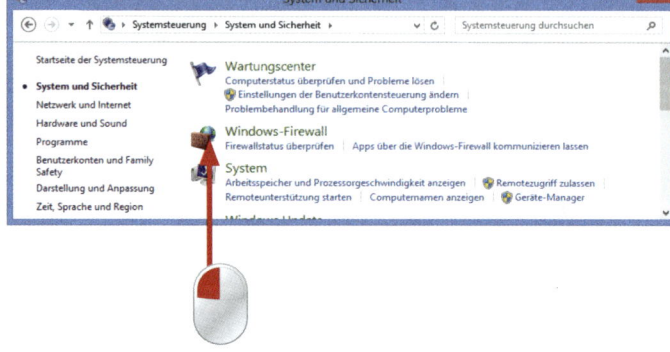

2 Klicken Sie auf die Pfeilsymbole, um die Firewall für die Netzwerktypen anzupassen.

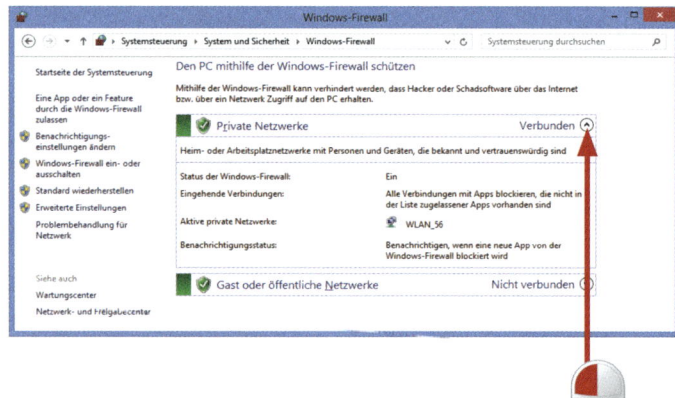

3 Mit *Firewall ein- oder ausschalten* lässt sich die Firewall für beide Netzwerktypen aktivieren oder deaktivieren.

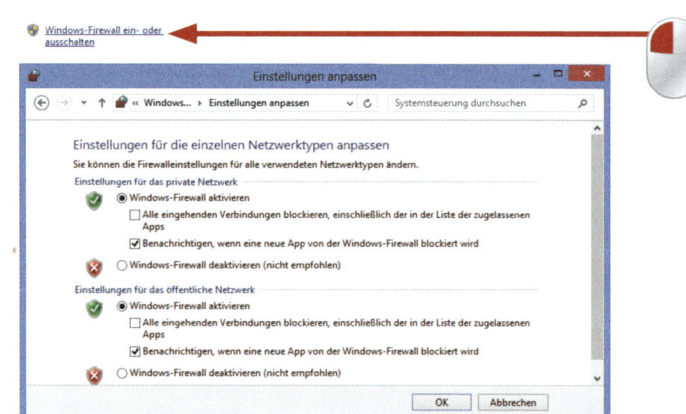

> 💬 **Hinweis**
>
> WLAN-Router verfügen ebenfalls über eine Firewall. Wenn Sie nach Blockierungen suchen, sehen Sie auch beim Router nach (siehe Kapitel 9).

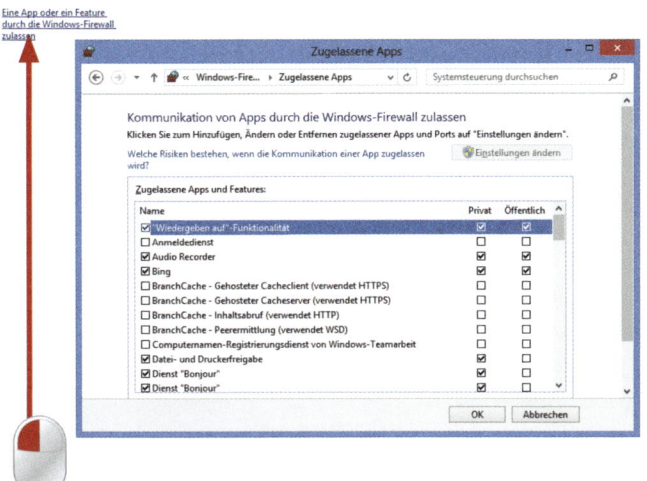

4 Mit dieser Option erhalten Sie eine Übersicht über Apps und Programme, die mit der Firewall kommunizieren.

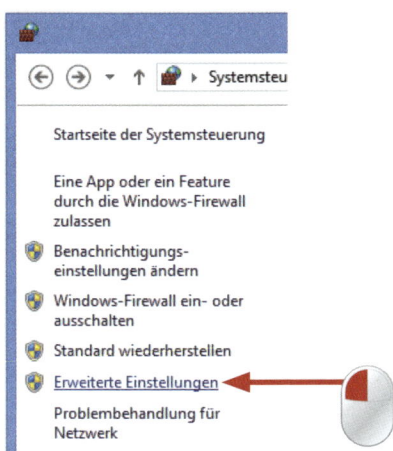

5 Wählen Sie *Erweiterte Einstellungen*, um Regeln für die Firewall zu definieren.

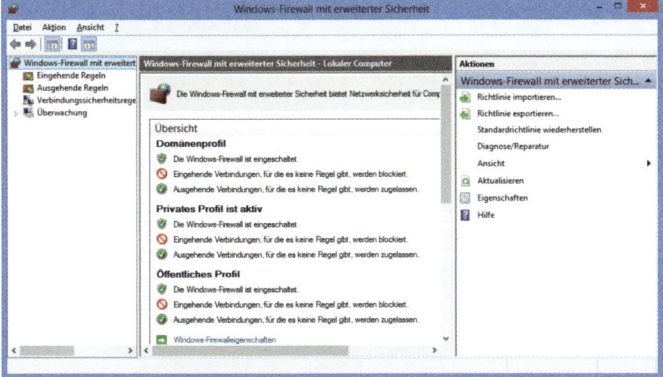

6 Hier finden Sie eingehende und ausgehende Regeln und ein Überwachungsprotokoll.

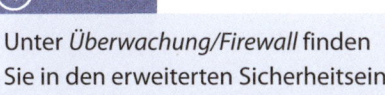 **Hinweis**

Unter *Überwachung/Firewall* finden Sie in den erweiterten Sicherheitseinstellungen ein Protokoll der Firewall-Aktivitäten.

Virenschutz mit Windows Defender

Windows Defender schützt Ihren Computer vor Viren und Spyware. Mit der Installation wird der Defender automatisch auf Echtzeitschutz gestellt, Sie können ihn aber auch einsetzen, um Datenträger (z. B. USB-Sticks) vor der Nutzung auf Schadsoftware zu überprüfen.

1 Starten Sie Windows Defender in der Systemsteuerung.

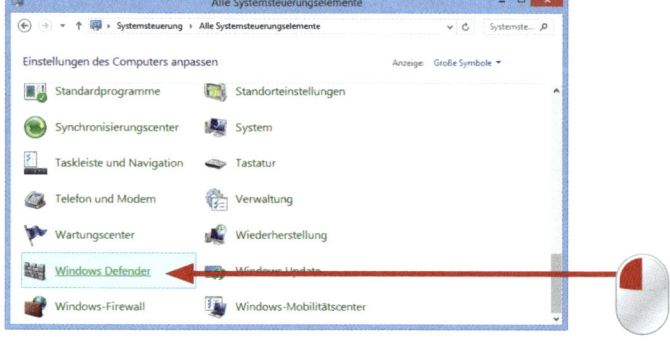

2 Auf der Startseite sehen Sie den Status der letzten Überprüfung. Klicken Sie auf *Einstellungen*.

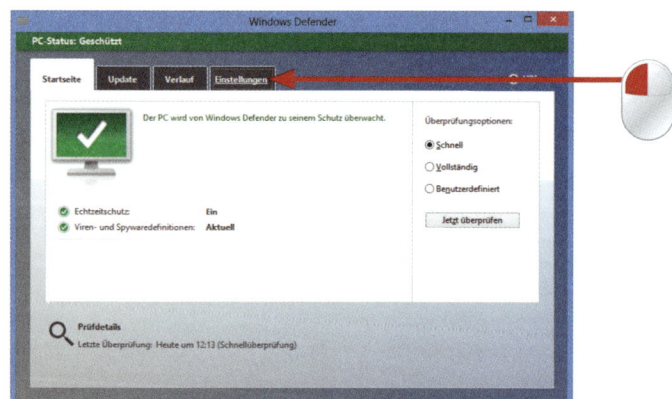

3 Hier sollte der Echtzeitschutz aktiviert sein. Einzelne Speicherorte und Dateien können ausgeschlossen werden.

> 💬 **Hinweis**
>
> Windows Defender findet im Unterschied zu früheren Versionen auch Viren und Trojaner und ersetzt die *Microsoft Security Essentials*. Er sendet auch Nachrichten, wenn Apps wichtige Einstellungen ändern.

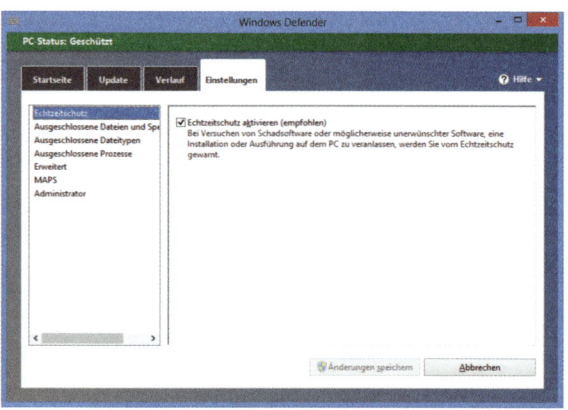

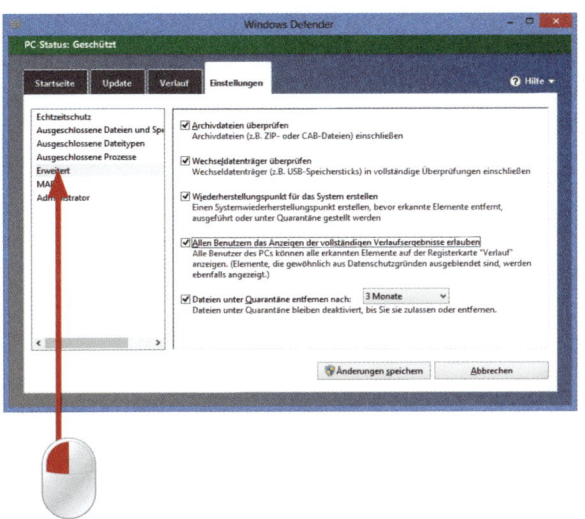

4 Unter *Erweitert* finden Sie zusätzliche Optionen, um die Überprüfung sicherer zu machen.

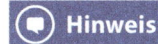

5 Sehen Sie unter *Update* nach, ob die neuesten Definitionen geladen sind. Klicken Sie auf *Aktualisieren*.

(💬) Hinweis

Die Definitionen sind eine Datenbank mit den aktuellsten Beschreibungen von Viren und Schadware. Schalten Sie die automatischen Updates nicht ab, damit Windows 8.1 immer die neuesten Definitionen laden kann.

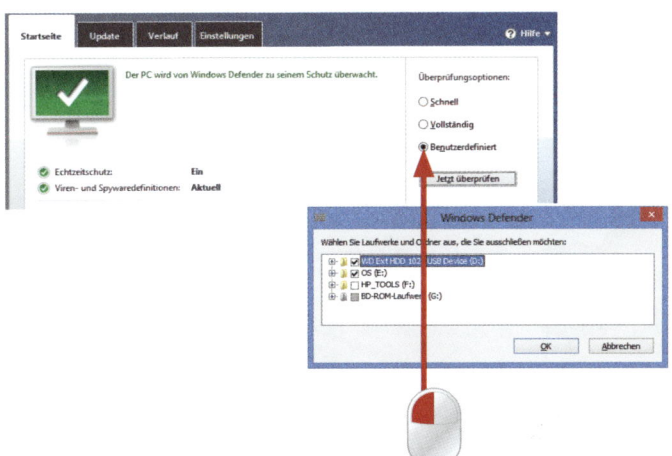

6 Für eine manuelle Überprüfung schalten Sie auf die Startseite. Mit *Benutzerdefiniert* können Sie die Laufwerke bestimmen.

BitLocker

BitLocker ist eine Datenträgerverschlüsselung auf Sektorenebene. Das System schützt alle Daten auf dem Datenträger, fügt einen Kennwortschutz zum Booten ein und lässt keine Bootvorgänge mit anderen Systemen (Linux) zu.

1 Mit *BitLocker* wird ein Datenträger per Hardware und Software verschlüsselt und kann nur vom Anwender entschlüsselt werden.

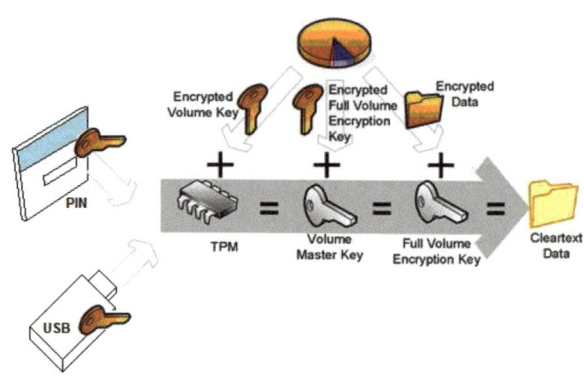

2 Voraussetzung für *BitLocker* ist ein Computer mit TPM-Chip (Trusted Platform Module) oder alternativ ein USB-Stick mit Schlüssel.

> 💬 **Hinweis**
>
> Technische Voraussetzungen:
> TPM-Chip-Spezifikation: 1.2
> BIOS: TCG 1.2-konform, USB-Support in der Pre-Boot-Phase

3 Beim Startvorgang (Booten) prüft BitLocker den Hashwert im TPM. Bootsektorviren haben damit keine Chance.

> 💬 **Hinweis**
>
> Mit *TPM-Verwaltung* schalten Sie zur Konsole für die Verwaltung des Trusted Platform Module um.

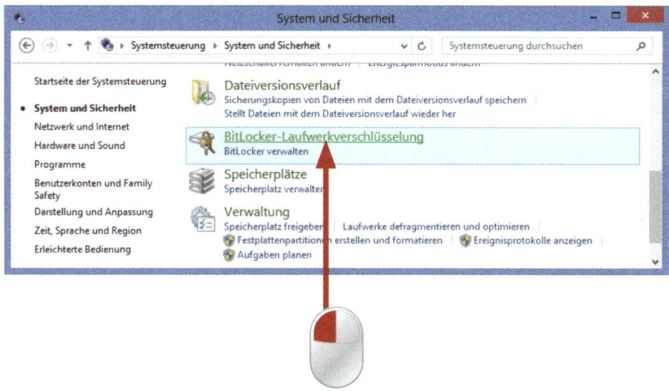

4 Aktivieren Sie *BitLocker* unter *System und Sicherheit* in der Systemsteuerung.

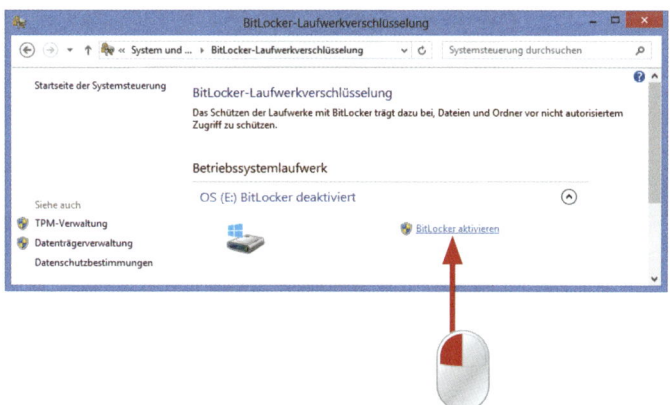

5 Markieren Sie das Laufwerk, das Sie verschlüsseln wollen und wählen Sie *BitLocker aktivieren*.

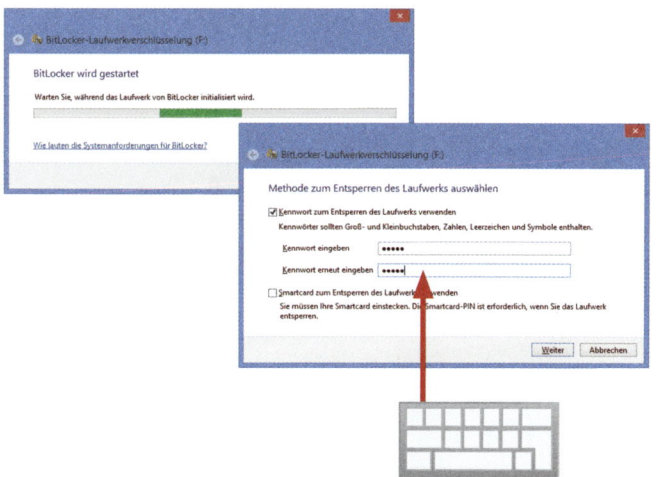

6 Geben Sie ein Kennwort ein oder verwenden Sie eine SmartCard zur Verschlüsselung des Datenträgers.

Benutzerkonten verwalten

Mit den erweiterten Benutzereinstellungen in der Systemsteuerung können Sie Benutzern Administratorrechte zuweisen, Konten hinzufügen und löschen und ein (eingeschränktes) Gastkonto aktivieren.

1 In den PC-Einstellungen auf dem Startbildschirm (⊞ + ⊂) finden Sie die Konten.

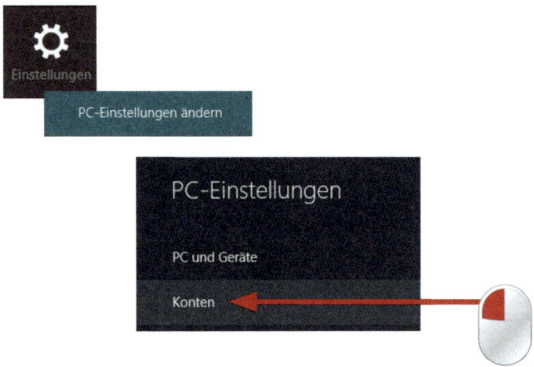

2 Aktivieren Sie in der Systemsteuerung *Benutzerkonten und Family Safety* für erweiterte Einstellungen.

3 Um den Kontotyp eines Benutzers zu ändern, klicken Sie das Konto an.

4 Wählen Sie *Kontotyp ändern* und schalten Sie um auf *Administrator*, um dem Konto alle Rechte zuzuweisen.

> 💬 **Hinweis**
>
> Die Änderung des Kontotyps von *Standard* auf *Administrator* kann natürlich nur von einem Administratorkonto aus erfolgen.

5 Das Gastkonto ist ein eingeschränktes Konto, das keinen Zugriff auf das Netzwerk oder andere Konten bietet.

Änderungen am Konto von Benni durchführen

Kontonamen ändern
Kennwort ändern
Family Safety einrichten
Kontotyp ändern
Konto löschen
Anderes Konto verwalten

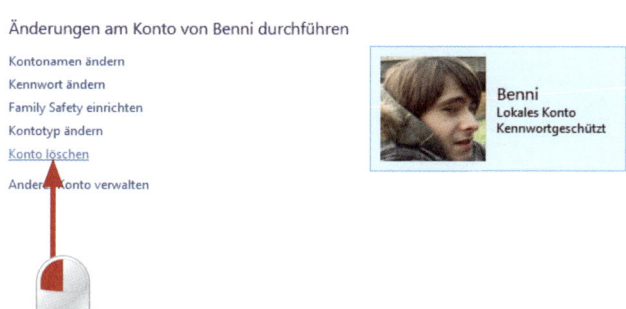

6 Markieren Sie ein Konto und wählen Sie *Konto löschen*, um das Konto zu entfernen.

> 💬 **Hinweis**
>
> Löschen Sie ein Konto, können Sie die Dateien aus den Bibliotheken in einen Ordner verschieben. Andere Einstellungen, z. B. im Mailprogramm oder in den Kontakten oder Nachrichten aus den Apps können nicht gesichert werden.

Family Safety

Mit *Family Safety* kontrollieren Sie Benutzerkonten von Kindern und Jugendlichen.
Sperren Sie nicht jugendfreie Webseiten und unsichere Apps oder den Zugriff auf den App-Store und setzen Sie die Nutzungszeiten fest.

1 *Family Safety* können Sie bereits beim Anlegen eines neuen Kontos einrichten. Kreuzen Sie die Option an.

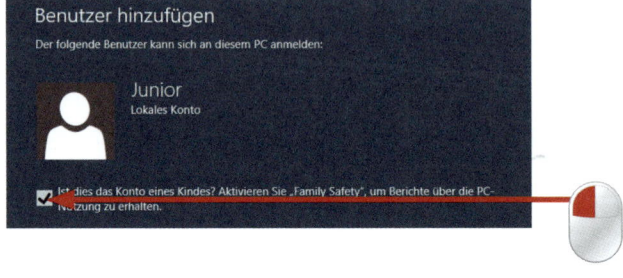

2 In der Systemsteuerung finden Sie die Einstellungen für *Family Safety*.

3 Markieren Sie das Konto, für das Sie die Jugendschutzeinstellungen definieren wollen.

> **Hinweis**
>
> Mit *Benutzeraktivitäten* erhalten Sie Aktivitätsberichte, die Sie auf Ihr Windows Live-Konto übertragen können, zum Beispiel über besuchte Webseiten, verwendete Apps und Spiele oder Downloads.

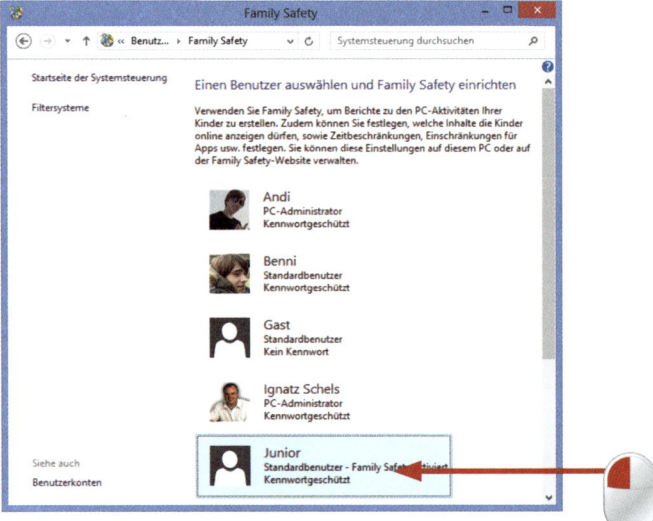

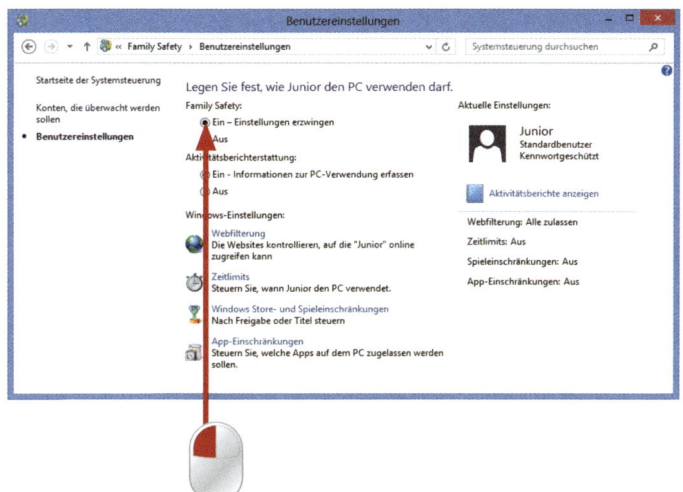

4 Schalten Sie *Family Safety* und die *Berichterstattung* ein.

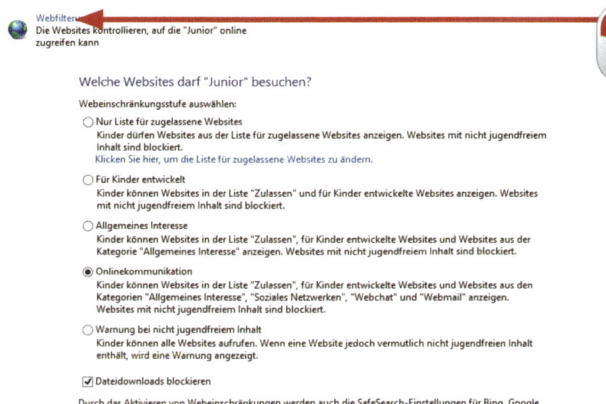

5 In der *Webfilterung* können Sie Webseiten mit nicht jugendfreien Inhalten und Downloads blockieren.

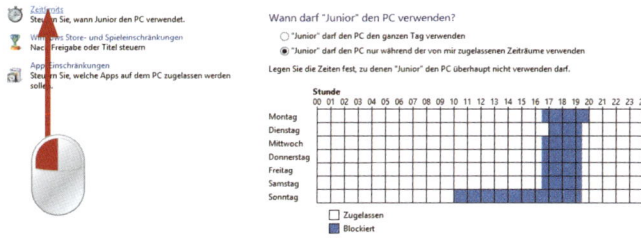

6 *Zeitlimits* bietet eine Zeitschiene für die Nutzung an, ziehen oder wischen Sie über die Zeitachsen.

 **Tipp**

Unter *Windows Store- und Spieleinschränkungen* können Sie Spiele mit Altersbeschränkung allgemein oder installierte Apps einzeln sperren oder freigeben.

Anmeldeinformationsverwaltung

Die Anmeldeinformationsverwaltung ist Ihr Passwort-Safe in der Cloud. Windows speichert Benutzernamen und Kennwörter an einem zentralen Ort in »Tresoren« und meldet Sie mit diesen Informationen automatisch bei Webseiten und anderen PCs an.

1 Aktivieren Sie die *Anmeldeinformations-verwaltung* in der Systemsteuerung, Kategorie *Benutzerkonten und Family Safety*.

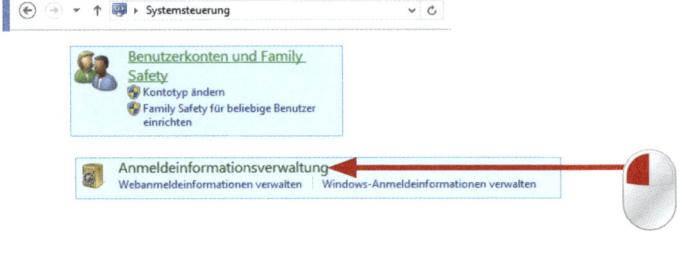

2 Unter *Webanmeldeinformationen* finden Sie Kennwörter, die Sie auf Webseiten hinterlegt haben, zum Beispiel bei Amazon, Google, eBay oder Kindle.

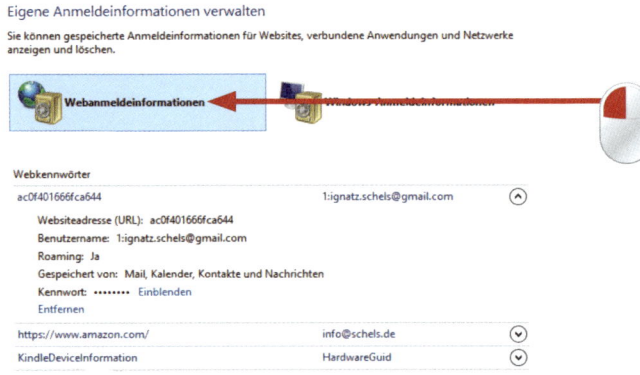

3 Klicken Sie auf *Einblenden*, wird zunächst Ihr Anmeldekennwort angefordert, danach sehen Sie das gespeicherte Kennwort.

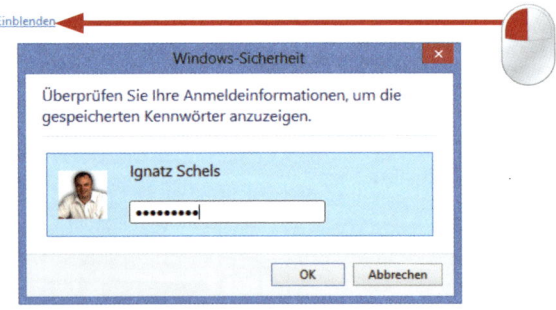

 **Hinweis**

Loggen Sie sich mit Ihrem Microsoft-Konto auf einem anderen Computer ein, erhalten Sie eine Sicherungsmeldung von Microsoft und müssen diese bestätigen. Dann speichert Windows Gerätenamen und Konto in den Anmeldeinformationen.

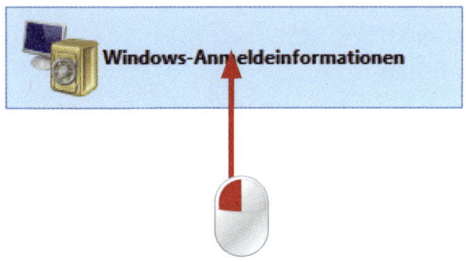

4 Schalten Sie um auf die *Windows-Anmeldeinformationen*. Hier sind alle Ihre Anmeldepasswörter gespeichert.

5 Hier sehen Sie alle Geräte, auf denen Sie sich mit Ihrem Microsoft-Konto angemeldet haben.

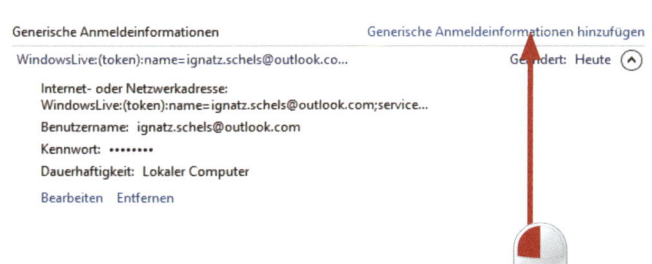

6 Die generischen Anmeldeinformationen enthalten die Informationen über Ihre Microsoft-Konten.

> **Tipp**
>
> Mit *Anmeldedaten sichern* speichern Sie die Anmeldeinformationen für alle Geräte auf einen USB-Stick.

Kennwort zurücksetzen

Wenn Sie sich bei Windows 8.1 mit einem lokalen Konto anmelden, sollten Sie sicherheitshalber eine Kennwortrücksetzdiskette erstellen. Das ist ein USB-Stick oder eine externe Festplatte (Disketten werden Sie nicht mehr benötigen).

1 Starten Sie die *Benutzerkontensteuerung* in der Systemsteuerung, markieren Sie Ihr Konto und wählen Sie *Kennwortrücksetzdiskette erstellen*.

2 Bestätigen Sie die Fragen des Assistenten. Schließen Sie einen USB-Stick an und wählen Sie diesen als Datenträger.

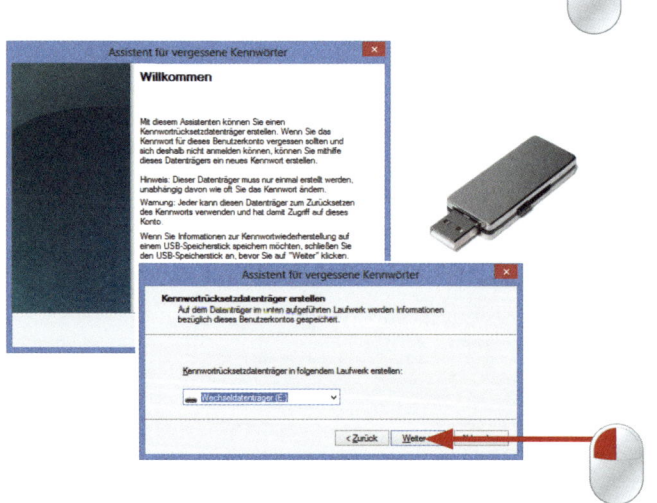

3 Geben Sie Ihr aktuelles Kennwort ein und speichern Sie die Information auf dem USB-Stick.

 **Hinweis**

Als Kennwortrücksetzdiskette lässt sich jeder mobile Datenträger verwenden, interne Festplatten sind nicht möglich.

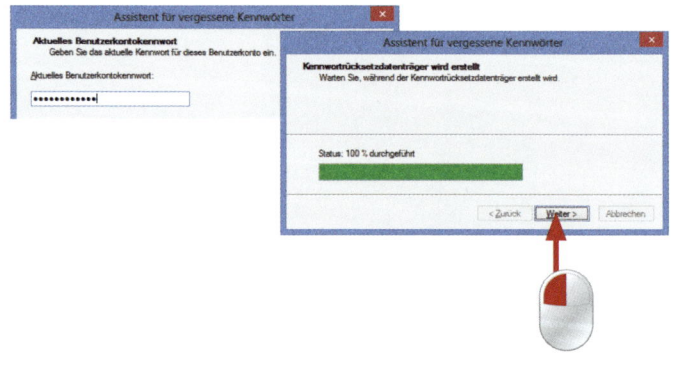

4 Wenn Sie bei der Anmeldung Ihr Kennwort vergessen haben, klicken Sie auf *Kennwort zurücksetzen*.

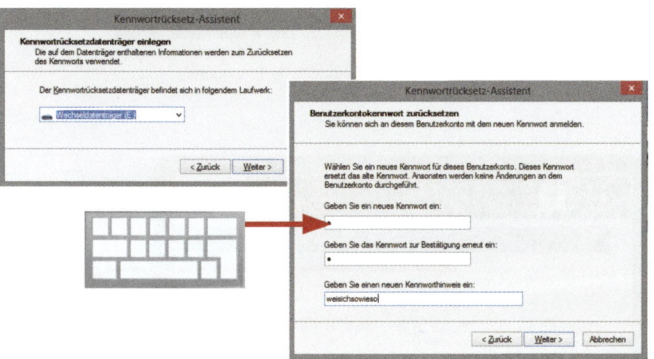

5 Schließen Sie den USB-Stick an und tragen Sie ein neues Kennwort ein.

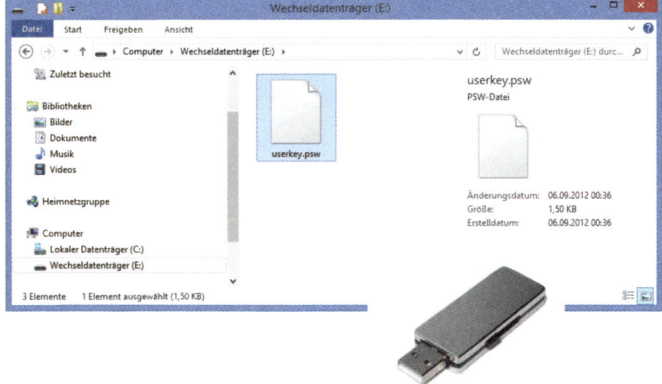

6 Auf dem Datenträger wird eine Datei *userkey.psw* gespeichert, diese verwendet Windows für die Kennwortrücksetzung.

> **● Hinweis**
>
> Die Option *Kennwortrücksetzungsdiskette erstellen* wird nur bei lokalen Konten angeboten.

Kennwort zurücksetzen

Melden Sie sich über ein Microsoft-Konto an, ist Ihr Kennwort in der Cloud gesichert, und aus dieser können Sie es einfach wiederherstellen, falls Sie es vergessen haben.

7 Wenn Sie (mehrfach) ein falsches Kennwort eingeben, erhalten Sie eine Meldung mit dem Link für die Passwortrücksetzung des Microsoft-Kontos.

8 Starten Sie auf einem anderen Computer den Internet Explorer und geben Sie die Adresse ein. Klicken Sie auf *Kennwort zurücksetzen*.

9 Geben Sie den Namen Ihres Kontos ein und die angezeigten »Captcha«-Buchstaben.

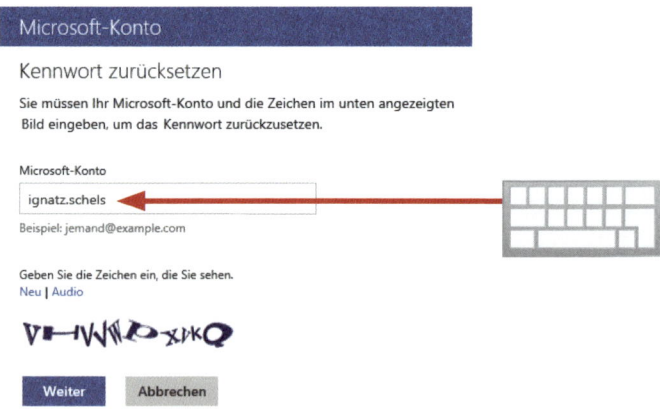

> 💬 **Hinweis**
>
> In den Einstellungen des Microsoft-Kontos finden Sie eine Option, mit der Sie das Kennwort alle 72 Tage zurücksetzen können.

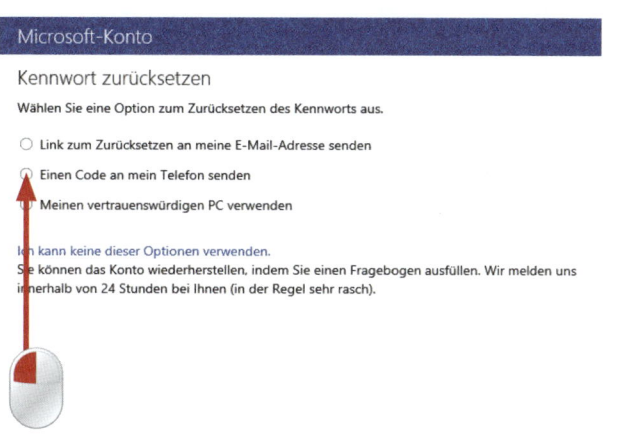

10 Wählen Sie eine Option, um das Kennwort zu erhalten.

11 Lassen Sie sich das Kennwort beispielsweise an Ihr Mobiltelefon senden, erhalten Sie eine SMS. Geben Sie den Code ein.

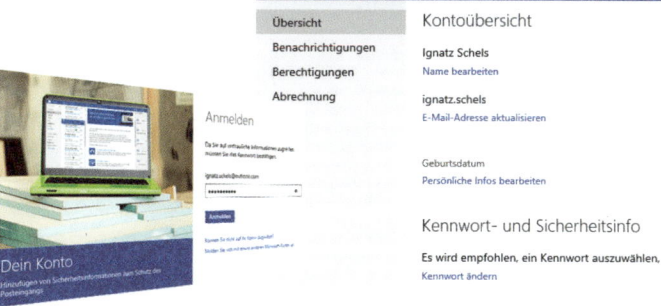

12 Melden Sie sich bei Ihrem Konto an und überprüfen Sie die Sicherheitseinstellungen.

 **Hinweis**

In der *Anmeldeinformationsverwaltung* finden Sie eine Speicheroption für alle Anmeldedaten.

Kapitel 11

Nützliches Zubehör

Zeichnen und Malen mit Paint   294

Schreiben mit dem Editor   298

Textverarbeitung mit WordPad   300

Drucken mit WordPad   304

Kurznotizen   306

Rechner   308

Windows Journal   310

Sounds aufnehmen mit dem Audiorecorder   314

Bildschirmfotos   316

Windows Media Player   318

Das lernen Sie in diesem Kapitel ...

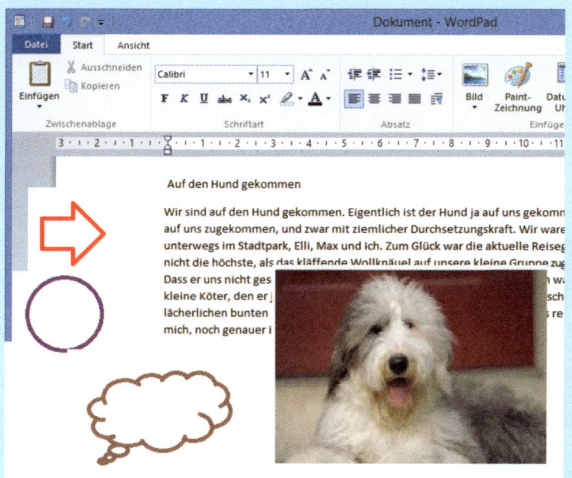

Zeichnen, Malen, Texten – für solche Aufgaben bietet Windows 8.1 mit Paint, WordPad etc. passendes Zubehör. Probieren Sie´s aus, die kleinen Apps sind fast so gut wie die großen Programme.

Mit ihr können Sie rechnen: Die Zubehör-App *Rechner* ist ein richtiger Profi mit Modus für Wissenschaft und Programmierung. Und sie rechnet Ihnen sogar Benzinverbrauch und Leasingkosten aus.

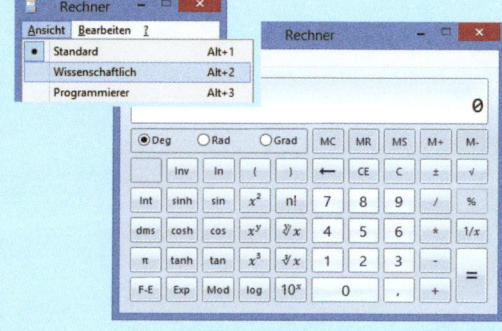

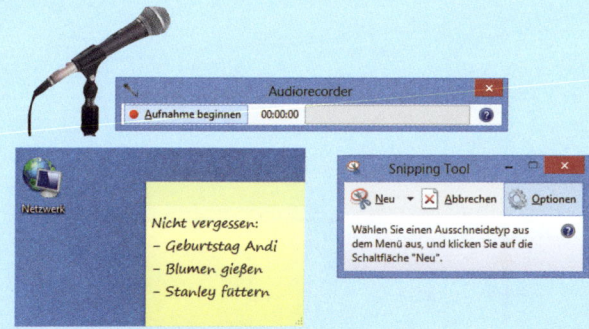

Audiorecorder, Notizen, Bildschirmfotos, Tablet-Eingabejournal – stöbern Sie einfach in der Apps-Gruppe *Windows-Zubehör*, sicher ist auch für Sie etwas Nützliches dabei.

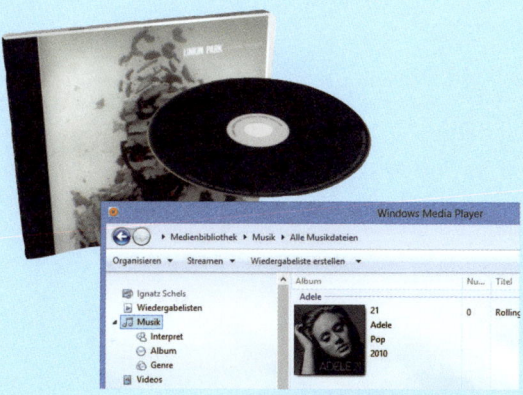

Hier spielt die Musik: Der Windows Media Player ist der Klassiker unter den Windows-Apps zum Verwalten von Musik, Erstellen von Playlists, Brennen von CDs u.v.m. Hören Sie mal rein.

Zeichnen und Malen mit Paint

Paint ist eine kleine, aber nützliche App zum Malen
und Zeichnen oder zur Bearbeitung von Pixelbildern.
Starten Sie sie aus der Windows Zubehör-Gruppe.

1 Schalten Sie um auf die Ansicht für
alle Apps und starten Sie die App *Paint*
unter *Windows-Zubehör*.

2 Die Zeichenwerkzeuge befinden sich
im Menüband, gezeichnet wird auf der
Zeichenfläche.

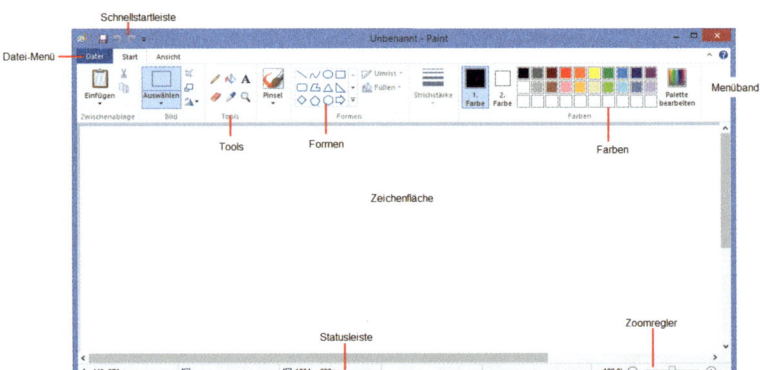

3 Schalten Sie zwischen den Registern
Start und *Ansicht* um.

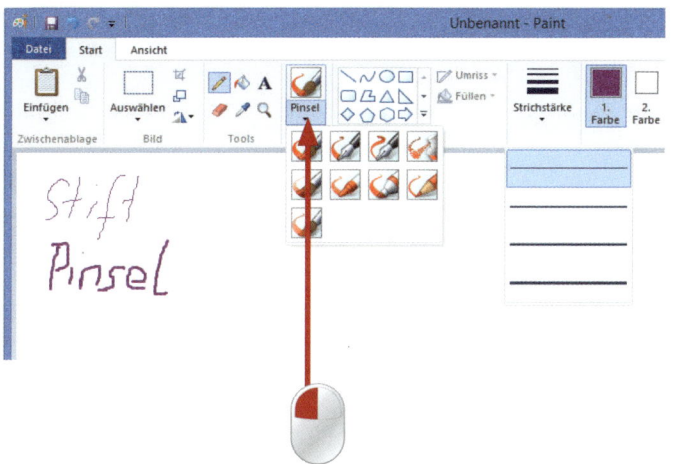

4 Wählen Sie ein Werkzeug (Stift, Pinsel) und zeichnen Sie mit gedrückter Maustaste.

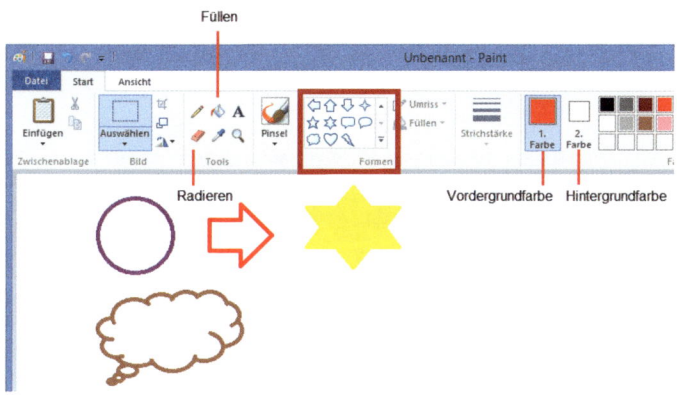

5 Mit der *Formenbibliothek* erstellen Sie Piktogramme oder geometrische Formen.

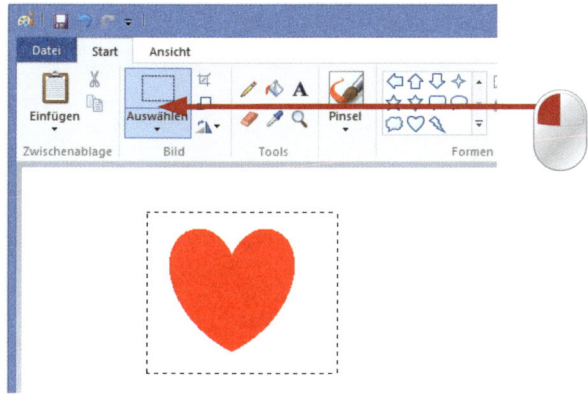

6 Schalten Sie auf das Auswahlwerkzeug und ziehen Sie mit gedrückter Maustaste einen Rahmen um den Bereich, den Sie verschieben wollen.

Zeichnen und Malen mit Paint

Mit etwas Übung gelingen mit der *Paint*-App die tollsten Zeichnungen. Vergessen Sie nicht, Ihre Arbeit zu speichern.

7 Markieren Sie einen Ausschnitt und wählen Sie *Drehen*, um die Auswahl zu drehen oder zu spiegeln.

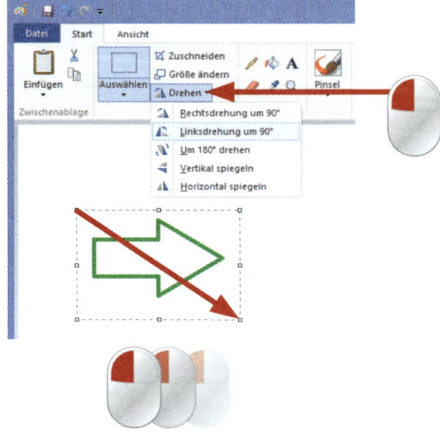

8 Mit dem Textwerkzeug schreiben Sie. Zahlreiche Schriftarten stehen zur Auswahl. Ziehen Sie den Textbereich vorher mit gedrückter Maustaste auf.

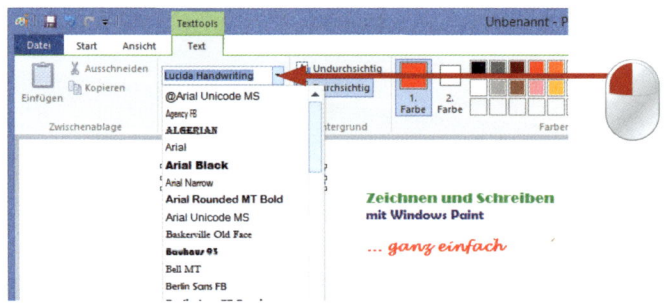

9 Lupe und Zoomregler vergrößern und verkleinern den Bildausschnitt. Klicken Sie links, um zu vergrößern und rechts, um zu verkleinern.

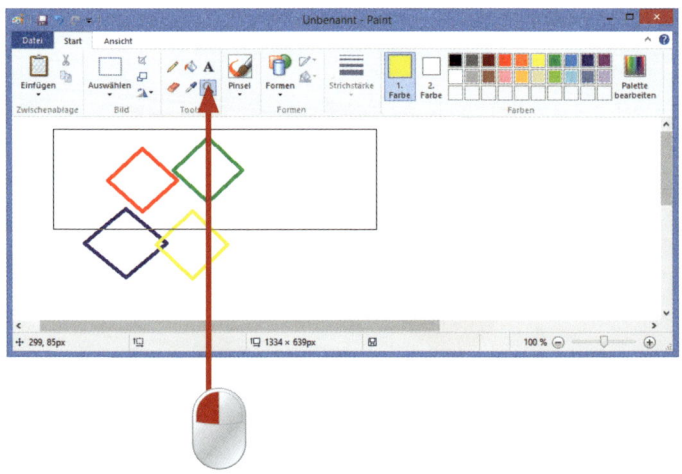

Hinweis

Die App *Paint* arbeitet mit einer Auflösung von 96 dpi (dots per inch), das ist für Fotobearbeitung nicht ausreichend. Verwenden Sie dafür die *Fotos*-App.

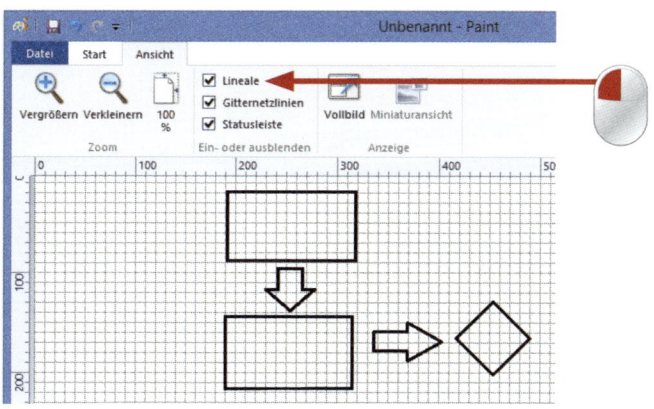

10 Schalten Sie unter *Ansicht* die Lineale und Gitternetze ein, um exakter zu zeichnen.

11 Im *Datei*-Menü finden Sie die Befehle, um Dateien zu laden, zu drucken und unter mehreren Grafikformaten zu speichern.

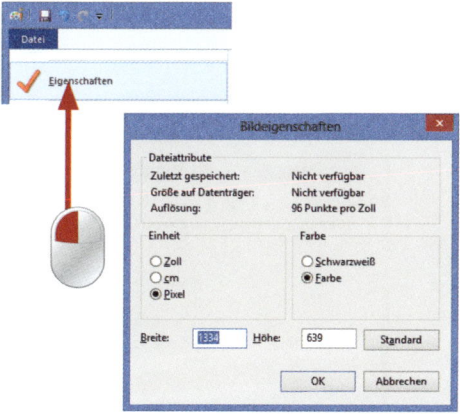

12 Unter *Datei/Eigenschaften* bestimmen Sie die Maßeinheit und die Größe der Zeichen- bzw. Druckfläche.

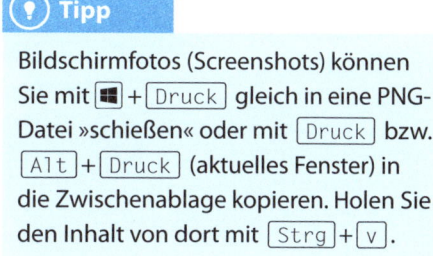

💡 Tipp

Bildschirmfotos (Screenshots) können Sie mit ⊞ + `Druck` gleich in eine PNG-Datei »schießen« oder mit `Druck` bzw. `Alt` + `Druck` (aktuelles Fenster) in die Zwischenablage kopieren. Holen Sie den Inhalt von dort mit `Strg` + `v`.

Schreiben mit dem Editor

Der *Editor* von Windows 8.1-Editor ist eine kleine
App für Textaufgaben, bei denen keine Formatierungen oder Layoutarbeiten benötigt werden.

1 Wählen Sie im Startbildschirm in der
Anzeige aller Apps die App *Editor* aus
der Gruppe *Windows-Zubehör*.

2 Schreiben Sie an der Cursorposition
oder kopieren Sie mit ⌊Strg⌋+⌊v⌋ Texte
aus der Zwischenablage in den Textbereich.

3 Zeilenumbruch, Schriftarten und
Schriftgrößen finden Sie im *Format*-
Menü.

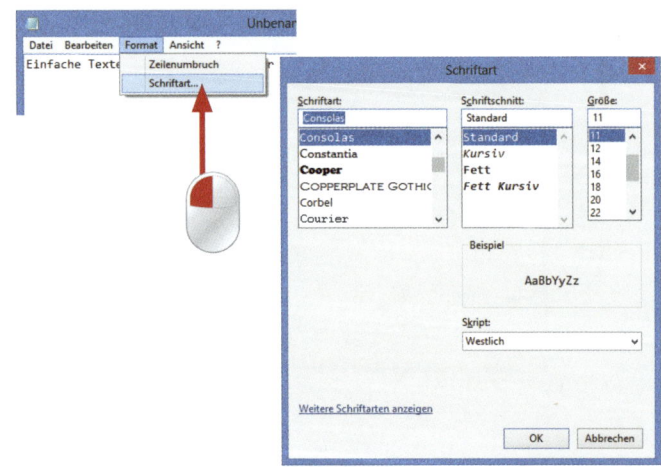

4 Speichern Sie Ihren Editor-Text mit *Datei/Speichern unter*.

 **Tipp**

Unter *Datei/Speichern unter …* können Sie die Codierung von ANSI (Standard) auf Unicode oder UTF-8 ändern.

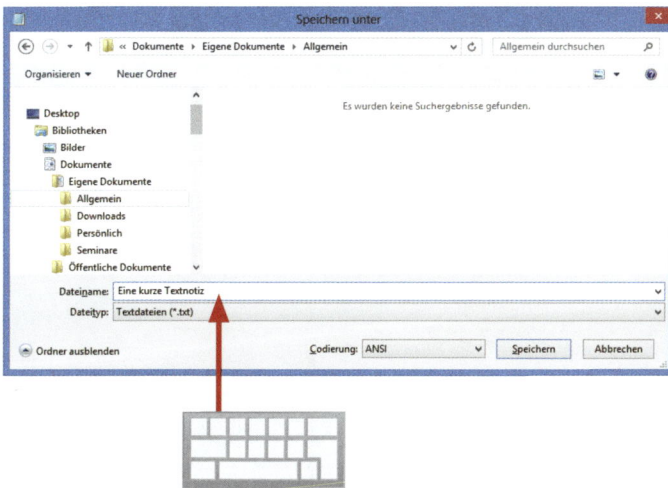

5 Wählen Sie den Zielordner und geben Sie einen Dateinamen an. Die Dateierweiterung *TXT* wird automatisch angefügt.

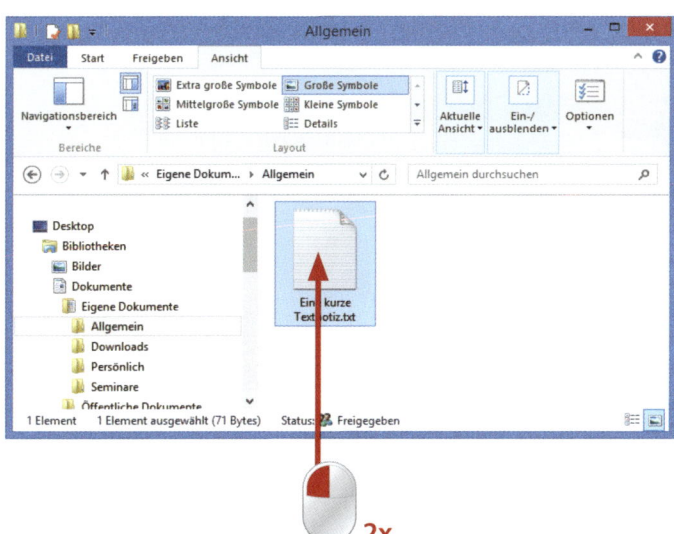

 **2x**

6 Der Text wird im Zielordner gespeichert, in diesem finden Sie ihn anschließend als Dateisymbol. Klicken Sie dieses gleich doppelt an, um den Text im Editor zu öffnen.

Hinweis

ANSI (American National Standards Institute): Norm für Windows-Zeichen im 8-Bit-Format.
Unicode und UTF-8 sind erweiterte Standards mit internationalen Zeichensätzen.

Textverarbeitung mit WordPad

Die App *WordPad* ist ein gutes Textverarbeitungsprogramm mit allen Werkzeugen und Formatierungen, die Sie für diese Aufgabe brauchen. Schreiben Sie Briefe, Einladungen, Notizen etc. oder endlich Ihren eigenen Roman.

1 Drücken Sie die rechte Maustaste im Startbildschirm, wählen Sie *Alle Apps* und starten Sie die App *WordPad*.

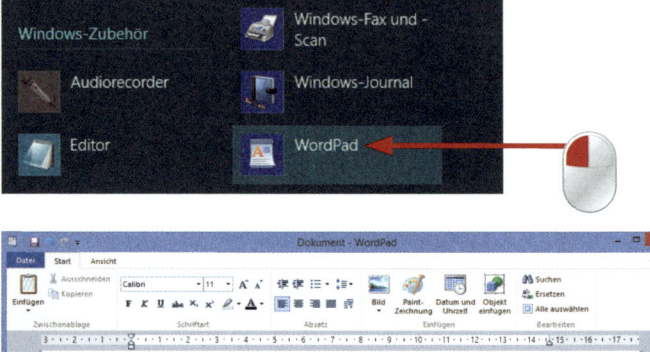

2 Geben Sie den Text ein, schreiben Sie Absatz für Absatz und drücken Sie *Eingabe* für den Absatzumbruch.

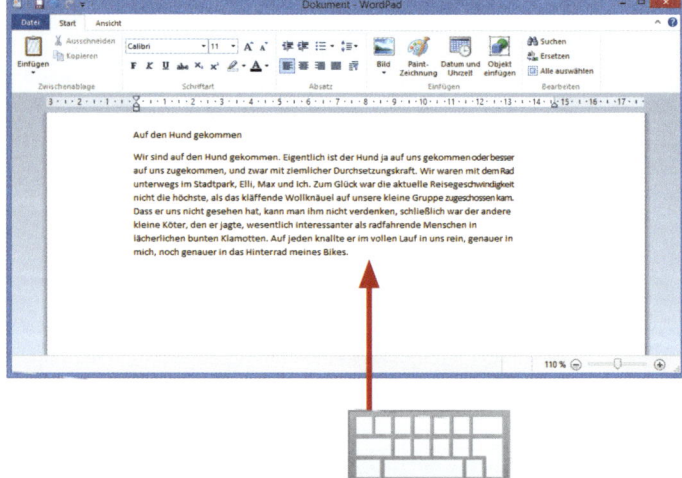

3 Markieren Sie einzelne Textstellen. Im Menüband finden Sie Formatierungswerkzeuge (Fett, Kursiv, Farben etc.).

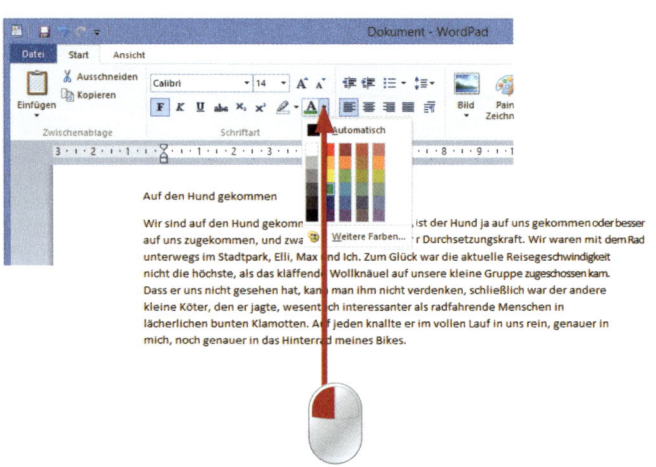

 **Tipp**

Mit gedrückter `Strg`-Taste und dem Mausrad zoomen Sie die Textfläche. Auf dem Tablet ziehen Sie mit zwei Fingern.

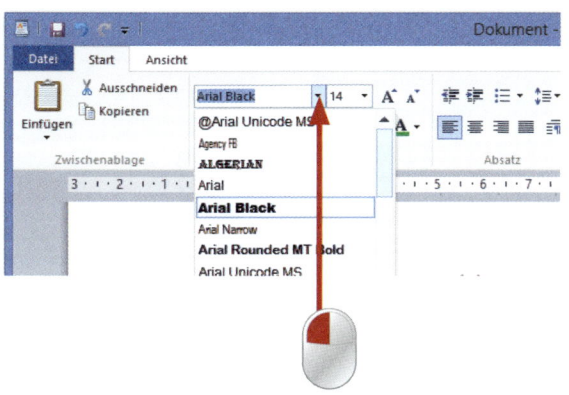

4 Wählen Sie die passende Schrift und Schriftgröße für den markierten Text oder stellen Sie diese an der Cursorposition ein.

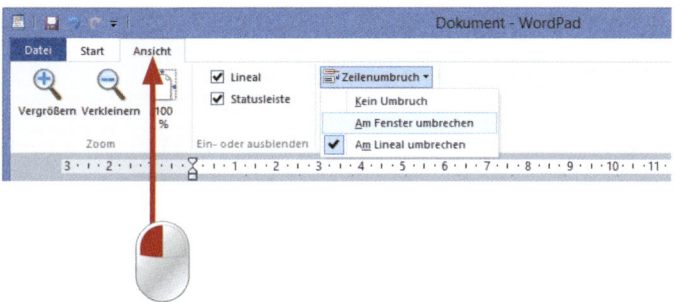

5 Im Register *Ansicht* finden Sie weitere Werkzeuge, schalten Sie das Lineal und den automatischen Zeilen- oder Fensterumbruch ein.

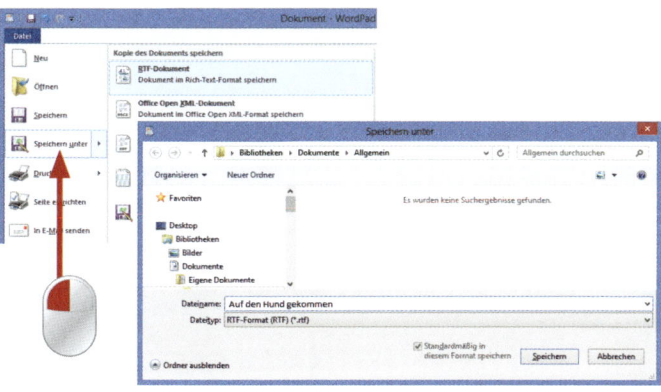

6 Klicken Sie auf das *Datei*-Menü und speichern Sie den Text als Datei im *RTF*-Format oder in einem anderen Textdatenformat.

 **Hinweis**

RTF ist das Rich Text Format, ein älteres Dateiformat für ANSI-Texte. Speichern Sie die Datei im Office Open-Format, kann sie mit Microsoft Word bearbeitet werden.

Textverarbeitung mit WordPad

Mit Tabulatorsprüngen und Tabstopps, Aufzählungs- und Nummerierungszeichen und grafischen Elementen wird WordPad richtig komfortabel für größere Textaufgaben.

7 Tabellen schreiben Sie mit Tabulatorsprüngen (-Taste) zwischen den Spalten. Klicken Sie in das Lineal, um die Tabstopps zu setzen.

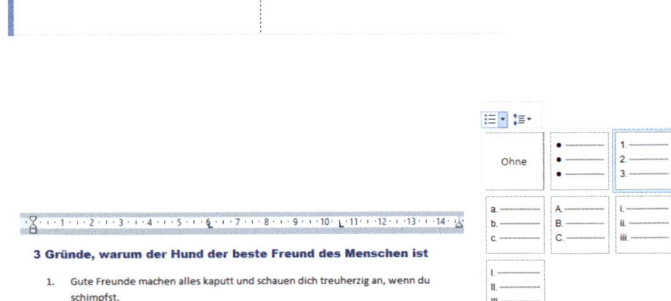

> **Tipp**
>
> Um einen Tabstopp zu entfernen, ziehen Sie ihn mit gedrückter Maustaste aus dem Lineal.

8 Aufzählungen und Nummerierungen werden mit Listenzeichen versehen, Abstände regelt das Lineal.

9 Mit *Datum und Uhrzeit* fügen Sie das Tagesdatum an der Schreibmarke ein. Wählen Sie ein passendes Format.

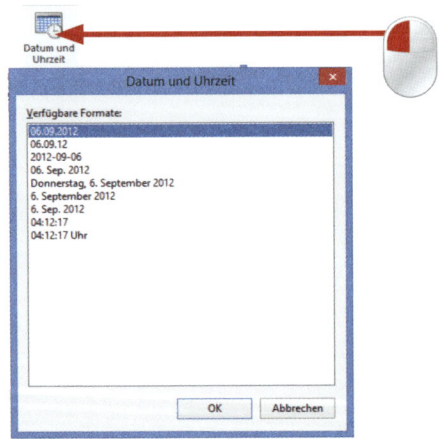

10 Klicken Sie auf *Paint-Zeichnung*, um eine Grafik einzufügen. Zeichnen Sie im Paint-Fenster oder holen Sie Bilder über die Zwischenablage.

> **Hinweis**
>
> Die Grafik vergrößern oder verkleinern Sie über die schwarzen Markierungspunkte an den Rändern und Kanten. Ein Doppelklick befördert sie wieder in das *Paint*-Fenster.

11 Mit *Beenden und zum Dokument zurückkehren* im *Datei*-Menü schalten Sie wieder zu WordPad zurück.

12 Die Grafik wird an der Schreibmarke eingefügt.

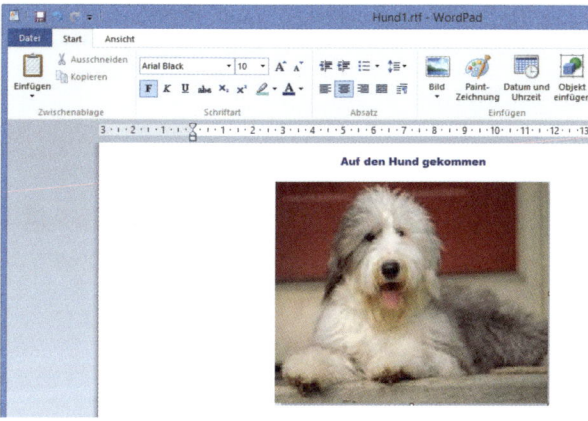

Drucken mit WordPad

Wenn Sie Ihren Drucker und den Druckeranschluss wie in Kapitel 6 beschrieben richtig konfiguriert haben, können Sie das Drucklayout Ihres Textes anpassen und das Dokument zu Papier bringen.

1 Mit *Seite einrichten* im *Datei*-Menü passen Sie Seitengröße, Format und Seitenränder an.

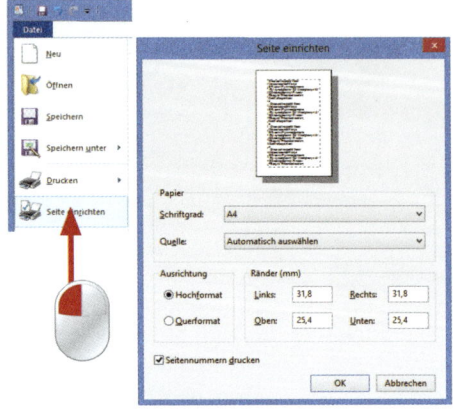

2 Wählen Sie *Drucken/Druckvorschau*, um das Druckergebnis zu überprüfen. Schließen Sie die Druckvorschau wieder.

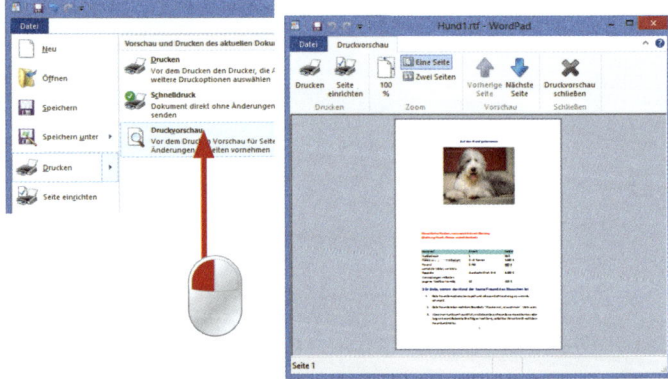

3 Senden Sie den Text an den angeschlossenen Drucker oder wählen Sie einen anderen Drucker aus.

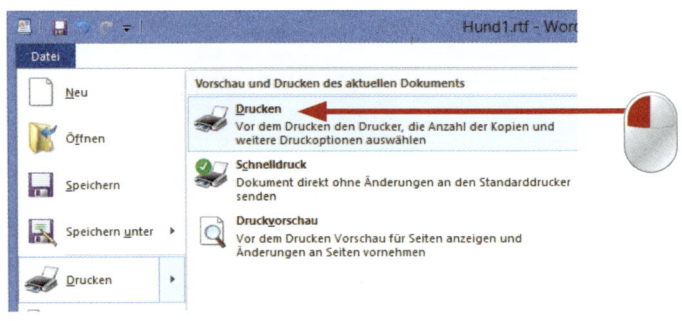

> **💡 Tipp**
>
> Eine schnelle Tastenkombination: Drücken Sie `Strg`+`p`, um sofort zu drucken.

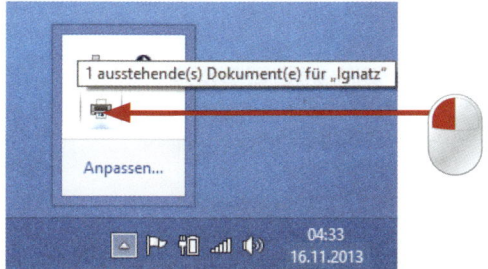

4 Im Systembereich der Taskleiste taucht ein Druckersymbol auf, solange der Ausdruck »gespoolt« wird. Öffnen Sie das Spoolfenster …

5 … und überprüfen Sie den Status des Ausdrucks. Bearbeiten Sie die Druckaufträge über die Menüs des Spoolfensters.

> 💬 **Hinweis**
>
> Spoolen bedeutet Hintergrunddruck. Die Daten werden zwischengespeichert, der Benutzer kann weiterarbeiten, während gedruckt wird.

6 Wenn alles korrekt eingerichtet und der Drucker bereit ist, wird Ihr Textdokument aus WordPad gedruckt.

Kurznotizen

Die kleinen gelben Notizzettel, die an die wichtigen Dinge erinnern
– mit der *Kurznotiz*-App haben Sie auch in Windows die Möglichkeit, sie überallhin zu pinnen. Und sie müssen nicht gelb sein ...

1 Wählen Sie auf der Startseite in der Anzeige aller Apps die App *Kurznotiz* aus
der Gruppe *Windows-Zubehör*.

> 💡 **Tipp**
>
> Eine schnelle Tastenkombination für
> Kurznotizen: Strg + n .

2 Die Kurznotiz wird auf dem Desktop
angelegt, tragen Sie Ihre Notizen ein.

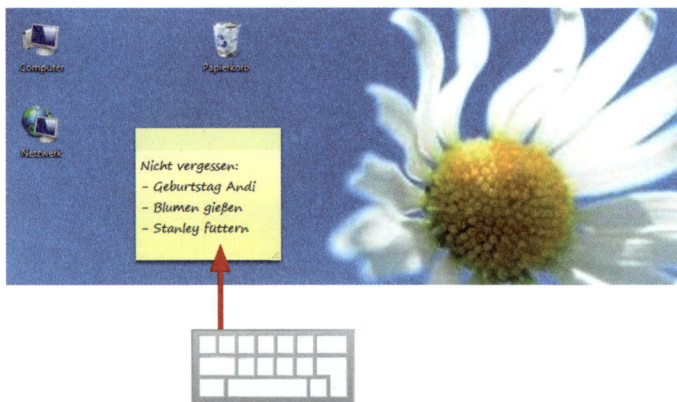

3 Mit dem Pluszeichen legen Sie eine weitere Notiz an. Im Kontextmenü finden
Sie die Hintergrundfarben.

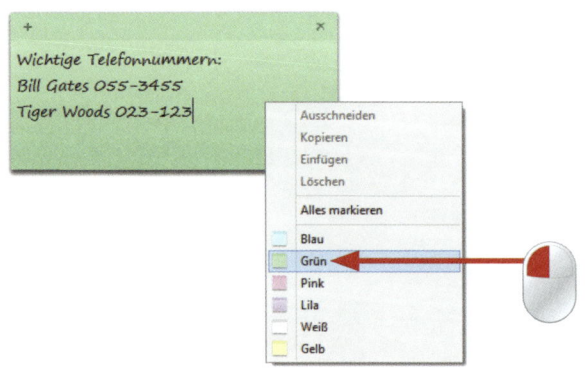

> 💡 **Tipp**
>
> Hintergrundfarben kategorisieren Noti-
> zen: Gelb für wichtig, Grün für weniger
> wichtig, Rot für dringend.

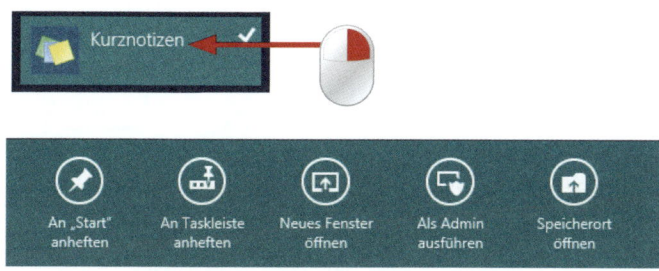

4 Aktivieren Sie die Startseite, klicken Sie die App mit der rechten Maustaste an und heften Sie sie an Startmenü und Taskleiste.

5 Jetzt genügt ein Klick auf die Kachel oder das Symbol, um alle Notizen einzublenden.

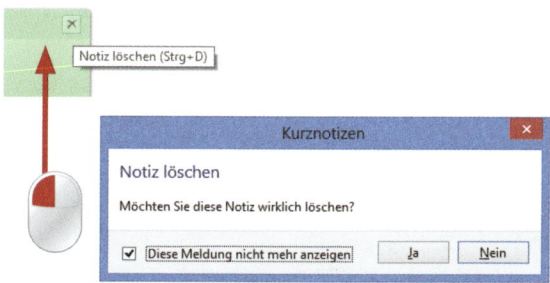

6 Mit dem Kreuzsymbol löschen Sie eine Notiz, die Meldung können Sie abschalten.

Rechner

Auf den ersten Blick ist die App *Rechner* ein gewöhnlicher digitaler Taschenrechner. Aber mit den Modi *Wissenschaftlich*, *Statistik* und *Programmierung* wird sie richtig professionell. Ein Spezialmodus rechnet sogar Maßeinheiten um und ermittelt Leasingraten oder Benzinverbrauch.

1 Wählen Sie auf der Startseite in der Anzeige aller Apps die App *Rechner* aus der Gruppe *Windows-Zubehör*.

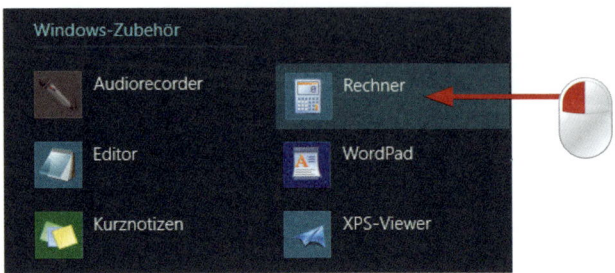

2 Der Rechner bietet die wichtigsten arithmetischen Funktionen sowie Speicher (Memory) an.

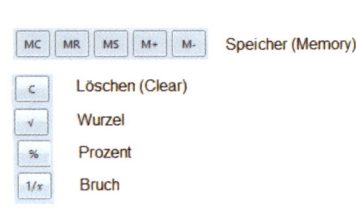

3 Schalten Sie unter *Ansicht* auf den Modus *Wissenschaftlich* um.

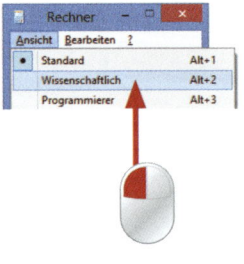

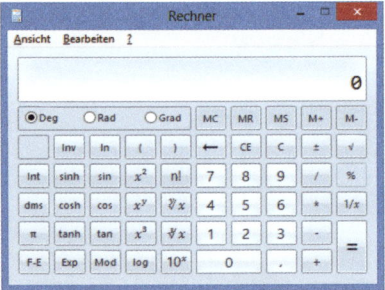

 **Hinweis**

Rechengenauigkeit: Im Modus *Wissenschaftlich* 32 Stellen, im *Programmierer*-Modus nur Ganzzahlen, 64 Bit.

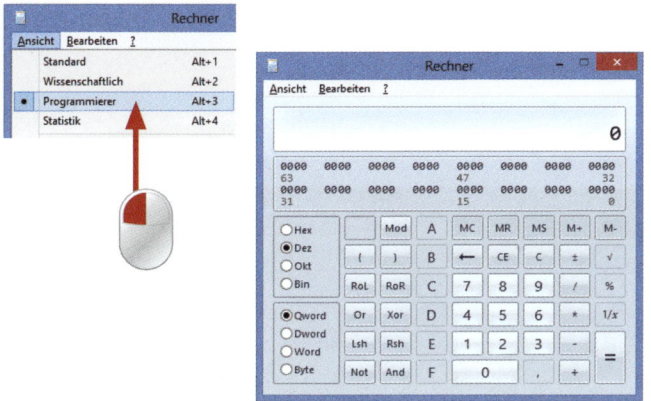

4 Der *Programmierer*-Modus stellt digitale Rechenmodi bereit, und im *Statistik*-Modus finden Sie Mittelwert und Standardabweichung.

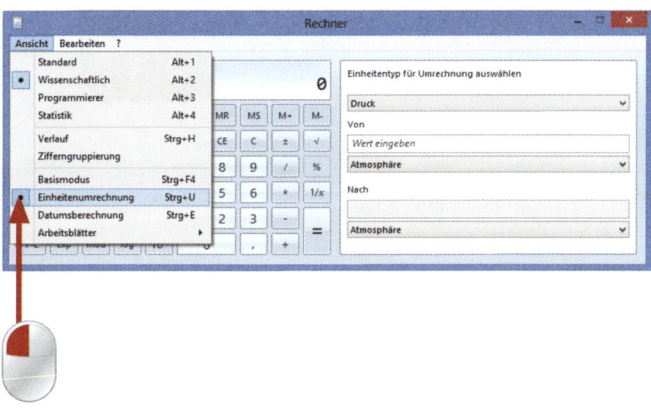

5 Schalten Sie den Modus *Einheitenumrechnung* ein, um technische Einheiten umzurechnen oder Datumsdifferenzen zu ermitteln.

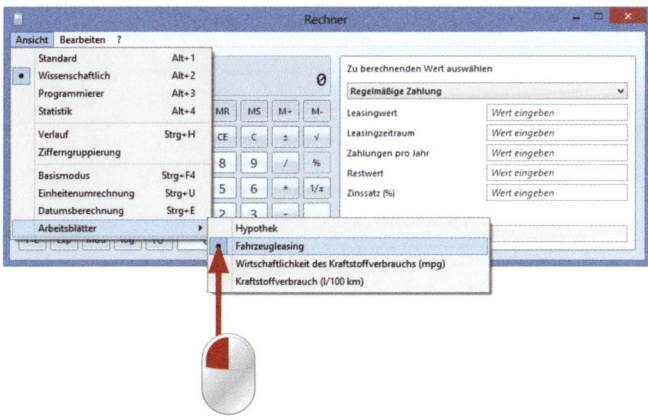

6 Unter *Arbeitsblätter* finden Sie weitere Rechenwerkzeuge, zum Beispiel *Fahrzeugleasing* und *Kraftstoffverbrauch*.

 **Tipp**

Unter *Ansicht/Verlauf* finden Sie die letzten Rechenschritte.

Windows Journal

Windows Journal ist eine App für Tablet-Benutzer, die schnelle handschriftliche Notizen auf ihrem Gerät festhalten wollen. Die App übersetzt Handschrift in Text und bietet die Möglichkeit, Notizdateien zu speichern und zu drucken.

1 Schalten Sie auf der Startseite in die Ansicht *Alle Apps* und starten Sie die App *Windows Journal* aus der Gruppe *Windows-Zubehör*.

2 Installieren Sie zuerst den Druckertreiber für Journalnotizdruck. Im *Extras*-Menü finden Sie eine Option, um diese Installation nachzuholen.

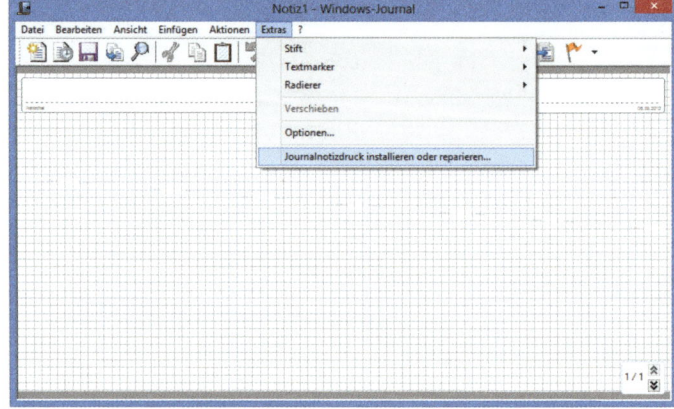

3 Tippen Sie auf *Installieren*, und der Journalnotizdruck wird installiert.

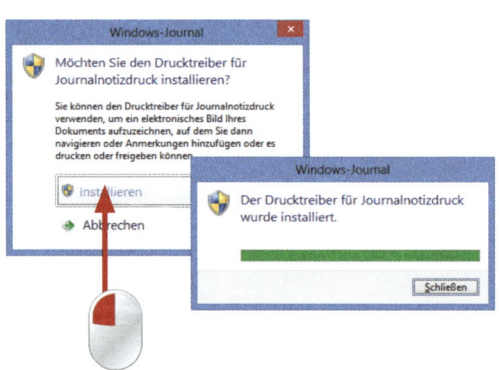

> **(💬) Hinweis**
>
> Unter *Datei/Neue Notiz von Vorlage* finden Sie viele Vorlagen vom Millimeterpapier bis zum Kalender.

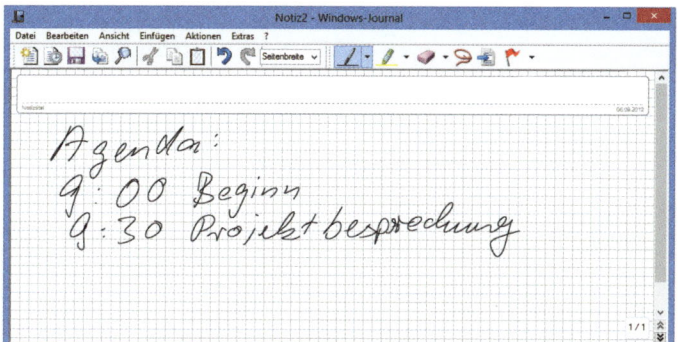

4 Schreiben Sie jetzt mit dem Stift Ihre Notizen in die Journalfläche.

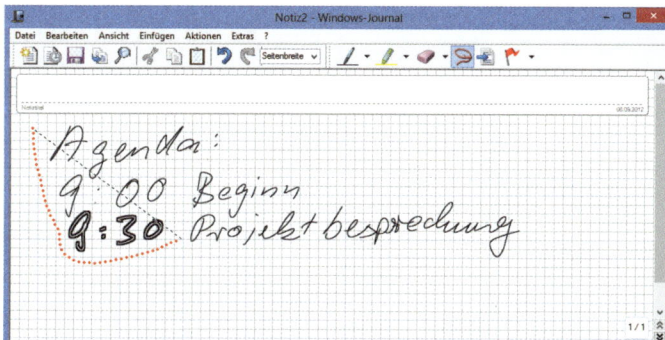

5 Tippen Sie das Auswahltool an und ziehen Sie einen Auswahlrahmen um den handschriftlichen Text.

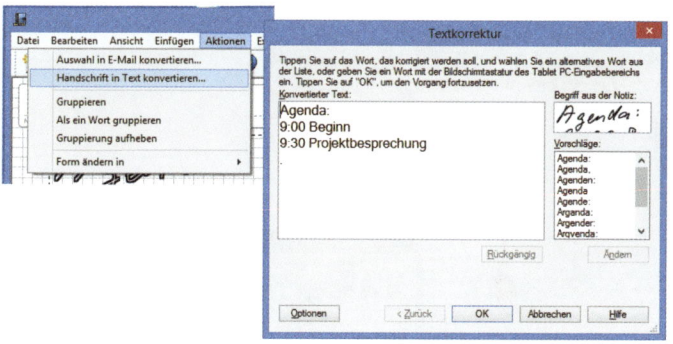

6 Wählen Sie *Aktionen/Handschrift in Text konvertieren*. Bessern Sie nicht erkannte Wörter über die Liste aus.

> 💡 **Tipp**
>
> Benutzen Sie die Werkzeuge in der Symbolleiste: Alternative Stiftbreite, Textmarker, Radierer. Flaggen können als Objekte gesetzt und ausgeschnitten, nicht radiert werden.

Windows Journal

Drucken Sie Ihre konvertierten Notizen als Journalnotiz aus. Wenn Sie lieber mit Textboxen arbeiten
wollen, holen Sie diese aus dem *Einfügen*-Menü.

7 Wenn der handgeschriebene Text
korrigiert ist, können Sie ihn in die
Zwischenablage kopieren oder als Text
in die Notiz einfügen.

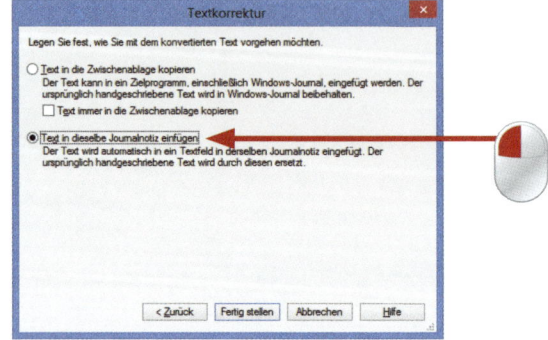

8 Jetzt steht der Text in der Notiz zur
Verfügung.

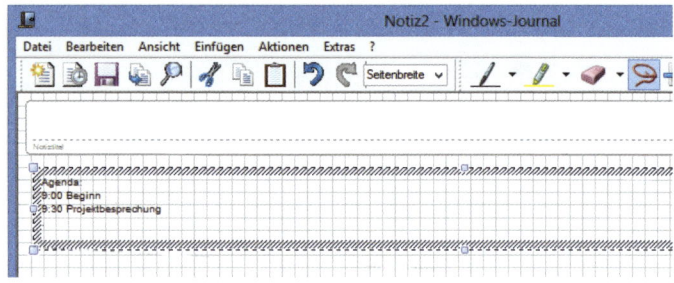

9 Wählen Sie *Einfügen/Textbereich*, wenn
Sie digitalen Text anstelle von Handschrift verwenden wollen.

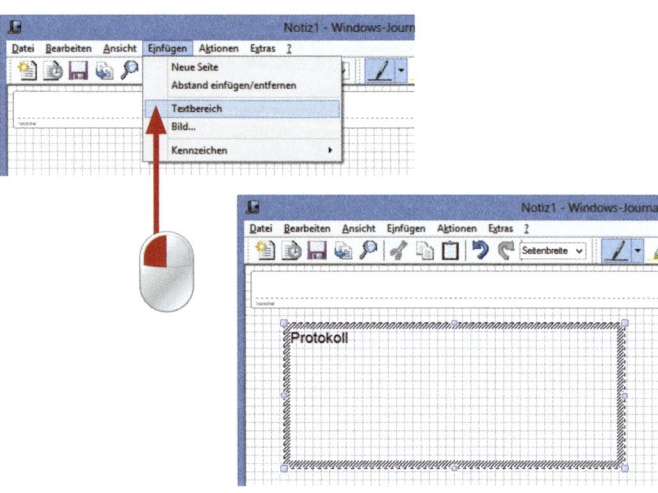

💡 Tipp

Mit *Einfügen/Bild* holen Sie grafische
Objekte (Zeichnungen, Fotos) in die
Notiz.

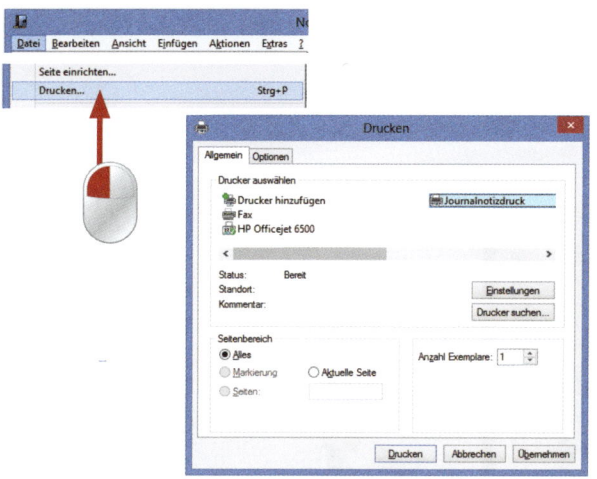

10 Mit *Datei/Drucken* wird die Notiz an den Journaldrucker geschickt.

11 Geben Sie einen Namen für die Journalnotiz ein und drucken Sie sie aus.

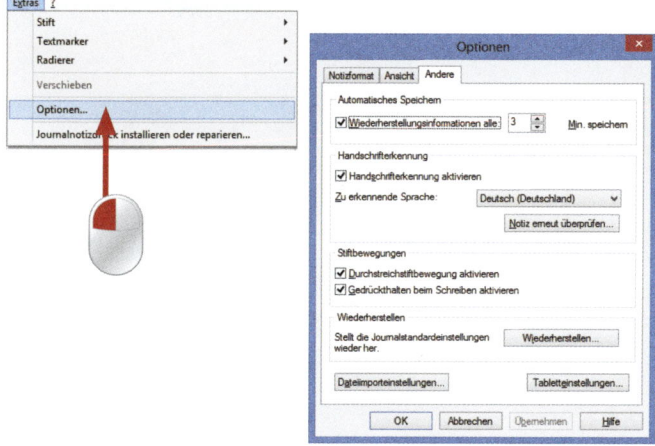

12 Unter *Extras/Optionen* finden Sie Einstellungen für Schrift und Handschrifterkennung.

> 💬 **Hinweis**
>
> Unter *Aktionen* können Sie einen markierten Text sofort als E-Mail versenden. Im *Datei*-Menü finden Sie die Option, um die ganze Notiz per Mail zu verschicken.

Sounds aufnehmen mit dem Audiorecorder

Mit der *Audiorecorder*-App nehmen Sie Sounds über
das Mikrofon auf und speichern die Aufnahmen
als Sounddateien im *WMA*-Format.

1 Schließen Sie ein Mikrofon an Ihren
Computer oder an das Tablet an.

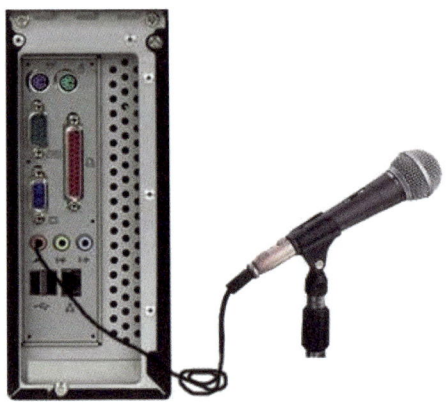

2 Schalten Sie im Startbildschirm um
auf die Ansicht *Alle Apps* und starten
Sie den Audiorecorder aus der Gruppe
Windows-Zubehör.

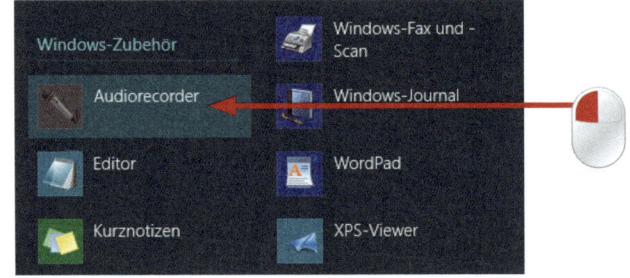

3 Klicken Sie auf *Aufnahme beginnen* oder
drücken Sie [Alt]+[s], um die Aufnahme zu starten.

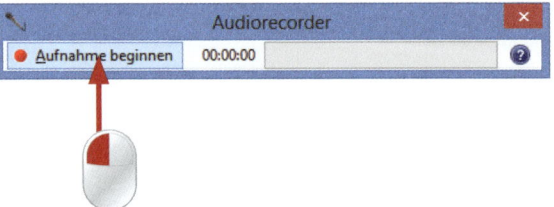

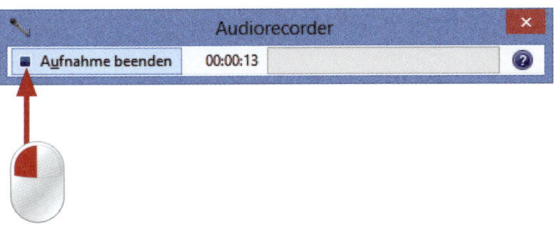

4 Um die Aufnahme zu beenden, klicken Sie wieder auf die Schaltfläche oder drücken erneut [Alt]+[s].

> ### 💡 Tipp
>
> Wenn Sie nur eine Pause einlegen wollen, klicken Sie auf *Aufnahme beenden*, brechen den Speichervorgang ab und klicken wieder auf *Aufnahme fortsetzen*.

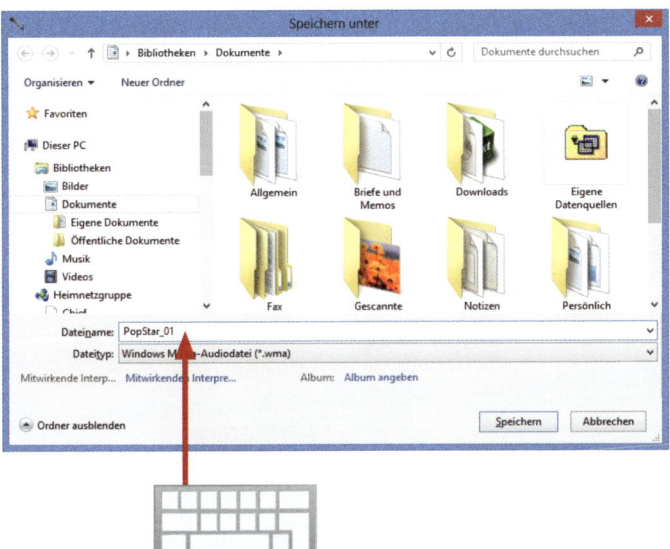

5 Die Aufnahme wird als Datei mit der Erweiterung *WMA* gespeichert, geben Sie einen Dateinamen ein.

> ### 💬 Hinweis
>
> WMA-Dateien können mit entsprechenden Apps oder Programmen in *MP3* konvertiert werden. iTunes macht das automatisch.

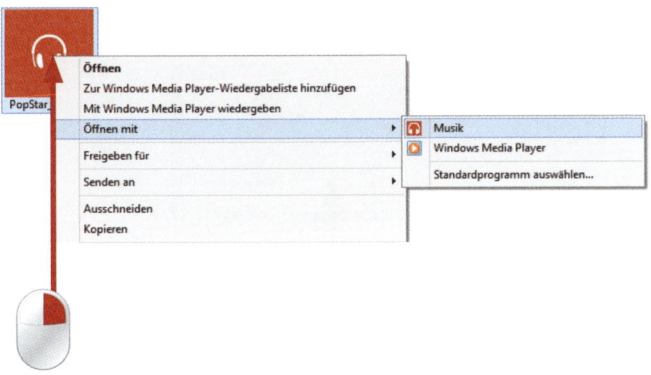

6 Im Windows-Explorer finden Sie anschließend die Datei, die Sie mit der *Musik*-App oder mit dem Windows Media Player abspielen können.

Bildschirmfotos

Mit der App *Snipping-Tool* schießen Sie Bildschirmfotos (Screenshots). Kopieren Sie Teile des Desktops oder ganze Fenster und speichern Sie Fotos als Bilddatei oder über die Zwischenablage.

1 Schalten Sie auf die Startseite um auf die Ansicht *Alle Apps* und starten Sie *Snipping-Tool* aus der Gruppe *Windows-Zubehör*.

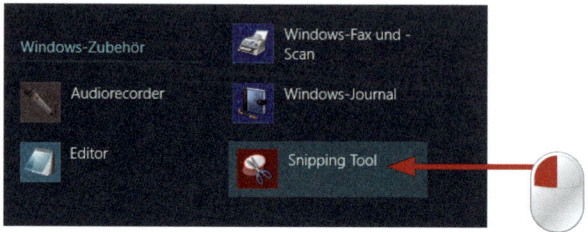

2 Das Tool wird auf dem Desktop aktiviert, wählen Sie *Optionen*.

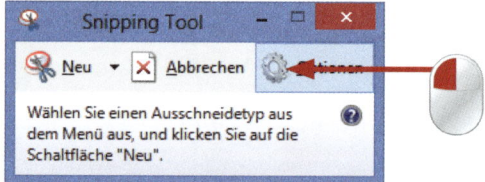

3 Stellen Sie die Optionen ein und wählen Sie eine Farbe für den Markierungsrahmen.

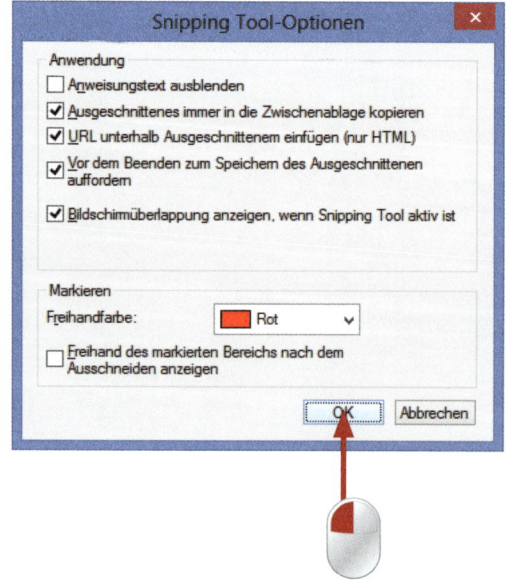

💬 Hinweis

Bildschirmfotos schießen Sie auch mit der ⌈Druck⌉-Taste:
⌈Druck⌉: Ganzer Desktop
⌈Alt⌉+⌈Druck⌉: Aktives Fenster oder aktiver Dialog

4 Unter *Neu* bestimmen Sie die Ausschnittsart (frei, rechteckig, Fenster oder Vollbild).

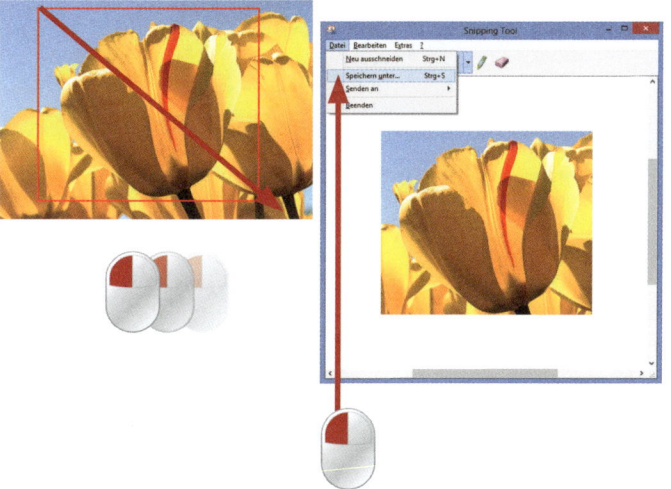

5 Ziehen Sie mit gedrückter Maustaste einen Rahmen um den gewünschten Ausschnitt und wählen Sie *Datei/Speichern unter*.

6 Mit  + ⌊Druck⌋ speichern Sie eine Bildschirmkopie als PNG-Datei in der *Bilder*-Bibliothek (Ordner *Screenshots*).

> **💡 Tipp**
>
> Programme wie Snagit oder easy Whiteboard bieten natürlich mehr Funktionen, z. B. Videos aufzeichnen oder Zeichenwerkzeuge.

Windows Media Player

Die *Windows Media Player*-App spielt Ihre Songs und Videos ab oder zeigt die Bilder aus der *Bilder*-Bibliothek an. Sie können weitere Ordner mit Multimediadateien hinzufügen und so Ihre persönliche Medienbibliothek gestalten.

1 Schalten Sie auf die Startseite um auf die Ansicht *Alle Apps* und starten Sie *Windows Media Player* aus der Gruppe *Windows-Zubehör*.

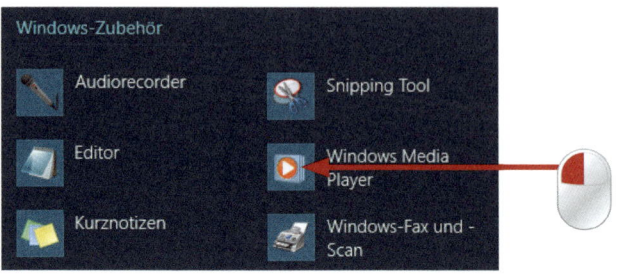

2 Im Navigationsbereich finden Sie die Bibliotheken *Musik*, *Video* und *Bilder*. Wählen Sie eine Bibliothek aus.

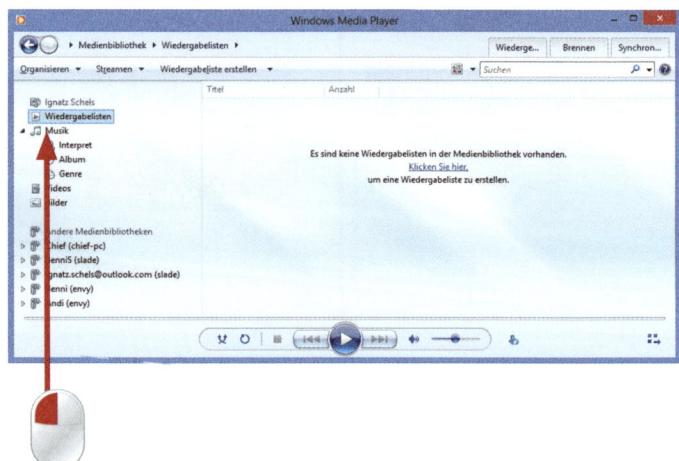

3 Die Dateien aus der Bibliothek (hier *Musik*) werden angezeigt, stellen Sie die Anzeige auf *Kacheln* oder *Details*.

 **Hinweis**

Im Unterschied zur Vorversion kann der Windows Media Player keine Video-CDs oder DVDs abspielen, dazu brauchen Sie das Windows Media Center oder eine passende App bzw. Software (Nero, VLC, FLV u.a.).

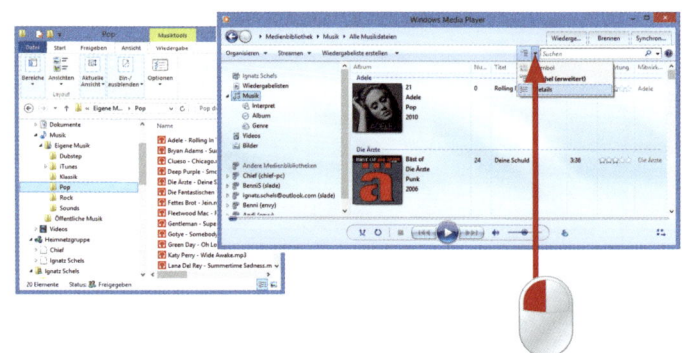

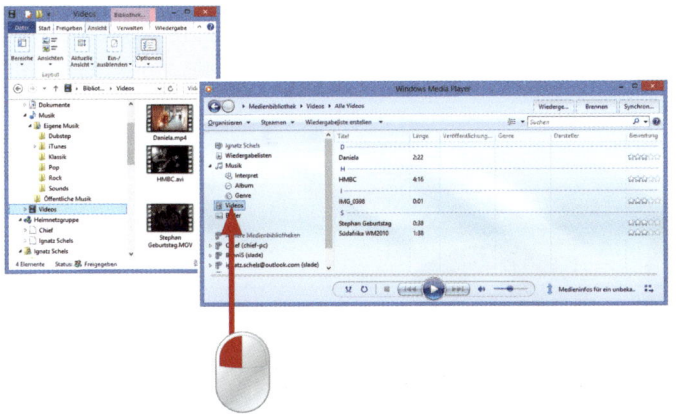

4 Markieren Sie eine andere Bibliothek, zum Beispiel *Videos*.

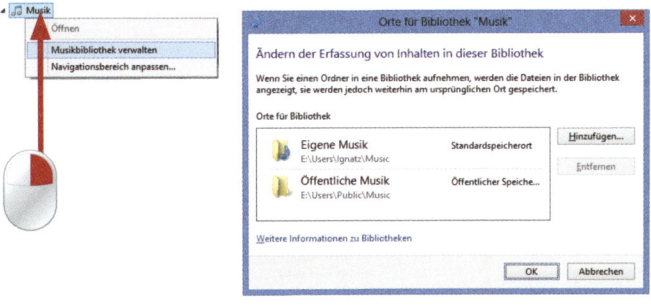

5 Klicken Sie mit der rechten Maustaste auf die Kategorie und wählen Sie *Musikbibliothek verwalten*.

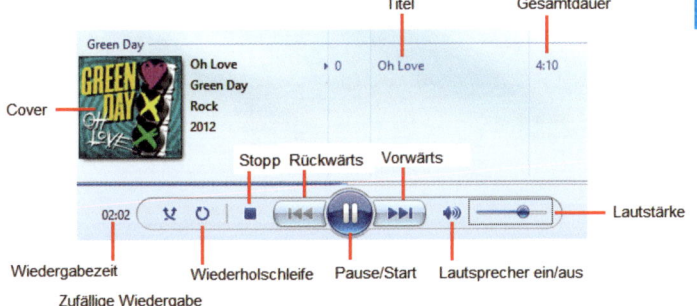

6 Über die Wiedergabeleiste starten Sie den markierten Titel, spielen ihn in einer Schleife ab oder wählen zufällige Wiedergabe.

🗨 **Hinweis**

Für das Windows Media Center müssen Sie auf die Windows 8.1 Pro-Version updaten oder das Pro Pack erwerben.

Windows Media Player

Musik und Videos von CDs oder USB-Sticks gibt der Media Player
sofort wieder, dazu schaltet er in den Wiedergabemodus. Nutzen Sie
die App auch, um CDs zu importieren oder Musik-CDs zu erstellen.

7 Legen Sie eine Musik-CD ein, startet der
Windows Player sofort die Widergabe.

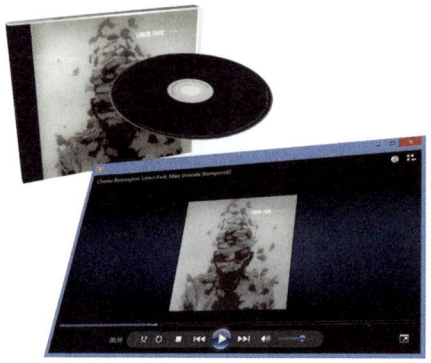

8 Schalten Sie um auf die Bibliothek.
Hier sehen Sie alle Titel und können
einzelne für die Wiedergabe markieren
oder abwählen.

9 Um die CD-Titel in die Musikbibliothek
zu kopieren, passen Sie die Kopieroptio-
nen an und starten mit *CD kopieren*.

Hinweis

Um eine CD zu brennen, schalten Sie
um auf *Brennen*, ziehen die gewünschten Titel einfach in die Brennliste und
starten mit *Brennvorgang starten*.

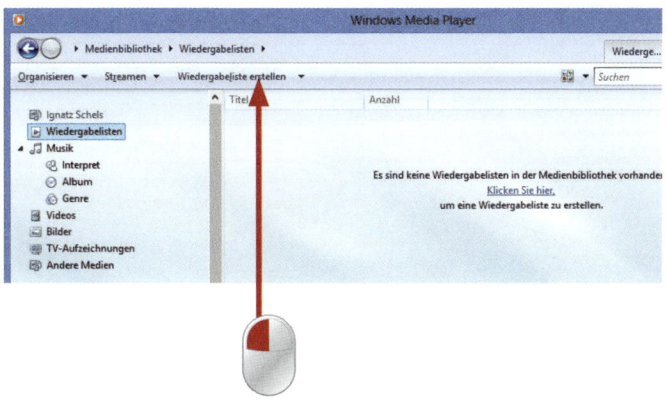

10 Erstellen Sie eine Wiedergabeliste für Ihre Lieblingstitel.

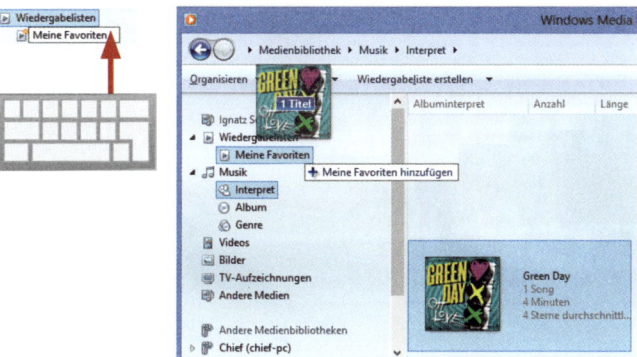

11 Geben Sie ihr einen Namen und ziehen Sie die Titel einfach aus der Titelliste in die Wiedergabeliste.

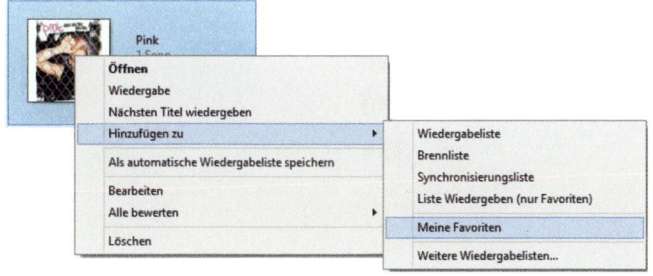

12 Klicken Sie einen Titel mit der rechten Maustaste an, finden Sie alle Wiedergabelisten im Kontextmenü.

 **Hinweis**

Mit *Synchronisieren* können Sie Ihren MP3-Player mit Ihren Musikbibliotheken synchronisieren. Apple iPhone-Daten werden mit iTunes verwaltet (*www.apple.com/de/itunes*).

Kapitel 12

Programme und Datentransfer

Programme installieren   324

Programme warten   326

Windows-Features   328

WindowsEasyTransfer   330

Mit SkyDrive in der Cloud   334

Das lernen Sie in diesem Kapitel ...

Apps holen Sie aus dem Store. Windows-Programme downloaden oder kaufen Sie beim Händler. Sorgen Sie dafür, dass Ihre Software richtig installiert und sauber gewartet wird. Und – räumen sie ab und zu mal auf!

Auf gut Neudeutsch: Features sind zusätzliche Optionen, Dienste, ja sogar ganze Programme, die Sie nur einschalten müssen. Vorausgesetzt, Sie finden Sie ...

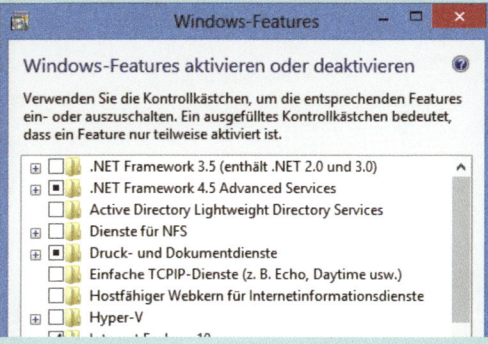

Easy Daten transferieren mit Windows-EasyTransfer. Ziehen Sie um von Windows 7 auf Windows 8.1 – per Kabel, Netz oder externe Festplatte (USB-Stick geht auch, falls er über genügend Speicherplatz verfügt).

Sind Sie schon in der Cloud? Windows 8.1 macht es Ihnen einfach. Mit einer *SkyDrive*-App und automatischer Einbindung in den Windows Explorer.

Programme installieren

Windows-Programme installieren Sie von der gekauften CD oder DVD oder über Links im Internet. Achten Sie auf die Sicherheitsüberprüfung, installieren Sie Programme nur von vertrauenswürdigen Herausgebern.

1 Um ein Programm unter Windows zu installieren, legen Sie die Installations-CD oder -DVD ein.

2 Die Installationsroutine startet automatisch. Falls nicht, suchen Sie mit dem Windows-Explorer nach *setup.exe* oder *install.exe*.

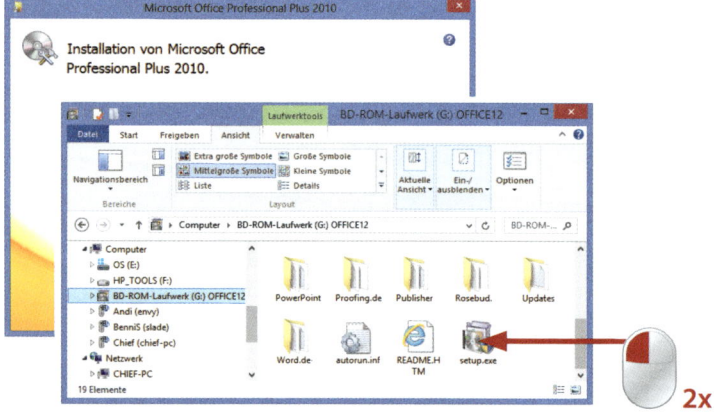

3 Nach der Installation finden Sie das Programm in der Ansicht *Alle Apps*. Klicken Sie es mit der rechten Maustaste an, …

Hinweis

Apps installieren Sie über den App-Store (siehe *Kapitel 4*).

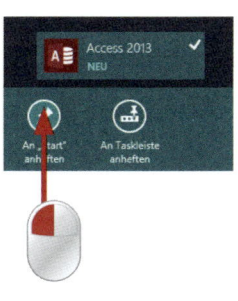 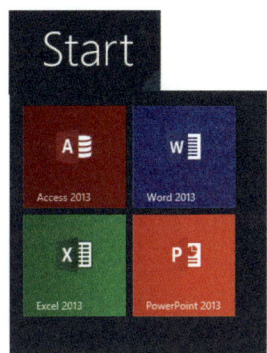

4 … und holen Sie es als Kachel auf die Startseite.

5 Installationsdateien, die auf Webseiten zum Download angeboten werden, holen Sie zuerst in Ihren Download-Ordner.

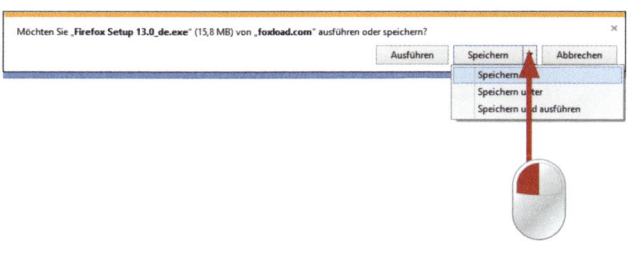

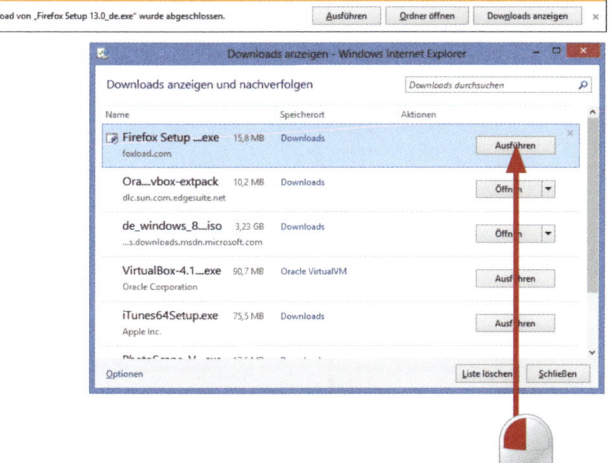

6 Wählen Sie *Downloads anzeigen* und *Ausführen*, um die Installation zu starten.

💡 Tipp

Drücken Sie im Internet Explorer-Fenster Strg + j, um alle Downloads anzuzeigen. Löschen Sie nicht mehr benötigte Downloads oder die gesamte Liste.

Programme warten

Mit der Programmliste in der Systemsteuerung behalten Sie
immer den Überblick über Ihre Windows-Programme und können
– falls nötig – Programme reparieren oder deinstallieren.

1 Starten Sie die Systemsteuerung per
Klick mit der rechten Maustaste auf das
Startsymbol oder über die Einstellun-
gen.

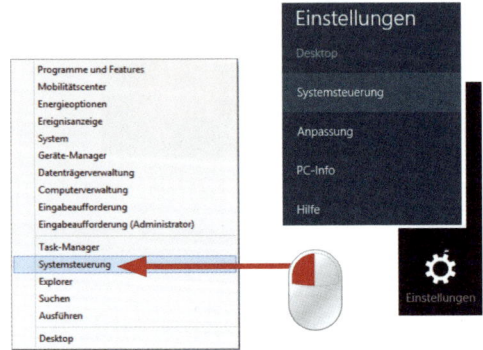

2 Wählen Sie in der Systemsteuerung
Programme.

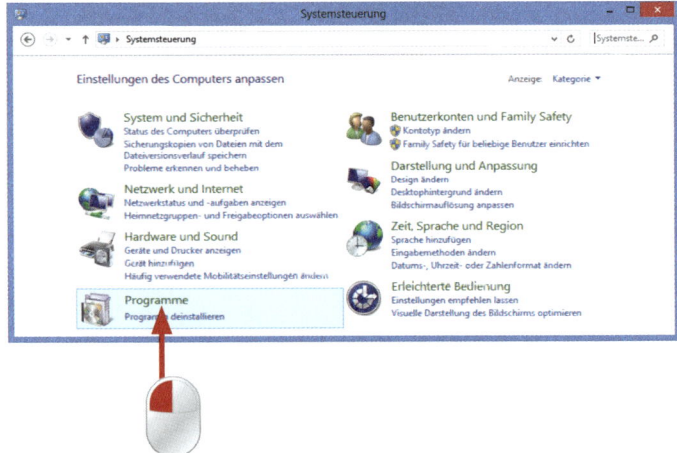

3 Markieren Sie *Programme und Features*
für die Liste aller installierten Programme.

 **Hinweis**

Reparieren und *Ändern* werden nur
angeboten, wenn das Programm bei
der Installation einen entsprechenden
Dienst eingerichtet hatte.

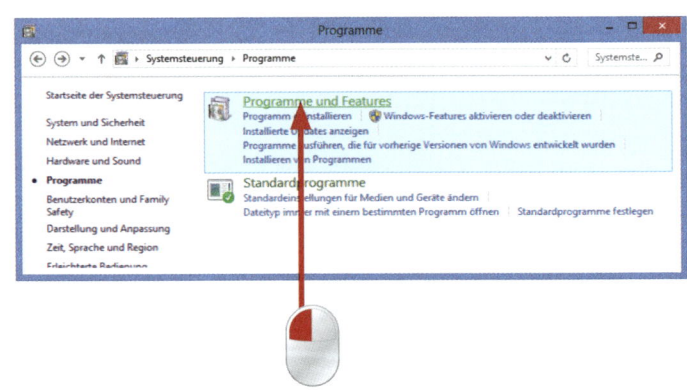

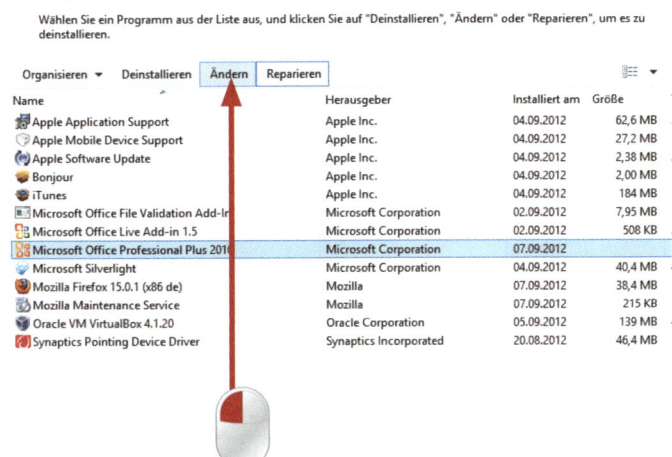

4 Die Liste zeigt Installationsdatum und Größe an, markieren Sie ein Programm und wählen Sie *Ändern* oder *Reparieren*.

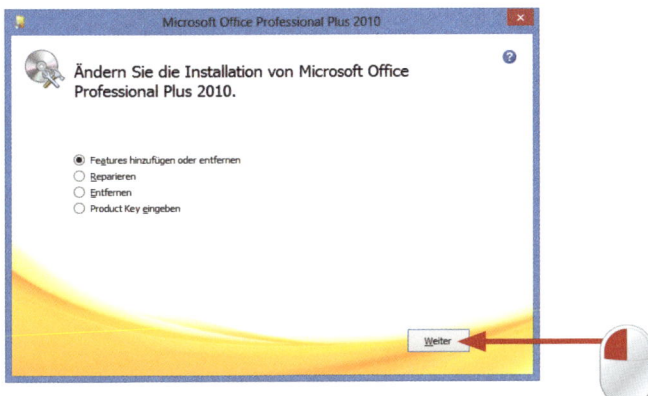

5 Bestätigen Sie die Informationen des Installationsassistenten für eine Änderung oder Reparatur.

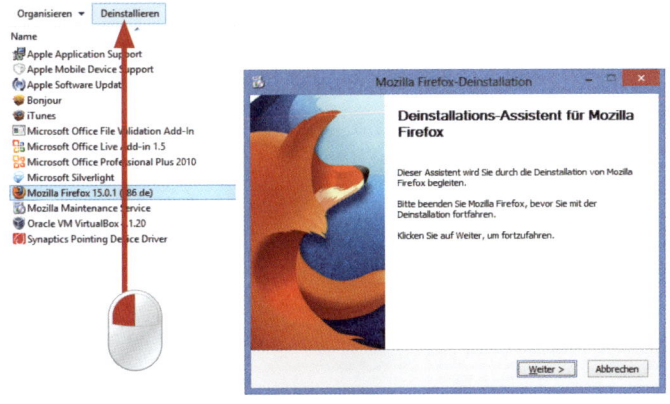

6 Um ein Programm zu entfernen, markieren Sie es in der Liste und wählen Sie *Deinstallieren*. Auch damit startet ein Assistent.

> 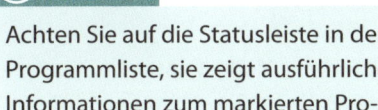 **Tipp**
>
> Achten Sie auf die Statusleiste in der Programmliste, sie zeigt ausführliche Informationen zum markierten Programm.

Windows-Features

Die Windows Features sind eine Sammlung von Spezial-
programmen für Netzwerk- und Internetprofis. Viele
davon werden nur für den Serverbetrieb gebraucht.

1 Starten Sie die Systemsteuerung per
Klick mit der rechten Maustaste auf das
Startsymbol oder über die Einstellun-
gen.

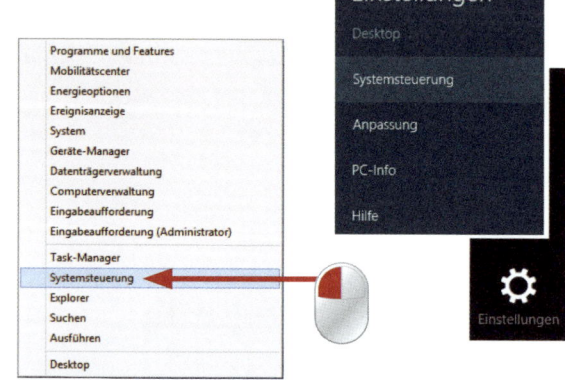

2 Wählen Sie in der Systemsteuerung
Programme.

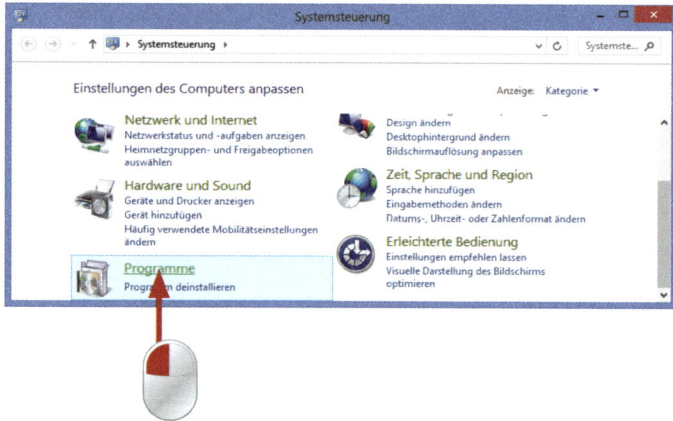

3 Wählen Sie *Windows-Features aktivieren
oder deaktivieren.*

 **Hinweis**

Das Windows Media Center und der
Windows Media Player werden hier
unter *Medienfeatures* angeboten.

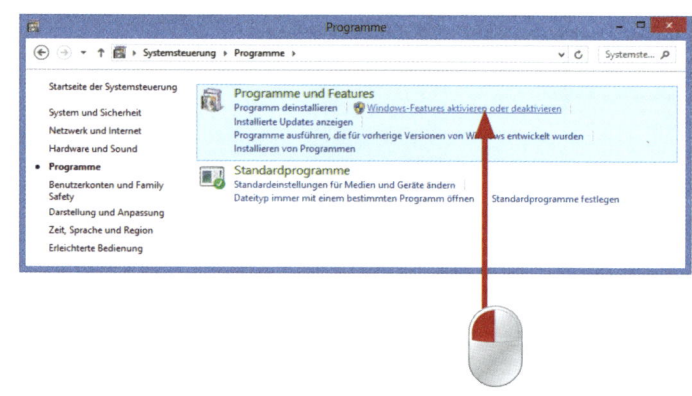

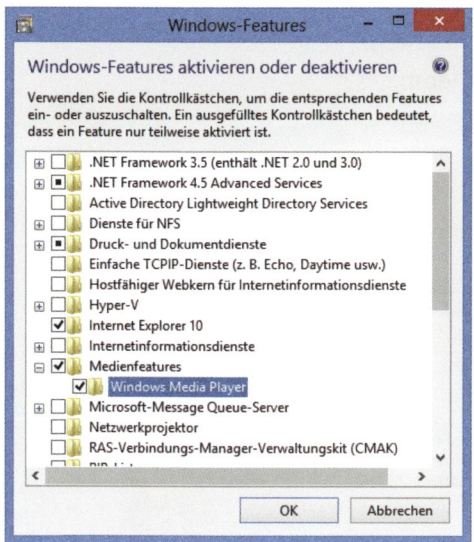

4 Die Windows-Features werden angezeigt, angekreuzte Einträge sind bereits
installiert.

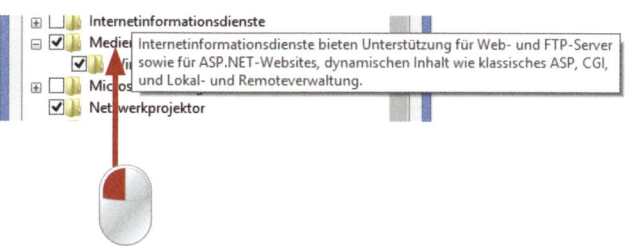

5 Zeigen Sie mit der Maus auf ein Feature
für detaillierte Informationen.

6 Aktivieren oder deaktivieren Sie ein
Feature und bestätigen Sie mit *OK*.
Achten Sie auf die Warnmeldungen.

 **Hinweis**

Hyper-V ist ein Feature für virtuelle
Maschinen. Aktivieren Sie die Plattform
und die Verwaltungstools.

Windows-EasyTransfer

Windows-EasyTransfer ist eine App zur Übertragung von Dateien und Systeminformationen zwischen zwei Computern. Nutzen Sie sie, um vom »alten«
Windows umzuziehen oder Daten vom PC zum Tablet zu transferieren.

1 Starten Sie *Windows-EasyTransfer* auf
dem Quellcomputer unter Windows 8.1,
Windows 8.1 RT oder Windows 7.

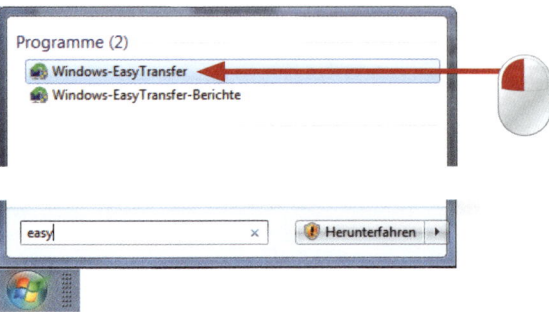

2 Bestätigen Sie die erste Meldung. Sie
zeigt, welche Daten übertragen werden
können.

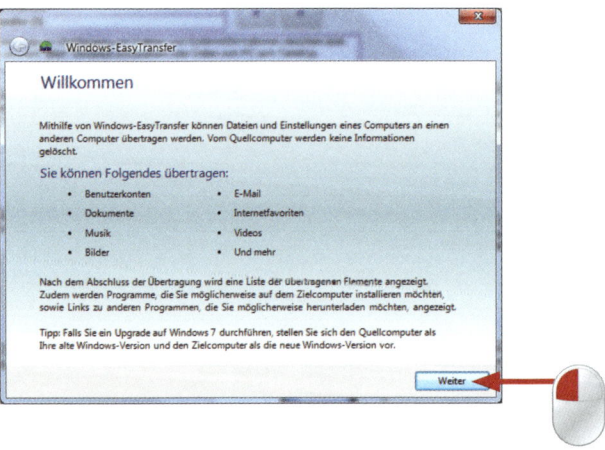

3 Für Windows 8.1 müssen die Daten in
einer Übertragungsdatei gespeichert
werden.

Hinweis

Mit Windows 8.1 kann Windows-Easy-
Transfer nur noch Daten über Transfer-
dateien übertragen.

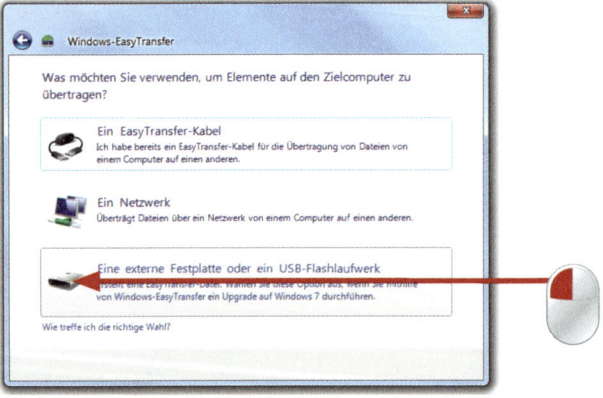

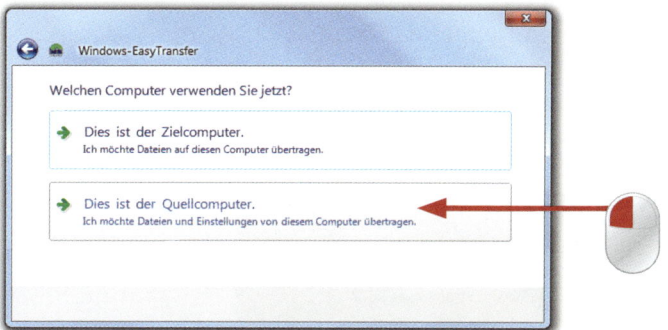

4 Markieren Sie die zweite Option, um die Daten vom Quellcomputer zu verwenden.

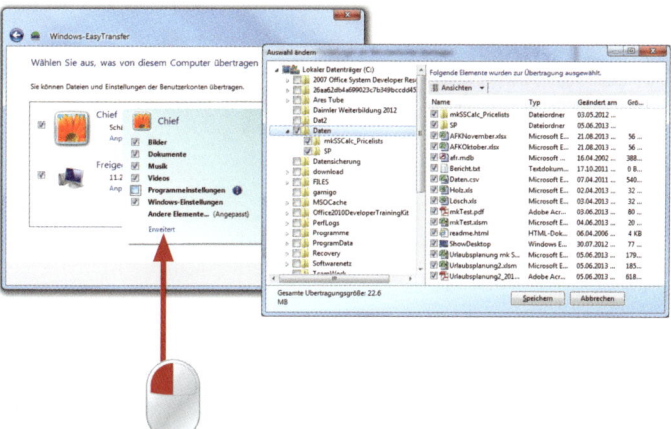

5 Wählen Sie die Daten aus, die Sie transferieren wollen. Mit *Erweitert* können Sie gezielt Laufwerke und Ordner in die Auswahl übernehmen.

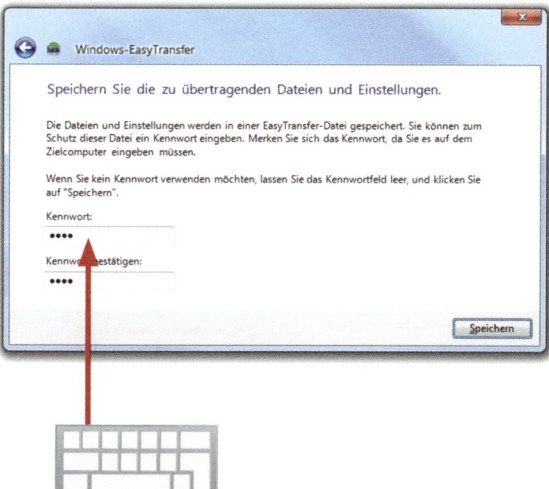

6 Speichern Sie die ausgewählten Daten in einer Transferdatei. Geben Sie ein Kennwort ein, um die Datei zu sichern.

Tipp

Achten Sie auf die angezeigte Datenmenge bei der Auswahl der Transferdaten.

Windows-EasyTransfer

Teilen Sie Windows-EasyTransfer mit, welche Daten Sie von einem Computer zum anderen transferieren möchten. Transferieren können Sie nur die Daten, die Programme und Apps müssen beim »Umzug« neu installiert werden.

7 Aktivieren Sie auf der Startseite die Ansicht *Alle Apps* und starten Sie *Windows-EasyTransfer* aus der Gruppe *Windows-System*.

8 Bestätigen Sie die erste Meldung, die anzeigt, was übertragen werden kann.

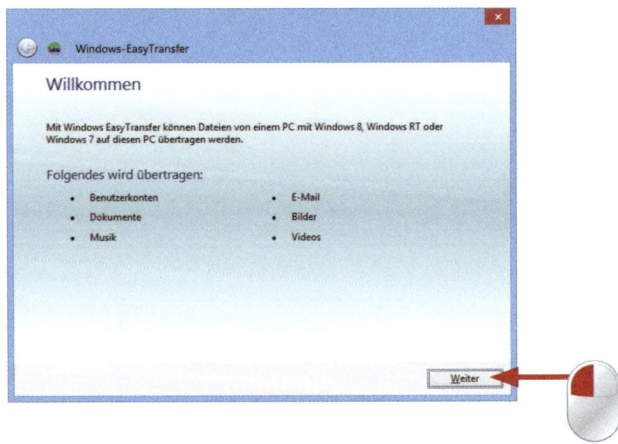

9 Klicken Sie auf die erste Option, um die Daten aus der Transferdatei zu übernehmen.

 **Hinweis**

Windows-EasyTransfer überträgt zwar App-Einstellungen, die Apps müssen aber immer zusätzlich auf dem neuen PC oder Tablet installiert werden.

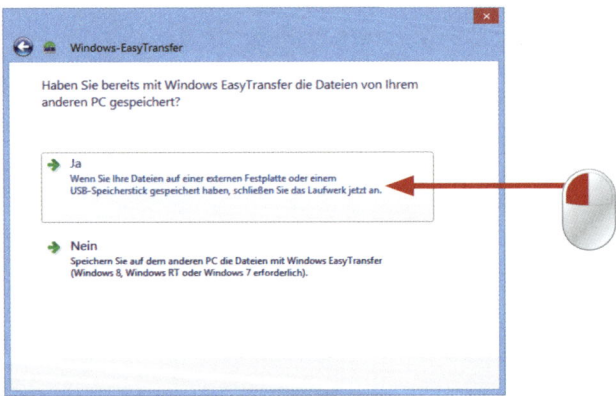

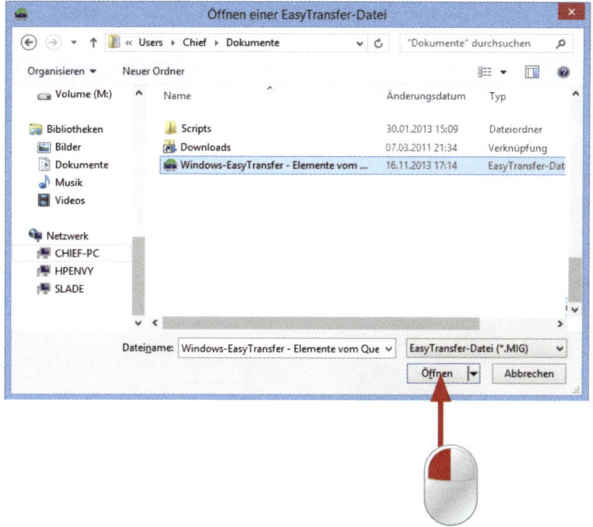

10 Suchen Sie die Datei mit der Dateierweiterung *MIG* und klicken Sie auf *Öffnen*.

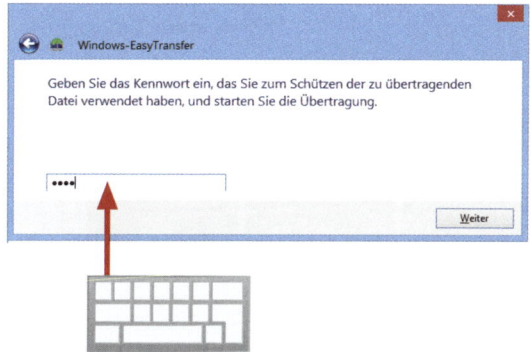

11 Geben Sie das Kennwort ein, mit dem Sie auf dem Quellcomputer die Datei geschützt hatten.

12 Jetzt werden die Daten aus der Transferdatei auf Ihren Computer mit Windows 8.1 übertragen.

 **Tipp**

Verwenden Sie einen Datenträger (USB-Stick) für die Übertragung, können Sie die Datei auf dem neuen PC einfach per Doppelklick öffnen, um Windows-EasyTransfer zu starten.

Mit SkyDrive in der Cloud

Mit Ihrem Microsoft-Konto sind Sie in der Cloud angekommen,
und mit SkyDrive können Sie Fotos, Videos und alle anderen
Arten von Dateien auf Ihren Cloud-Speicher hochladen.

1 Für SkyDrive brauchen Sie ein Microsoft-Konto. Aktivieren Sie die Webseite
www.skydrive.com und melden Sie sich
an.

2 SkyDrive wird automatisch eingerichtet,
Sie können über den Browser Gruppen
einrichten und Dateien hochladen.

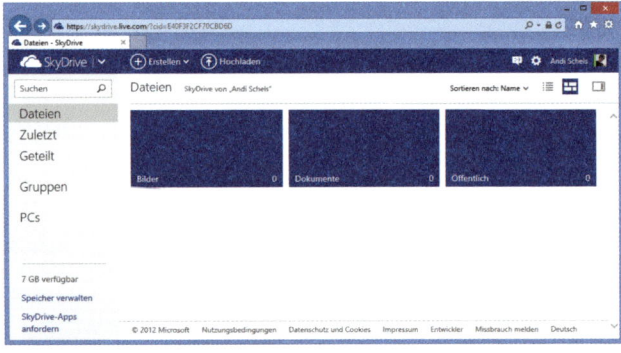

3 Starten Sie SkyDrive über die App auf
der Startseite.

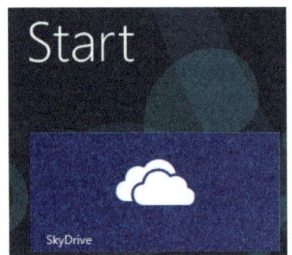

> 💬 **Hinweis**
>
> Zum Hochladen von Dateien können Sie
> diese einfach auf dem Desktop in den
> SkyDrive-Ordner verschieben. In der
> App drücken Sie die rechte Maustaste
> oder wischen vom rechten Rand und
> wählen Sie *Dateien hinzufügen*.

4 Schalten Sie auf einen Ordner um, lassen Sie Bilder und Videos anzeigen oder aktivieren Sie Dateien und Dokumente.

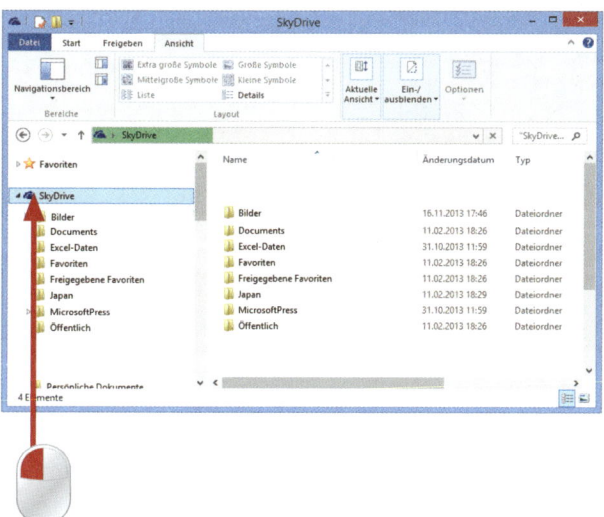

5 Im Windows Explorer finden Sie SkyDrive als Ordner, hier können Sie Daten einfach kopieren oder verschieben.

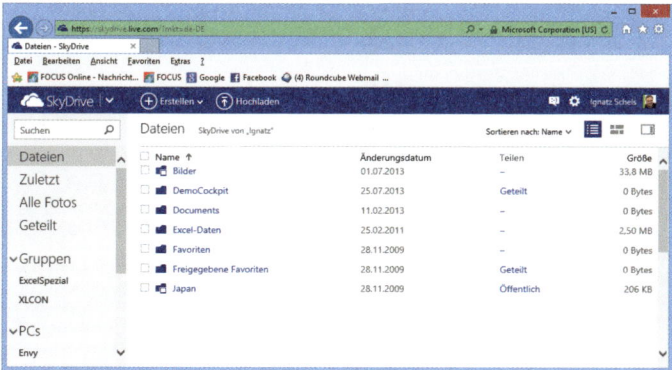

6 Im Web-Browser (Internet Explorer) lassen sich alle Möglichkeiten von SkyDrive ausschöpfen. Starten Sie die Desktop-Version und geben Sie *www.skydrive.com* ein.

 **Tipp**

SkyDrive stellt 7 Gigabyte kostenlosen Speicherplatz zur Verfügung, mehr Speicher kann hinzugekauft werden.

Kapitel 13

Windows 8.1 Spezial

Computerverwaltung	338
Datenträgerverwaltung	340
Virtuelle Festplatten	342
Der Geräte-Manager	344
Energieoptionen	346
Windows-Mobilitätscenter	348
Der Task-Manager	350
Ausführen und Eingabeaufforderung	352
Erleichterte Bedienung	354
Spracherkennung	356

Das lernen Sie in diesem Kapitel ...

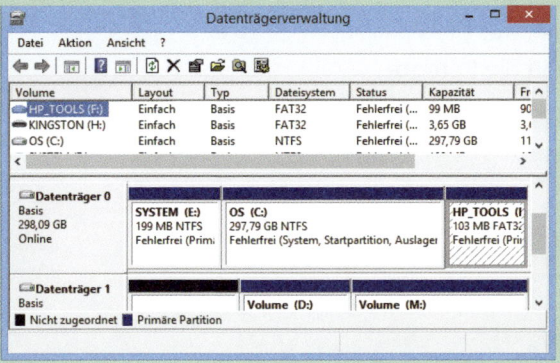

Computer- und Datenträgerverwaltung, virtuelle Festplatten, ein Geräte-Manager mit Treiberverwaltung – mit Windows 8.1 haben Sie nicht nur Ihre Software, sondern auch Ihre Hardware im Griff.

Energiebewusst und ökologisch korrekt arbeiten? Aber sicher! Windows 8.1 unterstützt Sie mit der Energieverwaltung dabei tatkräftig.

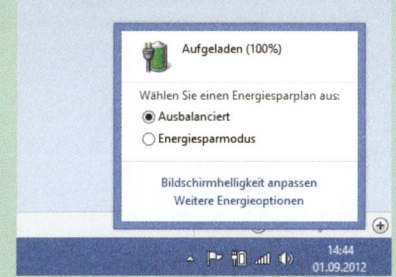

Ihre Schaltzentrale für Notebook und Tablet: Das Mobilitätscenter steht zur Verfügung, wenn Sie auf Achse sind.

Vorsagen gilt nicht – mit Windows 8.1 schon. Probieren Sie doch mal die Spracherkennung aus. Mit etwas Geduld und Trainingsfleiß wird Ihr Computer Sie bald verstehen.

Computerverwaltung

Die Computerverwaltung ist eine Konsole mit Programmen für die Verwaltung von lokalen und Remote-Computern, unterteilt in die Kategorien Systemprogramme, Speichergeräte, Dienste und Anwendungen.

1 Klicken Sie mit der rechten Maustaste auf das Startsymbol und wählen Sie *Computerverwaltung*.

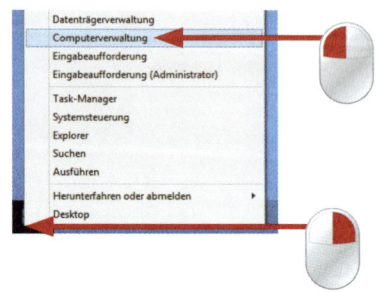

2 Markieren Sie die Kategorie *System*. Hier finden Sie sechs Dienstprogramme.

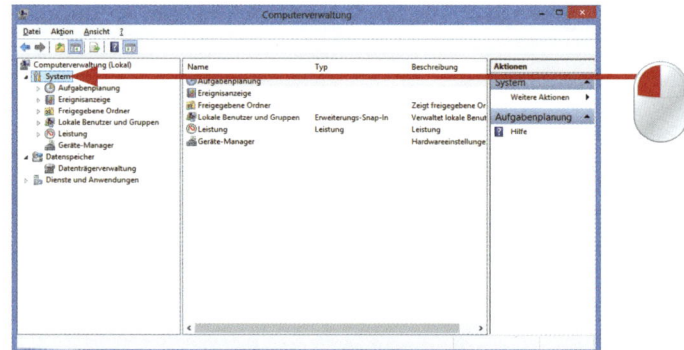

3 In der Ereignisanzeige stehen die System- und Sicherheitsprotokolle.

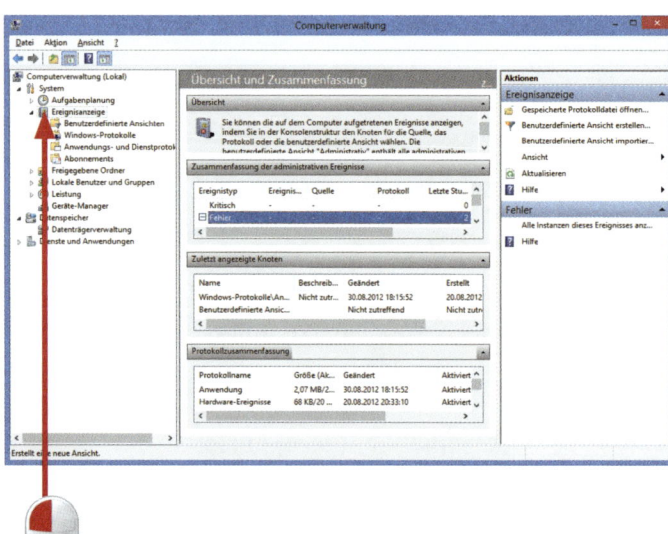

> 💬 **Hinweis**
>
> Unter *Lokale Benutzer und Gruppen* finden Sie die Benutzerkonten (siehe *Kapitel 10*).

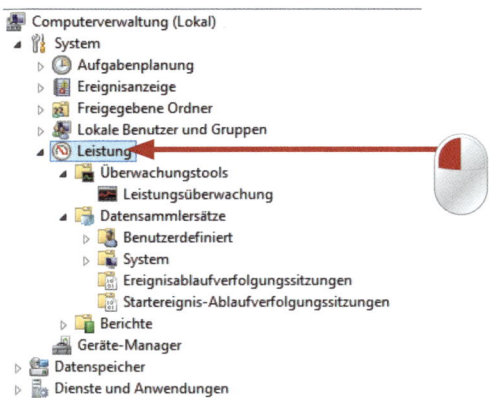

4 Die Kategorie *Leistung* enthält Protokolle und Berichte für die Computerleistung.

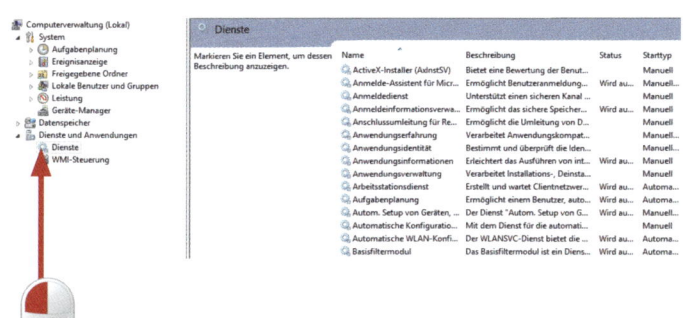

5 Schalten Sie unter *Dienste und Anwendungen* auf *Dienste* und markieren Sie einen Dienst.

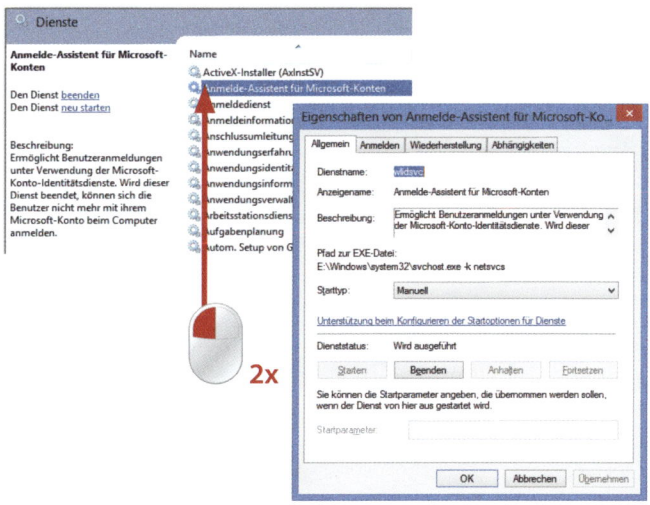

2x

6 Jetzt können Sie den Dienst beenden oder neu starten oder per Doppelklick konfigurieren.

 **Hinweis**

Freigegebene Ordner zeigt, welche Ordner In Ihrem Netzwerk freigegeben sind. Im *Aktionen*-Fenster lassen sich weitere Freigaben definieren.

Datenträgerverwaltung

Kontrollieren Sie mit der *Datenträgerverwaltung* Ihre Fest-
plattenpartitionen, verkleinern und vergrößern Sie diese
oder löschen Sie, was nicht mehr gebraucht wird.

1 Klicken Sie mit der rechten Maustaste
auf das Startsymbol und wählen Sie
Datenträgerverwaltung.

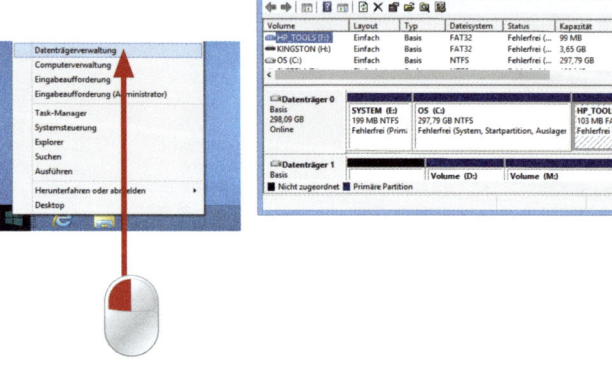

2 Die *Datenträgerverwaltung* zeigt alle
Partitionen auf Ihrem Computer an, die
aktive Partition ist schraffiert.

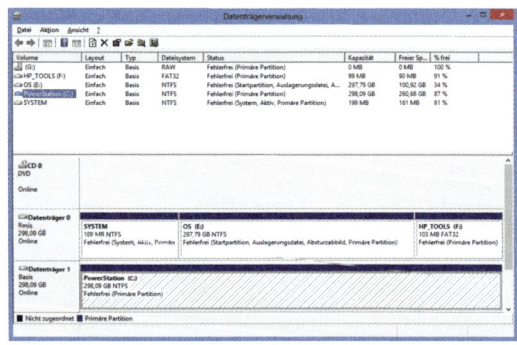

3 Klicken Sie mit der rechten Maustaste in
eine Partition und ändern Sie Laufwerkbuchstaben und den Pfad.

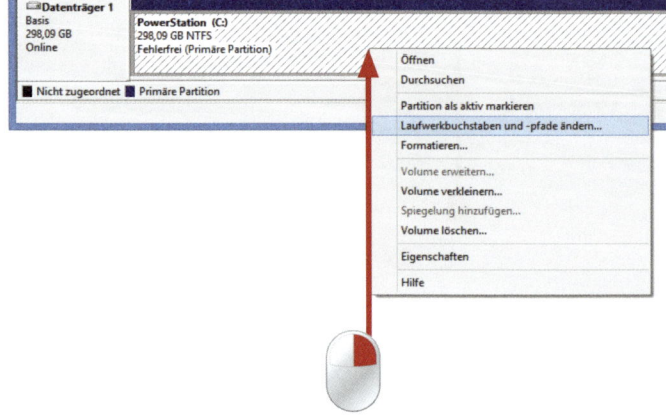

☉ Hinweis

Sie können nur Partitionen bearbeiten,
die nicht aktiv sind. Beachten Sie, dass
beim Formatieren oder Löschen einer
Partition alle Daten auf dieser unwie-
derbringlich verloren gehen.

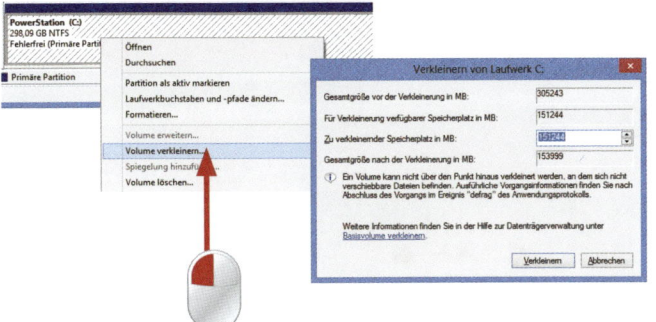

4 Mit *Volume verkleinern* reduzieren Sie den von der Partition benötigten Platz auf der Festplatte. Geben Sie den Speicherplatz in MB an.

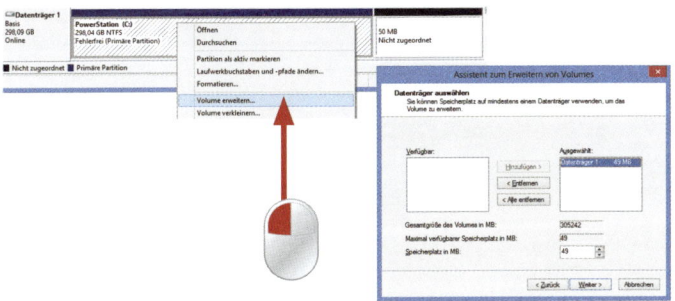

5 Wenn die Liste nicht zugeordnete Bereiche enthält, können Sie Partitionen um deren Speicherplatz vergrößern.

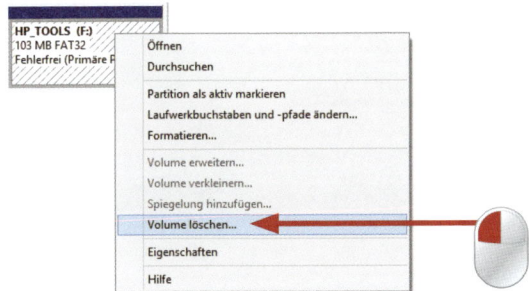

6 Löschen Sie Partitionen, die nicht in Gebrauch sind, um den Speicherplatz frei zu machen.

> **💡 Tipp**
>
> Mit *Eigenschaften* (rechte Maustaste auf eine Partition) erhalten Sie detaillierte Informationen und Ereignisanzeigen.

Virtuelle Festplatten

Virtuelle Festplatten sind eine nützliche Alternative, um auf einem Rechner mit mehreren Betriebssystemen zu arbeiten. Die *Datenträgerverwaltung* bietet die Möglichkeit, virtuelle Festplatten anzulegen.

1 Starten Sie die *Datenträgerverwaltung* und wählen Sie *Aktion/Virtuelle Festplatte erstellen*.

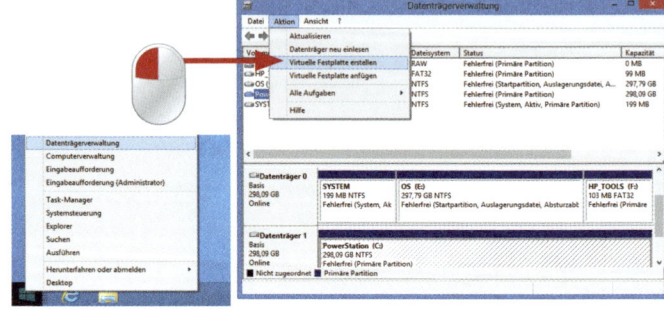

2 Mit *Durchsuchen* bestimmen Sie Speicherort und Dateiname der virtuellen Festplatte.

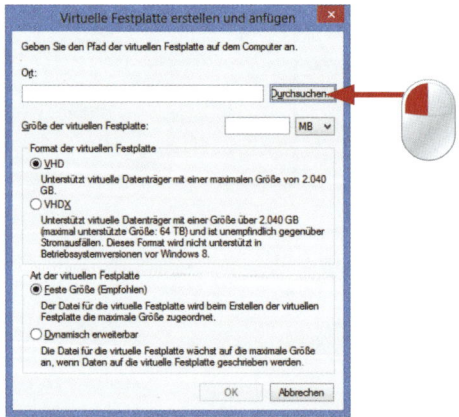

3 Legen Sie einen neuen Ordner an, geben Sie den Dateinamen ein und bestätigen Sie mit *Speichern*.

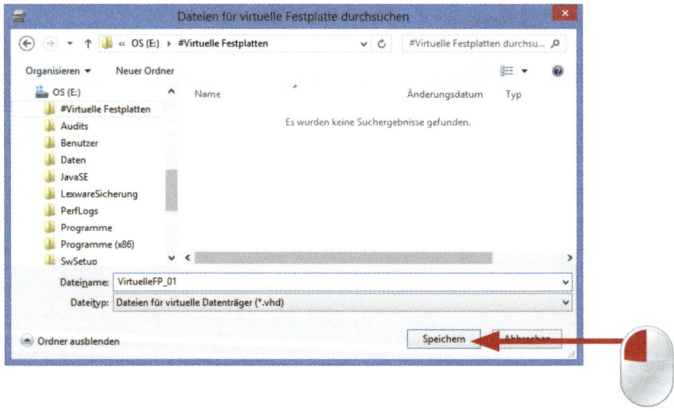

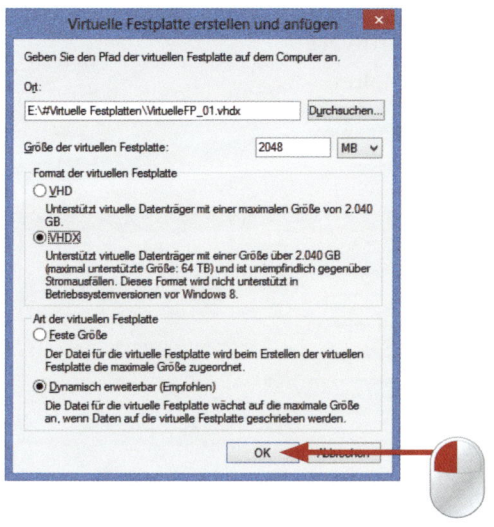

4 Bestimmen Sie Größe, Typ und Format der neuen virtuellen Festplatte und bestätigen Sie mit *OK*.

> 💬 **Hinweis**
>
> VHD-Festplatten sind auf eine Größe von 2 TB begrenzt, eine VHDX-Platte kann maximal 16 TB groß sein und ist leistungsfähiger als VHD.

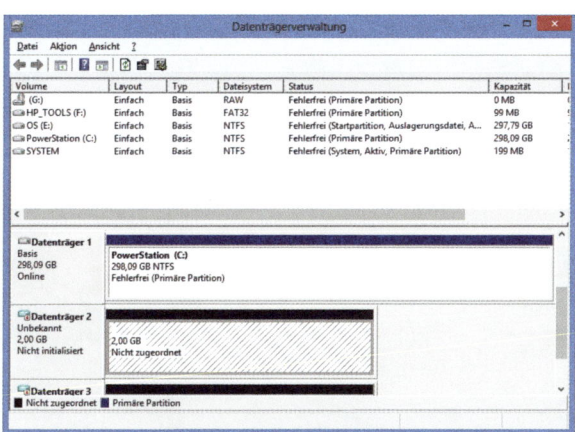

5 Die virtuelle Festplatte wird erstellt und steht anschließend in der *Datenträgerverwaltung* als neues Volume bereit.

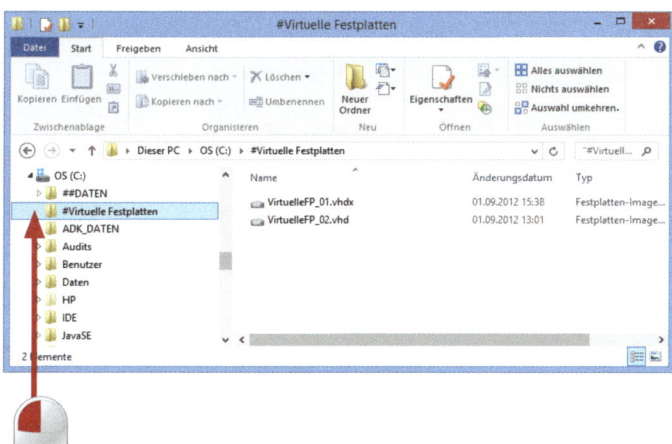

6 Im Ordner für virtuelle Festplatten können Sie die neu angelegten Dateien überprüfen (hier VHDX und VHD).

> 💡 **Tipp**
>
> Für die Installation eines Betriebssystems auf einer virtuellen Festplatte verwenden Sie Software wie VMWare oder Oracle VirtualBox. Windows 8.1 stellt mit HyperV eine eigene App für virtuelle Festplatten zur Verfügung.

Der Geräte-Manager

Der *Geräte-Manager* zeigt alle im Computer installierten Hardwarekomponenten mit Gerätetreibern und Ressourcen. Nutzen Sie ihn, um Fehler in der Hardware aufzuspüren, neue Treiber zu installieren oder instabile Geräte auszuschalten.

1 Aktivieren Sie den *Geräte-Manager* über das Startsymbol oder in der Systemsteuerung unter *Hardware und Sound*.

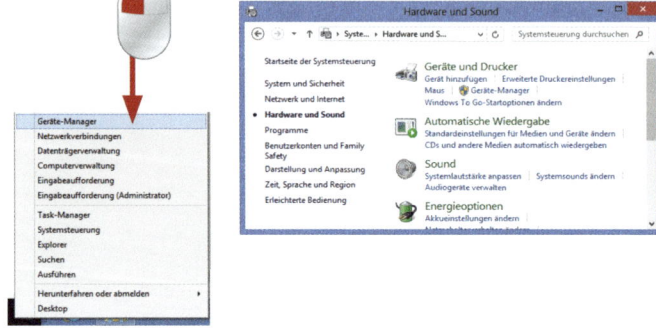

2 Die Geräte werden nach Typ geordnet angezeigt. Öffnen Sie eine Kategorie, um die Geräte aufzulisten.

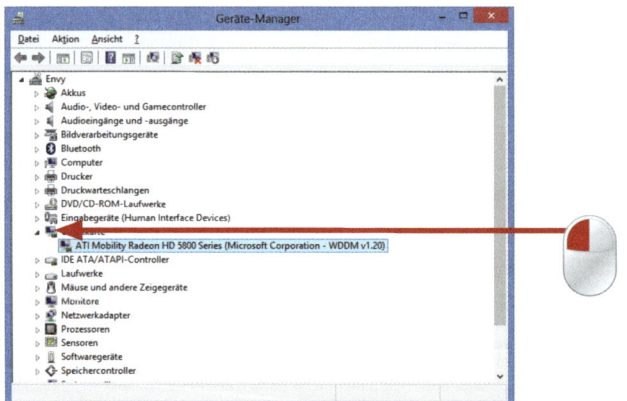

3 Ein Warnsymbol am Gerät zeigt an, ob das Gerät deaktiviert ist oder nicht funktioniert.

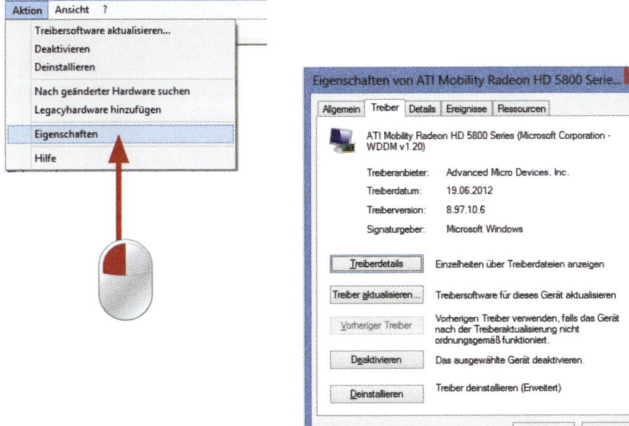

4 Über *Aktion/Eigenschaften* können Sie Gerätetreiber aktualisieren, Geräte aktivieren, deaktivieren oder deinstallieren.

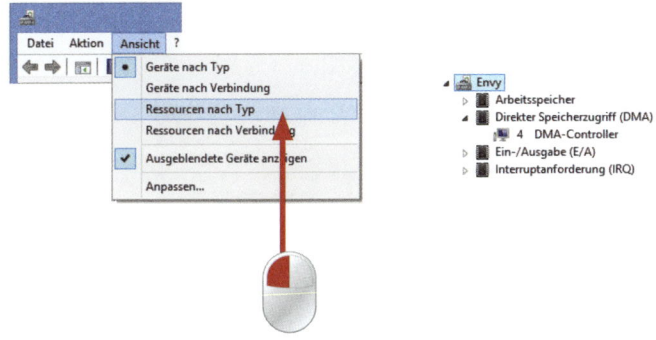

5 Schalten Sie unter *Ansicht* die *Ressourcenansicht* ein, werden die Geräte nach Ressourcen geordnet.

> 🗨 **Hinweis**
>
> Ressourcen sind u.a. DMA-Kanäle, Ein/Ausgabe-Ports, IRQ und Speicheradressen.

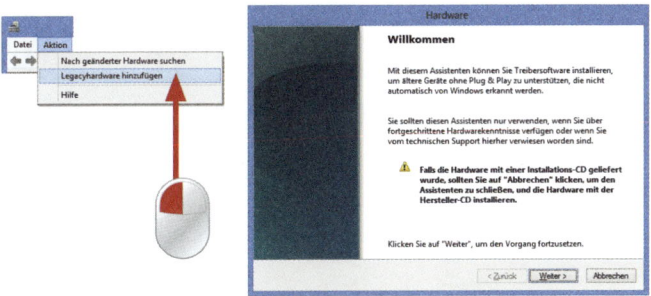

6 Fügen Sie Legacyhardware hinzu, wenn Sie Geräte benutzen, die nicht automatisch von Windows erkannt und installiert werden.

> 🗨 **Hinweis**
>
> Legacyhardware ist Hardware, die kein Plug & Play unterstützt. Der Assistent bietet eine Auswahl von Herstellern und Modellkomponenten an. Schalten Sie unter *Ansicht* die versteckten Geräte ein, um diese Hardware zu sehen.

Energieoptionen

Mit Windows 8.1 arbeiten Sie umweltbewusst und energiesparend.
Für Netz- und Akkubetrieb gibt es unterschiedliche Energiesparpläne,
die Sie nach eigenen Wünschen in allen Details anpassen können.

1 Aktivieren Sie die *Energieoptionen* im
Startmenü oder in der Systemsteuerung unter *Hardware und Sound*:

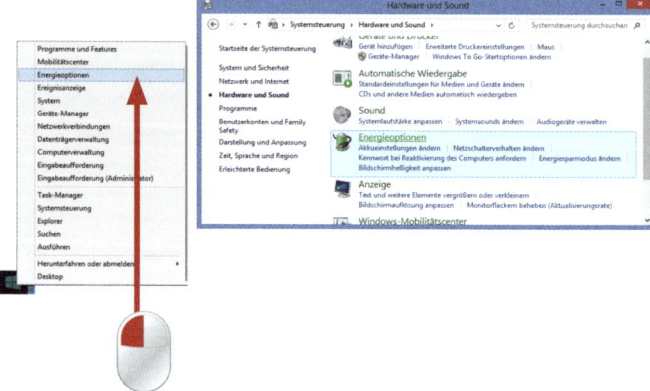

2 Zwei Energiesparpläne stehen zur Auswahl, wählen Sie *Energiesparplaneinstel-
lungen ändern*.

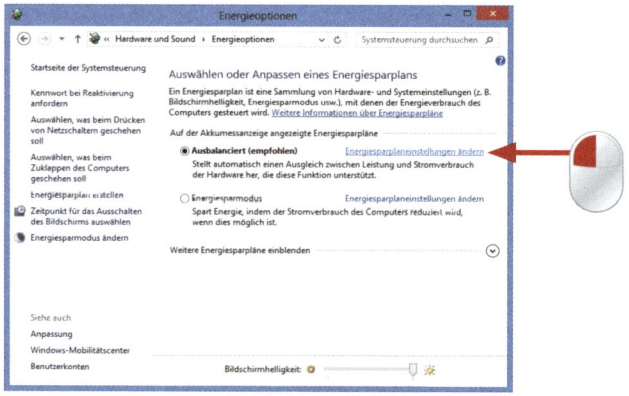

3 Regeln Sie hier die Ausschaltzeiten für
Akku- und Netzbetrieb und passen Sie
die Bildschirmhelligkeit an.

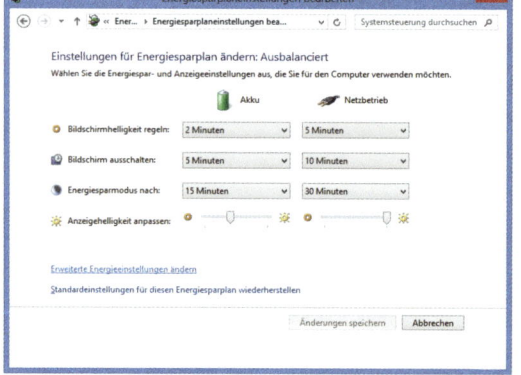

> ### 💬 Hinweis
>
> Nutzen Sie auch das Windows-Mobili-
> tätscenter für die Anzeige und Einstel-
> lung der Energieoptionen.

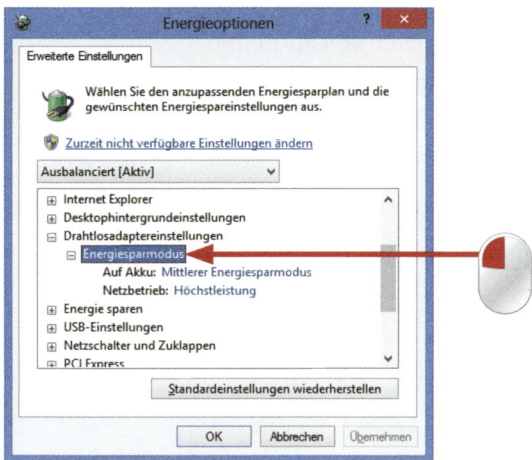

4 Unter *Erweiterte Einstellungen* finden Sie weitere Optionen, zum Beispiel für den WLAN-Adapter oder den Akkuzustand.

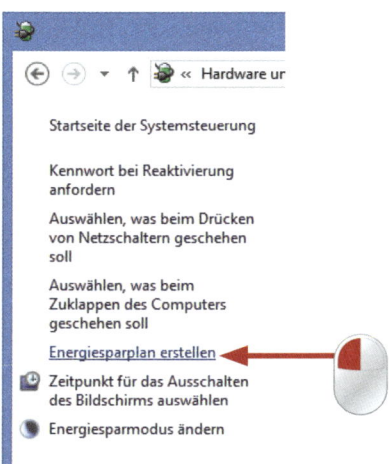

5 Wählen Sie *Energiesparplan erstellen* und legen Sie einen eigenen Energiesparplan an.

6 Der Infobereich der Taskleiste zeigt den Energiemodus an, hier können Sie ihn bei Bedarf auch umschalten.

 **Tipp**

Klappen Sie im Notebook- oder Laptop-Betrieb einfach den Deckel zu, das System geht automatisch in den Energiesparmodus.

Windows-Mobilitätscenter

Wenn Sie Ihren Laptop, Ihr Notebook oder das Tablet an unterschiedlichen Orten verwenden, müssen Sie schnell auf Helligkeits- oder Lautstärkeeinstellungen zugreifen oder in den Präsentationsmodus schalten. Nutzen Sie dafür das *Windows-Mobilitätscenter*.

1 Klicken Sie mit der rechten Maustaste links unten und wählen Sie *Windows-Mobilitätscenter*.

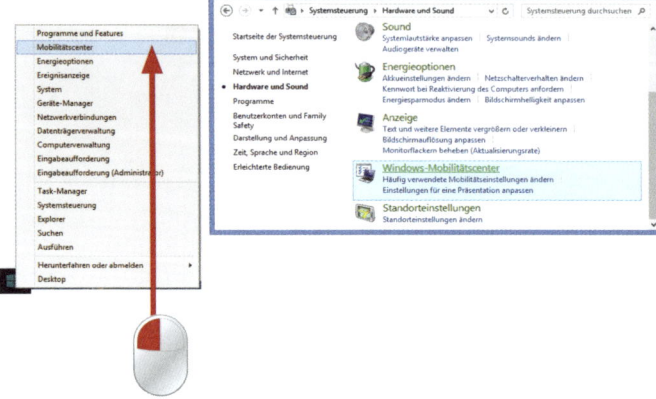

2 Das *Windows-Mobilitätscenter* für Laptops und Notebooks enthält alle Optionen, die sonst an unterschiedlichen Stellen der Systemsteuerung zu finden sind.

3 Auf dem Tablet können Sie die Bildschirmausrichtung ändern und auf einen zweiten Monitor oder Beamer schalten.

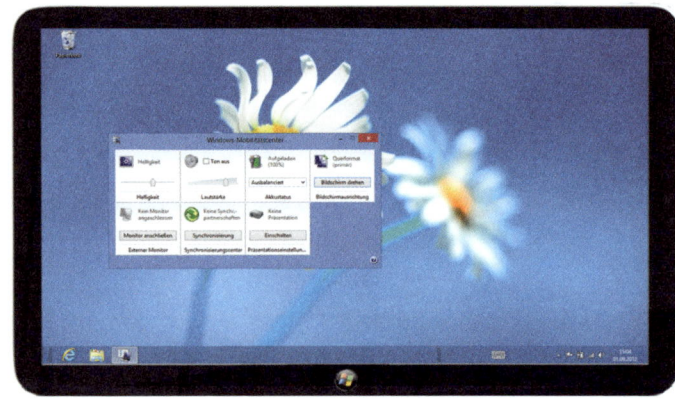

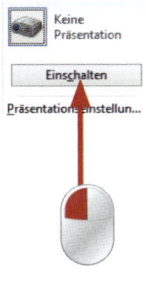

4 Schalten Sie den *Präsentationsmodus* ein und regeln Sie Lautstärke, Bildschirmschoner und Hintergrundbild.

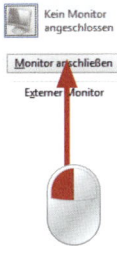

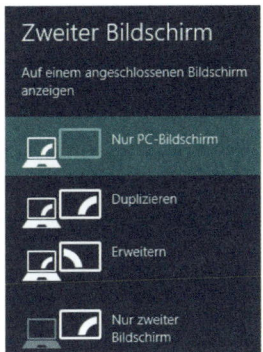

5 Wird ein zweiter Monitor oder ein Beamer angeschlossen, schalten Sie um mit *Monitor anschließen*.

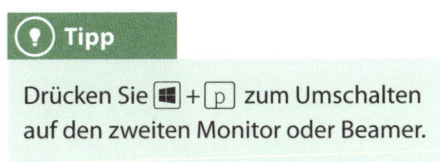

Tipp

Drücken Sie ⊞ + p zum Umschalten auf den zweiten Monitor oder Beamer.

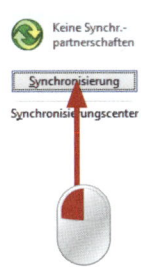

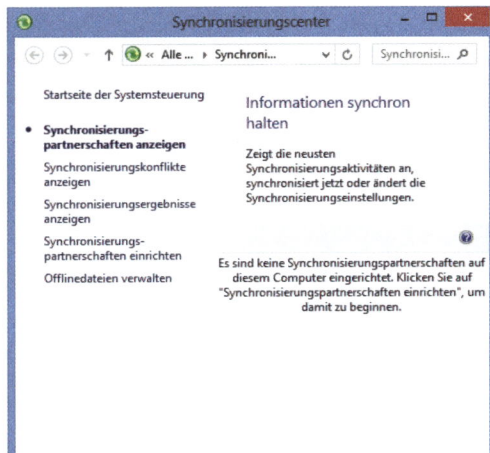

6 Im *Synchronisierungscenter* synchronisieren Sie Ihre Dateien mit dem Server oder erstellen Offlinedateien.

Hinweis

Zum Synchronisieren von Dateien muss eine Partnerschaft mit dem Server eingerichtet werden.

Der Task-Manager

Der Task-Manager zeigt alle aktiven Apps, Programme und Dienste und gibt Auskunft über die Auslastung von Prozessor, Speicher, Datenträgern und Netzwerk. Nutzen Sie ihn, um Schwachstellen aufzudecken oder abgestürzte Programme zu beenden.

1 Klicken Sie mit der rechten Maustaste in die Taskleiste des Desktops und wählen Sie *Task-Manager*.

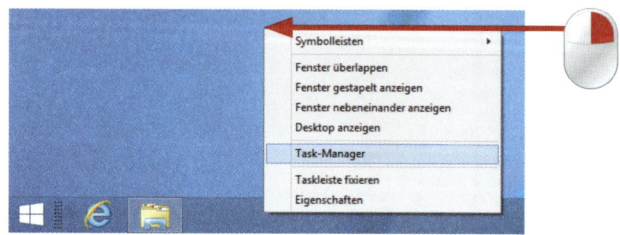

2 Aktivieren Sie *Mehr Details*, um neben den Apps alle aktiven Prozesse zu sehen.

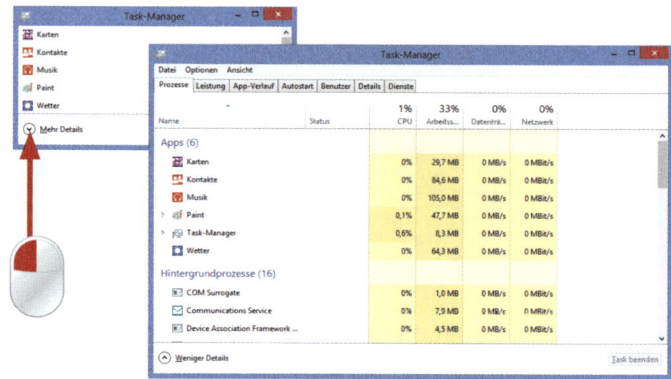

3 Markieren Sie einen Prozess und wählen Sie *Task beenden*, wird die App, das Programm oder der Dienst geschlossen.

Hinweis

Beenden Sie Tasks nur, wenn *Keine Rückmeldung* angezeigt wird, in diesem Fall »hängt« das Programm oder ist abgestürzt. Aber Achtung – nicht gespeicherte Daten gehen dabei verloren.

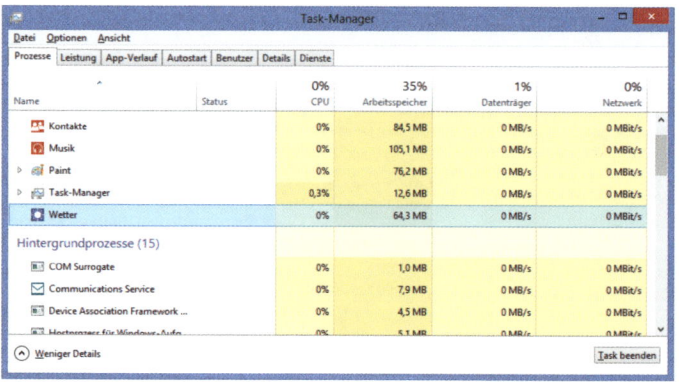

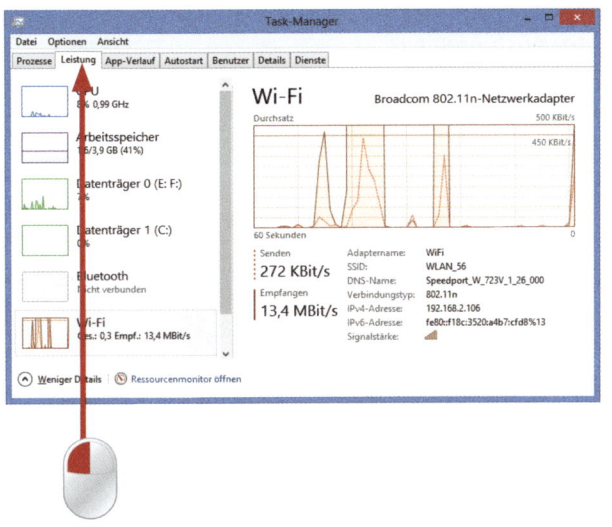

4 Auf der Registerkarte *Leistung* überprüfen Sie die Auslastung von CPU, Arbeitsspeicher, Datenträgern und Netzwerk.

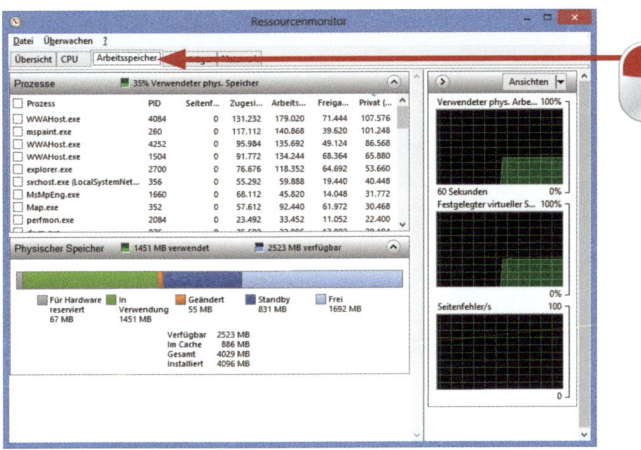

5 Der Ressourcenmonitor zeigt die Auslastung der Ressourcen und des physischen Speichers im Detail an.

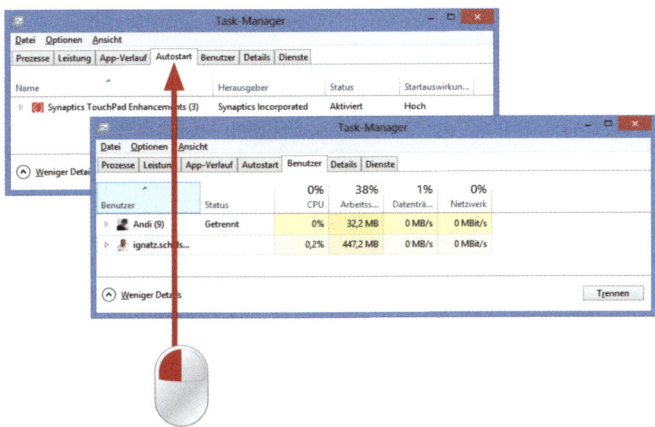

6 Unter *Autostart* sehen Sie Programme, die Windows mit dem Start aktiviert, und *Benutzer* zeigt die Auslastungen für alle aktiven Benutzer.

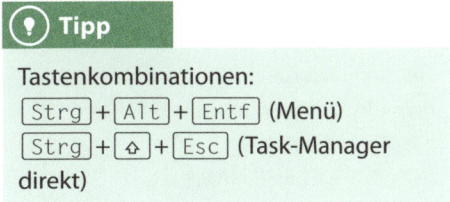

💡 **Tipp**

Tastenkombinationen:
`Strg` + `Alt` + `Entf` (Menü)
`Strg` + `⇧` + `Esc` (Task-Manager direkt)

351

Ausführen und Eingabeaufforderung

Wer lieber ohne Menüs und Symbole arbeiten möchte, gibt Programm-
und Dateiaufrufe oder Systemsteuerungselemente unter *Ausführen* ein.
Die Eingabeaufforderung erfordert Systembefehle im DOS-Modus.

1 Klicken Sie mit der rechten Maustaste
auf das Startsymbol oder suchen Sie die
App *Eingabeaufforderung* in der Ansicht
Alle Apps. Wählen Sie *Ausführen*.

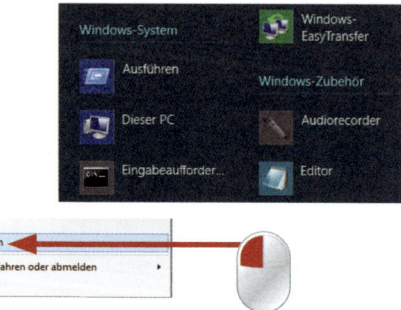

2 Geben Sie den Aufruf eines Programms
oder einer Systemsteuerungskompo-
nente ein und bestätigen Sie mit *OK*.

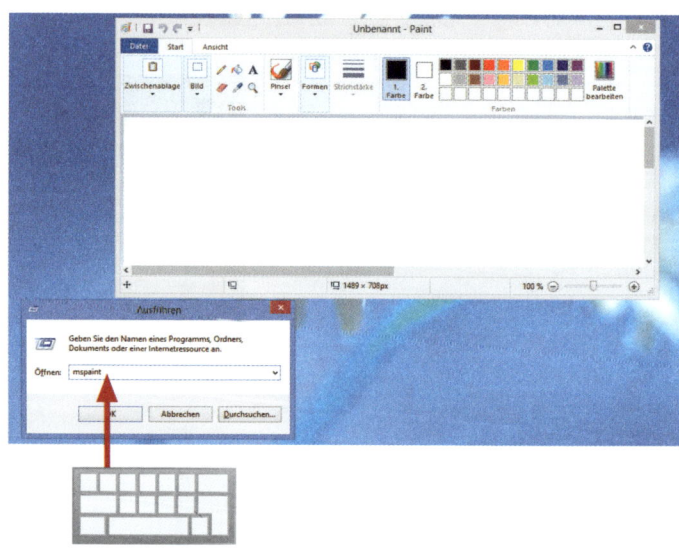

3 Die Liste am Eingabefeld enthält die
letzten Eingaben.

> **🗨 Hinweis**
>
> Geben Sie in die Eingabeaufforderung
> *help* ein, erhalten Sie eine Liste der
> häufigsten Befehle:
> DIR, COPY, CLS, RENAME u.a.

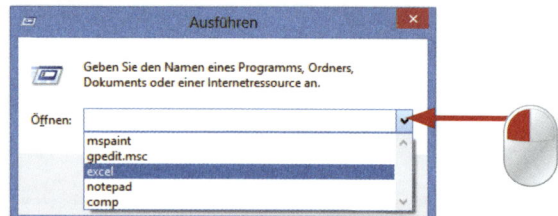

4 Klicken Sie mit der rechten Maustaste auf das Startsymbol oder suchen Sie die App *Eingabeaufforderung* in der Ansicht *Alle Apps*.

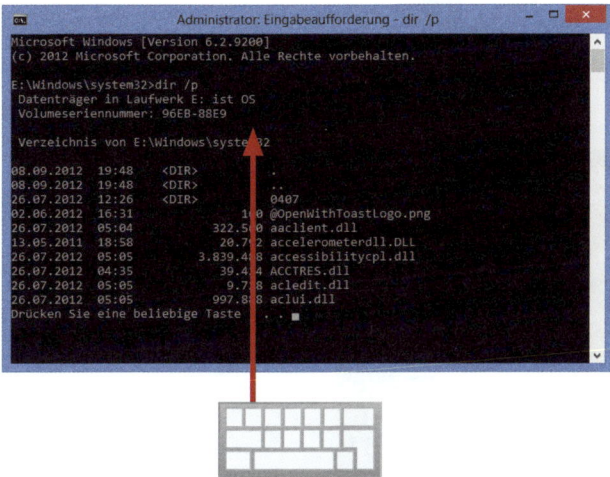

5 Geben Sie Kommandos am »Prompt« ein und bestätigen Sie mit ⏎.

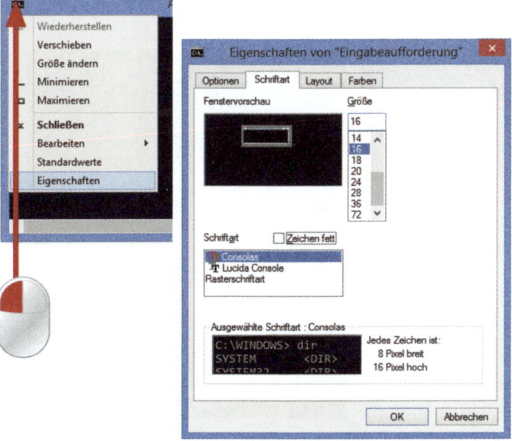

6 Klicken Sie links oben und wählen Sie *Einstellungen* wie Puffer, Schriftart, Schriftgröße und Farbe.

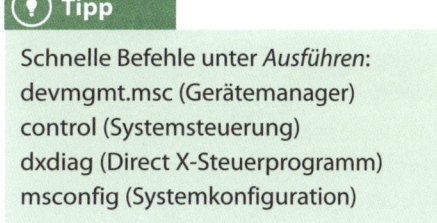

> 💡 **Tipp**
>
> Schnelle Befehle unter *Ausführen*:
> devmgmt.msc (Gerätemanager)
> control (Systemsteuerung)
> dxdiag (Direct X-Steuerprogramm)
> msconfig (Systemkonfiguration)

Erleichterte Bedienung

Erleichterte Bedienung bietet Hilfsprogramme für Menschen mit eingeschränktem Seh- oder Hörvermögen, eingeschränkter Beweglichkeit, Sprachstörungen oder kognitiven Behinderungen.

1 Klicken Sie im Anmeldebildschirm auf das Symbol für *Erleichterte Bedienung* und richten Sie die Funktionen ein.

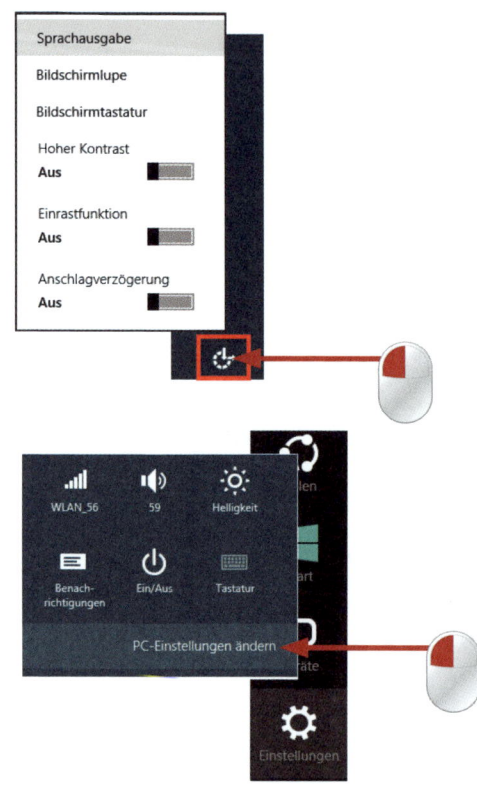

2 Drücken Sie auf der Startseite `Strg`+`c` und wählen Sie *Einstellungen/PC-Einstellungen*.

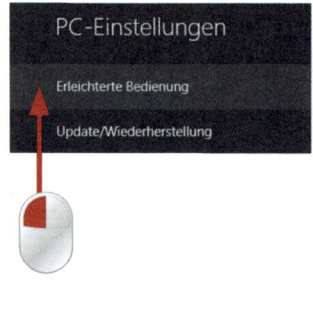

> 💡 **Tipp**
>
> Ein schneller Aufruf für das *Center für erleichterte Bedienung*: Drücken Sie +`u`.

3 Stellen Sie hier die Funktionen für Bildschirm, Sprachausgabe und Benachrichtigungen ein.

> 💬 **Hinweis**
>
> Drücken Sie fünf Mal die `⇧`-Taste, erscheint die Einrastfunktion und die Einstellung für Tastaturhilfen.

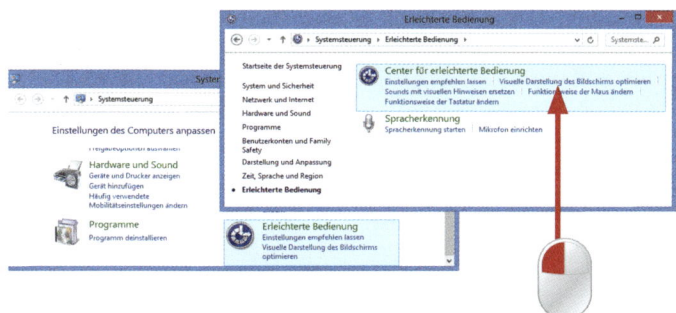

4 In der Systemsteuerung finden Sie das *Center für Erleichterte Bedienung* mit allen Funktionen.

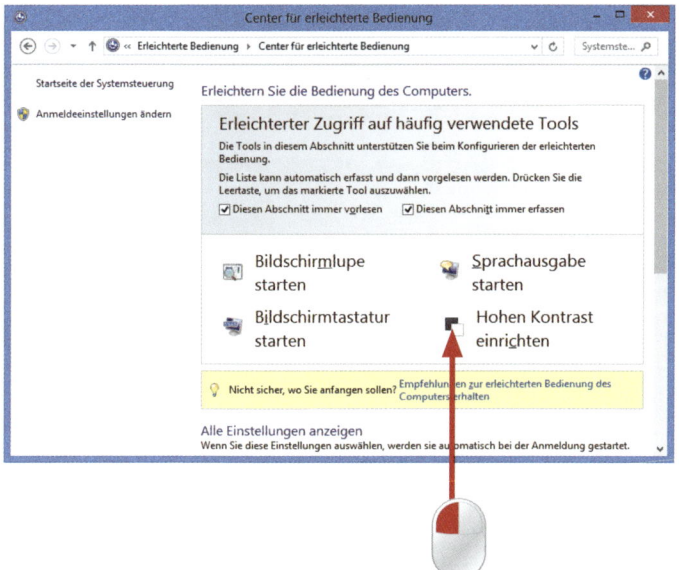

5 Aktivieren Sie den erleichterten Zugriff auf häufig verwendete Tools mit Bildschirmlupe, Bildschirmtastatur, Sprachausgabe und hohem Kontrast.

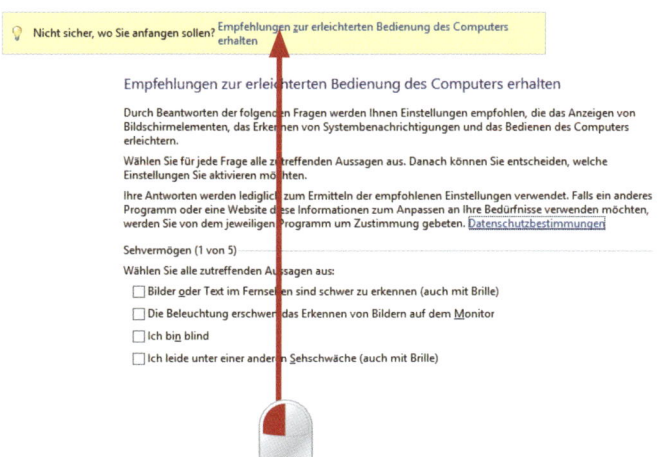

6 In den Empfehlungen finden Sie fünf Listen. Kreuzen Sie an, welche Behinderung vorliegt, schalten Sie mit *Weiter* zur nächsten Liste.

Spracherkennung

Mit der *Spracherkennung* von Windows 8.1 steuern Sie Betriebssystem, Apps und Programme einfach mit gesprochenen Worten.
Die Systemsteuerung liefert ein Sprachlernprogramm dazu.

1 Für die *Spracherkennung* muss der Computer oder das Tablet mit Soundadapter
und Mikrofon ausgestattet sein.

2 Richten Sie in der Systemsteuerung
über *Hardware und Sound* das Mikrofon
ein.

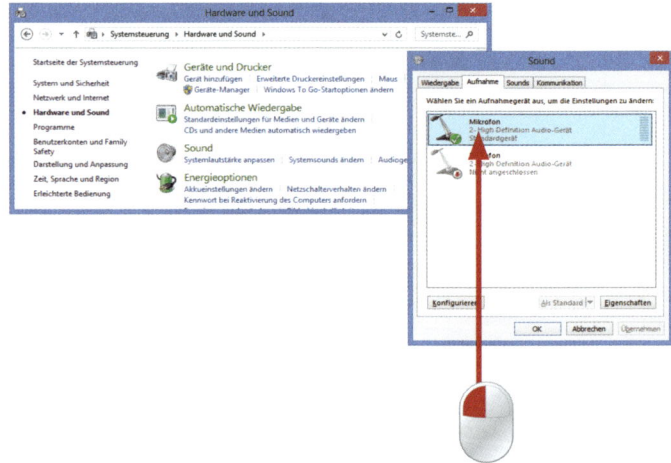

3 Starten Sie die Konfiguration der
Spracherkennung in der Systemsteuerung.

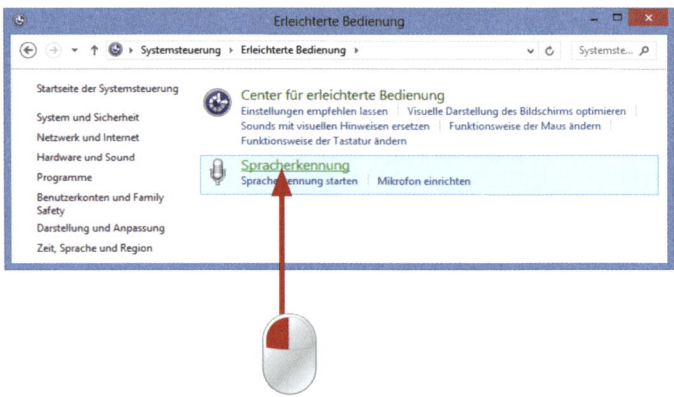

Optimale Mikrofonpositionierung

· Achten Sie darauf, dass das Mikrofon höchstens etwas über einen halben Meter von Ihrem Mund entfernt ist.
· Richten Sie das Mikrofon direkt auf Ihren Kopf aus.
· Achten Sie darauf, dass das Mikrofon nicht in Richtung der Lautsprecher zeigt.

4 Richten Sie das Mikrofon ein …

5 … und starten Sie zuerst das Sprach-lernprogramm, damit Ihr Computer Sie versteht.

> **💬 Hinweis**
>
> Das Lernprogramm müssen Sie voll-ständig durcharbeiten, danach kann die Spracherkennung aktiviert werden. Nach *Zuhören starten* können Sie Win-dows oder Windows-Apps mit Worten steuern.

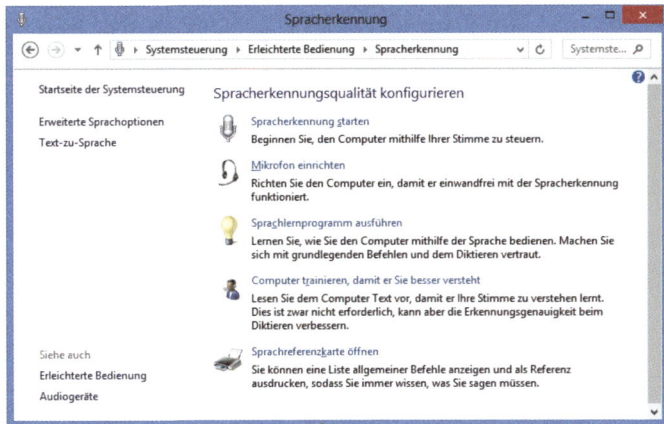

6 Anschließend können Sie den Compu-ter noch trainieren und die Spracher-kennung starten.

> **💡 Tipp**
>
> Mit *Text-zu-Sprache* liest eine Compu-terstimme Ihre Texte vor (in Deutsch oder Englisch).

Kapitel 14

Windows 8.1 optimieren

Desktop oder Startbildschirm?   360

Anmelden ohne Kennworteingabe   362

Sperrbildschirm abschalten   364

Bildschirmschoner per Shortcut starten   366

Das lernen Sie in diesem Kapitel ...

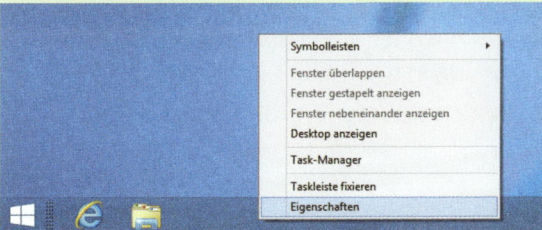

Wollen Sie nach dem Start gleich den Desktop sehen? Kein Problem, wenn Sie die Einstellung in der Taskleiste kennen.

Anmelden bei Windows 8.1 – das geht auch ohne Kennwort, ist aber aus Sicherheitsgründen nicht zu empfehlen.

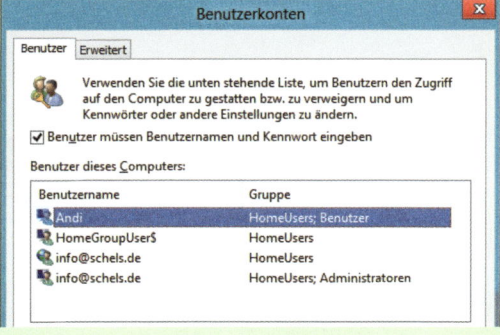

Der Name ist Programm – Für manche ist der Sperrbildschirm einfach zu sperrig, deshalb schalten sie ihn ab.

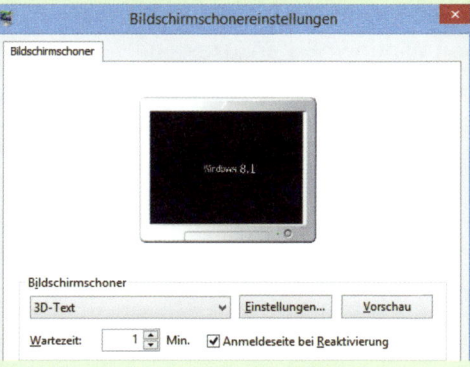

Warten Sie nicht auf Ihren Bildschirmschoner, schalten Sie ihn ein, wenn Sie Ihren Computer verlassen, um einen Kaffee trinken zu gehen.

Desktop oder Startbildschirm?

Windows 8.1 zeigt auf PCs und Notebooks nach dem Start oder nach dem Wechsel des Benutzerkontos immer den Bildschirm mit den Kacheln. Wollen Sie lieber gleich den Desktop sehen, legen Sie einen Schalter in der Taskleiste um. Bei der Gelegenheit können Sie auch den Hintergrund übernehmen.

1 Aktivieren Sie den Desktop und klicken Sie mit der rechten Maustaste in die Taskleiste. Wählen Sie *Eigenschaften*.

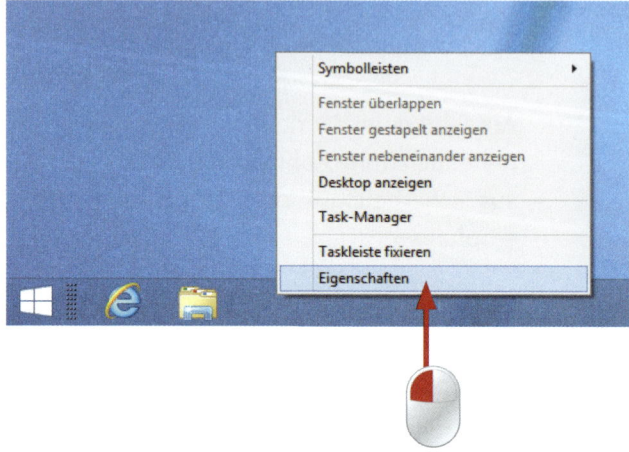

2 Schalten Sie um auf die Registerkarte *Navigation*.

> (💬) **Hinweis**
>
> Die Eckennavigation ist so eingestellt, dass der Mauszeiger links oben die aktiven Apps und rechts unten den Desktop ohne offene Fenster anzeigt.

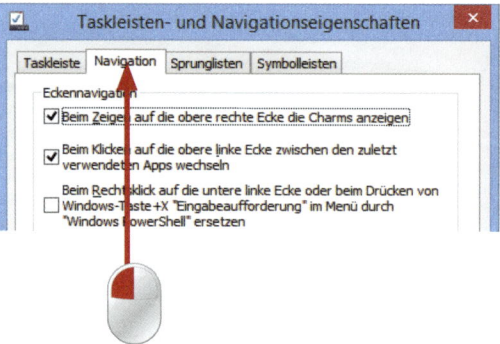

3 Kreuzen Sie diese Option an, um den Desktop automatisch nach dem Start von Windows 8.1 anzuzeigen.

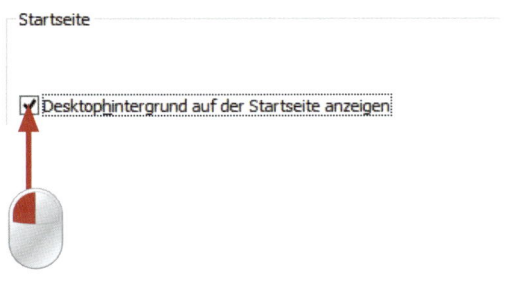

 **4** Mit dieser Option wird das für den Desktop gewählte Hintergrundbild …

> **Tipp**
>
> Das Desktop-Hintergrundbild legen Sie im Kontextmenü des Desktops (rechte Maustaste) fest.

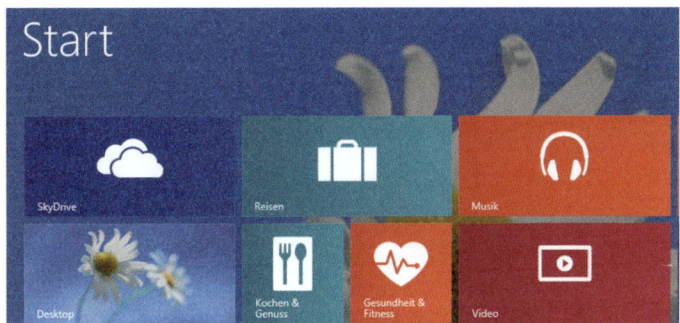

5 … auch den Hintergrund der Startseite zieren.

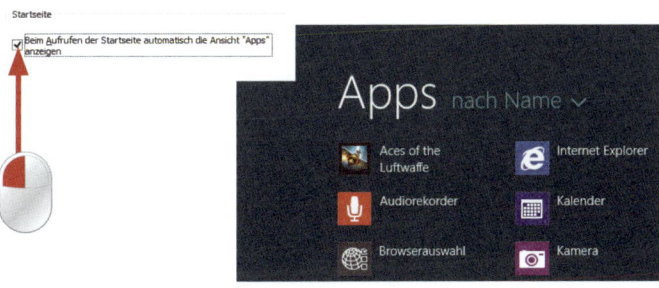

6 Wenn Sie bei jedem Wechsel auf die Startseite lieber die Ansicht *Alle Apps* sehen wollen, schalten Sie diese Option ein.

Anmelden ohne Kennworteingabe

Windows 8.1 ohne Eingabe eines Kennworts sofort starten – das geht, bedeutet aber ein hohes Sicherheitsrisiko und ist nur für private Nutzung in den eigenen vier Wänden zu empfehlen. Mit diesem Trick stellen Sie sicher, dass für neue Konten kein Kennwort erforderlich ist.

1 Starten Sie *Ausführen* aus dem Start-menü oder mit ⊞ + r .

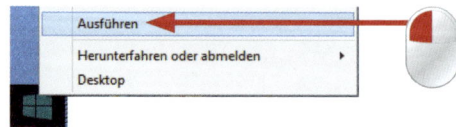

2 Geben Sie *netplwiz* ein, um die Benut-zerkontensteuerung zu starten.

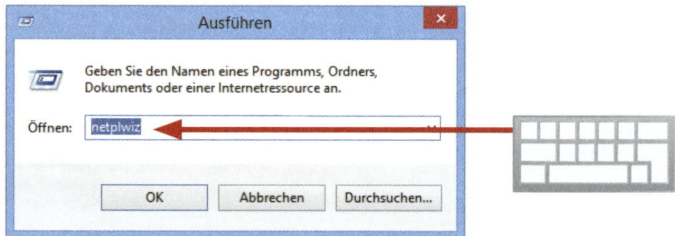

3 Jetzt erscheint die Liste der Benutzer-konten, die Option für die Namens- und Kennworteingabe ist standardmäßig aktiv.

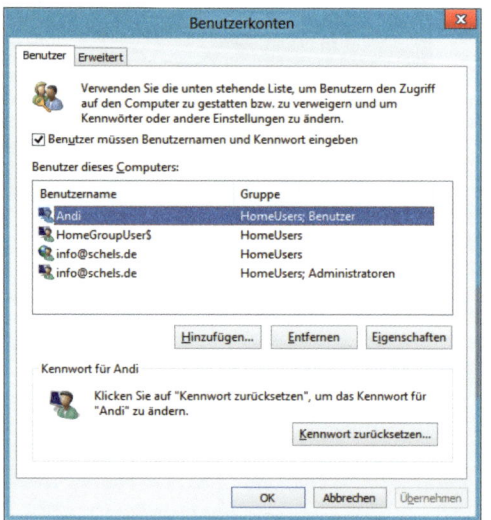

💬 Hinweis

Bestehende Benutzerkonten behalten natürlich ihr Kennwort, sofern Sie es nicht ändern oder löschen.

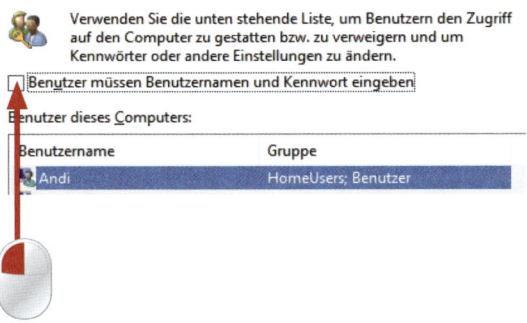

4 Deaktivieren Sie die Option *Benutzer müssen Benutzernamen und Kennwort eingeben*.

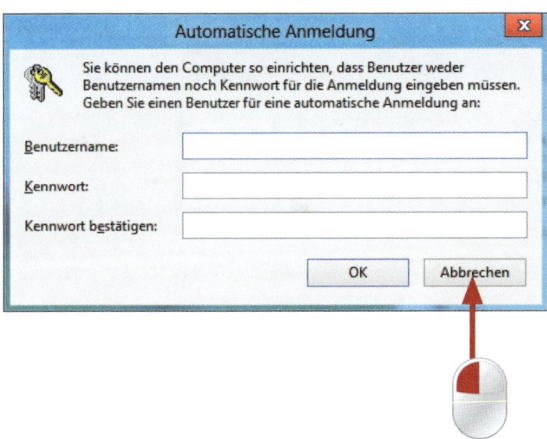

5 Die nachfolgende Meldung können Sie abbrechen.

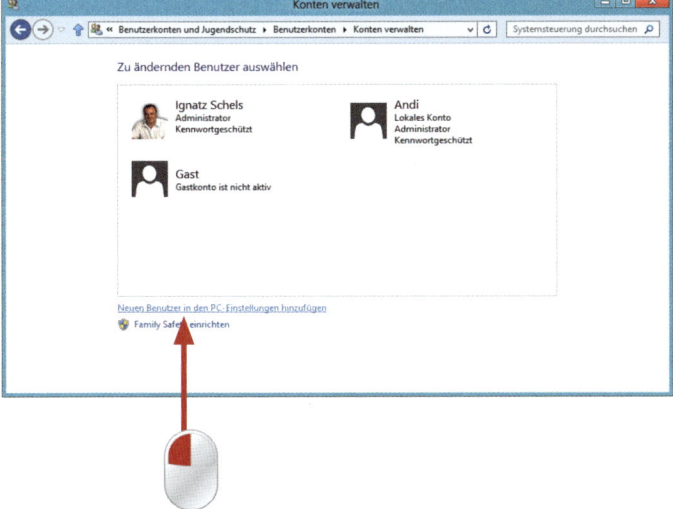

6 Aktivieren Sie in der Systemsteuerung die Benutzerkontenverwaltung und legen Sie ein neues Konto ohne Kennwort an.

> 💬 **Hinweis**
>
> Ist die Option für Benutzername und Kennwort in der Benutzerkontensteuerung ausgeschaltet, können Sie über diese keine neuen Benutzer anlegen. Wechseln Sie zur Systemsteuerung (*Benutzerkonten und Jugendschutz*).

Sperrbildschirm abschalten

Wenn Sie den Sperrbildschirm, der gleich nach dem Ein-
loggen erscheint, lästig finden, schalten Sie ihn einfach
ab. Der *Gruppenrichtlinien-Editor* hilft Ihnen dabei.

1 Aktivieren Sie die App *Ausführen* über
die Startschaltfläche oder drücken Sie
⊞ + r .

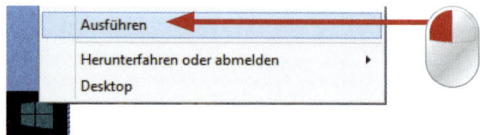

2 Geben Sie *gpedit.msc* in das *Ausführen*-
Fenster ein und bestätigen Sie mit *OK*.

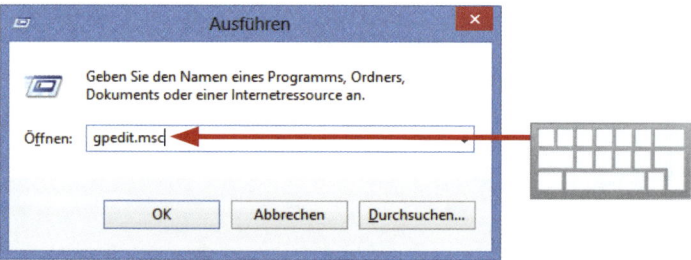

3 Der Gruppenrichtlinien-Editor wird
aktiv, deaktivieren Sie ihn unter *Admi-
nistrative Vorlagen/Systemsteuerung/
Anpassung*.

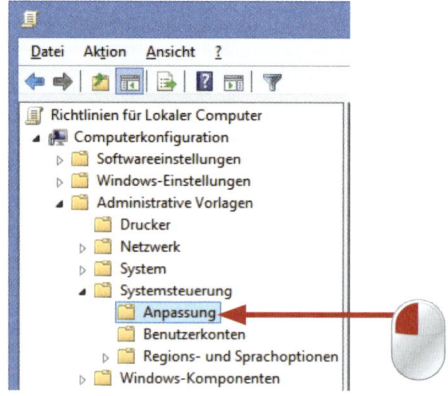

> 💬 **Hinweis**
>
> Der Sperrbildschirm kann einige Infor-
> mationen aus Apps anzeigen, z. B.
> Wetter, Mails oder Kontakte. Um ihn
> zu konfigurieren, aktivieren Sie die PC-
> Einstellungen in der Charms-Leiste.

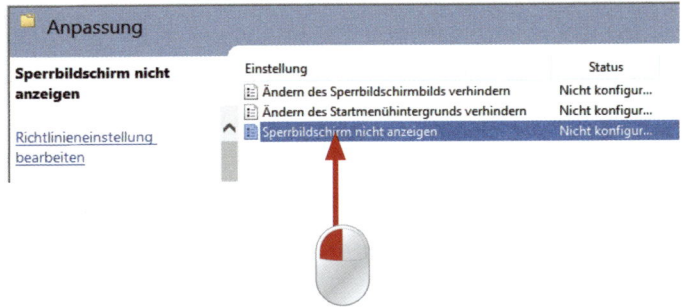

4 Klicken oder tippen Sie doppelt auf *Sperrbildschirm nicht anzeigen*.

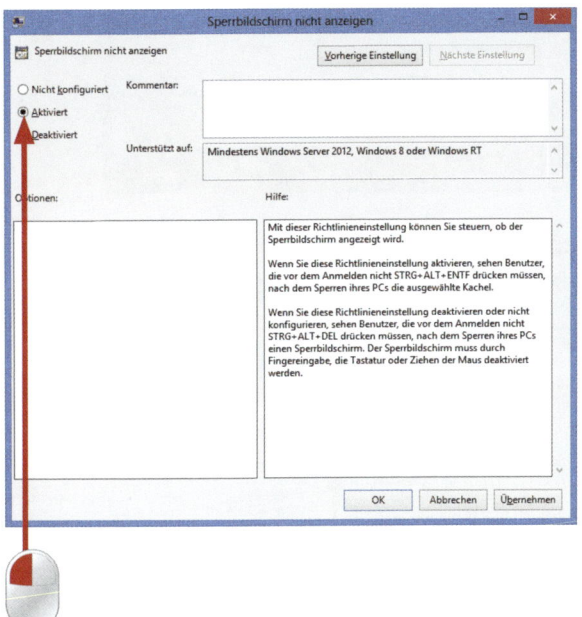

5 Schalten Sie die Option *Aktiviert* ein.

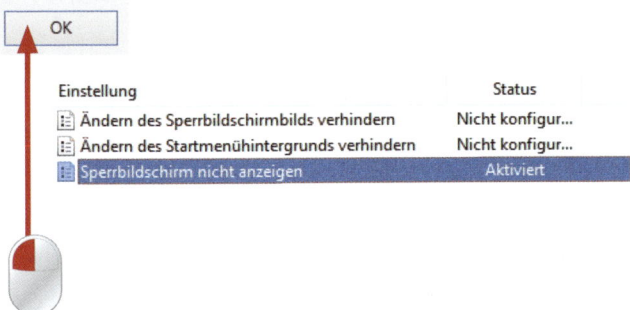

6 Bestätigen Sie mit *OK*, ist die Richtlinie aktiviert und der Sperrbildschirm wird beim nächsten Start nicht mehr angezeigt.

 **Tipp**

In dieser Konsole finden Sie weitere Optionen für den Sperrbildschirm, zum Beispiel das Verhindern von Änderungen oder die Einrichtung eines einheitlichen Starthintergrunds.

Bildschirmschoner per Shortcut starten

Der Bildschirmschoner aktiviert sich automatisch nach einer Wartezeit, die Sie in den PC-Einstellungen eintragen (siehe Kapitel 4). Mit diesem Trick können Sie eine Tastenkombination definieren, die ihn automatisch vom Desktop aus aktiviert.

1 Starten Sie den Windows-Explorer aus dem Desktop und schalten Sie im Laufwerk C auf den Ordner *Windows*.

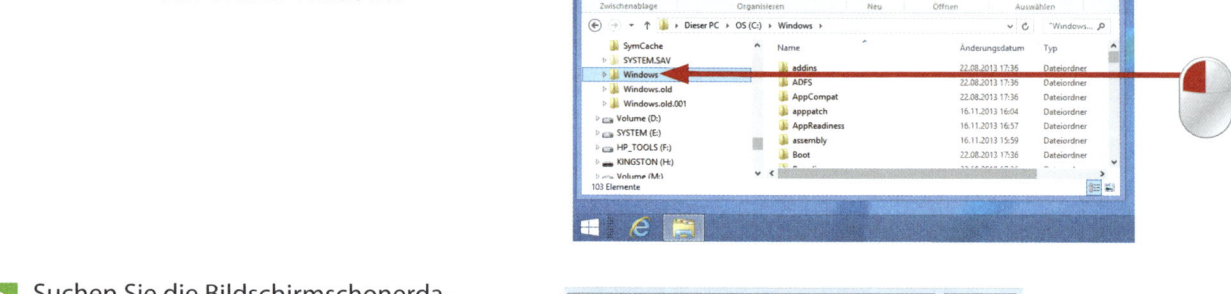

2 Suchen Sie die Bildschirmschonerdateien mit der Dateierweiterung *.scr* im Suchfeld, markieren Sie die gewünschte Datei und senden Sie sie an den Desktop.

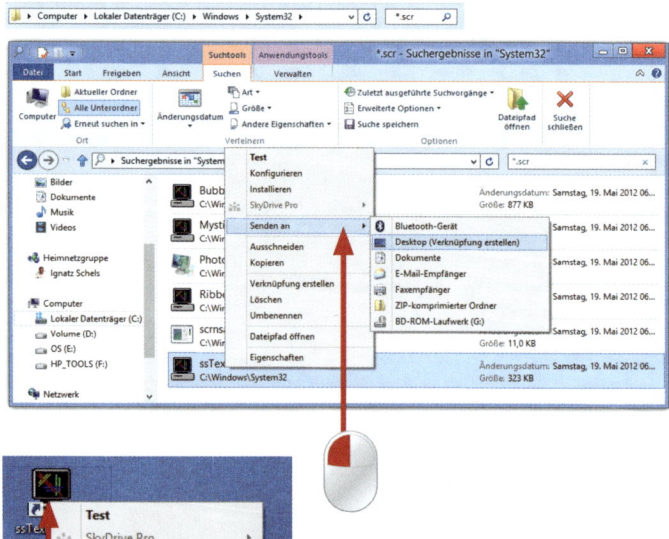

3 Aktivieren Sie die Eigenschaften des Verknüpfungssymbols auf dem Desktop.

> 💬 **Hinweis**
>
> Um den Bildschirmschoner zu konfigurieren, klicken Sie mit der rechten Maustaste in den Desktop und wählen Sie *Anpassen/Bildschirmschoner*.

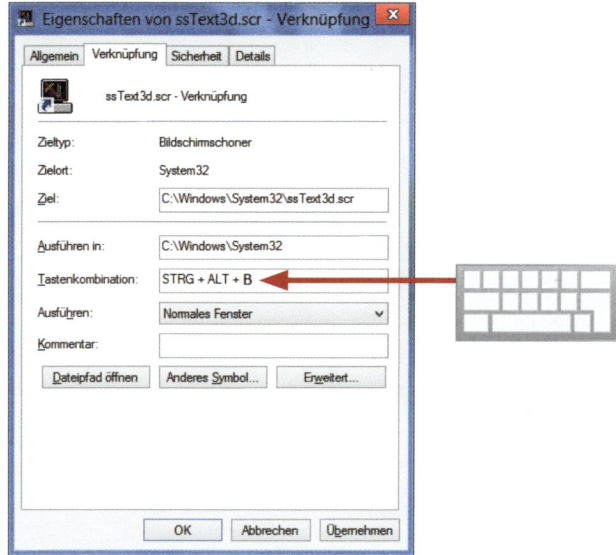

4 Klicken Sie in das Feld *Tastenkombination* und geben Sie den Buchstaben ein, den Sie mit `Strg`+`Alt` kombinieren wollen (hier B).

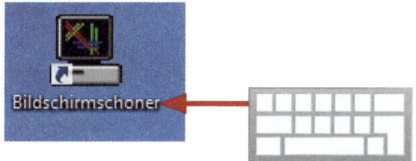

5 Schließen Sie die Eigenschaften und ändern Sie die Benennung des Symbols.

6 Jetzt können Sie mit der eingetragenen Tastenkombination den Bildschirmschoner starten.

 **Hinweis**

Der Sperrbildschirm kann einige Informationen aus Apps anzeigen, z. B. Wetter, Mails oder Kontakte. Um ihn zu konfigurieren, aktivieren Sie die PC-Einstellungen in der Charms-Leiste.

Index

A

Akkubetrieb 52
Anmeldeinformationsverwaltung 286
Anmeldung
    mit Bildcode 58
    mit PIN 62
    ohne Kennwort 362
Apple iPhone 100
Apps
    alle anzeigen 15
    deinstallieren 18
    Größe ändern 19
    in Gruppen anordnen 21
    installieren 140
    nebeneinander 15
    schließen 14, 23
    starten 14
    teilen 26
    Übersicht am linken Rand 22
    verschieben 19
    wechseln 14
App-Store 140
Arbeitsgruppe 248
Audiorecorder 314
Auflösung Bildschirm 48
Ausführen 352
Automatische Updates 78

B

Benachrichtigungen 37
Benutzer
    Kennwort ändern 56
    Konten 68, 204, 282
    Profilbild 54

Bibliotheken
    freigeben 256
    im Explorer 204
Bildschirm konfigurieren 48
Bildschirmfotos 316
Bildschirmlupe 76
Bildschirmschoner 168, 366
Bildschirmtastatur 50, 186
Bing 122
BitLocker 280
Bluetooth 49, 100, 180
Browser 120

C

CD, DVD, Blu-ray 194, 198
Charms-Leiste 28
Cloud 66, 334
Computerverwaltung 338
Cookies 236

D

Dateien
    anzeigen 206
    suchen 25, 214
    verwalten 210
Dateiversionsverlauf 79
Datenschutz 72
Datensicherung 270
Datenträgerbereinigung 191
Datenträgerverwaltung 340
Datum und Uhrzeit 74, 155, 170
Desktop
    anzeigen 16, 148
    Design 164
    Farbe 165

Hintergrundbild 166
  nach dem Start 360
  Symbole einschalten 150
  Symbole vergrößern 157
Diashow 45
  Desktop 166
Domäne 248
Downloads 238
Drucker 49, 200

E
EasyTransfer 330
Editor 298
Eingabeaufforderung 352
Einstellungen 32, 43
Energie sparen 39, 52
Energieoptionen 346
Erleichterte Bedienung 76, 354
Explorer 206

F
Facebook 27, 47, 90
Family Safety 284
Fax 201
Fenster auf dem Desktop 158
Fenster wechseln 162
Fensterfarbe 165
Fenstersymbole 160
Festplatte optimieren 193
Festplattenlaufwerke 190
Finanzen 136
Flugzeugmodus 247
Fotos 98

G
Geräte 29
  installieren 200
Geräte-Manager 189, 344

Gesundheit & Fitness 124
Gruppen für Apps 21

H
Heimnetzgruppe 247, 250
Helligkeit 36
Hilfe 31

I
Infobereich 155
Installation 79
Internet Explorer 120
  Adressen 224
  Favoriten 230
  Sicherheit 232
  Startbildschirm
  starten 222
  Startseiten 226
  Symbolleisten 228

K
Kalender 92
Kamera 102
Karten 132
Kennwort 12, 56
  zurücksetzen 288
Kochen & Genuss 126
Kontakte 88
Kurznotizen 306

L
Lautstärke 36, 174
Leseliste 27
Live-Kacheln 20

M
Mail 84
Maus 180

Index

Maus und Touchpad 50
Media Player 318
Microsoft-Konto 57, 64, 82, 290
Microsoft Store 115
Mobilitätscenter 348
Musik 110

N

Nachrichten 122
Netzlaufwerke 260
Netzwerk- und Freigabecenter 254
Netzwerk 242
    Datennutzung 35
    einstellen 32
    Freigabe 253
    privat und öffentlich 252
    Testwerkzeuge 262
    verbinden, trennen 33, 246
Netzwerkdrucker 258

O

Ordner 208
    freigeben 256
Outlook 84

P

Paint 294
PC-Einstellungen 37, 42
PC-Info 53
PIN 62
Profilbild 54
Programme installieren 324
Programme warten 326

R

Radio 112
Rechner 308
Rechtschreibprüfung 50
Region und Sprache 75

Regionaleinstellungen 172
Reisen 128
Router 243

S

Scanner 200
Screenshots 316
Sicherheitswarnungen 268
SkyDrive 66, 70, 334
Skype 94
Smartphone 100
Speicherplätze 272
Sperrbildschirm
    abschalten 364
    Apps anzeigen 46
    Bild wechseln 44
    Diashow 45
Spiele 114
Sport 125
Spracherkennung 356
Standardprogramme 218
Standbymodus 52
Startmenü 13, 17, 148
Startseite
    anpassen 31
    einrichten 12
    Kachel anheften 18
Suchen 24
System 188

T

Taskleiste 153
Taskleistensymbole 153
Task-Manager 163, 350
Tastatur 36, 184
Tastatur, Bildschirm 51
Twitter 27, 90

U

Uhrzeit 74
USB 100, 180

V

Verwaltungstools 30
Video 106
Videos mit Kamera 102
Virenschutz 278
Virtuelle Festplatten 342

W

Währungszeichen 173
Wartungscenter 266
Wetter 130
Wiederherstellung 78
Windows 8.1
    beenden 38
    neu installieren 79

Windows-Basisinformationen 188
Windows-Features 328
Windows Defender 278
Windows Explorer 206
Windows Firewall 276
Windows Journal 310
Windows Sounds 176
Windows Update 274
WLAN 32
WordPad 300

X

Xbox 114

Z

ZIP-Dateien 216

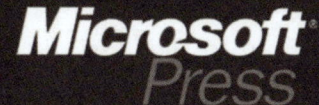

Wissen aus erster Hand

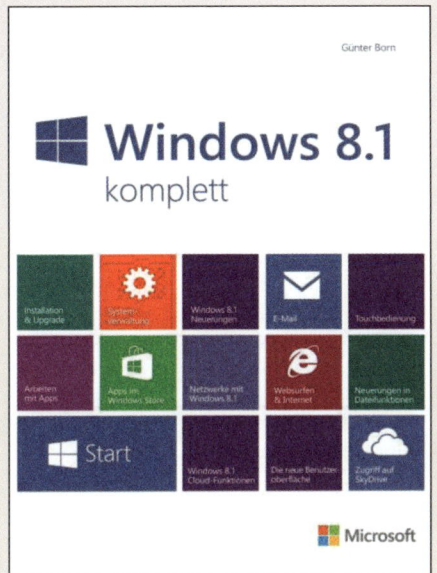

Das komplette Softwarewissen zu Windows 8.1! In diesem umfangreichen Praxisbuch bietet Ihnen Windows-Experte Günter Born erprobte Lösungen sowie Tipps und Tricks zu allen wichtigen Themen. Ob Bedienoberfläche und Apps, Ordnerverwaltung und Laufwerke oder Internet, Netzwerk und Sicherheit – der umfangreiche Gesamtindex sowie die zusätzlichen Stichwortverzeichnisse helfen Ihnen bei der Suche nach einem bestimmten Thema. Darüber hinaus ist das Buch auch für Windows 8 geeignet.

Autor	Günter Born
Umfang	896 Seiten
Reihe	Einzeltitel
Preis	19,90 Euro [D]
ISBN	978-3-86645-240-4

http://www.microsoft-press.de

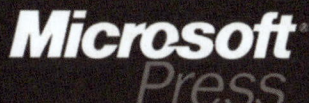